PARAÍSO PERDIDO

FREI BETTO

PARAÍSO PERDIDO

VIAGENS AO MUNDO SOCIALISTA

Copyright © 2015 *by* Frei Betto

Direitos desta edição reservados à
EDITORA ROCCO LTDA.
Av. Presidente Wilson, 231 – 8º andar
20030-021 – Rio de Janeiro, RJ
Tel.: (21) 3525-2000 – Fax: (21) 3525-2001
rocco@rocco.com.br
www.rocco.com.br

Printed in Brazil/Impresso no Brasil

Preparação de originais
MARIA HELENA GUIMARÃES PEREIRA

CIP-Brasil. Catalogação na fonte.
Sindicato Nacional dos Editores de Livros, RJ.

B466p   Betto, Frei, 1944-
          Paraíso perdido: viagens ao mundo socialista /
        Frei Betto. – 1ª ed. – Rio de Janeiro: Rocco, 2015.

        ISBN 978-85-325-3002-8

        1. Crônica brasileira. I. Título.

15-22517   CDD-869.98
                            CDU-821.134.3(81)-8

A Thomaz Ferreira Jensen,
minha gratidão pelas
sugestões a esta nova edição

A Paulo Vannuchi

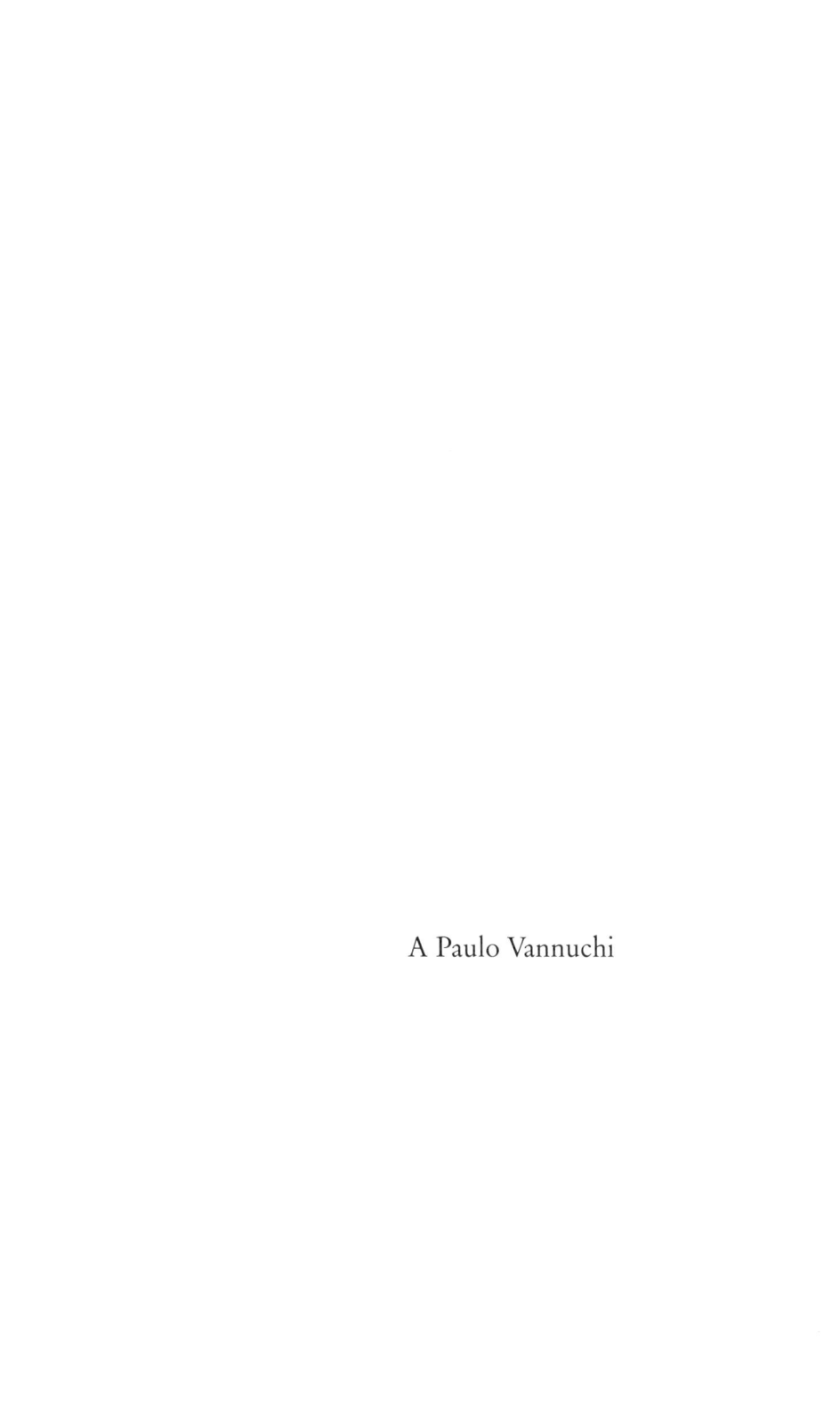

SUMÁRIO

San José: Guerrilheiros sandinistas 17
Puebla: A conferência episcopal 25
Manágua: Capital sem centro definido 27
Manágua: Encontro com Fidel Castro 30
Havana e Santiago de Cuba: Primeira viagem à ilha 50
Manágua e Estelí: A fé na Revolução 63
Havana: O deus que não merece fé 65
Havana e Santiago de Cuba:
    Reunião com os bispos cubanos 75
Manágua: Assassinato do casal Barreda 78
Havana: Guimarães Rosa e ética cristã 81
Ilha da Juventude e Havana:
    Visita ao Presídio Modelo 84
Lima e Havana:
    O "expurgo" póstumo de Haydée Santamaría 89
Havana: Fidel dialoga com escritores e intelectuais 99
Havana: Fidel aceita conceder entrevista 119
Havana: Entrevista para o livro *Fidel e a religião* 127
Havana: Fidel faz suas as palavras do cardeal 134
Havana: Dom Pedro Casaldáliga encontra Fidel 142

Havana:
Papo surrealista entre Gabriel García Márquez
e Hélio Pellegrino 148

Havana: Lançamento de *Fidel e a religião* 151

Varsóvia: Congresso da paz... 165

Havana, Santiago de Cuba e Holguín:
Esta invencible esperanza 170

Moscou: Por dentro do Kremlin.. 175

Moscou: Ateísmo e perseguição religiosa.............................. 182

Leningrado: Nos passos de Lênin.. 185

Pskov: A máquina do tempo.. 189

Havana:
O estranho telefonema da casa de
Gabriel García Márquez 196

Havana: Madrugada com São Lázaro 200

Havana: Formação revolucionária 212

Varadero e Moscou:
Giocondo Dias, Gorbachev e Mastroianni 214

Moscou e Leningrado:
Diálogo com a Igreja Ortodoxa Russa............................ 227

Leningrado: O que é teologia da libertação 237

Riga: Visita à Letônia... 241

Kaunas e Vilnius: Visita à Lituânia, o museu do diabo 243

Varsóvia, Majdanek e Gdanski:
Encontro com Lech Walesa... 246

Berlim Oriental: O abalo do Muro 275

Havana: O sumiço de Hélio Pellegrino na madrugada 279

Havana: Domingo de Páscoa 287

Praga: Censura a *Fidel e a religião* 298

Pequim: Catolicismo na China 301

Pequim: Diversidade religiosa 311
Pequim: A Cidade Proibida 317
Taiwan: Franciscanos e budistas 320
Xian: Exército de terracota 323
Wuhan: Santo Tomás, Confúcio e Mêncio 326
Hankou: Pragmatismo comunista 329
Nanquim:
   Revolução cultural e internacionalismo proletário 331
Wuxi: Aldeia de pescadores 334
Xangai: *Proibida a entrada de cachorros e chineses* 336
Havana: Cartas episcopais e relação entre cristianismo e
   marxismo 339
Havana: Visita de Lula 356
Manágua: A torta transparente 369
Praga: A morte do chefe nazista e a (falta de) liberdade
   religiosa 371
Duque de Caxias: Repúdio ao *Paredón* 378
Berlim Oriental: O marxismo parecia desabar com o Muro .. 384
Brasília: A mensagem crítica dos bispos cubanos 396
São Paulo: Fidel fala da relação do Partido Comunista com
   os cristãos 406
Nova York e Washington: Ato pró-Cuba 414
Havana: Voo da solidariedade 419
Havana: O período especial 429
Rio de Janeiro: Fidel na Eco-92 438
Salvador: Fidel reabilita o comandante Piñeiro 444
Havana: Visita aos cárceres 447
Havana: Bombas no hotel 450
Havana: Visita de João Paulo II 453

Havana: Fidel avalia a visita do papa............................ 457
Havana: Visita de Lula presidente................................ 460
Havana: Fidel enfermo 465
Havana: Agostina abraça o papa 466
Havana: Presente de Niemeyer a Fidel........................ 468
Havana: O interesse de Raúl Castro nos evangelhos.......... 471
Assunção: Eleição de Fernando Lugo 476
Havana: Na casa de Raúl Castro................................. 479
Havana: Encontros com os irmãos Castro 482
Jantar com Raúl Castro 488
Havana: Bacalhau temperado com reformas cubanas 490
Caracas: Encontro com Chávez 492
Havana: Visita da presidente Dilma Rousseff............. 494
Havana: Uma revolução evangélica............................ 501
Cidade do México e Havana: Visita do papa............. 505
Epílogo 513

SIGLAS

ABC – Iniciais dos municípios de Santo André, São Bernardo do Campo e São Caetano do Sul, que designam o conjunto de sete municípios (além destes, Diadema, Mauá, Ribeirão Pires e Rio Grande da Serra). Ali se concentram indústrias metalúrgicas e químicas na região metropolitana de São Paulo.

ABI – Associação Brasileira de Imprensa

ANAMPOS – Articulação Nacional dos Movimentos Populares e Sindicais

BNDES – Banco Nacional de Desenvolvimento Econômico e Social

CBS – Columbia Broadcasting System

CDR – Comitê de Defesa da Revolução

CEBs – Comunidades Eclesiais de Base

CELAM – Conselho Episcopal Latino-Americano

CEPIS – Centro de Educação Popular do Instituto *Sedes Sapientiae*

CIA – Agência Central de Inteligência

CUT – Central Única dos Trabalhadores

DEOPS – Departamento Estadual de Ordem Política e Social

ELN – Exército de Libertação Nacional

ENEC – Encontro Nacional Eclesial Cubano
EUA – Estados Unidos da América
FAB – Força Aérea Brasileira
FAR – Forças Armadas Revolucionárias
FARC – Forças Armadas Revolucionárias da Colômbia
FEU – Federação dos Estudantes Universitários
FMC – Federação das Mulheres Cubanas
FMLN – Frente Farabundo Martí de Libertação Nacional
FSLN – Frente Sandinista de Libertação Nacional
G8 – Grupo dos oito países mais industrializados do mundo até o final do século XX: EUA, Reino Unido, Alemanha, Itália, França, Canadá, Japão e Rússia.
ICAIC – Instituto Cubano de Arte e Indústria Cinematográfica
ICAP – Instituto Cubano de Amizade com os Povos
JEC – Juventude Estudantil Católica
JOC – Juventude Operária Católica
JUC – Juventude Universitária Católica
KGB – Comitê de Segurança do Estado (em russo: *Komitet Gosudarstvennoi Bezopasnosti*)
MR-8 – Movimento Revolucionário 8 de Outubro
ONU – Organização das Nações Unidas
PC – Partido Comunista
PCB – Partido Comunista Brasileiro
PMDB – Partido do Movimento Democrático Brasileiro
PSU – Partido da Unidade Socialista
PT – Partido dos Trabalhadores
RAF – Royal Air Force (Força Aérea do Reino Unido)

RDA – República Democrática da Alemanha

ROTA – Rondas Ostensivas Tobias de Aguiar

SS – Organização paramilitar do Partido Nazista (*Schutzstaffel* – tropa de proteção)

TFP – Tradição, Família e Propriedade

UDN – União Democrática Nacional

URSS – União das Repúblicas Socialistas Soviéticas

SAN JOSÉ:
GUERRILHEIROS SANDINISTAS

Na quinta, 18 de janeiro de 1979, o aeroporto de San José da Costa Rica parecia um vasto descampado protegido por uma torre sobre um galpão. Aguardavam-me Hugo Assmann, Mel e os filhos, Careimi e Eremin.

Conheci Hugo Assmann quando ele atuava como assistente eclesiástico da Juventude Universitária Católica (JUC), um dos movimentos da Ação Católica de Porto Alegre, nos primórdios da década de 1960. E eu, então, dirigente nacional da Juventude Estudantil Católica (JEC), atacado de intelectualismo precoce – doença altamente prejudicial à adolescência, mas letal na idade adulta, quando o vírus do racionalismo transmuta-se em obesa presunção.

Pároco de bairro de classe média, Hugo sempre se dedicou, voraz, à reflexão teológica – que, se não traz rendas, ao menos nos envolve na presumível ilusão de dominarmos os caminhos do Céu. Rosto largo e avermelhado, corpo robusto e voz de falsete, cercava-se de invejável biblioteca teológica, onde se destacava o que de melhor se produzia na Alemanha e na França. Acreditava-se, então, que o Espírito Santo dotava de privilegiada sabedoria teólogos nascidos em solo europeu.

Certa noite, as chamas do Inferno irromperam naquela celestial literatura. Toda a sapiência armazenada em prateleiras de madeira foi consumida pelo fogo, como se a bendita teologia não servisse a outra coisa senão para alimentar labaredas analfabetas. Pouco depois, o golpe militar de l964 reduziu a cinzas a frágil democracia brasileira. Hugo abandonou o ministério sacerdotal, exilou-se no Chile e casou com Mel. Mais tarde, transferiu-se para a Costa Rica, até que o fim da ditadura militar, em 1985, permitisse seu retorno ao Brasil.[1]

Em San José não havia ostentações arquitetônicas, e a medicina, socializada, tinha uma pediatria considerada exemplar. O ensino fundamental primava por ser gratuito, e o índice de analfabetos, mínimo.

O país orgulhava-se de ter mais escolas que instalações policiais. Havia ali consciência de que a escola sonegada hoje é a prisão inaugurada amanhã. Como proclama a voz telúrica de Milton Nascimento, na letra de Fernando Brant, San José tinha "coração civil".

As Forças Armadas foram abolidas em 1948 e, até hoje, nenhum general apijamado perpetrou golpes naquele país. A falta de polícia política explicava-se pela ausência de leis que tratassem a liberdade como crime. Só Guarda Civil, porque ladrões sempre há, e Guarda Rural, para proteger galinhas e fronteiras.[2]

Naquele início de 1979, San José era a principal base de apoio dos jovens nicaraguenses que conspiravam para derrubar a ditadura da família Somoza no país vizinho. Após

---

[1] Hugo Assmann faleceu no Brasil em 2008, aos 74 anos.
[2] A partir de 1982, os EUA pressionaram o país a abandonar sua neutralidade e adotar uma política, inclusive militar, antissandinista. Em l986, as duas Guardas já tinham sido transformadas em Exército de fato.

quase uma década refugiados nas montanhas ou submersos nos movimentos sociais urbanos, os sandinistas começaram a sentir o cheiro de podridão da dinastia somozista, cujo início do fim coincidiu com o terremoto que, no Natal de 1972, literalmente tragou Manágua e deixou o trágico saldo de 50 mil mortos.

Disfarçados, semiclandestinos e, sem dúvida, sob tolerância tácita do governo costa-riquense, os revolucionários circulavam por todo o país. Não era difícil identificar um deles. Embora ocultassem seus verdadeiros nomes, vestiam-se como guerrilheiros à paisana. Ostentavam boinas sobre a cabeça e calçavam pesadas botas.

Levaram-me ao encontro do comandante de uma coluna sandinista – José Antonio Sanjinez havia trocado o sacerdócio e a jesuítica Companhia de Jesus pela Frente Sandinista de Libertação Nacional (FSLN).

Olhos azuis, 42 anos, natural da Espanha, diplomara-se em teologia pela sacratíssima Universidade Gregoriana de Roma – que, como se vê, também produz guerrilheiros. Expulso da Nicarágua em 1971 por motivos políticos, tornara-se pároco na Cidade do Panamá até ingressar na guerrilha nicaraguense, em 1974. Cabelos prateados, pele tostada, o Comandante Sanji recebeu-me bem-humorado.

– Posso perguntar sobre tudo?

– Você, sim, eu é que não posso responder a todas as perguntas que me fizer.

– Qual a estratégia sandinista?

– Resume-se à insurreição popular para derrubar a ditadura...

Com uma ponta de orgulho, acrescentou que Eden Pastora, o Comandante Zero, também pertencia, como ele, à Tendência Terceirista, uma das três que integravam a Frente Sandinista. Em agosto de 1978, Pastora encabeçara a vitoriosa ação de sequestro do Parlamento da Nicarágua, e logrou a libertação de presos políticos, entre os quais Daniel Ortega. Obteve ainda um resgate de US$ 5 milhões.[3]

– Como concilia a fé cristã com a violência revolucionária?

– Não se cria a violência; ela existe há quarenta anos, de forma brutal, sobre o povo nicaraguense. O sistema capitalista, no qual a Nicarágua e quase toda a América Latina – à exceção de Cuba – encontram-se integradas, é intrinsecamente violento. Rezam a teologia tradicional e a doutrina oficial da Igreja que matar em defesa própria não é pecado. É justo que um povo se arme em defesa própria. Se uma pessoa está doente, não basta querer bem a ela para que se recupere. É preciso utilizar uma ciência, a medicina. Da mesma forma, se por amor buscamos a libertação do povo, devemos recorrer aos meios eficazes para isso. De nada valem intenções sem ações. Rejeito a imaculada concepção de que um cristão não pode tocar num fuzil em defesa de seu povo.

No dia seguinte, li nos jornais que a Frente Sandinista resgatara o cadáver do padre guerrilheiro Gaspar García Laviana, morto nas montanhas da Nicarágua, durante a ofensiva de dezembro. Espanhol, Laviana pertencia à Congregação dos Sagrados Corações. A notícia acrescentava que a ação de resgate havia sido dirigida pelo Comandante Sanji.

---

[3] A 19 de julho de 1980, nas comemorações do 1º aniversário da Revolução Sandinista, vi Pastora desfilar em Manágua com o peito estufado, de pé no jipe colocado à frente das Milícias Populares, comandadas por ele. Meses depois, abandonou a Nicarágua e a Revolução, aliando-se àqueles que tinham interesse na desestabilização do regime sandinista. Trocara Fidel Castro por Mário Soares, de quem passou a receber apoio. Foi a primeira importante defecção entre os líderes revolucionários da Nicarágua.

Encontrei o poeta Ernesto Cardenal em sua trincheira: os fundos de uma das seis livrarias que circundavam a Universidade Nacional da Costa Rica. Já o admirava por sua obra. Seu *En Cuba* havia passado de cela em cela em meus tempos de cárcere em São Paulo, entre 1969 e 1973.[4] Ao procurá-lo, ciceroneado por Hugo Assmann, contrariei meu princípio de que leitores não devem querer conhecer autores senão pelos livros. Sob polidas aparências, buscamos encobrir a inconteste verdade de que, criadores, assombra-nos a consciência de que somos mais frágeis que nossas criaturas. Perturba-nos o olhar canibal dos leitores. Se nos revelamos como seres imponderáveis – nacos de carne revestindo um esqueleto que sabe o quanto não sabe –, temamos provocar um indelével desalento. Como quem, no limiar da investigação científica, descobre que não há lógica, e o Universo é apenas um acidente de percurso de uma partícula subatômica excluída por acaso da ação deletéria de energias cósmicas contrárias. Embevecidos com a indiscrição alheia, naufragamos na incapacidade de manter a distância entre autor e personagem, e nos deixamos consumir, como se pulássemos para fora da página dessa incoerente prosopopeia que a vida, parva e parca, escreve com sinuosas letras.

Filho de uma das famílias mais ricas da Nicarágua, Ernesto Cardenal preferiu não seguir o caminho de seu irmão Fernando, que ingressou na Ordem dos Jesuítas. Em 1957, o jovem poeta tornou-se monge trapista nos EUA. Durante

---

[4] Sobre meu período como preso político ver *Cartas da prisão* (Companhia das Letras), *Batismo de sangue* (Rocco) e *Diário de Fernando – nos cárceres da ditadura militar brasileira* (Rocco).

dois anos, teve como mestre de noviço o místico e escritor Thomas Merton. Ao deixar a vida monástica, dirigiu-se a Medellín para estudar teologia e, em 1965, foi ordenado sacerdote em Manágua. Passou a viver na paradisíaca ilha de Solentiname, no lago ao sul da Nicarágua, onde partilhava a vida comunitária de pescadores e camponeses.

Ernesto nada tinha da figura estereotipada de um revolucionário. Baixa estatura, ombros largos e um jeito tímido de se aproximar das pessoas, olhos vivos por trás das lentes brancas acima do sorriso suave, dir-se-ia tratar-se de um monge ingênuo e despreocupado não fosse a boina azul, semelhante à do Che, derramando cachos prateados sobre as orelhas e a nuca. Sua jaqueta verde assemelhava-se à dos oficiais cubanos.

– Que é feito de Solentiname? – perguntei.

– A partir de outubro de 1970, nossa comunidade passou a apoiar a Frente Sandinista. Em outubro de 1977, a FSLN iniciou uma grande ofensiva na Nicarágua, começando pelo assalto ao quartel de São Carlos, um porto vizinho a Solentiname. A Guarda Nacional invadiu a ilha e destruiu tudo o que tínhamos. A igreja foi transformada em quartel. Fui obrigado a sair do país. Hoje, Solentiname sobrevive nos jovens da comunidade que ingressaram na Frente Sandinista. Desses, dois desapareceram, não sabemos se foram mortos ou presos.

– Qual é sua função na Frente?

– Represento-a junto aos países estrangeiros. Viajo pelo mundo a fim de denunciar os crimes de Somoza e obter apoio político.

– Como concilia a contemplação com a atividade revolucionária?

– Não se opõem. Pode-se trabalhar pela revolução sendo contemplativo. Marx desempenhou poucas ações políticas em sua vida e, no entanto, deu contribuição decisiva, com o seu esforço teórico, à revolução mundial. No sentido tradicional, há uma dicotomia entre ação e contemplação. Porém, vivo a contemplação na ação.

– O Evangelho tem algo a ver com a revolução?

– O que levou Solentiname a abraçar a causa revolucionária foi o Evangelho, que comentávamos com os camponeses nas missas de domingo. A única mensagem do Evangelho é a revolução, que ele chama de Reino de Deus – ou dos Céus, em Mateus – exigência de superação de todas as marcas de pecado, injustiça e opressão, até que só o amor seja possível. Essa a reflexão que descrevemos em *El Evangelio en Solentiname*, editado em dois volumes.

– Como encara a conferência episcopal de Puebla?

– Não dou importância. Bispos são capazes de fazer declarações progressistas, como em Medellín, e continuar reacionários. E mesmo que façam declarações direitistas não conseguirão impedir a participação dos cristãos na revolução latino-americana.

– Como responsável pelas relações exteriores da Frente Sandinista pretende ir à Puebla?

– Creio que sim, para levar ao papa a petição do povo nicaraguense solicitando a excomunhão de Somoza.

– Qual é o caráter de sua obra poética?

– Em um poema que dediquei a dom Pedro Casaldáliga, digo que escrevo pela mesma razão dos profetas bíblicos, que faziam da poesia uma forma de denúncia de injustiças e anúncio de um novo tempo. Para mim, a poesia não é mais que um instrumento. É uma forma de pregação.

– O que é necessário para ser bom poeta?

– Um poeta espanhol do século XV dizia que, para ser bom poeta, é preciso estar apaixonado. A poesia é essencialmente amorosa. O amor tem dimensões mais amplas que o encanto por uma mulher. No meu caso, a musa é a revolução.

– Que poetas latino-americanos gozam de sua preferência?

– Os nicaraguenses, sobre os quais escrevi uma antologia.

– E entre os brasileiros?

– Gosto muito de Jorge de Lima, que Thomas Merton também admirava. Apreciaria tê-lo conhecido pessoalmente.

PUEBLA:
A CONFERÊNCIA EPISCOPAL

Desembarquei na confusa e agitada Cidade do México no domingo, 21 de janeiro de 1979.

Suspeito de simpatizar com a causa sandinista, o arcebispo de Manágua, monsenhor Obando y Bravo, foi impedido de entrar no seminário Palafoxiano, que abrigou, em Puebla, a 3ª conferência episcopal da América Latina. Fora excluído do evento por monsenhor López Trujillo, astuto bispo colombiano que ocupava o cargo de secretário-geral do Celam. Como um cão escorraçado, monsenhor Obando se viu obrigado a aguardar os amigos à porta.

Para desespero de monsenhor López Trujillo, um fornido grupo de teólogos da libertação encontrava-se nas imediações do local da conferência. Entre eles, alguns agregados que, como eu, se algum dia se fizeram chamar de teólogos foi por mera vaidade e presunção.

Ao contrário do que ocorrera há onze anos na conferência episcopal de Medellín – onde o peruano Gustavo Gutiérrez assessorara ativamente a redação do documento final – nenhum teólogo progressista foi aceito no seminário Palafoxiano. Teólogos e agregados, ficamos todos extramuros, malgrado os esforços de alguns bispos amigos para que ao menos dois ou três pudessem entrar. Só nos restou a alternativa de montar um sistema clandestino e eficiente de comunicações.

Instalados em dois apartamentos alugados – mas sem nenhuma mobília e com frequente escassez de água – nossa base operacional situava-se num convento de freiras, na rua Washington. Ali recebíamos as consultas enviadas por bispos e remetíamos a eles as análises teológicas dos temas discutidos no interior da conferência.[5]

O conflito nicaraguense repercutiu na conferência de Puebla. O grupo de assessores insistia que os bispos se manifestassem a favor da causa sandinista, até mesmo porque o episcopado da Nicarágua já tomara posição contrária à permanência de Somoza no poder. E quando bispos admitem em público que um governante deve cair, é sinal de que, de fato, este já perdeu toda legitimidade política.

Por que relutaram os bispos reunidos em Puebla no apoio a seus colegas da Nicarágua? Ora, quem tem pescoço, sabe que a diferença entre a corda e a gravata está nas mãos de quem ata. O que diria Stroessner, então ditador do Paraguai, se os bispos de seu país se manifestassem contra Somoza? E os generais argentinos? E Pinochet?

Ernesto Cardenal, ao pronunciar, em Puebla, concorrida palestra no convento de Washington, reforçou o apelo aos bispos. Afinal, no domingo, 11 de fevereiro de 1979, foi divulgada a carta contra a ditadura somozista, assinada por bispos de todo o continente.[6]

---

[5] Sem utilizar *walkie-talkie*, telefone, computador ou fax, nossas comunicações foram surpreendentemente rápidas para os recursos da época e, ao que me consta, jamais os canais foram detectados pelas forças que se opunham à nossa presença.

[6] Cinco meses depois, o ditador Anastácio Somoza fugiu apressado da Nicarágua, e a Frente Sandinista de Libertação Nacional assumiu o poder, a 19 de julho de 1979. A guerra de libertação deixara, ao longo de seus 20 anos, o saldo cruel de 50 mil mortos.

MANÁGUA: CAPITAL SEM CENTRO DEFINIDO

Graças ao convite de Uriel Molina, cheguei à Nicarágua, pela primeira vez, em setembro de 1979. A Revolução Sandinista havia sido vitoriosa em julho do mesmo ano.

Padre franciscano, de fala mansa e profícua, Uriel quase sempre era encontrado em estado de sorridente exaltação. Diretor do Centro Antônio Valdivieso,[7] na conversa ele deixava a impressão, com seu tom sussurrante e acento dramático, de que confiava ao interlocutor importantes segredos. Na missa, lembrava um catequista no paciente esforço de rememorar com suas crianças as lições elementares da vida cristã.

Formado em Bíblia por Roma, transformara a paróquia de Santa Maria de los Angeles, no bairro Riguero, em um centro litúrgico de propaganda sandinista. Muito concorridas, suas missas vespertinas de domingo atraíam turistas ideológicos interessados em conferir como a fé cristã se casava com a Revolução. Com frequência havia por ali câmeras de TV da Europa e dos EUA de olho na liturgia animada por cânticos revolucionários de autoria dos irmãos Mejía Godoy. Sobre o altar, a bandeira da Frente Sandinista.

---
[7] Homenagem ao bispo, ex-frade dominicano, assassinado na Nicarágua, a 26 de fevereiro de 1550, por defender os direitos indígenas.

Da homilia participavam os fiéis, com quem padre Uriel travava longos diálogos em torno da conjuntura do país.

Cidade assolada pela pobreza, pela guerra e pelo terremoto, Manágua me causou a pior das impressões. Uma capital sem centro definido, o que contrastava com o acuradíssimo senso de direção de seus habitantes, que conheciam a Rosa dos Ventos na ponta da língua. Ao indicar um endereço, ninguém fornecia o nome da rua, e as casas não tinham números. "Na direção do colégio Batista, duas quadras ao sul, e meia quadra a sudeste, ao lado da casa da mulher que vende pães." Ou então: "Três quadras ao norte, vira-se na árvore caída rumo a oriente, ele mora na casa em que havia o cachorro bravo." Quem não conheceu o cachorro bravo, teria, pelo menos, de perguntar por ele.

Parecia terem erguido prédios e aglomerados de casas dentro de um vasto matagal, como uma criança disporia sua maquete arquitetônica num quintal entulhado de lixo. Ao lado de modernos edifícios espalhavam-se os escombros do que restava do abalo sísmico. Da catedral só ficaram a casca, vazia de teto, colunas, altares e Deus. Cobria-lhe a fachada uma imensa foto de Augusto César Sandino. Em volta, lajes de concreto estendiam-se pelo solo, rachadas e engolidas pelo mato, entre ferros retorcidos e corroídos pela ferrugem.

Enormes ratazanas deambulavam céleres, verdadeiras donas da cidade, incomodadas pelos eventuais bípedes que lhes invadiam o território. O lago de Manágua – cartão-postal visto a distância – virara extensa poça de dejetos, e suas águas, escuras e fétidas, serviam de túmulo às ruínas deixadas pelo tremor de terra.

O calor úmido colava a roupa à pele e impedia os poros de respirarem. Aqui e acolá se viam paredes furadas de balas, casas destruídas por bombas, sinais da insurreição que não poupou nenhum de seus habitantes. No entanto, havia naquela gente contagiante alegria, como se todos os sofrimentos passados e as dificuldades presentes fossem ninharia diante do futuro promissor.

Eram quase todos morenos, cabelos negros reluzentes e dentes alvos, herança da predominância indígena sobre a ascendência espanhola. Para eles, a Revolução, mais do que fato político, era marco comparável à libertação dos hebreus no Egito. Na gente simples, a ótica costuma ser mais religiosa que política. Havia um senso de vitória muito diferente de quando se ganha uma eleição. Nesta, o povo elege o candidato que irá governá-lo. Na Revolução é como se cada cidadão tivesse sido eleito a participar da direção coletiva do país. Os sonhos, inflados por um entusiasmo ingênuo, provocavam um delírio tão palpável que as pessoas pareciam não se dar conta de que aquele era um país de três milhões de habitantes, sem recursos, inserido num continente dominado por uma potência que não admitiria outra Cuba às barbas do Tio Sam.

MANÁGUA:
ENCONTRO COM FIDEL CASTRO

Às comemorações do 1º aniversário da Revolução Sandinista, em julho de 1980, o governo da Nicarágua convidou, do Brasil, dom Paulo Evaristo Arns, cardeal-arcebispo de São Paulo (que não pôde comparecer), Luiz Inácio Lula da Silva, presidente do recém-fundado Partido dos Trabalhadores (PT), e a mim.

Na capital da Costa Rica, Hugo Assmann propiciou ao fundador do PT contatos com representantes de partidos políticos e a imprensa local. Durante abril e maio, o nome do dirigente sindical tornara-se conhecido também na América Central. Toda a imprensa internacional noticiara a greve de 41 dias dos metalúrgicos de São Bernardo do Campo e Diadema, comandada pelo sindicato presidido por ele. O governo do general Figueiredo, presidente do Brasil, decretara intervenção no sindicato e a prisão temporária de sua diretoria, processada pela Lei de Segurança Nacional.[8]

Certa noite, fomos levados a uma obumbrática mansão, envolta em árvores e sombras. Ali se escondia um dirigente da esquerda comunista da Costa Rica. Dir-se-ia tratar-se

---

[8] Em novembro de 1981, a justiça militar brasileira condenou Lula e os demais sindicalistas do ABC, envolvidos na greve metalúrgica de 1980, a três anos e meio de prisão, com direito a recorrerem da sentença em liberdade. No ano seguinte, foram absolvidos pelo Superior Tribunal Militar.

de um filme de Hitchcock. Do homem víamos apenas a sussurrante silhueta. De sua boca brotava um pedregoso espanhol, do qual captamos poucas e dispersas palavras. Improvisou-se uma sessão de doutrinação política. O velho comunista apressou-se em plantar na cabeça do jovem sindicalista os conceitos lapidares da "ciência da história". Tudo ali era tão soturno e assustador que nossos olhares mantiveram-se mais atentos que os ouvidos. Ao sair, demos boas risadas, alentados pela descontração e o ridículo.

Em Manágua, ficamos alojados no Hotel Intercontinental, moderna fortaleza antiterremoto construída nos tempos da ditadura de Somoza. Imprevisível situação paradoxal: um governo revolucionário propiciava-nos a oportunidade de usufruir das mordomias de um hotel cinco estrelas... Em sua suíte presidencial viveu alguns anos o excêntrico milionário estadunidense Howard Hughes, amigo do ditador. Malgrado seus milhões de dólares, não logrou que Ava Gardner cedesse às suas investidas amorosas. Segundo ela, o bodum dele era insuportável. Consta que o misantropo Hughes nunca deixava seus aposentos, ocupado em administrar a fortuna e se distrair com o consumo de drogas.

Por cautela contra possíveis atentados, todos os convidados da Frente Sandinista hospedaram-se no mesmo hotel. À porta, rapazes da segurança davam mostras de serem novatos no ofício. Problemas de uma Revolução que destruiu todo o aparato estatal anterior e, agora, erguia o novo com o material disponível – que nem sempre corresponde à qualidade ideal.

Lula e eu, sem gravata e de jeans, ficamos impedidos de passar pela portaria sem antes apresentar credenciais. Com seus ternos bem cortados, gravatas de seda e pose altiva, diplomatas, estadistas e representantes de partidos estrangeiros entravam e saíam sem serem molestados. É óbvio que seguranças e leões de chácara também se deixam enganar pelas aparências. Entrementes, Ernesto Cardenal, ministro da Cultura, era visto diante do hotel conversando com os convidados sem nenhuma segurança, exceto os anjos que lhe traziam inspiração dos céus. Se de poeta e louco todos temos um pouco, imagine Ernesto, que já era poeta...

A Frente Sandinista nos recepcionou nas luxuosas instalações do Country Club de Manágua, desapropriado pelo novo regime.

Fidel Castro, a grande atração da festa, andava tão cercado de admiradores, jornalistas e seguranças, que não se podia enxergá-lo. Via-se que se tratava do líder cubano pelo aglomerado de pessoas movendo-se pelo salão junto ao epicentro de um furacão. Pareciam abelhas amontoadas para proteger a rainha.

Decepcionou-me o bufê, mais adequado à ditadura Somoza que à Revolução Sandinista: uísque escocês, brandy americano, conhaque francês e outros importados – numa terra em que poderiam ser oferecidos os mais puros e deliciosos sucos de frutas do mundo. Ou, quem sabe, os sandinistas já socializavam as adegas da burguesia destronada? Mas a comida, saborosa e farta, ficou pouco acessível a Lula e a mim, sitiados a um canto por Mario Firmenich. Interessado em conversar com Lula, o líder dos montoneros argentinos, com um lenço vermelho atado ao pescoço, conseguiu desfazer qualquer simpatia que pudéssemos nutrir por sua organização política. Em tom professoral, analisou a conjuntura latino-americana durante seculares 45 minutos, sem permitir que fosse objetado ou interrompido uma única vez. Típico pequeno-burguês convencido, do alto de seu nariz arrebitado, de que só tinha a ensinar a um dirigente operário.

Na manhã seguinte, um ônibus especial nos conduziu do hotel à tribuna de honra instalada na Praça 19 de Julho, defronte à Universidade Centro-Americana. Milhares de pessoas avançavam pelas ruas, cantavam hinos, agitavam bandeiras coloridas. Em volta, imensas fotos de Augusto César Sandino e de Carlos Fonseca Amador, fundador, em 1961, da FSLN e, posteriormente, assassinado pela ditadura Somoza.

Sobre a massa comprimida na praça, ondulavam bandeiras nas cores azul e branca, da Nicarágua, e vermelha e preta, da Frente Sandinista. Destacavam-se no palanque oficial Fidel Castro; os nove comandantes da Direção Nacional da Frente Sandinista e Maurice Bishop, que em março daquele ano liderara a libertação de Granada.[9]

Ao ocupar a tribuna, o líder da Revolução Cubana conseguiu que 600 mil pessoas – quase toda a população de Manágua – fizessem completo silêncio. Transpirando sob o forte calor da manhã, o uniforme verde-oliva colava-se à sua pele. O rosto, emoldurado pela longa barba de fios crespos, aparecia a todos como o mais conhecido símbolo da ilha socialista do Caribe. Faltava-lhe apenas o charuto.

– Talvez alguns pensem que vou pronunciar um longo discurso. Outros imaginam que minhas palavras serão polêmicas. E não faltará quem considere a possibilidade de que eu pronuncie aqui uma arenga incendiária e revolucionária. Porém, nem serei longo, nem trarei polêmicas a esta cerimônia.

A voz rouca e suave de Fidel contrapunha-se à sua corpulência. Exímio orador, não falava à multidão, falava confi-

---

[9] Em 1983, os marines dos EUA invadiram Granada e assassinaram Maurice Bishop.

dencialmente a cada um dos nicaraguenses. Imprimia ritmo às expressões alternando gestos pausados e contundentes. Os olhos miúdos mantinham-se fixos nos ouvintes. Não tinha pressa. Parecia arrumar as ideias em frases antes de pronunciá-las. E ele próprio saboreava o efeito de sua oratória ao manifestar admiração "pelo silêncio impressionante desta praça, onde nem sequer se escuta o zumbido de um mosquito".

Era um silêncio de gratidão e temor. Cuba não medira esforços para colaborar na reconstrução da Nicarágua: enviou ao país mais de mil médicos e inúmeros alfabetizadores que se embrenharam por regiões montanhosas, inóspitas, nas quais os próprios nicaraguenses relutavam em entrar.

– Muitos tinham e ainda têm receios quanto à Revolução Sandinista.

As palavras de Fidel constrangiam os empresários nicaraguenses e as delegações dos países do Ocidente. Esperava-se que, após a queda de Somoza, fosse implantado um regime liberal-burguês, sob um governo híbrido (como, aliás, veio a acontecer na primeira década do século XXI). Embora a economia do país permanecesse mista, o poder político concentrava-se em mãos da Frente Sandinista.

– Alguns pretendem ensinar o que devem fazer os sandinistas – prosseguiu ele. – Nós jamais diremos aos sandinistas o que devem fazer.

O líder cubano certamente sabia que já se encontravam em Manágua cerca de dez mil estrangeiros dispostos a colaborar na reconstrução do país. A maioria, exilados chilenos, argentinos, uruguaios; e voluntários europeus e estadunidenses. Sob a ditadura somozista, só os filhos das ricas famílias nicaraguenses podiam obter qualificação profissional, estudar na Europa ou nos EUA. Desses, raros os que regressaram ao país após a Revolução. Nem por isso os sandinistas estavam dispostos a deixar que gente de fora se imiscuísse demasiadamente em seus negócios internos.

Os próprios cubanos, tão experientes em missões internacionalistas, cometiam erros – alguns alfabetizadores deixavam transparecer nas aulas suas convicções ateias. Eram imediatamente rechaçados pelos alfabetizandos, um povo profundamente religioso e, a exemplo de Sandino, interessado em fazer a síntese entre a fé cristã e o compromisso revolucionário. Esta, uma inovação trazida à história pelo processo sandinista. A insurreição popular da Nicarágua foi publicamente apoiada pelo episcopado local. O sandinismo logrou incorporar o sentimento religioso à luta política. Porém, um ano após a vitória, os bispos encaravam o novo regime com desconfiança e hostilidade. Não era a democracia cristã sonhada por eles, nem havia lugar, no poder político, para os ricos proprietários cristãos que continuavam a dominar a economia.

– Louvamos, venham de onde venham, as ajudas à Nicarágua – enfatizou Fidel. – Louvamos inclusive a ajuda que, segundo se noticia, será dada pelo governo dos Estados Unidos. Só lamento, real e sinceramente, que seja pouca essa ajuda, tendo em vista a riqueza dos Estados Unidos. Pouca para o país mais rico do mundo; pouca para o país que gasta cento e sessenta bilhões de dólares em questões militares; para o país que, segundo a projeção, gastará um trilhão de dólares, nos próximos cinco anos, em projetos militares.

Encerrado o ato, padre Miguel D'Escoto, ministro das Relações Exteriores, se ofereceu para levar-me ao hotel no Mercedes-Benz creme herdado de Somoza (dono também da concessionária local dos carros alemães). Lula retornou de ônibus, cuidando de sentar-se bem distante de Mario Firmenich.

– Permaneça no hotel esta tarde até que eu o chame – preveniu-me D'Escoto. – Quero que Lula e você venham à casa de um amigo.

À boca da noite soou o telefone do apartamento. D'Escoto pediu que o aguardássemos à entrada do hotel.

Fomos a um bairro ajardinado, de classe média alta. Pelo trajeto, guardas armados com metralhadoras. Na varanda espaçosa da casa do escritor Sérgio Ramirez, membro da Junta de Governo, intelectuais, políticos e empresários conversavam entre doses de uísque e sucos naturais. Lula e eu nos sentimos um tanto perdidos naquele ambiente, como quem ingressou na festa errada. O clima era tenso, como se todos aguardassem o desfecho de algo importante. No jardim, o número de seguranças me pareceu excessivo.

D'Escoto não deixara escapar nenhuma dica. Pouco depois os portões do jardim se abriram. Um Mercedes preto entrou em disparada e estacionou bem junto à varanda. Todos abandonaram seus copos e se levantaram.

Fidel Castro desembarcou e, calmamente, cumprimentou um por um. Acomodou-se numa cadeira de balanço, aceitou um suco de goiaba e passou a fazer perguntas sobre a Nicarágua aos que se achavam mais próximos. Meia hora depois, Sérgio Ramirez convidou-o à biblioteca, onde se recolheu com um dos diretores do *La Prensa*, jornal da família Chamorro e porta-voz da oposição ao regime sandinista.

Percebi, então, que nenhuma daquelas pessoas se encontrava ali por acaso. Haviam sido cuidadosamente selecionadas. Eram, na maioria, personalidades que relutavam em apoiar os rumos assumidos pela Revolução. Temiam as influências marxista e cubana.

Lula e eu não tínhamos nada em especial a dizer a Fidel, exceto a satisfação pelo privilégio de conhecê-lo pessoalmente.

※※※

A Revolução Cubana é um dos mitos de minha geração. A imagem dos guerrilheiros de Sierra Maestra, com suas barbas, botas e uniformes verde-oliva, nutriu os ideais políticos do movimento estudantil da década de 1960. Acreditávamos que a história, implacável mestra e generosa mãe, nos oferecia a possibilidade de derrotar o imperialismo estadunidense; convicção reforçada na década de 1970 pela vitória dos vietcongs de Ho Chi Minh sobre as tropas da maior potência bélica e econômica do planeta.

A esperança não era vã e se apresentava revestida de fortes símbolos. Havia algo de explosivamente fálico nos charutos de Fidel – mísseis capazes de conter a ameaça de invasão à Cuba patrocinada, em 1961, pelo governo Kennedy – como havia muito de sedutor na estampa de Ernesto Che Guevara, com aquele sorriso maroto de quem desconcerta o inimigo, os olhos altivos sob a boina azul polarizada pela estrela, fixos na utopia de libertação da Pátria Grande. Quando se é jovem, a uma boa causa bastam dez por cento de razão, quarenta de emoção e cinquenta de estilo, esse *savoir-vivre* com que os vencedores arrancam dos pobres mortais incontida admiração e secreta inveja.

Se Cuba pôde, por que não poderíamos? Éramos jovens como os militantes do Movimento 26 de Julho e, desde 1964, tínhamos no Brasil uma ditadura tão cruel e corrupta quanto a de Fulgencio Batista. E não nos faltam serras e montanhas. Um ideal se alimenta de símbolos e exemplos. Ninguém se encanta com programas de partidos, exceto os próprios autores. Chegavam aos nossos ouvidos as epopeias do Exército Rebelde, a ousadia da campanha de alfabetização e da reforma agrária, a nacionalização da economia, a vitória dos cubanos sobre os invasores de Playa Girón – tudo aquilo tocava fundo a farta generosidade de nossos sentimentos, como se a história nos brindasse, numa pequena ilha do Caribe, com uma visão palpável do nosso próprio destino. Tínhamos saudades do futuro. E tanto mais porque ele já se antecipara num ponto dessa América *latrina*. E tinha ritmo de maracas e sabor de rum.

Nasci agradecido aos aliados, em especial aos EUA, por livrarem o Ocidente cristão do terror nazifascista e o protegerem da ameaça comunista. Meu pai, Antonio Carlos Vieira Christo, lutara contra a ditadura de Getúlio Vargas, ajudara a fundar a UDN e fora um dos mais jovens signatários do Manifesto dos Mineiros. De Minas – para onde retornou depois que, no Rio, os próceres getulistas travaram-lhe a promissora carreira de advogado – ele torcia por Carlos Lacerda e, todas as tardes, ao voltar do escritório, espalhava pela sala as páginas da *Tribuna da Imprensa* e de *O Globo*, que eu lia com a sofreguidão de um neófito introduzindo-se nas fontes cristalinas da verdade.

Foi com horror que acompanhei a suposta traição do casal Rosenberg, julgado e executado na cadeira elétrica sob acusação de passar aos russos segredos nucleares. Vejo em minha mente as fotos de Julius, 35 anos de idade, e de Ethel, dois anos mais velha que ele, na prisão de Sing Sing, em Nova York. Ele com seus óculos de lentes brancas, o bigode de vassoura que lhe dava aspecto de tabelião caprichoso, e ela com os cabelos negros armados sobre o rosto oval, a boca pequena e o porte robusto. Nunca ficou provado que eram de fato espiões, mas em pleno aquecimento da Guerra Fria todos nós, no Ocidente, precisávamos de um bode expiatório. A pena capital, que hoje considero absurda, pareceu-me justificável naquele caso. Tratava-se de impedir que a exceção virasse regra, pondo em risco a segurança do Mundo Livre. Fiquei dias sob o impacto da foto do casal amarrado à cadeira elétrica, suas cabeças cobertas por capacetes repletos de fios, malditos astronautas a caminho do Inferno. O velho buldogue Edgar Hoover felizmente estava a postos à soleira da porta de nossas casas.

Mas não me conformei, pouco depois, com a execução de Caryl Chessman. Li suas cartas e todos os seus livros e, se não me convenci de sua inocência, não me restava dúvida de se tratar de um homem recuperado para a sociedade. Por que matá-lo se os longos anos de cárcere o haviam transformado em um comportado intelectual? Sim, mas não haviam transformado a sociedade americana. Descobri, pela primeira vez, que a lei não é intrinsecamente justa. Governos também cometem crimes hediondos, raramente punidos por lei.

Entre fotos de Marilyn Monroe e James Dean, devorei ávido os grandes volumes da editora Saraiva sobre as atrocidades cometidas na Europa pelos comunistas. As ilustrações, abundantes, mostravam tanques soviéticos massacrando o povo húngaro, esquálidos prisioneiros torturados pela KGB, igrejas profanadas e fechadas. Numa redação exigida pelo colégio marista, em 1959, posicionei-me contra o reatamento de relações diplomáticas entre Brasil e União Soviética. Foi o meu primeiro e único texto anticomunista. Naquele mesmo ano, a Ação Católica operaria uma revolução copernicana em minha cabeça, para desespero de meu pai, que conciliava seu americanismo com um convicto anticlericalismo.

Ingressei na JEC. Pelas mãos dos frades dominicanos, fui introduzido nas aventuras líricas de Saint-Exupéry, nos gestos heroicos de Guy de Larrigaudie, no personalismo de Emmanuel Mounier, no tomismo de Jacques Maritain e na visão social do padre Lebret. No movimento estudantil vi que os jovens comunistas jogavam mais limpo que os estudantes comprometidos com a defesa do ensino particular. Não passo a passo, mas aos saltos, pulei de pró-americano a anti-imperialista, sem contudo perder o olho crítico frente à União Soviética.

Cuba, no entanto, me parecia diferente. Fidel desfilara em carro aberto, sob aplausos do público, na Quinta Avenida de Nova York e, no Brasil, hospedara-se na mansão carioca da tradicional estirpe dos Nabuco. Nenhuma igreja fora fechada em Cuba e nenhum sacerdote fuzilado. Se a Revolução tinha defeitos, era por culpa das pressões do governo dos EUA, inconformado com a perda de uma de suas colônias na América Latina.

Às 2h da madrugada, as últimas personalidades se retiraram da casa de Sérgio Ramirez. D'Escoto convidou-nos à biblioteca. Fidel recebeu Lula e a mim em companhia de Manuel Piñeiro, chefe do Departamento de América – órgão responsável pelas relações do Partido Comunista de Cuba com setores políticos da América Latina – e do doutor José Miyar Barrueco, mais conhecido como Chomy, seu secretário particular e dublê de fotógrafo.

Piñeiro tinha a alcunha de *Barbaroja*, por sua longa barba ruiva, empalidecida pela nicotina de seus intermináveis charutos. Consta que era um dos homens mais visados pela CIA. Combatente de Sierra Maestra, muito jovem comandou a ocupação de Santiago de Cuba. Alto, corpulento, cabelos fartos como escultura de músico, parecia impregnado de permanente bom humor. Cumprimentava os amigos com tiradas irônicas, quebrando o gelo. Profundo conhecedor da história contemporânea da América Latina, comandava um setor do PC cubano que acompanhava, com olhos de lince, cada detalhe do jogo político do continente. Sabia em quantas tendências se dividiam os comunistas do Brasil; o nome dos generais golpistas da Argentina; as tensões internas da Frente Sandinista. Casado com Marta Harnecker, chilena, autora do best-seller *Conceitos elementares do materialismo histórico* (que na década de 1970 serviu de catecismo à esquerda brasileira), Piñeiro era, em suma, um conspirador profissional dotado de invejável *savoir-vivre*.[10]

Médico da Sierra Maestra e ex-reitor da Universidade de Havana, Chomy Miyar dava a impressão de ser o chefe dos guarda-costas do dirigente cubano, devido à sua corpulência. Jamais deixava de estar atento ao menor gesto de Fidel, como se lhe adivinhasse vontades e pensamentos. Circulava em volta dele como uma sombra, o que era acentuado pelo fato de trajar-se quase sempre de cinza. Em seus bolsos, repletos de filmes e equipamentos fotográficos, mesclavam-se cadernetas de anotações e sofisticados gravadores miniaturizados, nos quais registrava as conversas do dirigente cubano sem constrangê-lo.

Lula expôs, com sua voz rouca e tom incisivo, a origem e a proposta do Partido dos Trabalhadores e o alcance político das greves do ABC no desgaste da ditadura militar. Excitado pela inesperada oportunidade de conversar com Fidel, consultei o meu anjo da guarda: "Esta é provavelmente a primeira e única vez que você será ouvido por ele. Fale da Igreja."

---

[10] Nascido em 1933, Manuel Piñeiro faleceu em acidente de carro, em Havana, em 1998.

Enquanto Piñeiro cochilava pendurado num enorme charuto Cohiba, como se a cabeça fosse tombar do corpo, discorri sobre as Comunidades Eclesiais de Base e de como a gente sofrida da América Latina encontra na fé a energia necessária à busca de uma vida melhor. Muitos partidos comunistas falharam por professar um ateísmo apologético que os afastou dos pobres imbuídos de religiosidade. Assim como há entre cristãos muitos que cultuam a idolatria do capital, entre comunistas também há os que jamais trabalharam com os setores mais carentes da população nem romperam seus vínculos com os círculos abastados.

Fidel traçou um longo perfil histórico da Igreja Católica em Cuba, acentuou o caráter franquista do clero anterior à Revolução e os conflitos ocorridos à raiz da vitória dos guerrilheiros de Sierra Maestra, em 1959.

– Comandante, qual é, hoje, a atitude do governo cubano frente à Igreja Católica? – perguntei. Antes de ouvir a resposta, enumerei: – A meu ver, há três possibilidades: a primeira, tentar acabar com a Igreja e a religião. Porém, a história demonstra não apenas que isto é impossível, como tal atitude ajuda a reforçar a campanha dos que insistem numa ontológica incompatibilidade entre cristianismo e socialismo. A segunda, manter Igreja e cristãos marginalizados. Isso não só favoreceria a política de denúncia do que ocorre nos países socialistas, como criaria condições para serem considerados potencialmente contrarrevolucionários os cristãos dos países socialistas. E tornaria a Igreja Católica trincheira anticomunista dos cubanos insatisfeitos com a Revolução e impedidos de deixar o país. A terceira, o Estado cubano, como ente político, buscar o diálogo com todas as instituições do país, inclusive a Igreja Católica. E demonstrar abertura aos cristãos que querem participar da construção do socialismo. Qual das três o governo cubano assume?

– Eu nunca havia encarado a questão nesses termos, mas a terceira me parece mais sábia – reagiu Fidel. – Você tem razão, devemos buscar um melhor entendimento com os cristãos, superando qualquer forma de discriminação e neutralizando a ofensiva imperialista.

Fiz-lhe uma segunda pergunta:

– Por que o Estado e o Partido Comunista de Cuba são confessionais?

– Como confessionais?! – reagiu Fidel, surpreso. – Somos ateus.

– O ateísmo é uma forma de confessionalidade, assim como o teísmo, pois professa a negação da existência de Deus. Uma conquista da modernidade é o Estado e o partido laicos. Um Estado ateu é tão confessional quanto um Estado cristão ou muçulmano.

– Você tem razão – admitiu Fidel. – Estaria disposto a nos ajudar a conseguir um bom diálogo com os bispos cubanos?

– Sim, comandante, desde que eles também estejam dispostos a isso.[11]

***

Na história de Cuba, o catolicismo exerceu importante papel na dominação colonial. A Igreja reteve o monopólio da educação escolar e se impôs como grande proprietária de terras. Os métodos de exploração da mão

---

[11] Em 1991, o IV Congresso do Partido Comunista de Cuba suprimiu o seu caráter ateu e proclamou-o laico. Posteriormente, a Assembleia Nacional modificou a Constituição do país para declarar o caráter laico do Estado.

de obra indígena, adotados por nobres e padres, concorreram para que, já no início do século XVI, quase todas as tribos estivessem extintas. Nem todo o clero, entretanto, distraía-se com o debate se os indígenas tinham ou não alma. Houve honrosas exceções, como o dominicano Bartolomeu de las Casas, que renunciou a seu direito de propriedade de terras e de índios.

O extermínio indígena foi de tal ordem que quase não restaram influências pré-colombianas na religiosidade da população de Cuba. Em compensação, a mestiçagem, gerada pelo encontro entre africanos e espanhóis, favoreceu o profundo sincretismo que, ainda hoje, perdura na alma cubana. Surgiram a santeria, de origem iorubá, semelhante ao candomblé brasileiro; o Palo Monte, de tradição bantu; e o *abakuá*, de origem carabalí. O clero, predominantemente espanhol, não soube inculturar-se. Em contraste com a índole colonialista da maioria dos bispos, o catolicismo popular, progressista, impulsionava rebeliões de escravos, como as que ocorreram entre 1795 e 1849. Todas as lutas libertárias cubanas, inclusive a Revolução de 1959, trazem uma conotação religiosa, cuja expressão máxima foi o espiritualismo anticlerical de José Martí.

O surgimento das ideias liberais, trazidas pelos ventos das revoluções estadunidense e francesa, fortaleceu o anticlericalismo que, em 1836 e 1838, limitou os privilégios do clero. Curioso é que a posição colonialista da Igreja não tenha suscitado entre os letrados da época uma postura antirreligiosa. Talvez seja esta uma interessante característica do povo latino-americano, cuja crítica à Igreja não resulta, necessariamente, em antirreligiosidade ou ateísmo, como acontece na Europa. Aqui, guarda-se a distinção entre Deus e clero, alma e Igreja. Graças a esse discernimento, José Martí resgatou a função mobilizadora da religião nas lutas libertárias, exaltando o Deus da Paz e o Cristo dos Pobres, e propondo o amor como plenitude da verdadeira ordem política.

Com a independência de Cuba em relação à Espanha, em 1898, o Estado separou-se da Igreja, introduziu-se o casamento civil e, de acordo com a Constituição de 1901, o ensino religioso foi abolido das escolas públicas. A partir do século XX, surgiu um clero nativo que se concentrou nas cidades. Em 1928, foi criada a Ação Católica, que contribuiu para formar líderes dos movimentos estudantil e operário de destacada atuação nas rebeliões dos anos 30 e na revolução dos anos 50. Mas, malgrado suas divergências internas, oficialmente a hierarquia continuava sintonizada com a Igreja espanhola, admirando a ditadura de Franco e reconhecendo o Exército cubano como garantia da ordem vigente. Daí não ter causado espanto o modo simpático com que o cardeal de Cuba, Manuel Arteaga y Betancur, brindou a instauração da ditadura de Fulgencio Batista. Em plena Guerra Fria, tudo que representasse obstáculo ao avanço comunista e proteção dos interesses da Igreja era bem-visto pelo episcopado.

Havia, porém, bispos contrários à ditadura, como Enrique Pérez Serantes, de Santiago de Cuba; Alberto Martín, de Matanzas; e Alberto Evelio Díaz, bispo-auxiliar de Havana. Essa corrente progressista da Igreja Católica apoiou, inicialmente, os rebeldes que se juntaram a Fidel. Deve-se a monsenhor Pérez Serantes o fato de o governo de Batista ter sido obrigado a abrir um processo judicial regular contra os sobreviventes do assalto ao Quartel Moncada, em julho de 1953. Em 1958, o arcebispo de Santiago de Cuba e o bispo de Matanzas tentaram convencer o episcopado a exigir a renúncia coletiva de Batista e de seus ministros, mas os prelados se limitaram a um apelo à "conciliação", propondo a criação de um governo de "Unidade Nacional" com Batista e Castro! Inconformado, o bispo Martín pediu pessoalmente ao ditador que apresentasse sua renúncia. E obteve como resposta uma campanha de difamação e perseguição aos católicos, culminando com o assassinato de S. González, líder sindical católico.

A relutância dos bispos não impediu que se ampliassem entre os cristãos a oposição a Batista e o apoio aos rebeldes de Sierra Maestra. Abençoado por seu bispo, o padre Guillermo Sardiñas incorporou-se à guerrilha como capelão, bem como o pastor metodista Rodolfo Suárez, o pastor batista Luís Herra e militantes da JOC. Muitos franciscanos bascos, antifranquistas, atuaram a favor de Fidel. Este reconheceria, em entrevista à revista *Bohemia*, de 18 de janeiro de 1959, que "os católicos apoiaram decisivamente a causa da liberdade".

A Igreja Católica não esperava, contudo, algo mais do que o restabelecimento de uma democracia burguesa – na qual o direito à propriedade particular se sobrepõe às condições coletivas de vida. Assim, as hostilidades tiveram início tão logo a Revolução promoveu profundas reformas sociais que afetaram os interesses patrimoniais do clero e da oligarquia cristã. Todas as religiões, inclusive os cultos afro-cubanos – até então proibidos –, passaram a ter os mesmos direitos, o que contrariou o episcopado. Mas não se pode dizer que a Igreja Católica, como um todo, opôs-se ao regime revolucionário. Muitos fiéis viam com simpatia as reformas sociais que, além de minorarem o sofrimento do povo, restauravam a moralidade pública e livravam Cuba da pecha de "prostíbulo do Caribe". Contudo, as empresas estrangeiras afetadas pela Revolução trataram de desencadear poderosa campanha, acusando Fidel de comunista, lacaio de

Moscou. Como um cristão poderia apoiar um comunista? A força da propaganda ianque semeou dúvida e confusão.

Na carta pastoral de 7 de agosto de 1960, os bispos cubanos reconheceram, de um lado, os aspectos positivos da reforma agrária, do aumento dos salários, da redução do custo de vida, da construção de moradias populares e da proibição dos cassinos, do lenocínio e da discriminação racial. Mas, por outro, manifestaram preocupação com "a penetração do comunismo em nosso país", pois "catolicismo e comunismo têm dois ideais basicamente diferentes do homem e do mundo e que jamais serão compatíveis".

Os EUA, ao verem suas empresas serem nacionalizadas, suspenderam o fornecimento de petróleo e, a 19 de outubro de 1960, impuseram o bloqueio econômico a Cuba. Em 4 de dezembro do mesmo ano, o episcopado exigiu de Fidel que publicamente repudiasse o comunismo. Fecharam-se então os canais de diálogo entre o governo e os bispos cubanos, só reabertos dezesseis anos depois.

Enganam-se os que pensam que o verdadeiro êxodo dos católicos cubanos consistiu nos sacerdotes e nas religiosas que abandonaram o país nos primeiros anos da Revolução. De fato, muito mais grave foi o drama dos leigos que, conflitados pela oposição dos bispos – mas convencidos da obra de justiça realizada pela Revolução –, preferiram optar por esta e, ao fazê-lo, tiveram que deixar de frequentar a Igreja. Muitos, porém, jamais perderam a fé.

Partiu da Revolução o primeiro esforço para normalizar as relações entre Estado e Igreja em Cuba. Os poucos sacerdotes que passaram pelas prisões, acusados de atividades contrarrevolucionárias, cumpriram penas menores do que as previstas pelas sentenças recebidas. Ainda que adotando o ateísmo como confessionalidade oficial, tanto no Estado quanto no Partido, o regime cubano evitou fechar templos, embora restringisse as atividades religiosas aos espaços domésticos e eclesiásticos e impedisse o acesso do clero aos meios de comunicação de massa.

Por sua vez, o Vaticano também se empenhou em cultivar boas relações com Cuba, graças ao *aggiornamento* iniciado pelo papa João XXIII (1958-1963). Em 1962, monsenhor Cesare O. Zacchi, nomeado núncio apostólico em Havana, tratou de substituir os antigos bispos comprometidos com a ditadura de Batista por uma nova geração episcopal. Manteve também um canal de contato direto com Fidel. Isso possibilitou que, em abril de 1969, o episcopado, pela primeira vez, em carta pastoral conjunta, conclamasse os fiéis a participar da construção da nova sociedade e condenasse oficialmente o bloqueio imposto pelos EUA: "Denunciamos essa situação injusta do bloqueio, que contribui para aumentar sofrimentos desnecessários e torna mais difícil a busca do desenvolvimento".[12]

Em 1972, o arcebispo de Havana, Francisco Oves, em entrevista à revista *Bohemia*, apontava os valores comuns entre cristianismo e socialismo, e dava seu apoio aos "grupos de cristãos revolucionários que, fiéis à identidade cristã, empregam todas as suas forças para a plena libertação do homem".

---

[12] Em março de 2012, em visita a Cuba, o papa Bento XVI condenou explicitamente o bloqueio dos EUA ao país.

Foi a gota d'água. Pressionados pela comunidade cubana de Miami, os católicos da Ilha trataram de encurtar a presença de Oves à frente da principal diocese e de afastá-lo do país. O recuo só não foi maior graças à visita a Cuba, em 1974, do secretário de Estado do Vaticano, cardeal Agostino Casarolli, que adotou a *realpolitik* frente aos países socialistas e destacou as conquistas positivas da Revolução, mormente nos campos da saúde e da educação.

HAVANA E SANTIAGO DE CUBA: PRIMEIRA VIAGEM À ILHA

Assinado por Mariano Rodríguez, presidente da Casa de las Américas, o convite para o *Encontro de intelectuais pela soberania dos povos de nossa América* chegou-me em fins de maio de 1981, pelas mãos do cartunista Jaguar. A ideia do evento saíra da cabeça de Gabriel García Márquez.

Não me interessava ir a Cuba semiclandestino. Falei do convite a dom Cláudio Hummes, bispo de Santo André, em cuja diocese assessorei, ao longo de 23 anos (1979-2002), a Pastoral Operária. Expus as razões de meu interesse e os riscos inerentes à viagem, pois ainda éramos governados por um regime militar que me levara duas vezes à prisão. Dom Cláudio concordou com a viagem. Frei Mateus Rocha, superior dos dominicanos no Brasil, relutou, preocupado com a minha segurança. Ao narrar-lhe a conversa com Fidel em Manágua, ele assentiu; pediu, porém, que eu participasse a viagem ao cardeal Arns.

Cheguei de madrugada na capital peruana. Após um par de horas de sono em uma espelunca com nome de hotel, apanhei o visto na embaixada de Cuba. A falta de relações diplomáticas entre Brasil e Cuba, cortadas pelo golpe militar de 1964, obrigava-nos a ingressar na Ilha com "passaporte sem carimbo", na expressão de Antonio Callado.

No aeroporto Jorge Chávez, um alentado grupo de brasileiros aguardava o voo da Cubana de Aviação: Ruth Escobar, Argemiro Ferreira, Fernando Peixoto, Idibal Piveta, Geraldo Sarno, Leandro Konder, Antônio Henrique Amaral, Jorge Escoteguy, Ricardo Maranhão e Bóris Schnaidermann. Parecíamos colegiais de partida para uma excursão, tamanho o rebuliço, as brincadeiras, a alegria traduzida em piadas e ironias.

No voo, Ricardo Kotscho e eu tivemos o azar da companhia de um bando de sectários do MR-8. Sem nenhum pudor, indagavam, em altos brados, "o que fará em Cuba essa dupla de papa-hóstias?".

***

Kotscho é uma pessoa exemplar, todo coração, e cujos olhos parecem não distinguir a malícia que espalha joio entre o escasso trigo das boas intenções. Filho de mãe alemã e pai tcheco, é um homem exilado em suas próprias utopias, onde a ética se destaca como fundamento de uma arte que ele domina tanto quanto o jornalismo: a de ser amigo. Dotado de aguçada sensibilidade, nele o escrevinhador extrapola pelos poros, como se transpirasse os textos que produz. Conheci-o na greve dos metalúrgicos do ABC, em 1980, quando, repórter da *Folha de S. Paulo*, passou-me discretamente um cheque para o Fundo de Greve, que eu ajudava a coordenar com Gilson Menezes e Djalma Bom. Depois, organizamos em São Paulo um grupo de oração, oásis de Espírito que atravessa décadas.

Desde que ficamos amigos, desconfio de que Kotscho nasceu isento do pecado original. O diabo não deixou nenhum legado a este jornalista que sempre recusou cargos de chefia na mídia. Homem sem preço, é um mistério como suas raízes germânicas cedem lugar à postura indígena que o caracteriza. Gosta de mato, não usa relógio nem possui agenda, e em torno de um bom papo regado a cerveja ele esquece que o mundo gira e a Lusitana roda. Cristão atávico, creio que Ricardo é um desses anjos sem asas, pousados entre nós para que nem toda decência se perca. Graças à sua fértil imaginação, mesmo sem asas, o anjo careca empreende altos voos. É bem verdade que com a ajuda de uma fada leve como o ar, profunda como o mar, chamada Amar e cuja inicial se desloca por mera delicadeza e pudor: Mara.

Ao decolarmos do Panamá, o físico Mário Schemberg cismou de retornar ao Brasil do aeroporto de Havana. Comunicou a Fernando Morais – autor dos best-sellers *A Ilha* e *Os últimos soldados da Guerra Fria* – que não via sentido em visitar Cuba pela primeira vez "a convite de uma simples instituição cultural" e não do Comitê Central do Partido Comunista, já que ele era um dos fundadores do Partido Comunista no Brasil. Alegou ainda que a Casa de las Américas premiou escritores que ele não apreciava.

Fernando Morais recorreu a toda a sua diplomática mineirice para tentar convencer o velho físico a mudar de ideia. O comandante da aeronave contatou a torre de controle de Havana e solicitou que alguém do Comitê Central aguardasse o vacilante convidado, pois seria um escândalo político se ele cumprisse a ameaça de sequestrar a si mesmo...

Recebido com todas as honras, instalaram o cientista numa suíte do Hotel Habana Riviera, com direito a secretária e carro com motorista.

Havana me parece uma dessas mulheres em que a beleza do porte, dos cabelos e da maquiagem esconde rugas e desalento. A exuberância da vegetação encanta, o anil do céu inebria, o mar consome os olhos em anelos. A gente negra e morena é muito semelhante, em traços e jeitos, àquela que povoa as cidades brasileiras. A diferença é que não se vê miséria. A Praça da Revolução alarga-se sob os olhares românticos de imensos outdoors de Che Guevara e Camilo Cienfuegos.

Ficamos todos hospedados no Hotel Habana Riviera, antigo cassino da máfia estadunidense. Fomos recebidos por Mercedes e Gabriel García Márquez – Gabo para os íntimos. Todo de branco, o autor de *Cem anos de solidão* comportava-se como o dono da festa: acolhia comitivas, acertava reuniões e, como alguns intelectuais são chegados à química das substâncias etílicas, indicava roteiros habaneros que conduziam aos melhores bares, restaurantes e cabarés.

Além da cor amarelo-ouro do hall de entrada, chamaram a minha atenção o fato de os funcionários do hotel não aceitarem gorjetas e a presença de operários e agricultores entre os hóspedes.

※※※

O sargento Fulgencio Batista liderou o golpe de Estado que, em março de 1952, impôs a Cuba um regime ditatorial vassalo dos EUA, o principal importador do açúcar produzido na Ilha. Conhecido como "o bordel do Caribe", no país, território livre para a máfia, se fazia lavagem de dinheiro através de investimentos em cassinos e prostíbulos.

Um jovem advogado, ex-aluno jesuíta – Fidel Castro Ruz –, se filiou ao Partido Ortodoxo, de perfil liberal e em oposição a Batista. Organizou uma tendência de esquerda dentro do partido, o Movimento, que também acolhia militantes oriundos da Juventude Socialista. Estruturado em células estanques e dirigido por Fidel e Abel Santamaría, o Movimento se inspirava no exemplo e nas obras de José Martí, temperadas por alguns princípios marxistas, sem, no entanto, considerar-se comunista. Em agosto de 1952, circulou por Havana o primeiro número de O *Acusador*, publicação clandestina cujo principal articulista era um certo "Alexandre", nome de guerra de Fidel.

Na expectativa de levantar o povo cubano numa insurreição contra o regime de Batista, o Movimento decidiu tomar de surpresa o Quartel Moncada, em Santiago de Cuba; ocupar a central de polícia e o quartel da Marinha; e transmitir, pelo rádio, um manifesto justificando a ofensiva revolucionária. Para apoio logístico, adquiriu a granja Siboney, *la granjita*, na periferia de Santiago de Cuba. Em pleno Carnaval, a 26 de julho de 1953, os 135 combatentes assaltaram o Quartel Moncada. Supunham encontrar menos resistência durante os festejos de Momo. Para Bayamo seguiram 27 revoltosos, com o objetivo de ocupar o quartel local.

As duas colunas defrontaram-se com forte reação e se viram forçadas ao recuo. Muitos foram capturados e assassinados, entre os quais Abel Santamaría. Preso poucos dias depois nas montanhas próximas à cidade, Fidel só escapou da morte graças à tolerância do tenente Sarría que, ao reconhecê-lo, advertiu os soldados: "As ideias não se matam." Em seu julgamento, o líder dos rebeldes pronunciou o célebre discurso *A história me absolverá*, difundindo o programa político da Revolução.

Em 1955, a pressão popular induziu o governo a aprovar uma lei de anistia que beneficiou os moncadistas. Exilados no México, os militantes do Movimento 26 de Julho rearticularam sua estratégia e obtiveram o apoio de um jovem médico argentino que vagava pelas Américas – Ernesto Che Guevara.

Frank País, da Igreja Evangélica, comandava o Movimento 26 de Julho em Santiago de Cuba e preparava as condições para o desembarque do iate *Granma*, no qual o grupo de Fidel retornaria ao país para deflagrar a guerrilha. A 25 de novembro de 1956, 82 homens partiram de Tuxpán, no México, a bordo do *Granma*. O mau tempo impediu-os de cruzarem o Golfo do México no prazo previsto, retardado também pelo resgate de um dos combatentes que caíra n'água. O desembarque, detectado pela repressão, deu-se em Bélic, a 2 de dezembro. Cercados no dia 5, no acampamento de Alegría de Pío, dos 37 rebeldes capturados, 17 foram assassinados, e os outros, condenados. Fidel, Raúl Castro e demais sobreviventes se internaram na Sierra Maestra, conquistaram o apoio dos camponeses e formaram o Exército Rebelde.

Novas frentes de combate foram abertas após quinze meses de luta. Batista viu-se obrigado a suspender os bombardeios aéreos quando a guerrilha sequestrou cidadãos dos EUA. Camilo Cienfuegos e Che Guevara avançaram até Pinar del Río e Las Villas, e introduziram reformas nas zonas libertadas, como abertura de estradas e escolas, alfabetização e distribuição de terras.

Nas cidades, a luta clandestina também desgastava a tirania. O Palácio Presidencial foi atacado em março de 1957 e a Rádio Relógio, ocupada. A repressão tirou a vida de José Antonio Echeverría, líder da juventude cristã. Em setembro, a Marinha se sublevou em Cienfuegos e a cidade permaneceu várias horas em mãos dos revoltosos. No enterro de Frank País, também assassinado em 1957, a greve geral foi decretada em toda a parte oriental de Cuba. A Rádio Rebelde rompeu a censura e manteve a população informada sobre os avanços da guerrilha de Sierra Maestra.

Comitês de greve foram criados em todo o país, em outubro de 1958. Seus militantes remetiam às frentes guerrilheiras armas, dinheiro e remédios. Em dezembro, a ditadura encontrava-se isolada da população, malgrado o apoio dos EUA. O Exército Rebelde alargava e multiplicava a geografia das zonas libertadas. A 1º de janeiro de 1959, toda a nação aderiu à greve geral convocada por Fidel. Batista fugiu do país, consumando-se a vitória da Revolução.

Fidel tinha os olhos inchados e bocejava sem cerimônia, com cara de quem dormiu pouco, ao presidir a abertura do encontro de intelectuais, na sexta, 4 de setembro de 1981. Se é verdade que ele atravessava madrugadas entretido em trabalhos e conspirações, deve ter feito enorme sacrifício para comparecer naquela manhã ao Palácio das Convenções.

Percorri Havana Velha – patrimônio cultural da humanidade – observando as janelas com postigos e para-ventos, vitrais e lampiões, heranças da arquitetura colonial espanhola.

Antigos burgueses que optaram por permanecer em Cuba tiveram respeitados seus domicílios e hábitos de vida: uma velha dama continuava solitária em sua mansão de dezenas de cômodos, e as irmãs dominicanas contemplativas, não mais de vinte, moravam num mosteiro capaz de abrigar o mesmo número de famílias. Isso num país que, após vinte e dois anos de Revolução, ainda não havia solucionado o problema da moradia, embora não houvesse nada parecido às favelas brasileiras. As mansões de Havana, abandonadas por seus proprietários temerosos do comunismo, eram, então, ocupadas por diversas famílias que nelas introduziram divisões internas, transformando-as em precárias casas de cômodo.

Os domingos em Havana eram preguiçosos, como em Minas de minha infância. O trânsito escasseava, os motoristas cuidavam de seus carros quais preciosos brinquedos, os sinos das igrejas quebravam o silêncio de um Estado que, até então, era oficialmente comunista e ateu.

Ricardo Kotscho e eu fomos à missa das 9h, na igreja do Sagrado Coração de Jesus, em El Vedado. No altar central, o Sagrado Coração, cercado por São Domingos e Santo Tomás de Aquino. Este encara, à sua frente, a Virgem da Caridade do Cobre, padroeira de Cuba. Contei três jovens entre 50 fiéis espaceados num templo que comportaria 500.

Tomamos um táxi à saída. O motorista indagou se fomos à missa.

– Aqui pouca gente vai à missa, mas muitos têm fé – disse. – Antigamente, em quase todas as casas se viam imagens da Virgem da Caridade e do Sagrado Coração de Jesus. Hoje é mais raro. A Igreja em Cuba precisa de novos ares.

– Aqui enterram os mortos sem cerimônias religiosas? – perguntei.

– Sim. Às vezes acontece de a metade da família entrar na capela do cemitério e a outra metade ficar fora.

Na missa das 6h da tarde, na catedral, surpreendeu-nos a "Oração dos Fiéis": "Oremos pela luta dos oprimidos em nosso continente e para que os cristãos a apoiem."

No seminário San Carlos, em Havana Velha, notei que a maioria dos candidatos ao sacerdócio era muito crítica ao regime, espelhando o consenso reinante na Igreja Católica local. Padre Petit ouviu minhas apreciações positivas sobre o país e perguntou irônico:

– Notou que quase tudo é soviético?

– Sim, parece o Brasil, onde quase toda tecnologia é estadunidense ou europeia. A diferença é que a presença das

transnacionais em meu país não reduz a miséria e o sofrimento do povo. Mas não se pode dizer que a presença soviética empobreça os cubanos.
– É verdade – concordou.
– Padre, o que ocorreria aqui se os soviéticos amanhã fossem todos embora? Cuba seria livre?
Fez uma pausa e admitiu:
– Não, os ianques invadiriam a Ilha.
Visitei monsenhor Giulio Einaudi, núncio apostólico, e o vigário-geral de Havana, padre Carlos Manuel de Céspedes, neto e homônimo do Pai da Pátria, um fazendeiro do século XIX que libertou seus escravos e comandou a luta contra o colonialismo espanhol. Expus a eles minha disposição de ajudar, de algum modo, as relações Igreja e Estado em Cuba.

Todos os participantes do encontro de intelectuais foram convidados ao coquetel no Palácio da Revolução, na noite de segunda, 7 de setembro de 1981. Chegamos em ônibus especiais. Subimos excitados as intermináveis escadas do antigo Palácio da Justiça, em estilo fascista. Enorme fila se estendia à entrada do pequeno salão ornado com plantas naturais. A beleza das samambaias e das palmas coincidia com as obras de arte, murais e esculturas, expostas ao nosso redor. Nada de realismo socialista.
À porta do pequeno salão, Fidel cumprimentava um por um dos convidados. Trajava uniforme de gala e tinha o semblante descansado. Alguns intelectuais insistiam em ser reconhecidos e seguravam a fila enquanto arriscavam um breve diálogo com o anfitrião. Este fingia não escutar, olhava por cima do interlocutor e estendia a mão ao próximo, enquanto a segurança empurrava delicadamente

o visitante na direção do grande salão, separado do menor por uma porta de madeira treliçada.

Ao chegar a minha vez, Fidel fitou-me com seus olhos miúdos:

– Já nos conhecemos? – falou como se indagasse à própria memória.

– Sim, Comandante, conversamos em Manágua, na casa de Sérgio Ramirez, no primeiro aniversário da Revolução Sandinista.

– É uma alegria tê-lo aqui conosco – ouvi-o dizer, enquanto uma mão espalmada colava-se às minhas costas e me impedia de ficar parado.

Fechou-se a porta que separa os salões tão logo se encerrou a fila de cumprimentos. O líder cubano ficou do outro lado, cercado por amigos, como García Márquez e Ernesto Cardenal. Pouco depois, um de seus assessores veio à minha procura:

– O Comandante quer vê-lo.

Passei ao pequeno salão. Fidel insistiu para que fizesse em Cuba o mesmo trabalho que eu desenvolvia na Nicarágua, de aproximação entre cristãos e marxistas. E me convidou a visitar Santiago de Cuba.

Manifestei a Lupe Velis, do círculo de amigos de Fidel, a intenção de entrevistar o dirigente cubano. Imaginei um livro sobre Cuba, destinado ao público jovem, cujo epílogo fosse uma breve conversa com o Comandante. Ela jogou um balde d'água fria sobre o meu propósito:

– Há trezentos jornalistas inscritos com o mesmo objetivo.

Na quinta, 10 de setembro de 1981, cheguei a Santiago de Cuba, acompanhado de Rafael Hidalgo, do Departamento de América. Pelas ruas ondulantes da cidade, que parecem imitar o balanço do mar que a cerca por quase todos os lados, vi um único outdoor com os retratos de Marx, Engels e Lênin; exortava ao estudo do marxismo. Os demais defendiam a libertação de Porto Rico e Chile. Encontrei numa livraria a edição cubana de *Quincas Borba*, de Machado de Assis; comprei quatro livros e um caderno por dois pesos, o equivalente a 1% do salário médio mensal.

No antigo Quartel Moncada agora funcionavam uma escola secundária e o museu que registra a história libertária de Cuba. Entre os estrangeiros expostos na galeria dos "mártires internacionalistas" um único brasileiro: Carlos Marighella, líder da guerrilha urbana contra a ditadura militar, entre 1966 e 1969.[13] A seu lado, os guerrilheiros Tânia e Inti Peredo, da Bolívia; Turcio Limas, da Guatemala; Albiso Campo, de Porto Rico; Augusto César Sandino, da Nicarágua; e Tupac Amaru, do Peru.

Fomos até *la granjita*, onde se preparou o assalto ao Moncada. Alugada por Abel Santamaría sob o pretexto de criar galinhas, as "rações para frango", remetidas de Havana por Fidel, eram armas, munições e uniformes, cuidadosamente escondidos no teto da casa e no fundo da cisterna, envoltos em papel parafinado. Dois dias após o fracassado ataque, seus seis ocupantes foram metralhados.

Partimos para Holguín num Volga 76, de fabricação soviética, na manhã de sábado, 12 de setembro de 1981. Atravessamos uma das mais belas zonas canavieiras do país, a Planura de Cauto, antiga propriedade da United Fruit. À beira da estrada, casas de madeira cobertas por folhas de

---

[13] Ver *Batismo de sangue* (Rocco) e a versão cinematográfica de mesmo título dirigida por Helvécio Ratton.

palmeira, mas ninguém sem sapatos, de roupa rasgada ou pedindo esmolas.

O bispo de Holguín, monsenhor Hector Luiz Peña Gomes, de 48 anos, estranhou eu bater à sua porta sozinho:

– Mas, como, não está sendo vigiado? Aqui nenhum estrangeiro anda desacompanhado.

Queixou-se de só contar com três sacerdotes. Faltavam papéis para registro dos batizados. Indaguei se havia algo de positivo na Revolução.

– Sim, nos campos da educação e da saúde. Mas o governo não providencia a reforma dos templos.

Reclamou da censura à correspondência. As obras de teologia e as revistas especializadas entravam no país pelo malote diplomático da nunciatura, que se prestava a um bendito contrabando.

– Há discriminação aos cristãos – afirmou. – Os pais aconselham os filhos a não revelar fora de casa que têm fé, o que me parece um absurdo. Mas, se o fazem, são discriminados na escola e, seus pais, preteridos no trabalho.

Gilberto López Perez e Bernardo Jano León, dirigentes da Central de Trabalhadores de Cuba, falaram-me da relação entre sindicato e Partido:

– O sindicato reconhece o Partido como órgão representativo do país – disse Gilberto. – Somos correia de transmissão do Partido. Procuramos, através do sindicato, colocar em prática as propostas do Partido.

Reunido com dirigentes do Partido, critiquei o *Granma;* na minha opinião, um jornal mal editado, pesado, com diagramação ultrapassada e textos sem interesse jornalístico. As notícias mais pareciam notas oficiais.

Minha apreciação provocou mal-estar. Um deles tentou convencer-me de que os leitores liam os extensos discursos publicados. Recordei-me do conselho de um dirigente sandinista: "Se quiser saber o que realmente pensa um cubano, fale sozinho com ele. Em grupo, não abrem o jogo." Agora tinha a acrescentar: e alguns não gostam de críticas.

De volta a Havana, manifestei no Comitê Central minha impressão sobre as relações da Revolução com a Igreja.
– Assim como a Igreja Católica aqui me parece estagnada em 1959, a visão que vocês, comunistas, têm da religião também está parada nos anos de 1960.

Na primeira visita a Cuba, o que mais me causou impacto foi a segurança de vida da população. Ali não se morria antes do tempo... A maior ameaça procedia de fora, da política belicista do governo dos EUA.

MANÁGUA E ESTELÍ:
A FÉ NA REVOLUÇÃO

A confortável casa do padre Miguel D'Escoto pertenceu ao executivo que presidiu o Banco Central da Nicarágua à época de Somoza. No domingo, 29 de novembro de 1981, encontrei ali Daniel Ortega; o secretário-geral da FSLN, René Nuñez; os padres Gustavo Gutiérrez, Pablo Richard, Fernando Cardenal, Uriel Molina e o ministro do Bem-Estar Social, padre Edgard Parrales.

D'Escoto acabava de retornar do México e, agora, descrevia em detalhes as recentes conversas sobre a América Central entre o presidente López Portillo e o general Alexander Haig, secretário de Estado dos EUA. Na atenção dos convivas, uma indisfarçável satisfação pela eficiência da espionagem sandinista dentro do governo mexicano.

Falamos ainda da conjuntura da Igreja, da campanha internacional contra a Revolução e da Juventude Sandinista, agora sob os cuidados de Fernando Cardenal. Preocupava-me o caráter mecanicista do marxismo divulgado entre os jovens sandinistas, mera apologética de antigos manuais russos. Insisti na importância de os sacerdotes no poder – D'Escoto, Parrales e os irmãos Cardenal – explicitarem publicamente sua vida de fé. Temia que projetassem uma imagem mais política que cristã.

Visitei o vulcão Santiago, em Masaya, cuja cratera foi escancarada por um terremoto. Com 180 metros de profundidade, a garganta incandescente expirava nuvens de enxofre. Era o retrato do Inferno. Em silenciosa oração, homenageei os presos políticos que foram atirados ali dentro, vivos, por helicópteros de Somoza.

Viajei a Estelí com o padre Parrales, na terça, 1º de dezembro de 1981, para participar da assembleia da diocese. Fomos recebidos por Mary e Felipe Barreda, que lideraram o apoio do Cursilho de Cristandade à insurreição da cidade. Em sua diaconia, pareciam personagens vivas dos *Atos dos Apóstolos*. Pele cor de jambo, Mary sorria luminosa, como se a vida lhe fosse sempre pródiga. Felipe, atarracado e sempre bem-disposto, conciliava paciente o cuidado aos seis filhos, o trabalho profissional e as atividades pastorais.

Na noite seguinte, embarquei para Cuba.

HAVANA:
O DEUS QUE NÃO MERECE FÉ

O poeta Eliseo Diego tinha o rosto sereno emoldurado pela barba branca, os cabelos negros e abundantes puxados para trás, testa larga, olhos vivos. Habitava uma casa simples no centro de Havana.

*Un poema no es más
que una conversación en la penumbra.*

De origem burguesa, Eliseo Diego nasceu na capital cubana em 1920. Suas primeiras crônicas foram reunidas em *En las oscuras manos del olvido* (1942). O primeiro livro de contos, *Divertimientos* (1946), teve a edição, de 300 exemplares, paga de seu próprio bolso. Sabia-se, contudo, condenado à poesia.

*La muerte es esa pequeña jarra, con flores pintadas a mano,
que hay en todas las casas y que uno jamás se detiene a ver.*

O primeiro livro de poemas, *En la Calzada de Jesús del Monte*, é de 1949. Segundo ele, um tempo de simulações, quando os políticos eram ladrões e os ladrões, aprendizes de políticos. Em 1958, publicou *Por los extraños pueblos*.

Com a vitória da Revolução, ser escritor em Cuba deixou de significar um desafio heroico. Sua poesia, agora, repartia-se como pão: *El oscuro esplendor* (1966), *Libro de las maravillas de Boloña* (1967), *Versiones* (1970), *Nombrar las cosas* (1973) e *Los días de tu vida* (1977).

Em 1975, o livro, que tivera uma edição de apenas 300 exemplares, foi reeditado. Seis mil exemplares chegaram aos leitores.

A sala de visita servia também de biblioteca e escritório. O poeta ofereceu-me rum com soda.

– O materialismo filosófico – observou – me parece menos cínico que o dos sentidos. No capitalismo, não se nega Deus filosoficamente, mas na prática, no modo como se idolatra o dinheiro. Sempre digo aos comunistas: o deus no qual vocês não creem, eu também não.

Falamos de Lezama Lima e de Cabrera Infante. A indagação aflorou a minha boca:

– Nunca teve vontade de abandonar este país?

– Sim, na época de Aníbal Escalante,[14] em que os sectários tiveram o poder em mãos. Preparava-me para deixar a Ilha quando Fidel o aprisionou e declarou na TV: "Por causa dessa gente perdemos homens valiosos que saíram de Cuba e nos fazem falta." Naquele momento, compreendi que o meu lugar é aqui. Em Cuba se vive o que nós, cristãos, pregamos: a partilha, a justiça, a fraternidade. Antes, eu via os sobrinhos de minha cozinheira descalços e nada fazia por eles, só me sensibilizava. Depois, a Revolução deu-lhes sapatos, escolas e melhores casas.

– Acredita que o socialismo realiza o que o cristianismo prega?

---

[14] Aníbal Escalante foi secretário das Organizações Revolucionárias Integradas, que unificaram as forças políticas responsáveis pela Revolução Cubana. Acusado de sectarismo, foi destituído e preso em 1962.

– Em 1957, padre Lombardi, do movimento Por Um Mundo Melhor, esteve em Havana. Ao final de suas preleções, desabafou diante de uma plateia burguesa: "Jamais encontrei uma sociedade tão frívola. Vocês passarão por provas muito duras." E assim foi.

– Como faz para viver sua fé em comunidade?

– Minha comunidade são as irmãs Servas de Maria, que cuidam dos doentes.

– Vê contradição entre cristianismo e marxismo na luta por justiça?

– Não, já que o marxismo é uma ciência, e o cristianismo, uma revelação divina. Mas os comunistas têm dificuldade de entender isso.

– Como são as edições de suas obras poéticas?

– A editora lança 10 mil exemplares na primeira edição e me paga por produção e edição, não por exemplares. Antes da Revolução, não havia editoras. Cada autor que editasse por sua própria conta, o que só os ricos podiam fazer.

– Considera que tem alguma missão neste país?

– Sim, deixar uma interrogação.[15]

No convento franciscano de Guanabacoa, frei Miguel Angel Loredo narrou-me seu trágico itinerário: regressara da Espanha em 1964, onde fizera os estudos teológicos, sob influência franquista. Dois anos depois, um certo Bettancourt tentou sair de Cuba sequestrando um avião, em Havana. O piloto e o copiloto simularam a viagem a Miami, deram voltas e retornaram ao aeroporto. O sequestrador matou os dois a tiros.

---

[15] Eliseo Diego faleceu em 1994.

Acusado de homiziar Bettancourt em sua igreja, padre Loredo foi condenado a 15 anos de prisão, dos quais cumpriu dez, sendo um em trabalhos forçados. No cárcere, na Ilha de los Pinos (hoje, Ilha da Juventude), fez três greves de fome, uma delas de 36 dias, e criou o jornal *Kerygma*, que escrevia à mão e utilizava para evangelizar.

Indaguei se foi torturado.

– Não, nunca sofri tortura sistemática, como há nos países capitalistas. Fui pressionado psicologicamente e, por vezes, vi guardas e prisioneiros se atracarem, de homem para homem.

– O que pensa da Revolução?

– Sou um revolucionário – disse com entusiasmo em sua cela conventual, onde me mostrou recortes de jornais e revistas da época da prisão. – Entrei no cárcere franquista e saí fidelista. Quero que a Revolução acredite em minha sinceridade. Minha mãe mora no México, preciso vê-la, mas não me deixam sair.

Pediu que eu interviesse junto ao governo para obter o visto.

– Eles temem que eu não regresse.

– E regressará?

– Não vejo sentido em viver fora de Cuba. Aqui Deus me pôs, aqui devo anunciar o Evangelho.

Prometi fazer o que estivesse ao meu alcance.

Mais tarde, conversei sobre o caso com José Felipe Carneado, responsável no Comitê Central pelas relações entre Estado e denominações religiosas. Pouco depois, frei Miguel Loredo obteve permissão para viajar ao exterior.[16]

---

[16] Em Roma, declarou à imprensa que fora barbaramente torturado.

A 28 de maio de 1988, após ler *Fidel e a religião*, de Porto Rico remeteu-me seu livro autobiográfico, no qual critica duramente a Revolução, e anexou carta com severas críticas à minha amizade com Fidel.

Ao sul da província de Matanzas visitei Playa Girón, na Baía dos Porcos, pela qual os mercenários da CIA tentaram invadir Cuba, em 1961.

***

O plano consistia em isolar do resto do país aquela zona pouco povoada e de difícil acesso; estabelecer ali um governo provisório, que seria imediatamente reconhecido pela Casa Branca, justificando assim a intervenção das Forças Armadas dos EUA.

Na madrugada de segunda, 17 de abril de 1961, tropas mercenárias, integradas por 1.500 homens e comandadas pelo governo Kennedy, desembarcaram em Playa Girón. Paraquedistas, despejados por 30 aviões, ocuparam o povoado de Pálpite, no caminho de Playa Larga, ao sul de Cuba. No sábado anterior, a aviação invasora, com um B-26 que havia levantado voo de Puerto Cabezas, na Nicarágua, já havia bombardeado os aeroportos de Ciudad Libertad, de Havana, e o de Santiago de Cuba, na tentativa de destruir as poucas aeronaves de que dispunha o governo revolucionário.

As mudanças introduzidas pela Revolução, como a reforma agrária, haviam afetado os interesses estadunidenses na Ilha. Desde agosto de 1960, o Pentágono e a CIA incrementavam ações de sabotagem contra Cuba. Tropas mercenárias, integradas em sua maioria por cubanos que deixaram o país após a chegada de Fidel ao poder, passaram a ser treinadas na Flórida, no Mississípi, na Ilha Vieques, em Porto Rico, na Guatemala e na Nicarágua.

Às oito da manhã, dois batalhões das Milícias Nacionais Revolucionárias, armados com fuzis e apenas 20 cartuchos para cada soldado, chegaram à zona do desembarque, na Baía dos Porcos. Às 10, a Escola de Responsáveis das Milícias, comandada por José Ramón Fernández, uniu-se aos batalhões nos duros combates. A aviação inimiga conseguiu ludibriar as forças de defesa ao pintar suas aeronaves com as insígnias da Força Aérea Cubana. Com o movimento das asas, os pilotos saudavam as tropas que avançavam e, em seguida, abriam fogo contra elas. Logo, os únicos sete aviões de que dispunha o governo revolucionário entraram em ação; conseguiram derrubar três aviões inimigos e afundar dois barcos mercenários, em Playa Larga.

O próprio Fidel se fez presente na frente de combate. Às primeiras horas da manhã de 18 de abril de 1961, Playa Larga foi retomada pelos cubanos. No dia seguinte, Playa Girón foi cercada e centenas de mercenários presos. Em 48 horas de combate, as Forças Armadas de Cuba conseguiram destruir metade da aviação invasora. Desmoralizados, os mercenários preferiram entregar-se a correr o risco de morrer.

Cerca de 150 revolucionários pereceram na defesa da soberania cubana, enquanto os mercenários perderam aproximadamente 200 homens. Foram capturados 1.197 prisioneiros. Durante o cortejo fúnebre, que mobilizou toda a população de Havana, Fidel proclamou o caráter socialista da Revolução.

Agora, em Playa Girón, há um bem cuidado museu, com fotos, mapas, armas e outros objetos recolhidos da fracassada Operação Pluto. Os mercenários foram literalmente abandonados na praia pelo presidente John

Kennedy, que, no momento do desembarque, se recusou a enviar reforços. Entre os desembarcados estavam os sacerdotes espanhóis Lugo, Las Heras e Machado, que consideraram a invasão uma "cruzada católica contra o comunismo". A Revolução prendeu todos eles, mostrou o julgamento através de rede nacional de TV e a mantê-los encarcerados em Cuba preferiu trocá-los por US$ 70 milhões em alimentos e remédios para crianças, dos quais US$ 10 milhões nunca foram pagos.

Remonta a 1831 o início das agressões dos EUA à América Latina e ao Caribe, quando os marines invadiram as Ilhas Malvinas – que, de direito, pertencem à Argentina – e destruíram Puerto Soledad. Dois anos depois, a Marinha de Tio Sam ajudou a dos súditos do rei da Inglaterra a se apoderarem militarmente daquela ilha, que eles chamam de Falklands. Criado em 1775, um ano antes da independência dos EUA, o Corpo de Fuzileiros Navais dos EUA, cujos soldados são conhecidos como marines, canta orgulhoso em seu hino "somos os primeiros a entrar em combate".

A sanha imperialista não se detêve mais. Em 1846, os EUA decidiram apoderar-se de parte do território mexicano, o atual estado do Texas. A batalha levou as tropas invasoras a ocuparem a Cidade do México, em 24 de setembro de 1847. No ano seguinte, a Casa Branca impôs ao seu vizinho abaixo do rio Grande o Tratado de Guadalupe-Hidalgo, pelo qual a nação mexicana entregou aos invasores mais da metade de seu território: Texas, Novo México, Arizona e Califórnia. A moda pegou. Em 1852, tropas dos EUA desembarcaram em Buenos Aires. Em 1853, o pirata ianque William Walker tentou se apropriar de mais uma parcela do México, o estado de Sonora, rico em ouro, mas foi repelido pelo povo em armas. Inconsolável, Walker invadiu a Nicarágua em 1855 e, no ano seguinte, autoproclamou-se "Presidente de toda a América Central", o que, no mínimo, seria cômico se não fosse ridículo. Mas era sério, e ele foi derrotado.

Convencidos de que esta parte do planeta lhes pertencia, em 1856 Inglaterra e EUA firmaram o Tratado de Hay-Clayton-Bulwer, pelo qual se reservavam o direito de abrir canais interoceânicos na América Central, indiferentes à opinião dos países da área. Começou a campanha do Panamá, que durou até 1860. Entre 1895 e 1898, tropas norte-americanas intervieram em Cuba. Em 1898, fuzileiros navais dos EUA bombardearam San Juan de Porto Rico. No mesmo ano, a Casa Branca, intervindo na luta dos cubanos por sua independência da Espanha, impôs a Cuba, durante quatro anos, um governo militar encabeçado pelo general Leonard Wood.

Em 1903, mediante o Tratado Hay-Buneau-Varilla, a nação do norte apropriou-se de uma faixa de 8 km de cada lado na região em que se construiu o Canal de Panamá, entre os oceanos Atlântico e Pacífico. Em Cuba, os ianques ocuparam uma parte do território de Guantánamo, onde estabeleceram uma base militar. Em 1905, a República Dominicana foi invadida pelos marines, a pretexto de desajuste financeiro naquele país. No ano seguinte, Cuba sofreu uma segunda intervenção militar, comandada pelo general Charles Magoon e que durou três anos.

Em 1909, foi a vez de a Nicarágua sofrer intervenção. Um ano depois, as tropas invasoras obrigaram o presidente José Santos Zelaya a abandonar o país. Em 1911, a República Dominicana foi militarmente ocupada até 1914. Naquele mesmo ano, os marines desembarcaram na Nicarágua, onde permaneceram até 1924.

Cuba e Honduras sofreram mais uma intervenção dos EUA em 1912. Em 1915, os filhos de Tio Sam invadiram o Haiti, onde permaneceram até 1934. Nova ocupação de Cuba ocorreu em 1917 e se prolongou por dois anos, sem que ainda houvesse sequer o pretexto do comunismo... E se repetiu em 1922. Em 1924, Honduras sofreu sua quarta intervenção e, no ano seguinte, a quinta. Em 1926, os marines invadiram de novo a Nicarágua.

Em 1947, por um acordo com os militares nativos, os EUA derrubaram, na Venezuela, o presidente Rómulo Gallegos, como castigo por ter aumentado o preço do petróleo exportado. Em 1954, utilizando aviões de bombardeio e mercenários, os paladinos da liberdade puseram fim, na Guatemala, ao governo democrático de Jacobo Arbenz. Em 1961, ocorreu a fracassada invasão de Playa Girón, em Cuba. Em 1964, no Panamá, soldados dos EUA mataram 20 estudantes, ao reprimirem a manifestação em que os jovens queriam trocar, na zona do canal, a bandeira estrelada pela de seu país! No mesmo ano, a CIA participou do golpe militar que derrubou o governo João Goulart, no Brasil.

Em 1965, em um acinte ao Direito Internacional, o Congresso dos EUA reconheceu unilateralmente o "direito" de os EUA intervirem militarmente em qualquer país do continente. No mesmo ano, para livrar a República Dominicana "do perigo comunista", os marines ocuparam o país, com a ajuda de tropas brasileiras, e impediram a posse de Juan Bosch, eleito democraticamente.

Em 1973, a CIA arquitetou o plano que, em 11 de setembro, resultou no assassinato do presidente Salvador Allende, do Chile, e levou o general Pinochet ao poder. Em 25 de outubro de 1983, tropas da 82ª divisão aerotransportada invadiram Granada e assassinaram o presidente Maurice Bishop. Em 1984, para reforçar a contrarrevolução nicaraguense, 11 mil soldados dos EUA se espalharam por Honduras.

Entre 1988 e 1989, pilotos americanos e a Guarda Nacional de Kentucky participaram de bombardeios à população civil do interior da Guatemala, sob pretexto de combater guerrilhas. Em El Salvador, inúmeros oficiais dos EUA assessoraram as tropas do governo contra os combatentes da FMLN.

Em 20 de dezembro de 1989, 25 mil soldados dos EUA invadiram o Panamá, derrubaram e aprisionaram o presidente Noriega, sob pretexto de tráfico de droga, e impuseram no poder o presidente Guillermo Endara. Mais de mil panamenhos foram mortos durante a ocupação. E, entre 1982 e 1990, o governo dos EUA patrocinou uma guerra de agressão à Nicarágua, financiando e treinando mercenários e mantendo o bloqueio econômico.

Em 2002, na Venezuela, a embaixada dos EUA monitorou o fracassado golpe para tentar derrubar o presidente Hugo Chávez, e, em 2009, a Casa Branca teve êxito ao patrocinar o golpe que, em Honduras, depôs o presidente Manuel Zelaya.

Por onde estiveram, as tropas de invasão dos EUA só deixaram miséria, desigualdade, corrupção e morte. Mas fizeram bem em colocar a Estátua da Liberdade à porta principal dos EUA. Assim, estamos todos cientes de que ela delimita a esfera da liberdade. Para todos nós, que não somos estadunidenses, resta-nos a liberdade de jamais contrariar a liberdade de eles restringirem ou suprimirem a nossa.

HAVANA E SANTIAGO DE CUBA: REUNIÃO COM OS BISPOS CUBANOS

Recebi em São Paulo o seguinte telegrama, em janeiro de 1983:

> *Posible encontrarte conferencia episcopal lunes 21 de febrero o martes 22 por la mañana en Santiago de Cuba espero respuesta saludos fraternos*
> *Padre Carlos Manuel.*

Dentro do avião que me levou a Havana na sexta, 18 de fevereiro daquele ano, um frio siberiano. Ao desembarcar, fui para o convento dos dominicanos.

Na manhã seguinte, acordei com sintomas estranhos: todo o meu corpo contraído por dentro, como se os músculos se enroscassem em torno de um eixo central. As gengivas ardiam de dor, os dentes pressionados uns sobre os outros, a tal ponto que não conseguia abrir a boca sequer para beber água. A visão ficou embaçada; tive a sensação de estar dentro de um bólido desprovido de gravidade. Ainda assim, aceitei o convite de Sérgio Cervantes para almoçar em casa de seu pai, um pequeno cômodo em Havana Velha. Preparou-nos um coquetel de lagosta, sopa polonesa com galinha e doce de abóbora com queijo. Pouco saboreei, tanto me doía o corpo e me apertava a boca. Entre 11 da manhã e uma da tarde, mil demônios me cravaram espinhos invisíveis...

Após o almoço, Cervantes levou-me ao hospital. Deram-me uma injeção. Anotei na agenda: "Hoje foi meu dia de maior sofrimento físico." Teria sido derrubado pela dengue que assolava a Ilha?[17]

Em Santiago de Cuba, o padre José Conrado me aguardava no aeroporto, na segunda, 21 de fevereiro de 1983. Dali, levou-me ao santuário nacional de Nossa Senhora da Caridade do Cobre. À noite, fui chamado para falar ao episcopado sobre minha disposição de facilitar o contato com as autoridades do país. Presentes o núncio apostólico e os oito bispos. Expus meu projeto desde o encontro com Fidel em Manágua, em 1980:

– Creio que tenho possibilidades de contribuir para o diálogo Igreja-Estado neste país. Dirigentes do Partido Comunista apoiam o meu trabalho nesse sentido. Porém, disse-lhes que só o farei se os bispos locais concordarem. Se os senhores acham que não tenho nada a fazer, digam agora; é muito arriscado para mim vir a Cuba. Vivo sob uma ditadura militar, para a qual a simples menção do nome deste país causa arrepios. Mas se creem que tenho um papel a cumprir estou disposto a enfrentar os riscos. Não quero atuar como livre atirador, e sim em consonância com a conferência episcopal.

---

[17] Em 1993, o norte-americano Carleton Gajdusek, Prêmio Nobel de Medicina de 1976, constatou que a população cubana era vítima de uma epidemia que "não se parece com nada que eu tenha visto ou ouvido falar". Segundo as agências de notícias, a doença atacava o sistema nervoso, provocava problemas de visão, alterava a coordenação motora e produzia câimbras repentinas e dolorosas. Talvez eu tenha sido atacado por este estranho vírus *made in CIA*...

Os bispos exorcizaram seus fantasmas ao manifestarem temores e perigos. Receavam que eu fosse manipulado pelo Partido.

– Custa-me muito vir aqui – ponderei. – Já tenho demasiado trabalho na Nicarágua e no Brasil, um país de dimensões continentais. Para mim, não faz sentido vir sem a aprovação dos senhores. Se acham que devo interromper o diálogo com o governo, não volto mais. Mas fica com os senhores a responsabilidade da decisão perante Deus e a história.

Pediram-me para sair uns momentos. Afinal, deram-me sinal verde, especialmente os bispos Jaime Ortega, Pedro Meurice e Adolfo Rodríguez.

– Atualmente você é a única ponte confiável que temos com o regime – disse um deles. – Como é de fora e não possui os bloqueios emocionais de quem vive aqui, pode dialogar com mais liberdade e ajudar os dirigentes comunistas a terem uma visão menos equivocada da Igreja e da religião. O fato de você estar aqui como convidado de Fidel lhe permite agir com mais liberdade.

De volta a Havana, encontrei, no Ministério da Cultura, Armando Hart, Lupe Velis, Mariano Rodríguez e Trini Pérez, para tratar de uma proposta que eu fizera: a realização, em Cuba, de um seminário latino-americano de educação e cultura populares. Desde 1978, eu atuava, a partir de São Paulo, no Centro de Educação Popular do Instituto *Sedes Sapientiae* (Cepis), que assessora movimentos pastorais e sociais em todo o Brasil. Estava convencido de que uma boa dose de Paulo Freire faria bem ao socialismo.

Concordaram com a realização do seminário.

MANÁGUA:
ASSASSINATO DO CASAL BARREDA

Era angustiante constatar, em setembro de 1983, a agressão que, a partir de Honduras e da Costa Rica, o governo dos EUA desencadeou contra a Nicarágua, financiando bandos de mercenários que nutriam sua coragem assassina com drogas e saques. E especialmente doloroso, para nós cristãos, observar a cumplicidade do episcopado local com a contrarrevolução, à base do quem cala consente. Nenhuma reação à política intervencionista do presidente Reagan, que, travestido de John Wayne, descarregava seu revólver como se os sandinistas fossem bandidos cavalgando em torno da carruagem que conduz, pelo Velho Oeste, o dinheiro do Wells Fargo Bank...

Em quatro anos, o governo sandinista alfabetizou a grande maioria da população, realizou a reforma agrária, reduziu drasticamente o índice de criminalidade e prostituição, estendeu a todos o ainda precário serviço de saúde – graças à ajuda de médicos cubanos – e permitiu o acesso à alimentação mais barata.

Apesar dos massacres dos camponeses, praticados por ex-guardas somozistas armados em Honduras pelos EUA, o governo nicaraguense não instituiu o *paredón* e a Revolução insistiu em manter o lema – *implacáveis na luta, misericordiosos na vitória*.

Fiquei chocado com a notícia do assassinato do casal Felipe e Mary (María García) Barreda, de Estelí, com quem estive em duas oportunidades anteriores. Trabalhavam como catequistas no bairro Omar Torrijos, um dos mais pobres da cidade. Com a vitória sandinista, Mary passou a integrar a Junta de Governo de Estelí, sem esmorecer na atividade pastoral. Em dezembro de 1982, os dois se ofereceram para trabalhar como voluntários na colheita do café, na fazenda Agro-Nica, situada a 2 km da fronteira com Honduras, animados pela certeza de que seus esforços seriam transformados em vida para o povo nicaraguense. Sequestrado por somozistas provenientes de Honduras, em 28 de dezembro de 1982, junto com mais seis companheiros, o casal Barreda foi obrigado a carregar contrarrevolucionários feridos até a localidade de Danlí, em território hondurenho. Um dos seis sobreviventes contou:

– Quando chegamos ao território hondurenho, cansados de tanto carregar contrarrevolucionários, caímos desmaiados, mas fomos levantados a pontapés. Um militar, de aspecto usamericano, ordenou que ficássemos de joelhos e mandou que vendassem os nossos olhos. Comentou a sorte que tiveram em "agarrar um par de peixes gordos", referindo-se a Felipe e Mary. Logo nos separaram deles, que foram levados a lugar desconhecido. No dia seguinte, ela retornou completamente nua, a pele coberta de sangue e lodo, e Felipe, também despido, sangrava na cabeça, tinha as mãos atadas e uma ferida aberta na mão esquerda. Quando vimos aquela cena horrível, dois soldados nos levaram a um pequeno quarto e disseram: "Vejam o que ocorreu àqueles dois. Não sejam malucos, não ajudem os sandinistas-comunistas. Não veem que estão acabando com a religião? Por isso lutamos contra eles, pois somos verdadeiros cristãos e queremos preservar a religião e livrar o povo da Nicarágua das hordas comunistas. Se prometem que dirão que foram bem tratados, para que atestem que não somos maus, deixaremos vocês em liberdade. Mas aqueles dois comunistas ficarão aqui para receberem uma boa lição e aprenderem a não se meter com o povo que defendemos."

Torturados durante três meses, até abril de 1983, o casal Barreda não disse outra palavra exceto "somos cristãos e sandinistas". O homem que os matou, posteriormente preso, narrou à imprensa o martírio que lhes impôs.

O que também me dói, além da perda daqueles memoráveis irmãos, é saber que o bispo de Estelí, monsenhor Rubén López, não compareceu à celebração realizada na catedral em memória dos mártires, embora se encontrasse na diocese. Por ocasião do aniversário de monsenhor Obando y Bravo, celebrado com missa solene em Manágua, as três pessoas que mereceram os mais fortes aplausos dos fiéis foram o aniversariante, o embaixador dos EUA e o diretor do conservador jornal *La Prensa*.

HAVANA:
GUIMARÃES ROSA E ÉTICA CRISTÃ

Junho de 1984. Chegaram a Havana os intelectuais encarregados de preparar o 2º Encontro de Intelectuais pela Soberania dos Povos de Nossa América, como George Lamming, de Barbados; Caio Graco Prado, do Brasil; Lizandro Chávez Alfaro, da Nicarágua; e Rogelio Sinán, do Panamá.

Visitei o casal Fina e Cintio Vitier, no Centro de Estudos Martianos. Homem de fala mansa, pausada e suave, Cintio transmitia uma magnética força de espírito. Poeta nos gestos e no talento, figurava entre os melhores críticos literários cubanos. Católico, como Eliseo Diego, seu ecumenismo transcendia as fronteiras cristãs e abarcava a obra de justiça da Revolução. Em companhia de Fina, erudita e escritora como ele, exercia a função de fiel depositário do pensamento e da obra daquele que, em definitivo, encarna e inspira a pátria cubana – José Martí.

Companheiro de José Lezama Lima na revista *Orígenes*, Cintio Vitier é autor de uma obra inestimável, *Ese sol del mundo moral*. Só o obscurantismo reinante em certas esferas do Estado monolítico explica o fato de ter sido publicada em Cuba somente em 1996. Editada no México pela Siglo Veintiuno, em 1975, esta "história da eticidade cubana", como assinala o subtítulo, é uma pujante apologia das virtudes forjadas no espírito nacional pelo testemunho de figuras libertárias como José Agustín Caballero, Félix Varela, Antonio Maceo, José Martí e Fidel Castro.

Falamos do Festival de Veneza sobre a arte cubana, de Ernesto Cardenal, do sentimento cristão de Martí e de Guimarães Rosa.

– Guimarães Rosa é o Miguel de Cervantes da América Latina – frisou Cintio Vitier.

– Melhor que García Márquez?

– Muito melhor. É pura poesia. É uma literatura que parte do povo, inclusive na linguagem.

– Sabia que *Grande Sertão: Veredas* e *Corpo de baile* foram escritos simultaneamente?

– Como sabe disso?

– Pelas cartas de Rosa ao seu pai, agora divulgadas pela filha, Vilma Guimarães Rosa. Ele coletou tanto material nos sertões de Minas que se deu ao luxo de criar duas obras.

– Também gosta dele? – indagou o poeta.

– Muito, e o considero um clássico da teologia popular. A melhor definição de morte está na boca de Riobaldo: "A morte é o sobrevir de Deus, entornadamente."

Falamos da juventude cubana. Da necessidade de se abrir culturalmente, conhecer o cristianismo, pois sem isso é impossível familiarizar-se com a cultura ocidental.

– Sinto que há abertura na cúpula do Estado, mas ela não chega às bases. A juventude continua com ideias equivocadas sobre religião e cristianismo – lamentou ele.

Fina introduziu Martí:

– Ele se dizia cristão puro, não católico, pois na Espanha vira, com seus próprios olhos, os fiéis permanecerem sentados enquanto se falava de Cristo e, em pé, enquanto se falava do papa. Martí era espiritualista, revolucionário, contrário ao materialismo reacionário dos positivistas de seu tempo, que aceitavam a divisão da sociedade em castas.

– Estive falando de Martí no seminário São Carlos – contou Cintio Vitier. – Uma das irmãs vicentinas me disse que reza todos os dias "por nossos irmãos marxistas".

– E como foi seu encontro com Ernesto Cardenal em Veneza? – perguntei.

– Senti-o triste, pensa em deixar o Ministério da Cultura para retornar a Solentiname. Mas os sandinistas o querem no posto.

– Muitas críticas a Cuba por parte dos intelectuais europeus?

– A dificuldade que os europeus têm para entender Cuba é que nos miram pela ótica do que conhecem de Marx e Engels, e não de Martí.

Conversei com Lupe Velis sobre meu projeto de entrevistar Fidel. De saída para o México, ela não disse sim nem não.

ILHA DA JUVENTUDE E HAVANA: VISITA AO PRESÍDIO MODELO

Na manhã de quarta, 13 de junho de 1984, Jorge Ferrera e eu desembarcamos na Ilha da Juventude. Já se chamou Isla de los Pinos e é conhecida como Ilha do Tesouro nos relatos de aventuras de piratas nos mares do Caribe.

Visitamos o Presídio Modelo – modelo de horror – com seus pavilhões redondos, panópticos, semelhantes a enormes tanques de combustível feitos de cimento armado. Por dentro, as quase quinhentas celas sem portas lembram um queijo suíço bolorento, em cujos buracos os vermes não conseguem se esconder.

Percorri as celas em que ficaram os sobreviventes de Moncada e a solitária ocupada por Fidel durante 22 meses, após o ataque ao quartel. Ali ele fundou uma Academia de Cultura para incentivar leitura e discussão política entre companheiros presos. Os velhos livros revelam os autores que lhe faziam companhia: Kant, Ingenieros, Stendhal, Marx e Lênin. Mais tarde, em *A história me absolverá*, ele denunciaria com veemência as torturas do sistema penitenciário cubano e, após a Revolução, frisaria repetidas vezes não admitir maus-tratos aos prisioneiros comuns ou políticos.

Fiquei hospedado no Hotel Colony, construído antes da Revolução e inaugurado – para a infelicidade dos gringos e gáudio dos cubanos – na noite de 31 de dezembro de 1958. Vinte e quatro horas depois, Fidel era aclamado nas ruas de Havana. Dali partiu Batista para Santo Domingo, decolando do aeroporto do hotel.

A Ilha da Juventude abrigava, em 1984, 85 mil habitantes, dos quais 12 mil estudantes – vindos de Nicarágua, Gana, Namíbia, Etiópia, Moçambique, Angola e outros países. Ao todo, onze nacionalidades.

No dia seguinte, choveu muito, e o avião que nos levaria de volta a Havana não aterrissou. Ferrera e eu nos alojamos no Hotel Las Codornices. Jantamos com González e Lourdes, sua mulher, e assistimos ao filme *O outro Francisco*, sobre a escravidão em Cuba no século XIX e a cumplicidade da Igreja com os donos de engenho: "Sois escravos na Terra; porém, sereis livres no Céu."

Visitei a casa do padre Guillermo Sardiñas, que após a guerrilha recebeu do papa João XXIII a permissão de usar batina verde-oliva, a cor do uniforme de Fidel e de seus companheiros. Mereceu ainda o título de Comandante da Revolução. Quando Fidel se encontrava no presídio, ele costumava visitá-lo em companhia de algumas religiosas. Na Sierra Maestra, batizou crianças, casou camponeses e guerrilheiros, enterrou os mortos.

Às 9h da noite, Ferrera e eu decolamos para Havana.

Passei a tarde de domingo na casa de protocolo do Ministério da Cultura, na praia de Santa María, com escritores e intelectuais. Debatemos religião e marxismo por mais de duas horas:

– A religião, sobretudo o cristianismo – frisou Armando Hart –, tem uma ética e uma moral que o marxismo não tem. O marxismo é filosófico, trata da economia política, da Revolução, mas lhe falta uma ética mais consistente. Os cristãos têm essa ética. Eu tinha meus esquemas preconceituosos sobre a religião, até que conheci os padres do governo sandinista. Li com entusiasmo o livro *Ministros do povo, ministros de Deus*, de Teófilo Cabestrero. Reconheci que o cristianismo não é incompatível com a Revolução.

– Leio com frequência a Bíblia – confessou Roberto Fernández Retamar – e estou convencido de que hoje o mundo seria outro se os comunistas fossem como os cristãos dos primeiros séculos.

George Lamming, de Barbados, falou do crescimento das Igrejas pentecostais no Caribe, financiadas pelos EUA. E indagou:

– Por que a atividade religiosa decresce quando cresce a política e vice-versa?

Um dos presentes contou que, em Granada, muitos revolucionários vieram de fileiras cristãs e que estudantes católicos ocuparam o aeroporto três dias antes da invasão ianque, mas foram utilizados pela direita, que pôs em mãos deles cartazes anticomunistas.

– Como conciliar o idealismo cristão com o materialismo marxista? – perguntou.

– Não sou um cristão que se relaciona com marxistas – expliquei – mas um revolucionário que tem fé e adota o marxismo como teoria de análise da sociedade capitalista. O que busco é a desideologização da fé e a dessacralização da política.

Hart apreciou a afirmação e me deu um caloroso abraço.

Durante o almoço, do lado de fora da casa, Retamar sugeriu a Hart que o Ministério da Cultura editasse bíblias e outros textos religiosos.

– Sem isso não se pode nem entender Martí – argumentou.

Propus uma antologia de textos bíblicos. Hart aprovou a ideia.[18]

– Por razões de política internacional – admitiu ele – o regime não varreu a Igreja de Cuba.

– E o Vaticano foi suficientemente inteligente para mandar ao nosso país aquele núncio que se tornou amigo de Fidel – acrescentou Retamar, referindo-se a monsenhor Cesare Zacchi.

– O problema religioso é básico – asseverou Hart – porque interessa ao povo do continente. É um erro sectário considerá-lo sem importância ou repetir que a religião é ópio do povo, como fazem os manuais.

– Como ler a Bíblia – indagou Lamming – com tantos versículos que favorecem a direita?

Recordei que todo livro pode ser lido por diferentes óticas, inclusive Marx. A questão é ler o texto no contexto para se tirar o pretexto.

No convento dominicano de Havana, fui procurado pelo poeta Jorge Valls, libertado aquela semana, após passar 20 anos no cárcere, acusado de envolvimento no famoso "caso da *calle* Humboldt", que resultou no assassinato de José Antonio Echeverría, líder estudantil cristão, dirigente do movimento de estudantes que apoiou, nas cidades, a guerrilha de Sierra Maestra. Valls ficou preso próximo a Santiago de Cuba. Magro, olhos fundos, cadavérico, cabelos brancos, tinha 51 anos, mas parecia ter 75. Pretendia ir para a Venezuela encontrar-se com sua mulher. Disse que não

---

[18] O projeto nunca se efetivou.

foi torturado, mas sofreu isolamento. Calculava em 1.000 o número de presos políticos em Cuba.

Poucos dias depois, ao me encontrar na Nicarágua, li nos jornais que Jorge Valls tinha chegado a Rotterdam para receber um prêmio de poesia no valor de 10 mil florins. O poeta denunciou que, em Cuba, "quem se opõe ao regime é perseguido pelas turbas que lhe atiram ovos e pedras".

Eu mesmo vi Valls deixar o nosso convento em Havana, na *calle* 19, e sair andando, tranquilo, sem que ninguém o seguisse ou molestasse. Ao contrário, por conta do Estado ele se encontrava hospedado num dos melhores hotéis do país, o Riviera, à espera do momento de viajar para a Venezuela.

LIMA E HAVANA:
O "EXPURGO" PÓSTUMO
DE HAYDÉE SANTAMARÍA

Rumo a Cuba, passei pelo convento dominicano de Lima na última semana de janeiro de 1985:
— São Martinho de Porres subiu muitas vezes esses degraus — comentou frei Juan Manuel Pérez, assistente, para a América Latina, do superior-geral da Ordem Dominicana, enquanto me conduzia ao quarto de frei Damian Byrne. O convento de Santo Domingo é uma imponente construção do século XVI, no centro da capital peruana.

Frei Damian Byrne recebeu-me de *guayabera* cor de abóbora. O sorriso radiante dava-lhe aparência mais jovem. Irlandês, trabalhou na Argentina e falava bem o espanhol. Conversamos sobre minhas viagens a Cuba, a visita do papa ao Peru — quando beatificaria uma monja dominicana que viveu em Arequipa, no século XVII — e a teologia da libertação, espinha de peixe atravessada na garganta de Roma.

— Há em Cuba uma comunidade de contemplativas dominicanas — informou o mestre da Ordem. — Estou empenhado em revitalizá-la e preciso de sua ajuda.

— Em que posso ser útil?

— Intervir junto ao governo cubano para que cinco monjas do México obtenham vistos de entrada no país. São jovens religiosas que deverão assegurar a continuidade da comunidade de Havana, já idosa.

De Lima, voei para Cuba na sexta, 1º de fevereiro de 1985. À noite, Thiago de Mello inaugurou, em Havana, os trabalhos do prêmio literário Casa de las Américas. Vinte e oito escritores de 14 países, entre os quais fui incluído, se encontraram para analisar 400 manuscritos.

Do aeroporto de Havana segui direto para Cienfuegos, onde se reunia o júri literário. Em três horas e meia de viagem vi muitos canaviais serem limpos por queimadas.

Na recepção do Hotel Pasacaballo, defronte da baía de Cienfuegos, topei com Thiago de Mello, Oswaldo França Júnior, Carlos Nelson Coutinho e Deonísio da Silva. Thiago eu conhecera no Rio, através de meu compadre Ênio Silveira, editor da Civilização Brasileira. A Oswaldo eu fora apresentado, em Belo Horizonte, por Roberto Drummond.

De Carlos Nelson Coutinho eu lera *A democracia como valor universal*, escrito em meio à luta pela redemocratização do Brasil e que visava a reconstituir a perspectiva socialista, afastando-se dos equívocos do stalinismo e salientando que a construção da democracia socialista deveria incluir mecanismos de representação direta das classes populares, que se organizariam de baixo para cima enquanto sujeitos políticos coletivos.

O título me pareceu correto e feliz, embora temendo que suas críticas ao socialismo pudessem servir de argumento aos que defendem a primazia do capital privado e confundem economia de mercado com democracia.[19]

Deonísio da Silva, em *Cenas indecorosas*, revelara-se talentoso ficcionista.

---

[19] Carlos Nelson Coutinho faleceu em setembro de 2011.

Jantei em companhia de Trini Pérez, vice-presidente da Casa de las Américas, Thiago de Mello, Mário Benedetti – que ainda se encontrava exilado na Espanha – e Carlos, o motorista que me levou. Em Cuba, é comum motoristas comerem à mesa com os convidados que transportam.

Ao retornar a Havana, viajei ao lado de Thiago de Mello, a emoção em forma de poesia. Entusiasmado, falou-me da mulher, do filho Thiago e de seu acalentado sonho de ver transformada sua casa em Barreirinhas, no Amazonas, numa fundação cultural.

– Tenho o projeto de recolher as antigas lendas dos índios Caterê-Maé, cultivadores do guaraná – contou.

– E a política, não o atrai?

– Gilberto Mestrinho queria fazer-me deputado ou senador pelo Amazonas. Indaguei na cara dele se o atual governador do estado é de fato traficante e corruptor de menores.

Falou de seu pai, então com 95 anos:

– Sua memória parece um passarinho, pois vem e vai... Minha mãe, com 80, não esquece as músicas e as letras com as quais ele, aos 30, seduziu-a menina com apenas 14 anos.

– Tem visto o Ênio Silveira?[20]

– Sim, nos falamos sempre. Ele é homem por demais. E você, continua com Lula?

– Somos amigos, e acredito no projeto político que ele encarna.

– Desconfio que seja megalomaníaco.

– Julgo infundada sua desconfiança – retruquei. – Lula briga pelo que acredita. Sua única obsessão é libertar a classe

---

[20] Ênio Silveira (1925-1996), militante comunista e fundador da Editora Civilização Brasileira, foi meu primeiro editor e fez de mim seu compadre.

trabalhadora. Porém, a esquerda brasileira não suporta o fato de ver um proletário na vanguarda do proletariado.

Dividi o apartamento 901 do Hotel Riviera com Carlos Nelson Coutinho. Coube a cada um de nós um maço de originais a ser lido e avaliado. Em meio a tantos textos artificiais, certamente escritos por quem pouco lê, deparei-me com o excelente *El brazo entero*, de Héctor Spinelli, uruguaio exilado na Bélgica. Belo romance inspirado em fatos ocorridos sob a ditadura militar uruguaia. (Meu voto não foi suficiente para premiá-lo. E nunca soube se chegou a ser editado.)

No domingo, os escritores brasileiros acompanharam-me à missa vespertina na igreja del Carmen.

– Muito baiana a igreja – comentou Carlos Nelson Coutinho ao contemplar a arquitetura barroca do século XVIII, banhada a ouro.

A maioria dos fiéis passava dos 50 anos. No sermão, o padre informou que, em 1984, 14 mil batizados tinham sido registrados em Havana.

Thiago de Mello observou à saída:

– O celebrante não passava seu amor ao divino.

De volta ao hotel, li, emocionado, "O testemunho", poema de Thiago incluído em sua obra *Vento geral*. Uma expressão poética da teologia mística, semelhante à síntese alcançada por Gilberto Gil nos versos da canção "Se eu quiser falar com Deus".[21]

Entre a leitura de um e outro original, mergulhei na poesia de César Vallejo. Dos poetas latino-americanos, ele

---

[21] Em março de 1989, perguntei a Gil, na casa de Chico Buarque, no Rio, se ele lera São João da Cruz para criar a letra. Respondeu-me que brotara num momento de inspiração, sem nenhuma consulta prévia.

se destaca na minha preferência ao lado de Murilo Mendes e Carlos Drummond de Andrade. Mas preferência não é paixão, cujo espaço está tomado por Adélia Prado.

Vallejo inovou a poesia, como James Joyce a prosa. No mesmo ano de 1922, lançou *Trialce*, escrito numa prisão comum, onde fora parar, acusado de homicídio, enquanto Joyce, em Paris, editava *Ulysses* – sem que um jamais tivesse ouvido falar do outro. Dois textos que marcam uma virada substancial na história da literatura.

Alguns escritores foram convidados pela Casa de las Américas a gravar em disco trechos de suas obras. Na terça, 5 de fevereiro, fui à gravadora com Oswaldo França Júnior e, no caminho, ele me confessou estar apaixonado por uma cubana que conhecera naqueles dias. Relativizei o verbo por sabê-lo tão interessado em mulheres quanto em literatura.

Para o meu disco (lançado três anos mais tarde), escolhi a versão do salmo 37 e o poema "Oração do pássaro", do livro *Oração na ação*;[22] *Cartas da prisão*,[23] e um trecho de *O que é Comunidade Eclesial de Base*.[24]

Na sede do Partido Comunista reuni-me com Sérgio Cervantes, Armando Campos e Jorge Ferrera. Falamos das perspectivas do governo Tancredo Neves. Passaram-me os telex sobre a visita do papa ao Peru, praticamente ignorada pela imprensa cubana. Aliviado, constatei que João Paulo II decepcionou os setores que se opõem à teologia da libertação por não condená-la.

Thiago de Mello apresentou-me às irmãs de Haydée Santamaría, fundadora da Casa de las Américas: Eda, a ca-

---

[22] Rio, Civilização Brasileira, 1977. Esgotado.

[23] São Paulo, Companhia das Letras, 2015.

[24] São Paulo, Brasiliense, 1985.

çula, nascida depois de Abel, e Aída, abaixo de Haydée. O suicídio da irmã pesava sobre elas, agravado pelo fato de o Partido ter recusado a Haydée, heroína de Sierra Maestra, sepultura em seu "campo santo" – aos pés do monumento de José Martí, na Praça da Revolução. Foi enterrada em cemitério comum. Assim, o Partido repetiu com Haydée o que a velha Igreja fazia com os suicidas: ao desespero da morte voluntária sobrepunha-se o estigma da condenação eterna, negando-lhes orações e honras fúnebres. Como se suicídio fosse um ato consciente e não um gesto extremo de quem, aprisionado por seus próprios fantasmas, é digno de toda compreensão e misericórdia.

∗∗∗

Um momento de loucura pode anular toda a história de uma vida? Haydée não traiu a Revolução e, certamente, nem a si mesma. Ao perceber que a mente se enfermava, preferiu a morte ao risco de um gesto que maculasse sua coerência revolucionária e a própria obra comandada por Fidel. Acredito que, como os combatentes que, em mãos do inimigo, optam voluntariamente pelo silêncio eterno, ela tenha cobiçado o outro lado da vida, evitando o risco temerário – a exemplo de Jean Moulin, dirigente da Resistência Francesa. Pouco antes de seu trágico gesto, Haydée comentara com as irmãs que, após a morte, queria ver o sol...

Um desastre de carro afetara-lhe a perna, obrigou-a a usar bengala, imprimiu-lhe o temor de ficar manca. Corajosa para as grandes coisas, temia as pequenas. Do ataque ao Quartel Moncada, ficara com a estranha sensação de culpa por haver sobrevivido, após presenciar os assassinatos do irmão e do noivo. A depressão que dela se apoderou, depois da morte do Che, agravou-se com o fim de sua relação com Armando Hart, culminando com o acidente de trânsito. Entretanto, jamais perdera a alegria quase juvenil. Gostava de cozinhar, receber amigos e se disfarçar de fantasma. Um dia, confidenciou a um amigo: "Não aguento a imensa força de Jesus dentro de mim."

Antes de enfiar uma bala na cabeça, a *las 5 en punto* de 28 de julho de 1980, escancarou todas as janelas da casa. Provavelmente para que o sol não encontrasse nenhum obstáculo.

Reuni-me na Casa das Américas com Mário Benedetti, Roberto Fernández Retamar e Trini Pérez. Discutimos o temário do 2º Encontro de Intelectuais pela Soberania dos Povos de nossa América, a realizar-se em Havana, em novembro de 1985. Propus que o tema "Relações entre ética e política no processo histórico-cultural latino-americano e caribenho" fosse substituído por "Dimensão ética da luta pela democracia – fundamentos e perspectivas políticas", o que foi aceito.

Deram-me para ler o *Granma* de 31 de janeiro de 1985, no qual foi publicada a ata do XI Plenário Extraordinário do Comitê Central, a segunda mais alta instância do Partido, depois do congresso. Constava a notícia da demissão de Antonio Pérez Herrero dos cargos de membro suplente do Birô Político e integrante do Secretariado do Comitê Central.

Monsenhor Jaime Ortega e todas as pessoas da Igreja com as quais falei estavam literalmente aliviados com a notícia. Pérez Herrero, considerado um "duro", controlava os canais Estado-Igreja. A ata acrescentava ainda esta notícia, recebida como boa-nova pela Igreja cubana:

> *Outra decisão do Birô Político comunicada ao Plenário foi a criação do Escritório de Assuntos Religiosos, vinculado ao Secretariado do Comitê Central, à frente do qual foi designado José Felipe Carneado com o posto de Chefe de Departamento.*

Diplomata no trato, ninguém no governo cubano conhecia tão bem as denominações religiosas quanto Carneado. Sob a autoridade de Pérez Herrero, tinha que cuidar também de esportes, artes, ciência e cultura – tudo que é considerado "ideológico". Agora, passara a dedicar-se exclusivamente aos "assuntos religiosos", mantendo-se "vinculado ao Secretariado", ou seja, a Fidel, secretário-geral do Partido.

Para quem estava atento, a queda de Perez Herrero era um dos efeitos do encontro de Fidel com os bispos em janeiro. Com certeza o líder cubano se dera conta de que andava mal informado por seus próprios assessores. Em geral, assessores políticos só gostam de dar boas notícias a seus dirigentes, como se o céu permanecesse azul também em plena tempestade.

Tomei o café da manhã com Carneado, no Comitê Central. Cumprimentei-o por ter sido promovido "de bispo a cardeal", já que agora seu departamento adquirira status de ministério. Falamos do caso Boff, do próximo sínodo e da visita dos bispos dos EUA.

– Eles foram festivamente recebidos na Escola Lênin – contou Carneado. – À saída, perguntei como seria recebido um negro cubano numa escola dos Estados Unidos. Não estavam seguros se do mesmo modo.

Falei-lhe do pedido do superior-geral dos dominicanos, no sentido de facilitar o visto, para entrada no país, das monjas contemplativas do México.

– Não haverá dificuldades – assegurou –, embora não me seja fácil entender por que essas mulheres se metem num mosteiro para o resto da vida...

No fim da manhã, no Ministério da Cultura, encontrei Armando Hart acompanhado por Jorge Timossi, escritor argentino radicado em Cuba.[25] Trocamos ideias sobre o próximo encontro de intelectuais. Sugeri reunir, no máximo, 150 participantes e evitar o turismo político – essa mania que certos intelectuais têm de mais viajar e aparecer em eventos do que produzir.

– Estamos de acordo, mas contamos com você – observou Hart.

Fiz-lhe um apelo:

– Gostaria que você interviesse junto a Fidel para que, nesses dias, ele possa se encontrar com os escritores brasileiros. Nos últimos meses, ele recebeu as atrizes Regina Duarte, Lucélia Santos e as brasileiras que vieram para o encontro de mulheres. Não é justo discriminar os homens – brinquei.

– Seria importante – concordou o ministro. – Hoje mesmo passarei o recado a ele.

---

[25] Sósia de Yves Montand, Timossi inspirou Quino, o cartunista "pai" de Mafalda, a criar o personagem Felipe.

Jorge Ferrera mostrou-me o telex de uma entrevista de dom Paulo Evaristo Arns e dom Aloysio Lorscheider, no Rio. Advertiam que não se deveria ter ilusão com o governo Tancredo Neves, pois "saem os militares e entram os empresários".

Dizzy Gillespie e Arturo Sandoval apresentaram-se durante duas horas e meia no Teatro Karl Marx, num espetáculo no qual o rei do bebop, com seu instrumento entortado para cima, provou que, aos 68 anos, estava em plena forma. No entanto, o mais aplaudido da noite de sábado, 9 de fevereiro de 1985, foi um dos músicos de sua banda, o saxofonista, flautista e clarinetista Sayyd Abdul Al Khabyyr, gigante na arte e no tamanho. Ao final, o piano magistral de um gênio precoce: o cubano Gonzalo Rubalcava.

HAVANA:
FIDEL DIALOGA COM
ESCRITORES E INTELECTUAIS

Em Havana, almocei em casa de um amigo e retornei ao hotel para a sesta. Planejava visitar, à tarde, as monjas dominicanas e participar da missa de domingo, 10 de fevereiro de 1985. Antes de pegar no sono, o telefone tocou:

– Betto – gritou Chela, secretária do ministro da Cultura, com seu modo efusivo de falar –, Hart está à sua procura. Anote o número em que ele se encontra.

O telefone soou novamente, sem que eu tivesse tempo de ligar para o ministro.

– É Piñeiro. Não saia do hotel – preveniu-me o chefe do Departamento de América. Deixou-me intrigado.

Liguei para Armando Hart.

– Fique no hotel – avisou-me. – O pessoal de Piñeiro irá buscá-lo.

Senti-me como uma bola de tênis, atirada de um lado ao outro. Pouco depois se confirmou minha suspeita: Fidel queria ver-me. Em Cuba, quanto maior o mistério, mais próximo se estava do líder máximo. Nunca se sabia onde e a que horas se iniciava ou terminava um encontro com ele. O mais provável era a conversa se prolongar madrugada adentro.

Durante cinco horas, aguardei diante da TV, entretido por filmes usamericanos. Às 9h da noite, Manuel Piñeiro ligou; convocou-me ao Conselho de Estado, na Praça da Revolução. Entrei pela porta principal do prédio, atravessei o amplo átrio, todo em mármore, ornamentado por plantas e arbustos que têm suas raízes enfiadas, não em vasos, mas em canteiros de terra abertos no chão. Indaguei-me como é possível mantê-los ali, em recinto fechado, e só mais tarde vim a saber que eram periodicamente reciclados.

Ao sair do elevador, no 2º andar, os seguranças me conduziram a uma sala de espera confortável, decorada por telas e esculturas de bom gosto. Uma hora depois escutei passos multiplicados no corredor. Aberta a porta, entrou Fidel. Trajava uniforme verde-oliva e se fazia acompanhar por Piñeiro – de *guayabera* de linho branco e longo charuto Cohiba entre os dedos.

Fidel conduziu-nos ao seu gabinete, cujas portas eram permanentemente guardadas por seguranças. O desenho interno era o de um L, por cuja base direita se entrava, deparando-se com um conjunto de sofás revestidos de pele de boi, uma mesa baixa com jornais e revistas cubanas e, na parede, enorme tela expressionista, onde sobressaía o perfil de Camilo Cienfuegos. Na outra ponta da base do L, a mesa de trabalho de Fidel, bem arrumada, cercada por duas estantes de livros que cobriam as paredes. À frente, um televisor e duas cadeiras de balanço forradas de couro. Ao fundo, a mesa comprida ocupava a sala de reuniões, ornamentada por uma pintura típica do realismo socialista – retratava trabalhadores no corte de cana.

Fidel apontou-me o sofá maior sob a tela de Camilo e ocupou a poltrona à minha esquerda. Falou-me de seu encontro com a delegação episcopal dos EUA. Sua atenção, no entanto, centrou-se nos bispos cubanos; nos últimos

20 anos não tivera nenhum contato pessoal com prelados de seu país:

– Desde o início da Revolução houve muitos pecados de ambos os lados. Mais do nosso lado que do lado da Igreja – admitiu. – Eu mesmo tinha meus preconceitos em relação aos bispos e estava mal informado. Julgava monsenhor Adolfo Rodríguez um conservador e reacionário. Ao contrário, é um homem sério e com quem se pode conversar.

Veio-me à cabeça, ao ouvir "estava mal informado", a queda de Pérez Herrero.

– Pelo que sei, os bispos também gostaram do encontro. E ficaram muito satisfeitos com a perspectiva de ter encontros periódicos com você – comentei.

– Sim, estou disposto a isso, mas para discutir questões fundamentais, e não a viagem de um padre para fora do país ou a reforma de um templo.

Acrescentou que viu como positivas as viagens do papa à América do Sul. Indagou o que significam e como funcionam o concílio e o sínodo, e, em seguida, interessou-se por aspectos pessoais de minha família e da minha formação religiosa.

– Diga-me como é a formação de um frade dominicano – solicitou em tom muito baixo, gutural, como se estivesse rouco. – Fui aluno dos irmãos lassalistas e, depois, dos jesuítas. Naquele tempo, eles falavam contra os protestantes e os judeus, e havia racismo nas escolas.

Expliquei que há uma *ratio studiorum* comum aos estudantes dominicanos de todos os países, aplicada de acordo com as peculiaridades locais. Todos os candidatos devem cursar de três a quatro anos de filosofia e quatro de teologia, tendo como eixo a *Summa* de nosso confrade Tomás de Aquino. Como a formação intelectual é muito valorizada na tradição da Ordem, recomenda-se que não se faça economia na compra de livros; acostuma-se os estudantes a evitarem manuais ou obras de vulgarização e dá-se preferência aos clássicos e às fontes originais.

Curioso, Fidel perguntou pelo currículo, os professores, os exames e os cursos complementares.

– Estuda-se marxismo?

– Sim, na filosofia. O preconceito aos manuais favoreceu meu contato com as obras de Marx, de Engels, de Lênin e também de Trotsky e de Stalin. Livrei-me assim do dogmatismo de Plekhanov e do mecanicismo de Pulitzer. Aprendi muito também com as reflexões de Gramsci. Sem ele é impossível compreender bem o fenômeno religioso nas lutas sociais.

– Como é a rotina de vida num convento?

– É uma microssociedade socialista. Tudo é de todos, exceto roupas e alguns poucos livros. Não se pode possuir nenhum bem como propriedade privada. Come-se o que vem à mesa e a ninguém é dado o direito de pedir à cozinha pratos especiais, a menos que esteja doente. Há um único televisor para toda a comunidade. Sei que não é assim em todos os conventos. Alguns têm melhor conforto, são mais aburguesados. Tenho a sorte de viver numa comunidade mantida por seus integrantes e, portanto, financeiramente deficitária, onde não há luxos.

– Onde você esteve hoje?

– Na redação do *El Caiman Barbudo*. Discutimos sobre o que é crítica científica e crítica impressionista. Indaguei como os produtos do principal aparelho ideológico da ditadura brasileira, a TV Globo, provocam um furacão num país que, há 25 anos, vive uma Revolução! Do alto de seus pressupostos teóricos, os críticos dirão que a telenovela é um produto alienado e o público que tanto o aprecia ainda não alcançou a maturidade ideológica. Ora, uma das funções da crítica é estabelecer a mediação entre a obra e o público. Se o público gosta, é preciso que o crítico, para conferir sua teoria, esteja vinculado a esse público, disposto a desconfiar de sua própria leitura teoricista e captar a leitura que o público faz da obra. Recordo que, certa vez, numa Comunidade Eclesial de Base, uma moça criticou um companheiro que, no domingo, pretendia ir com a sua família ao principal santuário do Brasil, em Aparecida, que equivale à Virgem do Cobre, em Cuba. Ele objetou: "Gosto de Nossa Senhora Aparecida porque é uma santa da cor de minha mãe, de minha mulher e de minhas filhas." A leitura dele nada tinha de alienada, enquanto a da moça era preconceituosa.

– Mas você nega o valor da teoria?

– Não, mas se a mera capacitação teórica fosse suficiente, os partidos comunistas da América Latina, detentores do marxismo-leninismo, teriam feito revoluções. Nenhum partido comunista até agora fez revolução em nosso continente. Quem a fez foi o Movimento 26 de Julho, aqui em Cuba, e a Frente Sandinista de Libertação Nacional, na Nicarágua. Movimentos que tinham contato com as bases populares, sem preconceitos, capazes de captar os valores populares e, inclusive, seus sentimentos religiosos.

– Estou de acordo com o que você diz.

– Também não acredito que a Igreja ou as Comunidades Eclesiais de Base farão revoluções. Mas, na América Latina, não creio ser possível fazer revolução sem a Igreja e as CEBs sem assumir os valores religiosos do povo.

Fidel ergueu-se e apanhou sobre sua mesa de trabalho um Cohiba pouco maior do que uma cigarrilha. Caminhou de um lado para o outro, fitou o chão, crivou-me de perguntas sobre a Igreja, o sínodo, o Concílio Vaticano II.

– Explique-me a *Lumen Gentium*.

– É o principal texto aprovado pelo Vaticano II. Inova a concepção de Igreja, resgata a definição bíblica de povo de Deus a caminho na história e introduz o princípio da colegialidade episcopal no governo da instituição eclesiástica.

– É essa a concepção do atual papa?

– Tenho a impressão de que João Paulo II se mantém apegado ao antigo conceito de Igreja como sociedade perfeita. Valoriza mais a estrutura hierárquica do que a sua natureza comunitária, fundada na convivência de Jesus com os apóstolos.

Ele admitiu não ter condições de avaliar o papa sob o ponto de vista teológico, mas admirava a preocupação de João Paulo II com a conjuntura internacional. Falamos também da teologia da libertação. Narrei a sua gênese e os problemas atuais com Roma em torno do livro *Igreja, carisma e poder*, de Leonardo Boff.

– Seria bom que houvesse aqui uma Igreja na linha da teologia da libertação – comentou. – Qual de seus livros você gostaria de ver publicado aqui?

– O *Batismo de sangue*, sobre a morte de Carlos Marighella.[26]

A conversa enveredou pelo terreno da política. Falou da conjuntura da América Latina, acentuou que, enquanto os países do continente não se convencerem de que a dívida

---

[26] *Batismo de sangue* chegou a ser traduzido pela assessoria de Fidel sem ter sido publicado em Cuba até 2015.

externa é moral e financeiramente impagável, os problemas básicos não terão solução.

Indagou minha impressão de Tancredo Neves. Respondi tratar-se de um político de tradição populista, discípulo de Getúlio Vargas, sempre mais atento aos interesses das elites que às demandas populares.

Enquanto pedia pelo interfone uma garrafa de vinho, observou:

– Causou-me boa impressão quando ele disse que a dívida externa não pode ser paga com o sangue dos brasileiros.

Falei da posição do Partido dos Trabalhadores, contrária à eleição indireta de Tancredo Neves à presidência da República, mas Fidel não pareceu convencido de que esta seria uma política correta:

– O PT não deveria ficar indiferente ao colégio eleitoral – ponderou, deixando-me a impressão de que era sensível aos argumentos do PMDB.

Perguntei que recursos são utilizados na formação ideológica das novas gerações cubanas. Ele confirmou minha suspeita de que, em Cuba, como na maioria dos países socialistas, não havia um programa específico de conscientização política. Supunha-se – equivocadamente – que a própria sociedade socialista, através de seu aparelho ideológico, como escolas e meios de comunicação, formasse a juventude. Se, de um lado, isso tinha alguma dose de verdade, de outro não se podia ignorar que o socialismo é contemporâneo do capitalismo e de um capitalismo tecnologicamente muito mais avançado. Confiar a formação ideológica aos sistemas formais é ceder à pretensão de que eles possam sobrepor-se aos sistemas informais do consumismo capitalista, como a música, a moda e os atrativos de enaltecimento do ego.

Fidel ouviu-me atento e se defendeu:

– O internacionalismo é um fator importante na formação de nossa juventude. Duzentos mil cubanos já passaram por Angola, onde temos atualmente quarenta mil jovens. Mas é verdade que o egoísmo ainda não foi erradicado de nossa sociedade.

– Preocupa-me muito a educação ideológica das novas gerações. E não creio que um Partido Comunista possa fazê-lo, pois seus limites são estreitos e o importante é justamente atingir aqueles que estão fora do Partido. Também não vejo como a escola formal possa dar conta dessa tarefa.

– Qual seria a sua sugestão?

– A metodologia de educação popular no fortalecimento de movimentos populares.

Descrevi meu trabalho em educação popular e o que significa a concepção metodológica dialética, que se contrapõe à metodologia *bancária* denunciada por Paulo Freire – e, paradoxalmente, em voga nos países socialistas. Considerei oportuno tocar no nome de Paulo Freire, injustamente "queimado" por comunistas brasileiros, inclusive em Cuba. Alegavam que suas concepções eram idealistas, à luz da filosofia cristã e, portanto, inaceitáveis para quem assume a concepção materialista da natureza e da história. Tais críticas baseavam-se numa leitura superficial de suas primeiras obras, como *Educação como prática da liberdade*. Sua evolução ideológica se reflete em *Pedagogia do oprimido* e *Cartas a Guiné-Bissau*. Porém, os críticos ignoraram essas obras, ainda que seu método de educação popular e de alfabetização fosse adotado por países recentemente libertados, como a Nicarágua.

– Numa próxima viagem, fale disso com o ministro da Educação e com os teóricos do Partido – recomendou o dirigente cubano.

Passava de uma da madrugada quando Fidel se despediu. Acrescentou que ainda deveria ler a pilha de papéis que se achava sobre a mesa.

Antes de sair, disse a ele:

– Em julho de 1980, em nosso primeiro encontro, em Manágua, indaguei qual era a posição do governo de Cuba frente à Igreja local, pois, a meu ver, só havia três possibilidades: hostilizá-la, o que reforçaria a campanha do imperialismo de que o socialismo é incompatível com o cristianismo; tratá-la com indiferença, o que poderia levá-la a se transformar num reduto de cubanos que dão as costas à Revolução; ou ajudá-la a inserir-se na construção da nova sociedade cubana. Você me disse que nunca havia encarado a questão nesses termos e considerou a terceira opção mais correta. Hoje, pergunto: interessa, de fato, ao governo cubano que a Igreja aqui assuma a linha da teologia da libertação?

Fidel não relutou em dizer que sim. A mim, que guardava a impressão de que a segunda possibilidade predominava no Partido, sua resposta surpreendeu. Alguns militantes comunistas tinham me dado a entender que eu não deveria empenhar-me numa revitalização da Igreja local...

– Quero vê-lo amanhã de novo – disse antes que eu saísse. – Venha às seis da tarde.

Pediu que eu levasse a dom Paulo Evaristo Arns um exemplar, com dedicatória, da edição especial do *Granma* contendo a íntegra da entrevista que ele havia dado aos jornalistas Karen de Young, Jimmie L. Hoagland e Leonard Downie, do *Washington Post*, na noite de 30 de janeiro de 1985. Reafirmou, em bilhete manuscrito, sua admiração pelo cardeal de São Paulo e o convite para visitar Cuba "quando puder...". Remeteu também um exemplar a meu pai; redigiu, na primeira página, um bilhete, convidou-o a visitar Cuba e referiu-se a ele como "enérgico, consequente e às vezes generoso", baseado no que eu dissera na conversa da noite anterior, a respeito de minhas relações com um homem que evoluíra de udenista anticlerical e pró-EUA a ferrenho crítico da ditadura militar e admirador da Revolução Cubana. Pediu ainda que eu entregasse ao arcebispo de São Paulo a fita cassete da entrevista que concedeu, na primeira semana de fevereiro, à cadeia de TV CBS, dos EUA. Junto, uma luxuosa caixa de charutos, contendo 500 Cohiba lanceros. E por fim me confiou outra cópia da fita à TV Globo (que não se interessou por ela) e uma carta a Lula.

– Gostaria de lhe fazer um pedido, Comandante.

Me olhou atento:

– Diga.

– Constrange-me a honra de ser o único jurado brasileiro a ser recebido por você. Gostaria que toda a nossa delegação tivesse a mesma oportunidade.

– Não se preocupe. Minha intenção é ter um encontro com todos os escritores latino-americanos – assegurou, enquanto me levava à porta.

Fidel recebeu os escritores brasileiros no fim da tarde do dia seguinte. Acompanhado por Armando Hart, entrou na sala como se intimidado por tantos olhares admirados. Nossa delegação parecia inibida diante do líder cubano. Fitava-o como quem espera palavras da boca de um profeta. Apresentei-lhe um por um. Orieta Novais, mulher de Fernando Novais, pediu licença para lhe dar um caloroso abraço.

Convidou-nos a seu gabinete. Em torno da mesa de jornais e revistas, todos continuaram a fitá-lo como à espera de um daqueles longos discursos que empolgavam os cubanos. A força de seu carisma exercia um bloqueio sobre a comitiva.

– O que a Igreja pensa da engenharia genética? – perguntou-me num esforço de quebrar o gelo.

– Em princípio, não faz objeção, exceto quando pessoas são utilizadas como cobaias em experiências lesivas.

Retirou da estante uma obra de biogenética e mergulhou entusiasmado no tema; frisou que esta ciência e a informática revolucionarão a humanidade:

– Graças aos computadores, hoje sabemos que uma célula tem cinquenta mil proteínas. É possível enxergar bactérias e vírus em corpos vivos. Entretanto, esse avanço pode constituir uma perigosa arma em mãos de determinados setores – observou.

Durante meia hora discorreu sobre a biogenética como se falasse a um grupo de cientistas. Como ninguém ali deu mostras de entender do assunto, permanecemos todos calados, como discípulos que só têm a aprender com o mestre.

Em certo momento, Oswaldo França Júnior lhe ofereceu um videoteipe da campanha presidencial de Tancredo Neves. Então, o dirigente cubano enveredou pelo tema Brasil, o que nos trouxe grande alívio. Demonstrou o quanto estava bem informado sobre a situação de nosso país. Falou do déficit no orçamento da União, do desequilíbrio da balança comercial, e admitiu que Tancredo Neves representava um passo à frente na superação do militarismo:

– Mas não haverá melhoras – ponderou – se ele não enfrentar corajosamente, e em conjunto com outros países do continente, a questão da dívida externa.

Manifestou a esperança de, com Tancredo, haver o reatamento das relações entre Brasil e Cuba.

— Você leu a entrevista dos cardeais brasileiros Paulo Evaristo Arns e Aloysio Lorscheider, dizendo que Tancredo não é o governo do povo e que saem os militares e entram os empresários? – perguntei, baseado no telex que lera no dia anterior.

— Li e temo que possam ter razão. Acompanhei toda a viagem de Tancredo Neves, como candidato presidencial, à Itália, França, Estados Unidos, México, Peru e Argentina. Gostei de seus pronunciamentos, exceto quando disse a Reagan que o Brasil se encontra no meio-termo, pois não é um país subdesenvolvido nem uma nação rica. Reagan despejou sobre ele o palavrório chauvinista de sempre: "Ora, somos os dois gigantes do hemisfério etc..."

Carlos Nelson Coutinho indagou se Cuba tinha pressa de reatar relações com o Brasil.

— Não, mas sabemos que o reatamento é inevitável – respondeu Fidel. – Porém, Cuba não depende em nada do Brasil. Nem da tecnologia do combustível a álcool, destinada a carros de passeio. No preço atual, é vantagem para Cuba trocar, com outros países, açúcar por petróleo.

Classificou de ridícula a atitude do general João Batista Figueiredo em não passar a presidência da República a seu vice, Aureliano Chaves, ao viajar aos EUA para submeter-se a uma cirurgia:

— Um homem que carrega no peito uma ponte de safena, opera a coluna e ainda insiste em ficar presidente... Ainda que morto, prosseguiria presidente...

Falou da entrevista de quatro horas que concedeu à CBS. Tinha interesse de que cópias do vídeo chegassem a outros países. Oswaldo França Júnior aproveitou a deixa:

— Gostaria de ser portador de uma cópia a Tancredo Neves – ofereceu-se.

Antes de deixarmos o gabinete, o dirigente cubano autografou livros e jornais que a delegação brasileira trazia em mãos.[27]

***

Oswaldo França Júnior eu conheci de letras, quando *Jorge, um brasileiro* trafegou célere nas emoções de quem buscava, sob a ditadura militar, um caminho, um rumo, uma saída neste e para este imenso Brasil. Fiquei ali, preso àquele caminhão, perdido entre lamas & dramas, na esperança de que a literatura me redimisse. Arte é resgate, forma mágica de recriar o mundo e desvelar o real. E a literatura é a soberania criativa da Palavra na qual se fundam as grandes religiões da humanidade: o judaísmo, o cristianismo e o islamismo. Talvez isso explique a insuperável força mítica do texto. Nele se inscrevem revelações, como se nesse pequeno fragmento literário coubesse a totalidade do real. Enquanto o "milagre brasileiro" fracassava, Oswaldo mostrava a realidade do país, sem o *collorido* hipocondríaco do *Fantástico*. Jorge era a própria viagem do autor em busca de suas raízes.

Nenhum escritor deveria ser conhecido senão por seus livros. O diabo é que a literatura estabelece um diálogo íntimo entre o leitor e o autor, no caminho inverso ao da psicanálise. Na leitura é o autor quem fala e o leitor escuta, apreendendo todo o universo subjetivo do escritor que, como um caleidoscópio, projeta tantas imagens quantos são os olhos a decifrarem o código da escrita. Esse processo cria, muito frequentemente, uma

---

[27] Em junho de 1989, aos 53 anos, Oswaldo França Júnior morreu em acidente de carro na rodovia que liga Belo Horizonte a João Monlevade – denominada "a estrada da morte".

empatia voraz do leitor para com o autor, sobretudo considerando que o leitor, ao contrário do psicanalista, não se preserva frente à sedução inconsciente do autor. Daí esse compulsivo interesse que temos por nossos autores preferidos, como se o contato pessoal com eles pudesse nos enriquecer mais que o mergulho em suas obras – o que é falso. Mesmo assim guardo a nostalgia de não ter sido companheiro de cárcere de Miguel de Cervantes e nem ter conhecido Dostoievski e Guimarães Rosa. Sonhei com a Paris do pós-guerra e as discussões entre Camus e Sartre no café Les Deux Magots. Anos mais tarde, ao visitar a casa de Hemingway, em Cuba, tive a impressão de já ter estado ali. Ao menos me dou por satisfeito por ter rompido o cerco em volta de Antonio Callado, Moacyr Félix, Fernando Sabino, Hélio Pellegrino e Érico Verissimo. Com este último troquei cartas enquanto estive na prisão. Porém, nenhum deles conseguiu me transmitir pessoalmente a riqueza exaurida de seus livros. Por isso, respeito a obsessão pela privacidade de Raduan Nassar, de Jerome D. Salinger e de Dalton Trevisan. E, não tivesse eu os compromissos pastorais e políticos já assumidos, faria o mesmo. Nós, escritores, não deveríamos ter mais nada a dizer além da obra que criamos.

Quando se fica amigo de um autor, nunca é fácil apreciar seus escritos sem o receio de ferir suscetibilidades. O acaso quis que Oswaldo França Júnior e eu nos encontrássemos em Cuba, em 1985. Foi uma paixão à primeira vista, que ele registrou em *Recordações de amar em Cuba*. Havia certa semelhança física entre ele e Roberto Drummond – que pouco depois se distanciariam por um desses equívocos que cortam relações sem romper sentimentos mútuos de afeto. Mas, ao contrário de Drummond, Oswaldo trocara os voos pelo terra a terra. E, ironicamente, ele que tanto arriscara a vida como piloto da Esquadrilha da Fumaça veio a morrer num acidente rodoviário.

Entre mojitos e daiquiris, Oswaldo contou-me sua trajetória de vida que, infelizmente, não se estendeu o suficiente para virar um best-seller autobiográfico. Piloto da FAB, em 1964 esteve prestes a bombardear o palácio do governo gaúcho, ocupado por Leonel Brizola, não fosse sua disposição de recusar ordens ditadas pelos militares golpistas. Expulso da Aeronáutica, abraçou a vocação literária e – como neste país viver de direitos autorais ainda não é direito, mas privilégio – montou uma pequena frota de táxis para sobreviver. No entanto, as peripécias aéreas lhe pareciam mais seguras do que o malabarismo do trânsito. Oswaldo dirigia seu Opala preto como se trafegasse entre ovos e, à noite, preferia não acender os faróis, com medo de ofuscar algum pedestre... Casa de ferreiro, espeto de pau. Embora consternado, não me surpreendi quando soube que a estrada assassina de João Monlevade tragara mais um de meus amigos.

Oswaldo França Júnior deixou uma obra de valor inestimável, coloquial, como quem escreve com a mesma naturalidade de quem trata a vida como uma manga madura, dessas que se chupa até o caroço, deixando o caldo escorrer pelo corpo. Sua escrita foge da circularidade das frases, do floreio plastificado de adjetivos ornamentais, da alquimia das formas desprovidas de conteúdo. Ao contrário de muitos autores, Oswaldo não escrevia para ser admirado, mas para ser entendido. Sua literatura transpira pelos poros, como quem capta o encanto de uma ideia, uma história, um momento, e o impregna de meticuloso tratamento estético. Ele sabia que escrever é sobretudo suscitar a fome de beleza, insaciável. E como livros não nascem de meras ideias propaladas no ardor etílico dos bares impunha-se espartana disciplina, protegia-se das solicitações alheias num reduto criativo cujo acesso era restrito a quem o alimentava, jamais a quem o sugava.

Num momento histórico em que a ditadura militar se esforçava na tentativa de apagar sonhos e censurar criações, Oswaldo França Júnior fez seu voo mais alto e arriscado: pronunciou sua palavra, somou-se aos novos talentos que rompiam esquemas e barreiras, como Roberto Drummond, Ignácio de Loyola Brandão, Adélia Prado, João Ubaldo Ribeiro e tantos outros. Porém, seu estilo é inimitável, tamanha a leveza. Ao lê-lo, tem-se a impressão de que se pode escrever assim como ele escrevia. Difícil consegui-lo sem cair na vulgaridade jornalística, a menos que se esteja dotado daquele dom que permitiu a Oswaldo dar ao mais cotidiano dos temas uma ressonância universal. É que ele não escrevia com a cabeça, e sim com a pele, sem nenhum pudor.

Perdemos o autor, ficamos com a obra. Agora, resta-nos preservá-la e divulgá-la, de modo a permitir que o maior número de leitores, dentro e fora do país, possa apreciá-la. E descobrir que os romances de Oswaldo França Júnior são como espelhos que refletem o que temos de mais nobre e amoroso.

Passamos ao salão. Fidel recebeu ali todos os jurados do prêmio Casa de las Américas, trazidos por Mariano Rodríguez e Roberto Fernández Retamar. Na parede, imenso mural com figuras de guerrilheiros cozinhando na mata.

Durante duas horas e meia, Fidel discorreu sobre países como Venezuela, França, Guadalupe (Departamento Ultramarino Francês, no Caribe), Argentina, Uruguai e Brasil; descreveu as conquistas da Revolução, sublinhou que o país contava, naquele ano, com um professor para cada 11 estudantes. Disse considerar as mulheres instintivamente mais patriotas que os homens e que Cuba se sentia cada vez menos capitalista. Só 15% do comércio cubano se vinculavam a países capitalistas e, na relação com o bloco socialista, quando subiam os preços do que Cuba importava, pagava-se também mais caro pelo que Cuba exportava – exceto no comércio com a China, que se comportava como o bloco capitalista. Mostrou-se confiante na iminente queda de Pinochet, criticado inclusive pela Igreja chilena. O próprio governo norte-americano estaria interessado em tirá-lo do poder, temendo que o Chile se transformasse numa nova Nicarágua. E enfatizou a questão da dívida externa latino-americana:

– Nenhum governante atual pode enfrentá-la isoladamente. Só mesmo Jesus Cristo, que fazia milagres…

Às 10h da noite, chegamos à recepção oferecida aos jurados, no andar térreo do palácio. Em torno da mesa sueca, encontravam-se membros do governo cubano, entre os quais o vice-presidente do Conselho de Estado, Carlos Rafael Rodríguez. Fidel apareceu meia hora depois, com o aspecto de quem saía do banho; trajava uniforme de gala. Uma roda de escritores fechou-se em torno dele.

– Você seria o meu candidato a papa – brincou apontando para mim.

– Só se for depois do Primeiro Concílio de Havana, pois atualmente não sou candidato nem a padre.

– Espero que ao menos esteja cuidando de sua segurança – observou.

Narrei o que dom Helder Camara respondeu quando a Polícia Federal quis oferecer-lhe segurança, temendo que sofresse um atentado – o que inevitavelmente seria atribuído ao governo brasileiro: "Bastam as três pessoas que cuidam de minha segurança: o Pai, o Filho e o Espírito Santo."

O clima de descontração e o rum farto incentivaram-me a contar a piada do Joaquim, bolsista português em Moscou: o guia do Partido levou-o para conhecer a Praça Vermelha: "O Partido gastou cinco milhões de rublos para construir este mausoléu" – disse o guia ao apontar o túmulo de Lênin. "Cinco milhões? Por essa quantia eu teria enterrado o Partido inteiro" – respondeu Joaquim, imediatamente remetido à Sibéria.

Após dois anos, libertado da prisão, Joaquim retornou a Moscou. Previdente, enfeitou as paredes do alojamento com fotos de todos os líderes comunistas: Marx, Engels, Lênin, Stálin, Mao, Fidel, Che etc. Dois dias depois apareceu o guia do Partido: "Uai, Joaquim, já de volta?", disse atento às fotos. "E você teve coragem de colar na parede o retrato desse revisionista?", protestou. "Qual deles?", perguntou Joaquim, o que o levou, na mesma noite, de volta à Sibéria.

Passados três anos, ele retornou a Moscou. Sentia-se então preparado para não cometer nenhum equívoco, pois aproveitara o confinamento para profundos estudos de marxismo. Um mês depois, bateu-lhe à porta o guia do Partido: "Já de volta, Joaquim? Há quanto tempo?" Joaquim respondeu: "Faz um mês que estou aqui." O guia reagiu: "Um mês!? E não foi à última reunião do Partido?" Perplexo,

Joaquim retrucou: "A última? Ninguém me falou que era a última! Se soubesse que era a última, teria ido."

Foi fuzilado.

Fidel riu muito da piada. À saída da recepção, Raúl Castro fez questão de me dizer não ter gostado.

– Sou irmão dos soviéticos – frisou.

Fiquei tentado a citar o ditado polonês, mas segurei a língua: "Irmão a gente não escolhe; amigo, sim."

Na categoria Testemunho, na qual participei como jurado, não foi fácil sair do impasse a que chegamos na premiação. Via de regra, a Casa de las Américas concede um único prêmio em cada categoria, jamais o divide entre dois autores. Para fazer jus à tradição, a mais continental das instituições cubanas carrega em sua história o ônus de ter premiado autores que jamais saíram do anonimato e desclassificado outros que se tornaram conhecidos, como Tomás Borge, Manuel Puig e Eduardo Galeano com *As veias abertas da América Latina*.

Nosso grupo de jurados concluiu o trabalho após ler 28 manuscritos finalistas, sem saber como optar entre a qualidade literária e histórica de *Falsas, maliciosas e escandalosas revelaciones de un ñángara*, do ex-guerrilheiro venezuelano Ali Gómez García, engajado no Exército Popular Sandinista, e *Contra el agua y el viento*, de Juan Almeida Bosque. Não havia dúvida de que, literariamente, o texto em estilo picaresco de Ali Gómez superava o depoimento dramático de Almeida. Ocorre que na categoria Testemunho não é fácil resguardar o anonimato do autor, pois em geral as obras deixam transparecer episódios reais vividos por quem os redigiu.

Almeida não era um escritor anônimo, e sim um dos mais lendários guerrilheiros da Sierra Maestra, o único negro com a máxima insígnia de Comandante da Revolução. Seu prestígio em Cuba não resultava apenas de sua origem humilde – era pintor de paredes – e de seus feitos heroicos, mas também de suas composições musicais muito populares, às quais se dedicava mesmo quando incumbido de tarefas estratégicas na Revolução. Se quisesse, poderia simplesmente remeter seu texto a qualquer uma das editoras cubanas sem necessidade de "entrar na fila" de um concurso literário. Estávamos, pois, diante de uma obra literária que constituía também um fato político. Dependia a honra de Almeida deste prêmio ou a honra do prêmio da participação de um Juan Almeida como concorrente?

Só mesmo a justiça de Salomão podia nos tirar do impasse: pela primeira vez, dividiu-se o prêmio da categoria Testemunho. Em cerimônia solene na Casa de las Américas, na noite de quarta, 13 de fevereiro de 1985, coube a mim anunciar a decisão.[28]

---

[28] Poucos meses depois, Ali Gómez García morreu em combate com os "contras" no interior da Nicarágua. O comandante Juan Almeida faleceu em 2009.

HAVANA:
FIDEL ACEITA CONCEDER ENTREVISTA

Como bom mineiro, desses que chegam à estação antes de inaugurada a ferrovia, eu pretendia abandonar o quanto antes a recepção de entrega dos prêmios Casa de las Américas e retornar ao hotel para arrumar a mala – na manhã seguinte teria de estar no aeroporto às 7h para o voo de retorno ao Brasil. Porém, Chomy Miyar me convidou para jantar em sua casa na noite de quinta, 14 de fevereiro de 1985.

Em Cuba, este era considerado o mais irrecusável dos convites – equivalia a ser convidado por Fidel, que só não abria as portas de sua casa aos amigos por se ver obrigado a morar clandestino no próprio país, por razões de segurança.

A casa de Chomy, próxima ao zoológico de Havana, era uma construção discreta, situada numa rua sem saída e, de fora, nenhum detalhe chamava a atenção. O muro coberto pela vegetação impedia avistar a fachada. Por dentro, tudo lembrava um museu. Cada cômodo se encontrava atulhado de presentes recebidos por Fidel – telas, esculturas, tapetes, condecorações, brindes e artesanatos dos mais diferentes países. Nas paredes, fotos registravam as viagens do líder cubano pela União Soviética, África, Jamaica, Chile e Nicarágua. Algumas eram de Sierra Maestra, dos primeiros anos da Revolução. Havia uma coleção de pôsteres lançada pelos partidos de esquerda do Chile por ocasião da visita de Fidel ao governo de Salvador Allende, em 1971. E muitos livros. Todo um acervo destinado a museus após a morte do dirigente cubano.

Fui recebido por Marina Majoli, esposa de Chomy. Italiana, chegara a Cuba como jornalista, interessada em conhecer uma sociedade alternativa ao consumismo da Europa Ocidental. Ficou, presa pelo coração.

Em torno da mesa, Armando Hart, Manuel Piñeiro e sua mulher, Marta Harnecker. O próprio Chomy preparou a comida: arroz, feijão-preto, carne de porco assada, mandioca cozida e banana frita. Típico cardápio cubano – e, por coincidência, típico cardápio mineiro, o que só os africanos vindos como escravos para a América explicam.

Ao café, ruídos de freada brusca e bater de portas. À meia-noite Fidel entrou. Tomou assento entre livros e discos, e aceitou uma única dose caubói de uísque, bebericada lentamente.

– Descobri uma área na qual somos concorrentes – disse a ele.

– Qual?

– Culinária. Sou filho de uma especialista na matéria. Minha mãe é autora de um clássico, *Fogão de lenha, 300 anos de cozinha mineira*.

– Como ela fez a pesquisa? – indagou Armando Hart.

– Percorreu o interior de Minas Gerais, recolheu velhos cadernos de receitas e coletou textos sobre culinária em romances e ensaios.

– Comer é bom, mas engorda – observou Piñeiro.

– Depende, quem mastiga muito, engorda menos – retruquei.

– Minha especialidade são os camarões – disse Fidel.

– Garanto que nunca provou um bobó de camarão – arrisquei.

Pediu para eu descrever a receita para que pudesse memorizá-la:

– Cozinhe os camarões com casca até a primeira fervura da água. Retire-os e, ao esfriarem, descasque-os. Tempere com sal e limão. À parte, cozinhe a mandioca, corte em pedaços e bata no liquidificador com a água de cozimento dos camarões. Coloque água suficiente para obter uma pasta de mandioca relativamente espessa, nunca mole como mingau. Misture a pasta com os camarões. Na frigideira, prepare os temperos: azeite de dendê bem quente, cebola e alho picadinhos, sal, pimenta a gosto, tomates descascados e espremidos ou catchup. Deixe curtir bem e misture na pasta de mandioca com os camarões. Tire do fogo e acrescente leite de coco. O segredo da receita é bater a mandioca na mesma água em que se cozinham os camarões.[29]

– Posso fazê-lo – garantiu Fidel – desde que você me envie azeite de dendê, que não temos aqui. De onde vem este prato?

– Creio que dos escravos. Eles tinham na mandioca a base de sua alimentação, como ainda hoje os nossos índios. Feita a pasta, misturavam aos restos da casa-grande. Pode-se fazer também bobó de galinha ou mesmo com pequenos pedaços de peixe assado, sem espinhas.

– Como é o azeite de dendê?

---

[29] Graças à dica de minha mãe, hoje preparo a pasta de mandioca utilizando farinha de mandioca crua. Basta despejá-la na água fria e aquecer lentamente, mexendo sempre, até adquirir a consistência adequada.

– Pequeno fruto amarelo ou alaranjado, do tamanho de uma noz, que dá em coqueiros de origem africana, muito encontrados no Nordeste brasileiro. Produz dois tipos de óleo, um extraído da polpa e outro da amêndoa. Usa-se em frituras e no preparo da margarina, e também nos processos de laminação do aço, onde é conhecido por *palm oil*. A indústria química o utiliza no preparo de sabão, graxa e lubrificante.

– Talvez tenhamos esse coqueiro aqui – considerou Fidel. – Não estou seguro. Come-se o bobó com acompanhamento?

– Sim, com arroz.

– Como você prepara o arroz?

– Com cebola, alho e sal.

– Ah, então tenho algo a lhe ensinar – afirmou enfático, arregalando os olhos. – O arroz deve ser cozido na mesma água na qual se preparam os camarões. Assim, impregna-se de seu sabor.

Retomamos os temas do encontro com os escritores latino-americanos.

– Você disse que gosta de perguntas aparentemente embaraçosas. De fato, vejo em sua personalidade uma compulsiva atração pelo desafio. De onde vem essa propensão a jamais perder, de seu pai ou de sua mãe?

– Dos dois. Minha mãe era muito religiosa e meu pai, cético.

– Como meus pais – observei.

– O que não me agrada em entrevistas são as perguntas de caráter subjetivo ou daqueles que me consideram dotado de um excepcional carisma, capaz de mover a história. Não são os indivíduos isolados que fazem a história. E eu não me considero um caudilho.

– Todo ser humano deveria ter um mínimo de distanciamento de si mesmo, no sentido brechtiano do termo – observei. – Assim, teria senso de autocrítica e não se daria mais valor do que merece.

– Se há algo que repudio fortemente, é a ideia de ser uma figura mítica. Jamais me esqueço da frase de Martí, de que "toda glória do mundo cabe num grão de milho".

– Há dois tipos de político – comentei. – O que se move por interesses pessoais, ainda que sob o aparente pretexto de defesa de demandas coletivas, e aquele que não teme nenhum risco por colocar as causas sociais acima inclusive de sua sobrevivência física. Pode-se acusar um guerrilheiro de tudo, menos de buscar o poder como objeto do desejo pessoal, pois as chances de chegar a ele, vivo, são pequenas frente à ameaça permanente de morte.

Descrevi como o Partido dos Trabalhadores nasceu com a proposta de inovar o projeto político e o estilo dos políticos no Brasil, embora carente de um núcleo dirigente capaz de dar-lhe mais consistência organizacional. Diante de minhas críticas, alguns militantes do partido reagiam, cobravam por que eu não ingressava no PT para ajudar a organizá-lo.

– Sim, e por quê? – indagou Fidel.

– Seria duplo equívoco. Primeiro, o partido absorver em tarefa que pode ser assumida por um militante leigo – cuja formação se faz em tempo relativamente breve – uma pessoa que levou anos para se formar na Igreja. Segundo, significaria não reconhecer a importância das comunidades eclesiais nas lutas populares do continente.

– Você tem toda razão – assentiu ele.

Paraíso perdido

Aproveitei para sondar como encara minha atividade pastoral em Cuba. Um funcionário do Departamento de América me dera a entender, naqueles dias, que não deveria proferir palestras ou cursos para cristãos cubanos – informação que preferi omitir para não criar clima de intriga.

– Em sua opinião, até que ponto devo promover aqui encontros e seminários, debates e retiros com os cristãos?

– Só você pode realizar essas atividades. Eu não, pois não sou teólogo – sugeriu Fidel.

Fiquei satisfeito por Piñeiro também ouvir a resposta.

– Escrevi um pequeno texto, *Cristianismo & marxismo*,[30] que talvez possa ajudar a reflexão dos cristãos e dos comunistas cubanos.

– Podemos publicá-lo aqui. Eu poderia anexar alguns textos meus e, quem sabe, daria a você uma entrevista específica sobre a questão religiosa. Você leu o que falei sobre cristianismo e marxismo em minha visita ao Chile, em 1971?

– Sim, li também o que você disse sobre o tema na Jamaica, em 1977, e aqui em Cuba.

Fiquei exultante com a brecha e agarrei o pássaro no ar:

– Gostaria de fazer uma entrevista com você para ser publicada em livro destinado ao público jovem do Brasil.

– Estou disposto a concedê-la. Quando poderia retornar?

– Talvez em maio; seria possível?

– É uma boa época.

Súbito, Fidel conduziu a conversa para outro tema. Passou a descrever seus golfinhos, gabando-se de que fazem 28 movimentos diferentes.

---

[30] Petrópolis, Vozes, 3ª ed., 1988. Esgotado.

– É impressionante como tomam impulso e passam por dentro do arco erguido fora d'água – comentou.

Esta era uma reação comum no Comandante. Mestre na arte de conversar, capaz de varar noites com um mesmo interlocutor, de vez em quando pulava de um tema sério para outro prosaico. Talvez um recurso para descansar a cabeça. Na conversa, abstraía-se inteiramente de suas preocupações de trabalho. Sabia estar aqui e agora, como se dotado de intemporalidade, sem nostalgia do passado ou ansiedade frente ao futuro. E sua fala envolvia todo o corpo, como se cada músculo estivesse sob o imperativo de se expressar. Era um orador mais cordial – no sentido etimológico do termo – que racional. Por isso o auditório sentia-se tomado por uma empatia e se predispunha a ouvi-lo horas seguidas.

– Você prefere falar de improviso ou ler? – perguntei.

– Não me sinto à vontade quando devo ler um discurso. Gosto de falar de improviso.

Voltei à questão religiosa:

– Lendo os documentos dos congressos anteriores do Partido, notei uma significativa evolução quanto à religião, do primeiro para o segundo congresso. Houve um progressivo abandono de concepções dogmáticas que dividiam o universo ideológico entre ateus e crentes. Como em dezembro próximo haverá o terceiro congresso, podemos esperar novos avanços?

– Quais, por exemplo?

– Suprimir a definição – a meu ver metafísica e politicamente inoportuna – do caráter ateu do Partido e reconhecer o seu caráter laico.

– Penso que isso ocorrerá mais por força de determinada conjuntura política e histórica do que por obediência a princípios filosóficos. Muitos contrarrevolucionários abrigaram-se sob o nome de cristãos. Modificada a conjuntura, pode ser que se chegue ao que você sugere.[31]

E acrescentou:

– Vou pedir que traduzam aqui o seu livro *Batismo de sangue*.

A conversa terminou às 6h da manhã.

---

[31] Em outubro de 1991, no 4º Congresso do PC cubano, o caráter ateu do Partido foi suprimido, e suas portas abertas aos cristãos, embora sem permitir aos comunistas se integrarem à Igreja. Dois meses depois, os bispos proibiram os católicos de se filiarem ao Partido enquanto este mantivesse seu "ateísmo integral". Segundo o episcopado cubano, pertencer ao Partido coloca em risco a identidade cristã. "É contraditório e também discriminatório que um cristão possa ser militante comunista e que um militante do Partido não possa ser cristão", denunciaram os bispos em comunicado distribuído a todas as paróquias.

HAVANA:
ENTREVISTA PARA O LIVRO
FIDEL E A RELIGIÃO

Interessado em conhecer melhor a economia brasileira, por sugestão minha Fidel convidou o jornalista Joelmir Beting, especialista na matéria. Em companhia dele e de meus pais, desembarquei em Havana na quinta, 9 de maio de 1985. Devido a compromissos na Alemanha, Joelmir não ficou mais de uma semana em Cuba.

Tão logo Joelmir partiu, Fidel me chamou a seu gabinete.[32]

— Vamos deixar a nossa entrevista para outra ocasião. Preciso me preparar melhor — justificou-se.

Senti-me vítima de minha própria generosidade. Eu havia cedido os primeiros dias a Joelmir Beting e, agora, um fato novo modificara a conjuntura e, com certeza, a própria atenção de Fidel: as transmissões piratas da Rádio Martí, de Miami para Cuba, com 50 mil watts de potência e 14 horas diárias de programação. Havia sido bancada por Reagan como "um instrumento de conscientização dos cubanos".

Apesar da conjuntura desfavorável, meu anjo da guarda soprou-me ao coração: "É agora ou nunca." Veio-me

---

[32] Joelmir Beting publicou, em forma de entrevista, sua conversa com Fidel em jornais brasileiros. Em setembro de 1985, em livro, pela Editora Brasiliense, com o título *Os juros subversivos*. Joelmir Beting faleceu em 2012.

à mente *O velho e o mar*, de Hemingway. "Tenho que concentrar todos os esforços na pesca deste peixe. Fidel não pode escapar-me." Lancei mão de múltiplos argumentos.

– Que perguntas você gostaria de fazer-me? – indagou ele, abrindo o flanco.

Eu havia preparado uma lista de 64 questões, a começar por sua infância, a vida escolar, o perfil da família, a formação cristã etc. Li as primeiras e, logo, ele me interrompeu:

– Muito bem, começaremos amanhã.

Talvez Fidel receasse que eu lhe fizesse perguntas teológicas, acadêmicas ou doutrinárias. Daí a alegação de precisar se preparar melhor. Cedeu ao meu apelo ao se dar conta de que deveria falar mais com o coração que com a cabeça.

Passava das 9h da noite de quinta, 23 de maio de 1985. Fidel acabara de participar de uma recepção promovida pela Federação das Mulheres Cubanas (FMC). Recebeu-me em seu gabinete, em traje de gala, na companhia de sua cunhada, Vilma Espín, presidente da FMC, e de Armando Hart.

Iniciei a entrevista – mais tarde publicada sob o título de *Fidel e a religião*. Enquanto conversávamos, ele bebia chá e fumava cigarrilhas Cohiba. Trabalhamos até as 3h da madrugada, quando se ofereceu para levar-me à casa na qual me hospedara com meus pais.

Ao entrar no carro, tive a impressão de que a porta do Mercedes-Benz pesava uma tonelada. Logo percebi tratar-se de um veículo blindado, que o acompanhava em todas as viagens ao exterior.

– Os *viejos* estarão acordados? – perguntou no caminho.

– Com certeza não, mas podemos acordá-los.

– Não, é muito tarde. Não quero molestá-los.

– Comandante, creio que ficarão gratos, pelo resto da vida, por terem sido acordados por você nesta madrugada. Irão contar isso aos filhos e aos netos.

– Então, irei saudá-los.

Bati à porta do quarto. Minha mãe veio de camisola para a copa e meu pai, de pijama. Em torno da mesa, tomamos sucos de frutas e ouvimos Fidel narrar como se virava para sobreviver na Cidade do México antes do embarque do *Granma*. Falou especialmente da comida mexicana. Retirou-se às 5h da manhã.

Às 5h da tarde iniciamos a segunda parte da entrevista. Trabalhamos até as 10h da noite; Fidel deveria comparecer a um jantar na casa do embaixador da Argentina, para o qual me arrastou. Ao apresentar-me ao embaixador, cometeu o equívoco de comentar que minha mãe era uma exímia cozinheira e lhe ofereceria um jantar nos próximos dias. Diplomaticamente, o embaixador se convidou para o repasto...

No sábado, enquanto proferia palestra no convento dos dominicanos para um grupo da Federação Universitária do Movimento Estudantil Cristão, fui chamado ao telefone. Era do Palácio da Revolução; convocavam-me ao gabinete do Comandante.

Às 8h da noite demos início à terceira fase da entrevista. Trabalhamos até as 11h. Saímos então para a casa de protocolo, onde minha mãe nos aguardava com canjiquinha de milho com lombo e costeletas de porco. Preparei o bobó de camarão.

Em torno da mesa se encontravam Fidel e Raúl Castro – uma raridade, pois razões de segurança recomendavam não ficarem juntos – Vilma Espín, Armando Hart, Marta Harnecker e Manuel Piñeiro, Sérgio Cervantes e o embaixador argentino, o único a destoar no clima de descontração que se criou.

Foi a primeira vez que vi Fidel comer com voracidade. O que mais o fascinou foi a ambrosia, o doce dos deuses da Grécia, citado por Homero, conhecido em Minas por espera-marido, pela rapidez com que as mulheres o preparam ao avistar, pela janela, o esposo regressar do trabalho...

À saída, no jardim, Fidel e Raúl disputaram uma garrafa da cachaça Velho Barreiro, que eu levara, como dois amigos em torno de uma prenda. Com a garrafa envolta em quatro mãos, Raúl ameaçou:

– Se não me der, eu conto aquelas coisas, hein...

Fidel sorriu para o irmão e soltou o troféu.

No dia seguinte, mandou o chefe de sua escolta buscar com a minha mãe mais um pote de espera-marido.

A longa entrevista terminou na madrugada de terça, 28 de maio, quando completamos 23 horas de diálogo.[33]

---

[33] Na primeira semana de outubro de 1985, a editora Brasiliense lançou, em São Paulo, quatro edições simultâneas de *Fidel e a religião*, totalizando 12 mil exemplares. No início de novembro, Jacques Thomet, correspondente da Agência *France Press* no Rio de Janeiro, distribuiu nota, surpreso com as declarações de Fidel: "A religião não é ópio do povo; pode-se ser marxista sem deixar de ser cristão; chegou a hora de acabar com a sutil discriminação de que são objeto os cristãos em Cuba." Segundo a nota, o dirigente cubano fizera um verdadeiro *mea culpa* ao referir-se ao "rigor" com que no passado tratara a religião. "O que fizemos não deve servir de modelo", admitiu o dirigente cubano. "Tanto nós, quanto as Igrejas em Cuba, devemos fazer a nossa autocrítica." A disposição de diálogo de Fidel estaria confirmada por uma cálida homenagem ao papa João Paulo II por sua "capacidade de ação política e de entrar em contato com os povos", reconhecendo que uma eventual visita do chefe da Igreja Católica seria uma "honra".

Fidel e a religião vendeu mais de 1 milhão de exemplares em Cuba até 2014; teve 23 edições no Brasil e, até 2015, foi publicado em 18 idiomas e 28 países. Em 2012, assinei contrato para uma edição em turco.

✳✳✳

À luz do marxismo, a crítica da história é uma história da crítica. Não foram poucas as vezes que, ao paralisar o movimento pendular da dialética, a crítica resvalou para uma visão unívoca, sectária, proferindo juízos dogmáticos. A crítica marxista da religião contém inúmeros exemplos. Toda uma literatura stalinista, de fundo marcadamente positivista, foi produzida para relegar a religião à lata de lixo da história. O oráculo inquisitorial, ao condenar a religião ao olvido eterno, ergueu sobre o frontispício da racionalidade moderna, pretensamente científica, a famosa frase escrita por Marx na *Introdução à crítica da filosofia do direito de Hegel*: a religião é "o ópio do povo".

À nossa mentalidade, lembra Michèle Bertrand, ópio equivale a uma droga que anula a vontade e as faculdades intelectuais daquele que a utiliza. No século XIX, porém, não era exatamente este o significado. Usava-se o ópio, com frequência, como analgésico. Os padres, em seus sermões, comparavam a religião ao ópio, evocavam seu poder de consolação aos aflitos e de sedativo aos sofrimentos humanos. Aliás, a expressão não foi cunhada por Marx, e sim por Kant, no século XVIII, na obra *A religião nos limites da simples razão* (1793).

Marx e Engels acreditavam que a religião não sobreviveria no futuro industrializado e socializado da humanidade – tendo em vista seu caráter visceralmente reacionário no século XIX, quando a humanidade ingressava na era do irredutível avanço tecnológico e científico. No fim da vida, Marx já não punha fé na eficácia política de campanhas antirreligiosas ou de propagandas ateístas. E Engels, em *Contribuição à história do cristianismo primitivo* (1895), comparou os cristãos dos primeiros séculos ao surgimento do movimento operário.

Dormi quase toda a manhã de quarta, 29 de maio de 1985, para refazer-me do cansaço da entrevista. Após o almoço, fui datilografar em minha velha Olivetti Lettera 22 – que completava 20 anos – quando bateram à porta do quarto. Era o chefe da segurança de Fidel. À entrada da casa de protocolo, sentado em seu carro, o dirigente cubano lia relatórios. Convidei-o a entrar.

– O que está fazendo?

– Começo a pôr em ordem algumas anotações de nossa entrevista.

Dirigiu-se ao quarto e se acomodou numa confortável cadeira que, segundo Alejo Carpentier, "os gringos chamam de *Rocking-chair*". Chamou sua atenção meu exemplar do Novo Testamento, em espanhol, ao lado da máquina. Levantou-se, tomou-o em mãos e começou a folheá-lo.

– Onde se encontra o *Sermão da Montanha*?

Mostrei-lhe as versões de Lucas e Mateus.

– Qual das duas você prefere?

– A de Lucas, porque, além de abençoar os pobres, amaldiçoa os ricos – observei do fundo do meu esquerdismo.

– Pois eu não. Prefiro a de Mateus, é mais sensata – comentou para minha surpresa.

Fez-me em seguida uma bateria de perguntas sobre a redação dos evangelhos. Ao fim, indagou:

– Qual dos quatro você prefere?

– Marcos, é o mais próximo do Jesus histórico.

Convidou-me a dar uma volta. Antes, dediquei-lhe meu exemplar do Novo Testamento: "A Fidel, em quem Deus tem muita fé."

Visitamos o canteiro de obras do Instituto de Engenharia Genética, cujos trabalhos andavam em ritmo acelerado. Mais tarde, em seu gabinete, confiou-me algumas cartas para o Brasil, endereçadas ao presidente José Sarney; ao ministro do Planejamento, João Sayad; a dom Paulo Evaristo Arns e a Leonardo Boff. Como meu retorno se daria via México, pediu-me para entregar a Gabriel García Márquez convite, por sugestão minha, para presidir o Encontro de Intelectuais. Passou-me o papel para que eu o lesse: "Trata de vencer, ao menos uma vez, teu medo cênico, como eu tenho que fazer com tanta frequência."

Às 9h da manhã de quarta, 29 de maio, Fidel me chamou ao telefone:

– Estou de partida para a Ilha da Juventude com Javier Pérez de Cuéllar, mas antes quero me despedir de você. Estou preocupado, creio que deverei fazer uma pequena mudança em nossa entrevista, quando você se refere à afirmação de Marx – a religião é o ópio do povo – chamando-a de *frasesita*.

– Não tive intenção pejorativa, mas apenas de qualificá-la como pequena frase – expliquei.

– A que horas você embarca?

– No fim da tarde.

– Se der tempo, ainda o verei antes.

Não houve tempo.

HAVANA:
FIDEL FAZ SUAS
AS PALAVRAS DO CARDEAL

Cheguei a Havana em uma comitiva de 63 brasileiros convidados a participar do Encontro sobre a Dívida Externa na América Latina e no Caribe. Entre outros, Lula, Otávio Ianni, Marilena Chauí, Severo Gomes, Paulo Schilling, Paulo Vannuchi, Luiz Carlos Prestes, Giocondo Dias, Francisco Julião, Bocayuva Cunha, Jair Meneguelli, Avelino Ganzer, José Graziano, Paulo Davidoff, Hélio Fernandes, Roberto Freire, Newton Carlos, Tarcísio Holanda, Clóvis Ingelfritz, Theotônio dos Santos, Emir Sader e Luiz Pinguelli Rosa.

Na bagagem, carta de dom Paulo Evaristo Arns a Fidel sobre o tema do evento. O cardeal autorizara torná-la pública.

O encontro contava com a presença de representantes de todas as forças políticas do continente, tanto de esquerda quanto de direita. Cinco brasileiros foram convidados a integrar a tribuna da presidência: Lula, Luiz Carlos Prestes, Jair Meneguelli, Giocondo Dias e eu.

Fidel abriu o encontro na noite de terça, 30 de julho de 1985, no Palácio das Convenções. Fez um discurso cuidadoso, como quem pisa em ovos, para não condicionar o andamento dos trabalhos. A oradora mais aplaudida foi a reverenda Eunice Santana, pastora da Igreja Discípulos de

Cristo, de Porto Rico: fundamentou na Bíblia a suspensão do pagamento da dívida externa. Ao final da cerimônia, a assessoria do Comandante introduziu-me no pequeno salão atrás do palco, reservado a ele.

– Fiquei muito bem impressionado com o discurso da pastora – admitiu Fidel.

– E o nosso livro? – perguntei, pois sabia que as fitas cassetes estavam sendo transcritas pelo Conselho de Estado e revisadas por ele.

– Estou entusiasmado. Creio que provocará grande impacto. Chomy tratará com você da edição norte-americana. Há interesse por parte de uma das maiores editoras do mundo, a Simon & Schuster.

Encontrei Gabriel García Márquez.

– Terminou o novo romance? – indaguei a respeito de *O amor em tempos do cólera*.

– Terminei o texto linear. Agora trabalho nos acertos. – E acrescentou: – Fidel me falou muito animado do livro de vocês.

Raúl Castro, ao nosso lado, repetiu que ouvira o mesmo do irmão.

Armando Hart levou-me em casa. No caminho, revelou-me:

– Ao terminar de ler a transcrição de todas as fitas, escrevi uma carta a Fidel dizendo que eu nunca pensara que ele fosse tão tributário de sua formação jesuítica.

Hart tocou num ponto que me parece chave para entender a Cuba de Fidel – a influência dos jesuítas. A meu ver, explica, pelo modo como impregnaram os irmãos Castro, certos aspectos preponderantes da Revolução Cubana, como o voluntarismo, o senso ético, o espírito de sacrifício no trabalho e a disposição missionária aberta ao cenário internacional. Quanto mais se conhecem o caráter e o estilo da Companhia de Jesus, melhor se compreendem as características de Cuba sob o governo de Fidel Castro.

No evento sobre a dívida externa, no sábado, 3 de agosto de 1985, li a carta do cardeal Arns:

São Paulo, 26 de julho de 1985

Excelentíssimo Senhor Fidel Castro, digníssimo presidente do Conselho de Estado e do Governo cubano

Prezados senhores:

Sensibilizado com o convite recebido para participar desta análise conjunta sobre a dívida externa da América Latina e do Caribe no contexto da crise econômica internacional, e impossibilitado de comparecer, devido a inúmeras tarefas, venho manifestar meus votos de que a reunião seja especialmente proveitosa para a grande maioria dos pobres que habitam os nossos países.
À luz do Evangelho de Cristo, da doutrina social da Igreja e das palavras do papa João Paulo II, quero especificar alguns pontos básicos que me parecem fundamentais no que concerne ao tema em debate:
Primeiro, não há possibilidade real de o povo latino-americano e caribenho arcar com o peso do pagamento das dívidas colossais contraídas por nossos governos. Nem mesmo é viável continuar pagando os altos juros à custa do sacrifício de nosso desenvolvimento e bem-estar.
Segundo, a questão da dívida, antes de ser financeira, é fundamentalmente política e, como tal, deve ser encarada. O que está em jogo não são as contas dos credores

internacionais, mas a vida de milhões de pessoas que não podem sofrer a permanente ameaça de medidas recessivas e do desemprego que trazem a miséria e a morte.

Terceiro, os direitos humanos exigem que todos os homens de boa vontade do continente e do Caribe, todos os setores responsáveis, se unam na busca urgente de uma solução realista para a questão da dívida externa, de modo a preservar a soberania de nossas nações e resguardar o princípio de que o compromisso principal de nossos governos não é com os credores, mas sim com os povos que representam.

Quarto, a defesa intransigente do princípio de autodeterminação de nossos povos requer o fim da interferência de organismos internacionais na administração financeira de nossas nações. E, sendo o governo coisa pública, todos os documentos firmados com tais organismos devem ser de imediato conhecimento da opinião pública.

Quinto, é urgente o restabelecimento de bases concretas de uma Nova Ordem Econômica Internacional, na qual sejam suprimidas as relações desiguais entre países ricos e pobres, e assegurado ao Terceiro Mundo o direito inalienável de reger seu próprio destino, livre da ingerência imperialista e de medidas espoliativas nas relações de comércio internacional.

Confiante no êxito deste importante evento, rogo a Deus que infunda em nossos corações a bem-aventurança da fome e da sede de justiça, a fim de sermos sempre fiéis às aspirações libertadoras de nossos povos.

Acolham minha saudação fraterna.

+ Paulo Evaristo, cardeal Arns
Arcebispo metropolitano de São Paulo, Brasil.

– Embora eu não seja cardeal, permitam-me acrescentar algumas palavras.

Expus que a Bíblia propõe uma solução para a questão da dívida – o ano jubileu. Entre os antigos hebreus, a cada sete anos todas as dívidas que geraram injustiças ficavam automaticamente anuladas.

Um comunista cubano me diria, no dia seguinte, que no momento da leitura da carta do cardeal Arns, no encerramento do evento, ele se encontrava em um curso do Partido, em Santiago de Cuba. O professor dissera, pela manhã, que a Igreja é, toda ela, reacionária e favorável ao imperialismo. À tarde, a TV cubana, em rede nacional, transmitiu a leitura da carta, cujo impacto foi muito positivo na população.

Após a sessão da tarde, com o discurso do último orador – um comunista equatoriano, de linha albanesa, que teatralizou cada frase pronunciada –, Fidel convidou-me ao pequeno salão atrás do palco. Estava visivelmente tomado por uma excitação nervosa. Dentro de poucas horas deveria discursar no encerramento daquele encontro tão pluralista – ao todo, 1.322 delegados de 32 países da América Latina e do Caribe.

Fidel andava de um lado ao outro, como se o pequeno espaço não pudesse conter seu corpanzil. Junto a mim, o observavam Jesús Montané, Jorge Risquet e Armando Hart. Logo chegou Chomy com um calhamaço. Continha antigas citações de Fidel sobre a dívida externa. O Comandante reviu o que já dissera. Em seguida, entrou Manuel Piñeiro. Fiquei em dúvida se permanecia ou saía. Aquilo me cheirava a reunião familiar. Piñeiro aconselhou-me a ficar.

– Chomy, traga-me a carta do cardeal Arns – pediu o Comandante.

Releu o texto com atenção, como se quisesse memorizá-lo.

– Pretendo falar pouco – disse à saída do salão.

– Fale muito, todos aguardam a quebra de seu silêncio – sugeri, pois durante os quatro dias do evento ele só escutara. – Mas fale de coração, e não se perca em detalhes aritméticos da dívida.

Seu discurso não chegou a ser longo, mas foi vibrante. E adotou como principal referência os pontos da carta do cardeal Arns, que citou entusiasmado.

Pensei nas lições do professor comunista de Santiago de Cuba...

Um jornalista estadunidense perguntou a Fidel, na coletiva de imprensa no Palácio das Convenções, no domingo, 4 de agosto de 1985, por que Roberto Vesco, que lesou o fisco dos EUA em milhões de dólares, obteve autorização para viver em Cuba. O entrevistado respondeu que Vesco, perseguido pela CIA na Costa Rica, correu risco de vida. Por razões humanitárias, o governo cubano o acolheu, mas não sabia o que fazia ele na Ilha, pois não controlava a rotina dos habitantes do país.

Em seguida, Fidel denunciou que uma cadeia de TV dos EUA montara um cerco em frente à casa de Vesco, inclusive com os repórteres ocupando um imóvel vazio para filmá-lo dali.

– Quero deixar claro que sabemos tudo que fizeram aqueles jornalistas – acrescentou o líder cubano. – Conhecemos inclusive a marca dos cigarros que fumaram na casa ocupada por eles. Por terem abusado da hospitalidade cubana, desenvolvendo aqui atividades com as quais não concordamos, os expulsamos do país.

Jantei na casa-museu de Chomy Miyar, que completava 53 anos, em companhia de Lula, Luiz Eduardo Greenhalgh, Francisco Weffort e Hélio Bicudo. Fidel chegou à sobremesa. Mais tarde, apareceram Raúl Castro e Vilma Espín, Manuel Piñeiro e Marta Harnecker.

De madrugada, Fidel me chamou à parte. Mostrou o telegrama que recebera da editora estadunidense Simon & Schuster; propunha modificações no texto do nosso livro; a obtenção do direito de agenciar a obra para todo o mundo, inclusive para as edições em espanhol e português; e oferecia um adiantamento de US$ 25 mil.

– Comandante, não estou à venda – respondi indignado com a petulância dos gringos. – Na verdade, a Simon & Schuster quer se apoderar da obra. Imagina se ela guarda os originais na gaveta! Sob o pretexto de não encontrar editoras confiáveis em outros países, ela pode sabotar o nosso livro.

– Apoio inteiramente a sua posição – retrucou Fidel. – Peço que responda à editora.[34]

Aproveitei a ocasião:

– Eu gostaria de lhe fazer uma crítica.

– Pois não, o que tem a dizer?

– Em sua entrevista à imprensa, nesta manhã, houve uma contradição. Pouco depois de afirmar que o governo cubano não sabe o que Roberto Vesco faz neste país, você disse que se conhece até a marca dos cigarros fumados pelos repórteres dos EUA que pretendiam filmá-lo.

---

[34] *Fidel and religion* foi lançado pela Simon & Schuster nos EUA em 1986, sob contrato exclusivo para aquele país. A editora ofereceu um adiantamento de US$ 7 mil e jamais prestou contas, embora a obra tenha alcançado sucesso de vendas junto ao público estadunidense.

– Você tem toda a razão. Foi uma falha minha – reconheceu Fidel. – Agradeço e fico feliz por me ter dito isso.

E acrescentou:

– Quero lhe pedir uma coisa: sinta-se sempre à vontade para me fazer qualquer crítica. Não é só um direito, é um dever seu.[35]

Deixei a casa de Chomy Miyar às 3h da madrugada. Duas horas depois embarquei rumo ao Brasil.

---

[35] A partir de então, quando me foi dada oportunidade de estar a sós com Fidel, cumpri criteriosamente o meu dever. E por ter a liberdade de apontar tudo aquilo que me parecia equivocado na sociedade e na política cubanas, deixei de fazê-lo em público, seguindo o princípio de que críticas se fazem aos amigos; denúncias, aos inimigos.

HAVANA:
DOM PEDRO CASALDÁLIGA
ENCONTRA FIDEL

Em companhia dos irmãos Leonardo e Clodovis Boff, a 5 de setembro de 1985 fui recebido no aeroporto de Havana por Chomy Miyar e Marina Majoli. No caminho para o centro, Chomy comentou o entusiasmo de Fidel com a leitura das obras de Gustavo Gutiérrez e Leonardo Boff.

À noite, reuniram-se conosco, em torno da mesa de jantar, José Felipe Carneado, Chomy Miyar, Jorge Ferrera e Rafael Hidalgo.

– Quais as reivindicações que a Igreja faz ao governo? – indagou Clodovis Boff.

– Maior facilidade de entrada de padres em Cuba, acesso aos meios de comunicação, direito de ter uma revista própria e o fim de qualquer tipo de discriminação aos católicos, de modo que possam ter acesso a funções de direção em seus empregos e nas organizações políticas – explicou Carneado.

Confirmou que a entrada de livros de teologia era controlada:

– Eu facilitaria com prazer a entrada de obras de teologia da libertação, mas não estou certo de que os bispos tenham muito interesse nisso.

Chomy nos convidou em seguida à sua casa-museu, onde encontramos Fidel, que se confessou impactado com a leitura de textos da teologia da libertação:

– Gostei sobretudo do modo como Gutiérrez aborda a questão da luta de classes em *Teologia de la liberación* – disse. – A fundamentação teórica e ética é muito boa. Precisamos divulgar essas obras no movimento comunista. Nossa gente não conhece isso. É mais difícil para vocês elaborar esses textos do que, para nós, um manual de marxismo.

– É possível – concordei –, pois no século XIX o marxismo operou uma ruptura epistemológica com o que o precedera, ao passo que na teologia temos de resgatar mais de dois mil anos de cultura judaica e greco-romana.

– Betto, expus ao Comitê Central os trechos mais polêmicos do nosso livro – revelou, justificando-se por não ter mantido o sigilo acordado entre nós.

Ao mesmo tempo, deixou claro que também devia se sujeitar a seus companheiros de Partido.

– E o que opinaram?

– Ficaram surpresos. Sugeriram algumas modificações, mas defendi com firmeza o nosso ponto de vista. A única correção que concedi, contrária ao que penso, é quando você pergunta se a conversão de um cristão ao marxismo é uma via de mão dupla. Eu lhe respondera que sim. Mas certos companheiros do Comitê Central ainda não admitem que um marxista possa tornar-se cristão sem deixar de ser revolucionário. Precisamos avançar nisso.[36]

---

[36] No texto editado, um aguçado observador verá que houve ali um corte, o único em todo o livro: "De um ponto de vista estritamente político – e penso que conheço algo de política – considero que se pode ser marxista sem deixar de ser cristão e trabalhar unido ao comunista marxista para transformar o mundo. O importante é que, em ambos os casos, sejam sinceros revolucionários...". A expressão "em ambos os casos" referia-se à via de mão dupla admitida na entrevista por Fidel, ou seja, a de que um marxista também pode ser cristão sem deixar de ser marxista.

Ao comentarmos que dom Pedro Casaldáliga encontrava-se em visita à Nicarágua, Fidel insistiu que o convidássemos a Cuba.

O dirigente cubano retirou-se por volta de 1h da madrugada após selecionar livros de ficção científica, entre os quais *Orca, a baleia assassina*, de Arthur Herzog. Admitiu que esse tipo de literatura lhe descansava a cabeça.

Na noite seguinte, em Havana, um encontro histórico: pela primeira vez, desde a vitória da revolução, Fidel concedeu audiência a uma delegação de bispos cubanos. Em seguida, eles se dirigiram ao aeroporto para tomar o voo do DC3, que, duas vezes por semana, fazia a rota Miami-Havana-Miami. Foram aos EUA retribuir a visita que bispos norte-americanos fizeram a Cuba em janeiro daquele ano.

Encontramos o ministro da Educação, José Ramón Fernández. Critiquei a rigidez do sistema escolar e ofereci-me para dar um curso de educação popular a dirigentes de organizações de massa.

– Respeitamos o trabalho de Paulo Freire, mas discordamos de sua linha – reagiu ele.

Clodovis comentou que os estudantes pareciam não ter muita ideia das conquistas da Revolução, como se Cuba nunca tivesse conhecido a miséria e ela não fosse tão grave nos demais países da América Latina.

– Seria bom se os jovens pudessem viver um dia por semana como antes da Revolução para conhecerem como então se vivia e saberem apreciar o que se vive hoje – sugeriu o ministro.

Clodovis queixou-se de um livro de história adotado nas escolas, no qual constava que Jesus é um mito inventado

nos primeiros séculos para os pobres se consolarem de sua condição oprimida.
– Muitos livros didáticos são traduções feitas na União Soviética – desculpou-se ele, sem maiores explicações.

O almoço com Armando Hart, Trini Pérez e Jorge Timossi, na terça, 10 de setembro de 1985, deixou-me empanturrado, talvez devido à gordura de porco usada na culinária cubana, onde o óleo vegetal era raro. Discutimos o encontro dos intelectuais no mês de novembro. Logo que saíram, estirei-me no sofá da sala, abatido pela sensação de ter engolido um dinossauro. Fui despertado pela chegada inesperada de Fidel.
– O encontro com os bispos foi um milagre da Virgem da Caridade – ironizou ele.
Estava otimista, convencido de que as relações com a Igreja Católica avançavam para uma nova etapa. Trazia em mãos o livro *El enjambre*, de Arthur Herzog.

Após apanharmos dom Pedro Casaldáliga no aeroporto, na quarta, 11 de setembro de 1985, os irmãos Boff e eu seguimos direto para o gabinete de Fidel. O bispo de São Félix do Araguaia confessou ao Comandante sua admiração por Che Guevara.
– O Che tinha complexo por ser argentino e, às vezes, o pessoal jogava isso na cara dele – revelou Fidel. – Se Che fosse católico, teria todas as condições para ser canonizado.
Conversamos sobre a coleção de livros, editada em vários países, que reúne os principais temas teológicos sob o enfoque da teologia da libertação. Fidel mostrou-se interessado. Dom Pedro Casaldáliga comentou:

— Para a direita, é preferível ter o papa contra a teologia da libertação a Fidel ser a favor.

— A teologia da libertação é mais importante que o marxismo para a revolução latino-americana – afirmou o líder cubano.

À noite, dom Pedro Casaldáliga discursou na abertura do Diálogo Juvenil e Estudantil da América Latina e do Caribe sobre a Dívida Externa, no Palácio das Convenções, que reuniu 601 jovens de 36 países. Frisou que "não é só imoral cobrar a dívida externa, também é imoral pagá-la, porque, fatalmente, significará endividar progressivamente os nossos povos".

No dia seguinte, visitamos o Seminário São Carlos, de Havana. Na roda de padres e seminaristas, destacava-se o bispo José Siro González Bacallao, de Pinar del Rio. Um jovem sacerdote comentou:

— Cuba não precisa de teologia da libertação, pois aqui a questão social já está resolvida.

— Teologia da libertação – reagiu dom Pedro Casaldáliga –, mais que um sistema, é um método. É partir da realidade concreta e se perguntar: o que precisa ser libertado aqui e agora? Ora, se a libertação econômica está relativamente garantida em Cuba, há ainda a libertação pessoal, a libertação eclesial e outras formas de libertação.

Visitamos também o núncio apostólico, monsenhor Giulio Einaudi.

— Como vocês encaram essa questão da dívida externa? – perguntou ele.

— Vemos a coisa numa dupla dimensão – explicou Clodovis Boff. – Acima dos direitos dos banqueiros está a vida de nossos povos. E nessa questão a Igreja não deve propor soluções técnicas, mas acentuar a grande mensagem bíblica do ano jubilar, também proclamado por Cristo em sua pregação em Nazaré.

O núncio demonstrou estar de acordo.

Chomy trocou os velhos sapatos de dom Pedro Casaldáliga – caridade de algum fiel – por um par novo de botas:

– Deixo os sapatos ao Museu da Revolução – brincou dom Pedro.

HAVANA:
PAPO SURREALISTA ENTRE GABRIEL GARCÍA MÁRQUEZ E HÉLIO PELLEGRINO

Cheguei a Havana na terça, 26 de novembro de 1985, em companhia de Hélio Pellegrino e Emir Sader. Na mesma hora chegaram, de Madri, Nélida Piñon e o pintor e artista plástico Julio Le Parc, argentino, radicado em Paris.

Hélio Pellegrino e eu fomos alojados na casa de protocolo 46, onde recebemos a visita de Armando Hart, Mariano Rodríguez, Lupe Velis, Manuel Piñeiro, Jorge Timossi, Marina e Chomy Miyar. Os que já haviam lido os originais da entrevista que Fidel me concedeu fizeram comentários entusiasmados. Já tinham sido impressos 50 mil exemplares de *Fidel e a religião*.

Durante a conversa, Hélio Pellegrino empolgou-se, discorreu sobre a síntese entre o espírito e a matéria para aquela pequena plateia de comunistas ateus:

– Não há dúvida – exclamou em eco a Teilhard de Chardin –, Deus habita o coração da matéria.

À tarde, fui chamado à casa de protocolo 61. Ali se hospedaram Mercedes e Gabriel García Márquez. A esperá-los, Armando Hart, Flor e Mariano Rodríguez, Lupe Velis e Nuñez Jimenez, e Alfredo Guevara, que representava Cuba na Unesco, em Paris. Gabo me chamou à parte e mostrou-me seu discurso para abertura do congresso de intelectuais. Uma irônica e divertida história de congressos.

– Sugiro a você ressaltar o múltiplo aspecto da cultura popular na América Latina – opinei. – Como cultura de resistência, solidariedade, protesto, jogo e festa.

Ele me fez subir para o segundo andar da casa, ligou seu Macintosh e acrescentou ao texto a sugestão.

– Em que período do dia você prefere escrever? – perguntei.

– Pela manhã, após banhar-me, vestir-me e tomar um farto café.

Fiquei maravilhado diante daquela máquina miraculosa, na qual se podiam fazer acréscimos sem rasgar papéis. Ele mostrou como funcionava e insistiu para que eu comprasse uma. Depois, "roubou" de Mercedes um exemplar de seu romance *El amor en los tiempos del cólera*, a ser lançado em breve, e me presenteou com uma dedicatória.

No jardim, García Márquez entabulou uma curiosa conversação com Hélio Pellegrino:

– Os homens se dividem entre os que cagam bem e os que cagam mal – asseverou o Prêmio Nobel de Literatura. – Incluo-me entre os segundos. Cagar, para mim, é sempre uma experiência complicada. Invejo aqueles que cagam consistentes, roliços e rápidos, sem se sujarem muito.

Tive vontade de rir, pois, além do tema inusitado, com certeza Gabo não sabia que Hélio era psicanalista. Elegante, o brasileiro embarcou na merda e teceu considerações quase metafísicas:

– É isso mesmo! O sujeito, ao sentar na privada, entra em contato com aquilo que é mais abjeto em sua intimidade, a excrescência repelida pelo organismo e seu odor fétido.

Há quem retenha as fezes como se temesse perder parte de si mesmo. Neste caso, o sujeito caga como quem sofre uma cirurgia, sentindo que as vísceras lhe escapam por baixo.

– Eu gostaria de cagar na hora certa, como os europeus, que se levantam da mesa do café e se dirigem à privada – queixou-se o colombiano.

– Alguém deveria fazer um estudo comparativo sobre a consistência do cocô – sugeriu Hélio Pellegrino. – Há bostas piramidais, como as dos bois; bostas compridas, como as dos cães; bostas aguadas e disformes, de quem está sempre de caganeira.

Como a conversa não me cheirava bem, retornei à sala.

Na visita que fiz a monsenhor Jaime Ortega e padre Carlos Manuel de Céspedes, na manhã de quinta, 28 de novembro de 1985, ouvi críticas a *Fidel e a religião*. Fidel não teria sido fiel à parte histórica ao se referir ao conflito com a Igreja Católica e deixara em má situação as Igrejas evangélicas por mostrá-las como sustentáculo da Revolução. Um bispo episcopaliano teria sido preso no início da Revolução. Ressalvaram, porém, que o livro é válido por abordar a discriminação aos cristãos em Cuba. E, no geral, consideraram a obra positiva, pois ajudaria a tirar o medo dos católicos e o preconceito dos comunistas, reduzindo os sectarismos. No entanto, julgavam que o clero local não iria gostar do livro.

Manifestei o desejo de participar da Conferência Nacional Pastoral, em fevereiro, quando se encerraria a Reflexão Eclesial Cubana.

– Não convidaremos nenhuma pessoa em particular – explicou padre Manuel de Céspedes –, só aqueles que, por sua função, representam instâncias da instituição eclesiástica.

HAVANA:
LANÇAMENTO DE *FIDEL E A RELIGIÃO*

Aterrissaram em Havana na sexta, 29 de novembro de 1985, os delegados brasileiros ao congresso de intelectuais, entre os quais Chico Buarque, Adélia Prado, Bresser Pereira, Affonso Romano de Sant'Anna, Ricardo Gontijo, Roberto D'Ávila, Carlos Guilherme Motta, Pedro Ribeiro de Oliveira, Maria Valéria Vasconcelos Rezende e o padre José Oscar Beozzo.

À tarde, encontrei Gabo e Fidel na casa 61. Gabo e eu insistimos que o líder cubano falasse na abertura do evento. Ele resistiu e mudou de assunto.

Gabo indagou se ele já havia lido os originais de *El amor en los tiempos del cólera*. Fidel fez observações elogiosas e detalhadas, e apontou incorreções:

– Você escreve que o navio *San José*, da Frota de Terra Firme, saiu de Portobello, no Panamá, com trezentos baús de prata do Peru e Veracruz e ainda foi carregado com cento e dezesseis baús de esmeraldas e trinta milhões de moedas de ouro. Ora, isso é mais do que a atual dívida externa da América Latina. E, para as condições da construção naval da época, nenhum barco deixaria de afundar com tanto peso.

O 2º Encontro de Intelectuais pela Soberania dos Povos de nossa América foi solenemente inaugurado na noite de sexta, 29 de novembro de 1985, no Palácio das Convenções. Ao fundo, uma frase de Simón Bolívar: "É necessário que a nossa seja uma sociedade de nações irmãs." À mesa diretora, Fidel, Gabriel García Márquez, Mário Benedetti, Ernesto Cardenal, Armando Hart, Mariano Rodríguez, Juan Bosch, José Antonio Portuondo, Pablo González Casanova, George Lamming, Chico Buarque e eu. No auditório, mais de 300 escritores, artistas, religiosos, historiadores e cientistas. Presentes também o arcebispo de Havana, Jaime Ortega, padre Carlos Manuel de Céspedes e o padre Pepe Félix, reitor do seminário de Havana.

Mariano Rodríguez, presidente da Casa de las Américas, pediu um minuto de silêncio em homenagem póstuma a dois integrantes do Comitê Permanente de Intelectuais: Julio Cortázar e Miguel Otero Silva.

Ao ocuparem seus lugares no grande auditório, intelectuais e representantes do corpo diplomático encontraram, em cada assento, um exemplar, em capa dura, de *Fidel e a religião*, autografado por mim. O governo cubano aproveitou a solenidade para o lançamento oficial da obra. Avisaram-me, pela manhã, que naquela noite eu deveria discursar.

Após uma tarde com diarreia – resultado de meu pânico cênico – meu anjo da guarda encorajou-me a uma ousada decisão: falar de improviso, sem vergonha do meu *portunhol* e sem me deixar inibir pela presença de Fidel e de tantos intelectuais eruditos. Fui apresentado por Roberto Fernández Retamar, vice-presidente da Casa das Américas, que evocou meu confrade, Bartolomeu de las Casas, "o mais justo e o mais comovente dominicano que viveu na América", sobre quem José Martí registrou em *La Edad de oro*: "Assim passou a vida: defendendo os índios."

Iniciei por frisar a importância da unidade entre cristãos e comunistas na Revolução Sandinista – como fator de inspiração do livro – e ressaltei:

– Eu diria, porém, que este livro tem raízes mais profundas. A primeira, nas lutas de libertação da América Latina e do Caribe, nas lutas dos indígenas e dos escravos negros, nas lutas de independência. Em Cuba, este livro tem raízes especialmente na figura maior do padre Félix Varella, conhecido neste país como "o pai dos pobres", e na figura mais importante, o inspirador máximo da Revolução Cubana, que é José Martí. Direi, enfim, que este livro tem suas raízes, por uma feliz coincidência da história, na própria vida de Fidel, que teve formação cristã, logrou entender a importância da teoria marxista para a mudança da sociedade e conseguiu fazer uma síntese martiana na prática revolucionária, o que permitiu a Cuba transformar-se no primeiro território livre do nosso continente. Na apresentação deste livro, o companheiro e ministro da Cultura, Armando Hart, cita uma afirmação de Fidel nos primeiros anos da Revolução: "Nos casaram com a mentira e nos obrigaram a viver com ela, e por isso parece que o mundo se acaba quando ouvimos a verdade." Eu diria que, neste século, uma das mentiras foi a de que não havia possibilidade de encontro e de unidade entre revolucionários cristãos e marxistas. Creio que há nisso uma vitória da burguesia, que conseguiu dividir-nos, criando uma caricatura do marxismo e fazendo uma manipulação do cristianismo. A burguesia fez da religião uma ideologia legitimadora de sua opressão, negando o que a religião tem de mais essencial, que é a sua transcendência, a revelação de Jesus como Filho de Deus e a possibilidade humana de comunhão com a própria experiência de Deus; e fazendo do marxismo uma religião, negando sua essência dialética, crítica. Dizia-me no último domingo, no Brasil, um bispo chileno: "Este livro fará bem a dois tipos de pessoa: aos cristãos que são sectariamente anticomunistas e aos comunistas que são sectariamente anticristãos." A novidade deste livro é que não se trata de um diálogo acadêmico. Não são dois intelectuais da nova filosofia francesa que chegaram à conclusão de que o marxismo está inteiramente superado e o cristianismo é uma lenda do passado.

Após falar das condições sociais do continente, prossegui:

– Nossa causa é comum. Os problemas do Caribe e da América Latina ameaçam indistintamente crentes e não crentes, cristãos e marxistas. A dívida externa, a agressão imperialista, a opressão, a ditadura militar, a falta de moradia, de saúde, de educação ameaçam indistintamente todos nós, e a única solução para mudar esse estado de coisas é ter na prática libertadora o critério fundamental de nosso encontro e de nossa unidade.

Citei uma frase de Fidel na entrevista ("Quem trai o pobre, trai Cristo"), discorri sobre a teologia da libertação e continuei:

– Um bispo do Brasil, Pedro Casaldáliga, diz num poema que "No ventre de Maria / Deus se fez homem. / Na oficina de José, Deus se fez classe."[37] Jesus, de fato, está comprometido com a causa dos pobres, e para nós não basta ter nos lábios o nome de Deus; é necessário ter no coração este que habita o coração da matéria, que é o próprio Deus, num impulso definitivo e desinteressado de compromisso com os pobres.

---

[37] "E o Verbo se fez classe". In *Versos adversos: antologia*. Editora Fundação Perseu Abramo, 2006, p. 43.

Voltei a falar do papel da teologia de libertação e encerrei, dizendo:

– Os verdadeiros autores deste livro são todos esses mártires latino-americanos e caribenhos, comunistas e cristãos, crentes e ateus, que derramaram seu sangue para um tempo de justiça e de paz neste mundo. Os verdadeiros inspiradores deste livro são três figuras importantes em nossa cultura e em nossas vidas: Jesus, Marx e Martí. Enfim, o verdadeiro destinatário deste livro é a juventude do Caribe e do continente latino-americano, esta juventude que agora cria o Homem Novo de nosso futuro, que será um homem, por sua vez, profundamente místico e profundamente revolucionário. Muito obrigado.

Fidel não discursou. À saída do Palácio das Convenções, ordenou a Mendoza, diretor do *Granma*, reproduzir na íntegra os discursos.

Encontrei Ernesto Cardenal:

– Fidel é um místico, tem fé e deve rezar – vaticinou.

Na casa 46 comemoramos a abertura do encontro. Além dos hóspedes, estavam Fidel, Mercedes e Gabriel García Márquez, Nélida Piñon e Ernesto Cardenal. A este, Fidel prometeu entregar 20 mil exemplares do livro para que fosse distribuído na Nicarágua.

– Um dia perguntei a Fidel – contou Gabo – o que ele mais lamenta não poder fazer. Sabe o que disse? "Ficar parado numa esquina."

Fidel consentiu com um sorriso.

Longas filas se formaram à porta das livrarias de Havana no sábado pela manhã. Muitos faltaram ao trabalho para obter seu exemplar de *Fidel e a religião*. Há quem dissesse que o governo viu-se obrigado a limitar a venda de apenas um exemplar por comprador para evitar o câmbio negro.

O fato é que a edição se esgotou em poucas horas. Inconformado, o público quebrou vitrines e promoveu protestos que exigiram a presença da polícia.

À noite, gratificado pelo êxito da obra, na qual tanto se empenhara, Chomy Miyar confidenciou-me na casa 46:

– Ainda bem que insisti para que rodassem 300 mil exemplares! Havia no Conselho de Estado quem quisesse imprimir apenas 30 mil.

Dei entrevista a Rosa Elvira Pelaez, do *Granma*:

– Creio em Jesus como revelação de um Deus comprometido com os pobres – disse a ela –, um Deus que assume como bem-aventurança a sede de justiça dos pobres, dos oprimidos; um Deus que entra em choque com toda a classe opressora de seu tempo e morre como prisioneiro político na cruz.

Acrescentei que "o cristianismo é essencialmente comunista" e os valores do socialismo são essencialmente cristãos. Ao frisar que o livro ajudaria a compreender a presença cristã e marxista nos processos de libertação da América Latina, critiquei o dogmatismo:

– Muitos cristãos transformam sua fé numa ideologia e muitos marxistas transformam sua ideologia numa religião.

Dois dias depois, a entrevista foi publicada no órgão oficial do Partido Comunista de Cuba sob o título "O verdadeiro autor é o povo oprimido da América Latina". Não creio que o *Granma* tenha citado tanto Jesus, ao longo de sua história, como naquele dia. Entretanto, toda vez que aparecia a palavra deus, era assim, em letra minúscula...

Encontrei Fidel no Palácio das Convenções, na tarde de domingo, 1º de dezembro de 1985.

– Parei de fumar desde agosto – contou ele – e aumentei muito meu rendimento na natação. Agora, faço mil ou mil e quinhentos metros em bem menos tempo.

Sem aviso prévio, entrei na Livraria Fernando Ortiz, no Vedado, na manhã de segunda. Sentei atrás de um balcão e me dispus a autografar o livro. Em duas horas, foram vendidos 2.560 exemplares.

O encontro de intelectuais terminou ao se inaugurar o VII Festival Internacional do Novo Cinema Latino-Americano, em cuja sessão de abertura, no teatro Karl Marx, se exibiu o documentário *Frei Tito*, de Marlene França. Presentes cerca de mil delegados de 51 países.
Rever *Frei Tito* em Cuba causou-me profunda emoção. Pombas e grades, vitrais e dores, a obra de Marlene França, tão premiada, traz à tona o sofrimento de meu confrade torturado e levado à morte pela ditadura militar, conforme descrevo em *Batismo de sangue*.

Na recepção oferecida aos intelectuais, artistas e cineastas presentes em Havana, Roberto D'Ávila, da Rede Manchete de Televisão, pediu-me para facilitar-lhe a aproximação com Fidel. Interessava-se em obter dele a primeira entrevista aos telespectadores brasileiros.
– Posso ajudá-lo. Mas, se você conhece García Márquez, ele é a pessoa indicada – sugeri.
Recorreu também à ajuda de Heleieth Saffioti, Bresser Pereira e Chico Buarque. Como já entrevistara García Márquez para o programa *Conexão Internacional*, conseguiu que o escritor colombiano o levasse ao pequeno salão onde,

nas recepções, Fidel privava de convívio com os amigos. Gabo o apresentou ao dirigente cubano:

– Você se parece com Felipe González – observou Fidel.

– Já entrevistei Felipe González e vim aqui para entrevistar o senhor. Não sairei daqui sem essa entrevista.

– Você é arrogante! – replicou Fidel bem-humorado.

Encabulado, Roberto D'Ávila iniciou uma preleção sobre a importância da entrevista para favorecer o reatamento de relações entre Brasil e Cuba. Sabia que tocava o ponto vulnerável do líder cubano, obcecado que andava para fugir ao bloqueio estadunidense e estabelecer relações diplomáticas e comerciais com um país de tanta expressão continental como o Brasil.

Fomos em socorro de Roberto D'Ávila: Chico Buarque, Hélio Pellegrino, Antônio Candido, Affonso Romano de Sant'Anna, Bresser Pereira, Nélida Piñon, Heleieth Saffioti e eu. Insistimos no alcance do programa.

– Que lobby tem você! – exclamou Fidel. – Poderia fazer política.

Candidato a deputado federal, o jornalista nada revelou. Atraído por outras solicitações, Fidel afastou-se do grupo e deixou D'Ávila sem resposta.

– Fidel é um bruxo – comentou Chico Buarque.

Pouco depois, fui chamado à parte pelo dirigente cubano.

– O que acha de D'Ávila? E da Manchete? Atinge mais que a Globo?

– Seus programas não têm tanta audiência quanto os da Globo, mas gozam de credibilidade.

– É o que me interessa: credibilidade – reagiu Fidel.

Passados alguns minutos, ele comunicou a Roberto D'Ávila:

– Nos vemos na quarta-feira.

Conversei na recepção com o ator italiano Gian Maria Volonté, que participava do festival de cinema. Falou-me de seu fascínio pelo mar e do barco em que passava boa parte de seu tempo. Convidou-me para navegar com ele nas costas da Itália. (Convite que não aceitei e ainda guardo a dúvida se fiz bem...).

Na noite de domingo, 22 de dezembro de 1985, o programa *Conexão Internacional* exibiu o teipe da entrevista que Fidel Castro concedera a Roberto D'Ávila. Era a primeira vez, desde o golpe militar de 1964, que o dirigente cubano proclamava suas ideias na TV brasileira. Em dois anos e meio no ar, a Manchete jamais havia tido audiência tão alta. O programa situou o telespectador na história da Revolução Cubana e relembrou a trajetória de Fidel. Mostrou belas imagens de sua casa paterna; da Sierra Maestra; da guerrilha e de Playa Girón.

No dia de Natal, no sítio Querença, de Marlene França e Andrea Ippolito, em Itatiba (SP), escrevi carta ao líder cubano com as minhas impressões do programa e de sua repercussão:

***

Penso que a única resposta não muito adequada ao nosso contexto foi sobre as eleições diretas em Cuba. Você sabe como o nosso povo lutou pelas "diretas" nas ruas. Afirmar que em eleições diretas há o perigo de vitória de gente simpática e com dinheiro é verdade. Mas não se pode, em princípio, admitir que seja verdade para um povo revolucionário e consciente como o cubano. Creio que, neste tema, temos que fazer o que você fez, desvincular a justificativa da forma de governo socialista do antigo conceito de "ditadura do proletariado", inadequado por sua ressonância negativa em nosso continente. É melhor sua definição em nosso livro: a democracia não se avalia pelo modo como ocorre a alternância dos homens no poder, e sim pelos direitos e benefícios conquistados pelos cidadãos. Não se pode falar de democracia com fome.

Coube a Eduardo Galeano a leitura das conclusões finais do encontro de intelectuais, e a Chico Buarque, das conclusões concernentes às atividades artísticas, entre as quais "assim como o sistema, através de seus meios culturais, procura destruir a memória dos povos, os intelectuais progressistas devem reconstruir, conservar, analisar e transmitir essa memória". Entre os signatários, Gabriel García Márquez, Juan Bosch, Marie Langer, Claribel Alegría, Volodia Teitelboim, Enrique Dussel, Julio Le Parc e Ernesto Cardenal. Do Brasil, Antônio Candido, Bresser Pereira e Carlos Guilherme Motta.

A entrevista que concedi à jornalista Tânia Quintero foi vetada pela direção da TeleRebelde. "Ele é uma pessoa convincente", disseram. "Tem um pensamento contraditório e pode trazer confusão. Os jovens podem querer ser cristãos."
Mesmo tendo entrevistado Fidel, não escapei da censura cubana.

Lancei *Fidel e a religião* em Santiago de Cuba, na abertura da II Feira Estadual do Livro, na segunda, 9 de dezembro de 1985. Viajaram comigo Marlene França, Valéria Rezende, Íttala Nandi e seu filho, Giuliano, Sílvio Tendler e Sílvio Da-Rin. Autografei alguns exemplares em plena praça da catedral. Os dez mil exemplares disponíveis não foram suficientes. Em seguida, respondi perguntas do público.

Visitei naquela cidade o arcebispo, monsenhor Pedro Meurice, que me recebeu com frieza.
– O que o senhor achou do livro?
– Fidel e eu somos da mesma região. Ele é de Biran e eu, de São Luís. Sou um pouco mais jovem do que ele. É impressionante como se recorda de detalhes daquela região: a estrada de ferro, a vida dos camponeses, a lama das estradas...
O arcebispo nem criticou nem elogiou o livro. Manteve-se em altiva neutralidade, deixando transparecer que a obra não era de seu agrado:
– Tenho amigos dos anos 50 que hoje se encontram no Partido, inclusive ocupando importantes funções. Por esses dias, alguns deles me telefonaram, indagando: "Monsenhor, o que significa este livro?"
Monsenhor Meurice fez uma pausa, talvez à espera de que eu respondesse àquela pergunta.
– O que você acha de Fidel? – indagou.
– O contato com ele me fez mais revolucionário e mais cristão. Estou convencido de que é um homem coerente, consagrado à Revolução.

Após o lançamento, almocei no restaurante do hotel com Manuel Blanco, reitor da Universidade do Oriente; Miguel Angel Botalín, assessor do Ministério da Cultura; e outros membros do Partido. Ao me dirigir ao banheiro e cruzar o bar, um homem que bebia um drinque me abordou:
– Posso falar a sós com o senhor?
– Pois não – respondi. – Imaginei tratar-se de mais um caçador de autógrafos.

— Aqui estou em nome do comandante Raúl Castro, que se encontra nessa área. Ele gostaria de que o senhor fosse seu hóspede esta noite e, amanhã, retornassem juntos a Havana.

O convite me surpreendeu, considerando que Raúl Castro, segundo me disseram, fizera ressalvas ao livro. No fim daquela tarde eu tinha encontro marcado com Fidel.

— Lamento não poder aceitar — respondi —, Fidel me aguarda, ainda hoje, em Havana e, amanhã cedo, retornarei ao Brasil.

Pela primeira vez, ingressei no gabinete de Fidel sem que me revistassem. E, pela primeira vez, levava comigo uma arma letal: na pasta, uma faca Tramontina própria para pesca submarina, com a qual o presenteei.

— O que os bispos acharam do livro? — perguntou.

— Soube que o núncio gostou, principalmente dos dois últimos capítulos. Monsenhor Ortega me disse que o livro ajuda a Igreja em Cuba e tira o medo da comunidade católica. Monsenhor Meurice me recebeu com frieza esta manhã em sua arejada casa episcopal, em Santiago de Cuba. Disse que lera a edição em português que eu remetera ao padre Carlos Manuel de Céspedes e se interessara especialmente por sua versão sobre a intervenção de monsenhor Pérez Serantes, arcebispo de Santiago de Cuba, por ocasião do assalto ao Quartel Moncada. O velho arcebispo, falecido aos 84 anos, em 1968, jamais falara disso, e pouco antes de morrer se recusou a gravar um depoimento, como queria um padre. No entanto, monsenhor Meurice me disse que, um dia, ouviu de Pérez Serantes a versão dele.

— E qual era?

— Não me disse. Apenas insinuou que a sua e a do velho arcebispo não coincidem. E ainda reforçou que não pode ter havido lapso de memória de sua parte, pois quando você fala de sua infância demonstra prodigiosa capacidade de recordar.

– Na primeira audiência que dei aos bispos, em setembro, monsenhor Meurice pareceu-me um pouco insolente. Fiz-lhe sentir que não me agradava. Na segunda audiência, mostrou-se mais amigável. Ele não pode ter outra versão fora daquela que está no livro, que reflete inteiramente a verdade.

Fidel passou a relembrar os episódios em torno de sua prisão após o fracasso do assalto ao Moncada.

– Um pesquisador francês, que andou por aqui, levantou todos os dados daquilo e concluiu que os telefones devem ter sido controlados. É o que dou a entender no livro. Porém, confesso a você que tenho a desconfiança de que fui traído por aquela família de agricultores que fez o contato com o arcebispo. Os soldados chegaram demasiado cedo. Naquela época, isso não era comum. A hora e o modo como chegaram demonstram que foram prevenidos. Talvez o agricultor estivesse interessado em algum tipo de recompensa.

– Comandante, hoje, em Santiago, falei que a Revolução não é só um fato objetivo, que se realiza nas relações de produção. É também uma permanente exigência ética nas relações de reprodução da vida social, ou seja, que vai do que há de mais íntimo na relação de um casal ao mais social nas relações de trabalho. O trabalho de um operário ou de um camponês favorece a vida e, portanto, as relações de reprodução. Mesmo quando a sociedade já atingiu certo bem-estar social, como em Cuba, permanecem em nossos corações pequenos Batistas e Somozas, que nos fazem tender ao carreirismo, à ambição, à vaidade, enfim, ao egoísmo. Esta revolução ética é uma exigência cotidiana e não bastam as emulações ideológicas para obtê-la. A construção do homem e da mulher novos é um desafio muito profundo. Mesmo na Igreja é difícil alcançá-lo. A Igreja e o Partido, aliás, têm muitas semelhanças.

– Nas coisas boas e, sobretudo, nas coisas más – disse Fidel, batendo com o punho na mesa.

Enquanto ele anotava, prossegui:

– Estive falando esses dias com as brasileiras que cursam a escola de quadros Fedel Valle. Elas estão espantadas com a pedagogia "bancária", o excesso de formalismo, o modo abstrato e de cima para baixo como os conceitos são ensinados. Outro dia, entrei numa classe de estudantes secundários, e a professora sugeriu a um dos alunos que me homenageasse. Ele ficou de pé e recitou trechos de um de seus discursos. Tive ganas de indagar dele: "Quais as ideias centrais desse discurso? Em que momento conjuntural foi pronunciado? A quem se destina? Que repercussão teve?" Garanto que ele não saberia dizer. Ele conhecia o texto fora de seu contexto. Ao lhe dizer essas coisas, Fidel, manifesto a minha preocupação com o futuro dessa Revolução. Não creio que essa educação "bancária" servirá para formar muitos quadros criativos e com espírito crítico.

– Nisso vocês da teologia da libertação podem nos ajudar muito. Você já escreveu sobre isso? É de muita importância o que você fala.

VARSÓVIA: CONGRESSO DA PAZ

Cheguei a Varsóvia, pela primeira vez, na segunda, 13 de janeiro de 1986, convidado a participar do Congresso de Intelectuais pelo Futuro Pacífico do Mundo. Conhecido também como Congresso pela Paz, propunha-se a reprisar, em importância, o congresso de 1948. Naquele ano, o impacto da guerra e a luta para assegurar paz ao mundo levaram à Polônia nomes como Pablo Picasso, Iliya Ehrenburg, Julian Huxley e Jorge Amado. Agora, tudo era muito chapa branca, malgrado a mensagem especial enviada por Gorbachev.

Do Brasil, participaram o físico Luiz Carlos Menezes; o professor Alberto Castiel, do Movimento pela Paz; o maestro Cláudio Santoro e o professor Paulo Freire Silva, homônimo do famoso educador. Castiel e Santoro também estiveram no congresso de 1948.

Ao desembarcar fomos conduzidos à sala VIP. A recepcionista indagou solícita:

– Querem café, chá ou Coca-Cola?

A cidade cobria-se de neve. Fazia 2 graus. No trajeto para o hotel, edifícios de arquitetura padronizada, sem arte. Há 40 anos toda a cidade havia sido destruída pelos nazistas. Sobraram 10 mil habitantes. Agora, abrigava quase 2 milhões. Lembrei a observação de Pablo Neruda: "Varsóvia é a única cidade do mundo que, por vontade dos homens, foi apagada da superfície terrestre, mas também, por vontade dos homens, reconstruída." Muitos edifícios foram restaurados graças às pinturas do italiano Canaletto, que antes da guerra retratara a cidade com o seu pincel.

Fomos alojados no Hotel Vitória, da cadeia estadunidense Intercontinental. Dentro, ambiente tipicamente capitalista, tanto no conforto quanto na relação dos funcionários com os hóspedes.

Só havia dois canais de TV no país, ambos estatais. As lojas exibiam poucas mercadorias. Tudo parecia muito decadente. Por todo lado viam-se estampas de João Paulo II, inclusive nas lojas. O povo, muito católico, anticomunista, não apreciava seus vizinhos russos e alemães. A base da alimentação, beterrabas e batatas. Quase não havia cítricos, e a carne de gado destinava-se à exportação. O salário mínimo equivalia a US$ 120. Mas havia mineiros que ganhavam, por mês, cerca de US$ 350. Na zona rural, havia propriedade privada da terra e da moradia. Na cidade, as casas permaneciam como propriedade privada ao serem transferidas, como herança, por um prazo de 99 anos. As demais pertenciam ao Estado. Era grave o problema da moradia no país, embora não houvesse favelas. Os pequenos negócios privados restringiam-se a táxis, padarias, floriculturas e oficinas de artesanato. Muitos médicos e dentistas faziam atendimento particular.

Naquela sociedade puritana, a média era de dois filhos por casal. Todo o sistema de saúde e educação funcionava gratuitamente. Como não havia creches suficientes, o Estado pagava um salário, durante três anos, para as mães ficarem em casa cuidando de seus bebês.

Entre 36 milhões de habitantes, a Igreja Católica contava com 22 mil padres, 95 bispos, quatro cardeais e... um papa! Três vezes mais sacerdotes do que antes da guerra. Segundo as autoridades, 3 mil padres apoiavam o regime, e apenas 200 se manifestavam publicamente contra.

O anticomunismo entranhado na Igreja refletia-se nesta anedota. Na missa, na hora da consagração, soa a campainha. Todos os fiéis se ajoelham compungidos, exceto um. O celebrante, incomodado, interrompe a liturgia e indaga:
– Por que não se ajoelha?
– Porque não sou cristão.
– E por que veio à missa?
– Porque sou contra o comunismo.

Proferi palestra no congresso na quinta, 16 de janeiro de 1986. Frisei que o Brasil era o sexto produtor mundial de armas. A pior guerra, naquele momento, era a fome, sobretudo causada pela dívida externa. Portanto, não podíamos dividir a humanidade entre brancos e negros, desenvolvidos e subdesenvolvidos, comunistas e cristãos, crentes e não crentes. Mas sim entre os que lutam pela vida e os que lutam apenas por sua própria vida, indiferentes à morte de milhões. Roguei que o congresso significasse o fim dos preconceitos ideológicos e religiosos, que só ajudam os que lutam contra a paz; um sinal de esperança para a juventude; a voz dos que não têm voz: os pobres da Terra; e incremento à educação para a paz.

E acrescentei:
– Para nós, homens comuns, a paz tem que ser fruto da justiça, e não apenas um equilíbrio de forças. Em meu país, mil crianças morrem, por dia, em consequência da desnutrição. Isso é um genocídio. Na América Latina não se pode falar de paz sem mencionar o pão. Se queremos paz, temos

de acabar com a injustiça social. Naturalmente, em cada país – até naqueles que são governados pelas ditaduras mais reacionárias – há homens justos que se opõem à crueldade e à injustiça. E isso infunde otimismo. Não chegaremos à fraternidade entre os homens, sinal de Deus, enquanto não se erradicarem as causas da fome e da exploração. Os intelectuais devem tratar de contribuir, com todas as suas forças, para eliminar os preconceitos políticos que dividem os povos e os impedem de unir-se para conquistar objetivos mais importantes para a humanidade. Espero que este congresso seja um porta-voz dos pobres e dos que sofrem enfermidades e restrições a seus direitos vitais.

Na comissão de cultura, da qual participei, um intelectual francês não teve pudor de expressar esta joia de chauvinismo:

– A guerra atômica pode destruir toda a cultura europeia e, assim, toda a civilização.

À noite, participei de mesa-redonda na TV, organizada pela produtora Irena Belkowska, ao lado de um russo, um alemão, um inglês, um polonês, um australiano, um norte-americano e do presidente do Clube de Roma. Muita "guerra nas estrelas" para meu gosto. Pelos direitos autorais de nossas ideias, pagaram US$ 25 a cada um.

– O míssil que ameaça a América Latina é a dívida externa – afirmei – e não podemos falar de paz no Terceiro Mundo sem, primeiro, falar de pão.

O americano discordou:

– O conflito não é entre Norte e Sul, mas entre Leste e Oeste.

Ele nutria a ilusão de que um bom entendimento entre Reagan e Gorbachev traria paz ao mundo. Não entendia que, agora, o mundo é uma pequena aldeia. Qualquer conflito regional tem imediatas repercussões internacionais.

– Quando o Solidariedade surgiu, no início dos anos 80, recebeu apoio até de comunistas – disse-me Irena Belkowska após o programa. – Os anos 70 foram muito duros para nós. Havia privação, de modo que muitos encararam com simpatia o protesto operário liderado por Lech Walesa. Mas, um ano depois, o movimento se desvirtuou, começou a pichar cruzes nas casas dos dirigentes políticos que deveriam pagar por seus crimes. Walesa chegou ao cúmulo de apoiar Reagan no boicote comercial que os Estados Unidos impuseram à Polônia. Alegou que o boicote só afetava o governo e não o povo. Hoje, em Gdansk, ele vai ao trabalho de furgão importado.

– Nossa juventude encara com fascínio o modo de vida capitalista e admira os Estados Unidos – me confidenciou Ana Janke, recepcionista do congresso. Mãe de dois filhos, era católica e seu marido, protestante. – Mas eu considero a atual política norte-americana desfavorável à paz – acrescentou.

Ofereci-lhe um exemplar de *Fidel e a religião*.

– Acredito que há pontos de contato entre cristãos e comunistas, mas aqui os cristãos são anticomunistas e os comunistas, anticristãos – reconheceu.

Os padres andavam de batina nas ruas, e a Igreja, sustentada pelos fiéis, não tinha problemas de dinheiro. Apesar da população majoritariamente católica, havia muito divórcio no país. Metade dos habitantes admirava Lech Walesa. Desde 1981, quando a Polônia entrou no "tempo de guerra", não havia fome no país e nenhum polonês podia deixar suas fronteiras para turismo individual, só em grupos ou a convite. Havia problema de droga entre os jovens, embora o governo não o admitisse publicamente.

HAVANA, SANTIAGO DE CUBA E HOLGUÍN:
ESTA INVENCIBLE ESPERANZA

Tão logo cheguei a Havana, na segunda, 17 de março de 1986, almocei com a cineasta Rebeca Chávez. Já tinha pronto o roteiro do documentário que pretendia fazer em torno da teologia da libertação. O título provisório era *La interpelación: Frei Betto*. Insisti que não me agradava ser citado no título.

À tarde, Daniel Ortega me chamou à casa 26, onde se hospedava. Encontrei-o em companhia de Rosario Murillo, Miguel D'Escoto e Manuel Piñeiro. Falamos longamente sobre a situação político-eclesiástica da Nicarágua e do apoio explícito que os bispos Obando e Vega davam à política agressiva de Reagan. D'Escoto era de opinião que os padres, religiosos e leigos deviam enfrentar corajosamente o arcebispo de Manágua, partindo, se necessário, para a desobediência eclesiástica.

– São os cristãos que devem enfrentar os bispos – concordou Daniel Ortega. – O governo não pode fazê-lo frontalmente, só politicamente.

Cheguei a Santiago de Cuba a convite de monsenhor Pedro Meurice e do padre José Conrado, na terça, 18 de março de 1986. No colégio salesiano, falei para o clero da diocese. Apesar do calor, alguns padres pareciam congelados, tão crispadas as suas faces e rijos os ombros. Presentes também as religiosas, mais descontraídas. Discorri sobre *Fidel e a religião* e a Igreja na América Latina. À noite, falei aos leigos. No início, os dois grupos mostraram-se um pouco agressivos. Os padres cobraram minha posição frente a monsenhor Obando e aos bispos da Nicarágua. Os jovens – como me disseram depois – pensavam que eu fosse comunista ou um cristão ingênuo manipulado pelo Partido. Havia nos católicos cubanos um arraigado anticomunismo, agravado pelos conflitos históricos com a revolução, que contribuíram para cristalizar bloqueios emocionais. O total desconhecimento do que seja o marxismo também colaborava.

Dia de São José, 19 de março. Pela manhã, no café, longa conversa com monsenhor Meurice e padre José Conrado sobre oração, mística e Fidel.

– Não interessa aos bispos cubanos que a teologia da libertação seja introduzida em Cuba. E tememos que o Partido queira fazê-lo – confessou monsenhor Meurice. – Nossa Igreja intencionalmente evita, em seus documentos, utilizar uma terminologia que possa parecer política.

– Não há nisso o risco de a linguagem ser meramente idealista e não pastoral? – reagi. – Não haveria o perigo de os documentos ignorarem os problemas candentes que afetam o país, como a baixa produtividade, a agressão dos EUA, a Rádio Martí e os problemas da juventude?

Descobri que a frase do tenente que salvou a vida de Fidel – "as ideias não se matam" – é do filme *Emiliano Zapata*, dirigido por Elia Kazan e filmado na década de 1950 a partir do roteiro de John Steinbeck, autor de *As vinhas da ira*. No fim do filme, após a morte de Zapata, alguém diz: "Podemos matar um homem, mas quem pode matar uma ideia?"

De volta a Havana, doutor Carneado contou-me que, durante o Enec, Fidel concedera audiência ao cardeal Pirônio, de quem indagou sobre os hábitos do papa. Estivera também com monsenhor Castrillon, do Celam, e um bispo do Adveniat, que só se preocupava em equipar o clero cubano com carros importados. Fidel reagiu, dizendo que não ficava bem à Igreja Católica ter tantos carros, enquanto os pastores evangélicos andavam de ônibus.

À noite, Marcelo Barros e eu fomos à casa de Marta Harnecker. Comentamos o último livro dela, *A revolução social, Lênin e a América Latina*.
– Falta explicar melhor no livro por que Lênin dissolveu a Assembleia Constituinte em 1918 – observei –, quando o Partido Bolchevique teve apenas 25% dos votos; a burguesia, 13%; e a pequena burguesia, o restante. Sugiro também que você atualize o conceito de ditadura do proletariado.

Rebeca Chávez iniciou as filmagens comigo na casa 46, na terça, 25 de março de 1986.
À noite, recepção no Palácio da Revolução aos jurados do Prêmio Casa de las Américas. Consultei Fidel:
– Você posaria para um documentário que Rebeca Chávez faz sobre o nosso livro e a teologia da libertação?
– Por que não? Vamos aproveitar a noite de quinta-feira.
Contei-lhe das edições piratas do livro na Colômbia, no Equador e na Bolívia.

– Precisamos encontrar uma solução salomônica para isso – ponderou. – Na Colômbia, a Oveja Negra, que tem os direitos, deve se entender com os piratas.

Félix Santier me disse que os soviéticos pretendiam editar 50 mil exemplares, e também os búlgaros e os tchecos. Fiquei perplexo, pois os soviéticos suprimiram da edição russa de *En marcha con Fidel*, de Nuñez Jiménez, todas as citações do dirigente cubano sobre Deus. Os tchecos deixaram de traduzir um livro infantil porque queriam excluir uma foto da igreja de Santa Maria do Rosário, uma das mais belas de Cuba. Como publicarão Fidel falando de religião?

– Sim, os soviéticos mudam textos dos livros – confirmou Fidel – e depois atribuem a erros do tradutor... Se querem o nosso livro em russo, é melhor editá-lo aqui.

Às 8h da noite do dia seguinte, fui com Rebeca Chávez e sua equipe de filmagem para o Palácio da Revolução. Esperamos até 22:30. Chomy avisou que Fidel, muito ocupado, mandara preparar todo o cenário e preveniu que o Comandante não poderia ficar mais de cinco minutos. OK. Fidel ingressou na saleta arranjada como cenário:

– Qual vai ser o esquema? Estou cansado, venho de nove horas de reunião com o Birô Político.

Trazia na mão um telex da France Press sobre o lançamento do livro na Itália.

– Diz aqui que você e o Régis Debray acreditam em tudo o que digo.

– Podemos conversar, segurando taças como quem toma um cálice de vinho? – propus.

– Não, prefiro chá.

Começaram as filmagens. Imitamos nosso diálogo na preparação do livro. Apagadas as luzes, ele se levantou:

– Isso aqui está muito formal. Vamos repetir tudo lá no meu gabinete, onde Frei Betto de fato me entrevistou.

Enquanto a equipe desmontava toda a parafernália e a transferia para o gabinete, Fidel e eu falamos sobre o reatamento das relações entre Cuba e Brasil.

– Por que Cuba não começa por abrir um escritório comercial no Brasil?

– Me parece uma boa ideia.

Contei-lhe da frase de Emiliano Zapata.

Após a filmagem, falei do projeto de se realizar em Havana em junho, o 2º Encontro Latino-Americano de Educação Popular:

– Mas seria interessante que houvesse cobertura da imprensa para que os cubanos despertem para o tema.

– Estou de acordo. Chomy, fique atento a isso.

– Precisamos mandar mais livros para a Nicarágua, para as zonas camponesas. O pessoal da base se queixa de que todos os exemplares foram distribuídos em Manágua.

– Como vai se chamar este filme?

– *Esta invencible esperanza*, título tirado de um artigo de Cintio Vitier sobre o *Fidel e a religião*, na revista *Revolución y Cultura* – explicou Rebeca Chávez.

– Parece muito bom.

MOSCOU:
POR DENTRO DO KREMLIN

A 18 de maio de 1986, recebi aviso da Varig: encontrava-se à minha disposição passagem São Paulo-Paris-Moscou para embarcar na noite do dia seguinte. Em março, a Igreja Ortodoxa Russa me convidara a participar do Congresso sobre a fome, a pobreza e a corrida armamentista. Aceitei por carta, sem receber confirmação. Agora, o aviso da empresa aérea.

Desembarquei em Moscou na noite de terça, 20 de maio de 1986. Embora a União Soviética apregoasse o fim da luta de classes, o avião da Aeroflot mantinha a divisão entre as classes: primeira, executiva e econômica... o que não se via nas aeronaves de fabricação soviética utilizadas pela Cubana de Aviação. Na Aeroflot, os serviços eram bem inferiores aos das companhias ocidentais; as bebidas alcoólicas, cobradas; e os talheres, de plástico. Precaução antissequestro?

Participei da IV Conferência de Teólogos e Peritos a convite de Philaret, metropolita de Minsk e Bielo-Rússia, e chefe do Departamento de Relações Exteriores do Patriarcado de Moscou. Fiquei hospedado no Hotel Ukraina, uma das "sete colinas de Stalin", construído por ordem dele logo após a Segunda Guerra Mundial, como expressão da pujança do socialismo. O evento teve lugar no mosteiro Danielovsky, construído no século XIII. Havia 73 participantes de 27 países, entre teólogos de diferentes religiões e cientistas. Eu era o único representante da América Latina, o que me constrangeu por constatar o quanto o nosso continente era irrelevante para eles. De católicos, havia ainda um sacerdote inglês; o doutor Bertollo Martini, professor de química e membro da Academia de Ciências do Vaticano; e o bispo vietnamita Pierre Pham-Tân, da diocese de Thanh-Hoá.

Ao fazer uso da palavra, discorri sobre o tema "Princípios comuns para uma ordem moral de paz com justiça".

Entre os cristãos, judeus, muçulmanos, budistas e hinduístas, impressionou-me a consciência política dos monges budistas do Nepal e da Mongólia. Surpreendeu-me também sentar ao lado do chefe dos rabinos da União Soviética. A mídia ocidental incutira-me a ideia de que, naquele país, todos os rabinos eram contrários ao socialismo e favoráveis à agressiva política israelense sobre as populações árabes. Ele me fez entender que não havia propriamente uma perseguição aos judeus na União Soviética, e sim uma discriminação a todos os que apoiavam a política de Israel, considerada favorável aos interesses dos EUA no Oriente Médio. O evento encerrou com apelos de paz a Reagan e Gorbachev.

Fui conhecer a Praça Vermelha, que eu supunha bem maior.[38] Sob o Kremlin, majestoso e solene, muitas pessoas rodeavam o túmulo de Lênin em atitude silenciosa e reverente. Do outro lado da praça, as lojas Gum. De um lado,

---

[38] "Vermelha" é sinônimo de bela. Vermelho tem, em russo, a mesma raiz semântica da palavra bonito. No russo antigo, o termo para dizer bonito era "vermelho".

o museu de Lênin e, de outro, a catedral psicodélica de São Basílio, em estilo mourisco.

Os soviéticos precisavam de passaporte para circular internamente no país. Não se mudava facilmente de cidade. O recurso, o jeitinho chamado de "à esquerda": casar-se com alguém da capital. Havia quem fizesse isso por dinheiro.

***

Entre os séculos IV e IX, grandes extensões de terra da União Soviética eram habitadas por tribos eslavas que, desunidas, favoreciam o domínio dos invasores, sobretudo os variegos (escandinavos), de quem os eslavos aprenderam o uso de novas armas e a organização administrativa. Os eslavos chamavam os variegos de Rus, designação que passou a ser aplicada ao território por eles ocupado – Rússia.

Em fins do século IX, eslavos e variegos formaram um só povo, sob o comando do legendário príncipe Rurik. Criaram o Estado dos eslavos orientais, a Rússia. Em 988, os eslavos foram forçados a se converter ao cristianismo pelo príncipe Vladimir (978-1015). Em 1240, a Rússia foi ocupada pelo último e mais sanguinário invasor mongol, Batu Khan, neto de Gêngis Khan, que destruiu a capital, Kiev. A dominação durou 260 anos, até fins do século XV.

Os mongóis introduziram uma organização política relativamente estável, mas tiveram pouca influência cultural. Moscou, no centro geográfico da Rússia, passou a abrigar duques cada vez mais poderosos. O mais famoso deles foi Ivan, o Terrível, que governou de 1533 a 1584. Aos 16 anos foi coroado czar, que deriva do latim *caesar*, autodenominando-se "eleito por Deus". No século XVI, Pedro, o Grande, abriu as janelas da Rússia para a Europa. Fundou em 1703 a nova capital, São Petersburgo, depois Petrogrado, Leningrado e, agora, de novo, São Petersburgo.

No início do século XIX, a Rússia foi invadida por Napoleão Bonaparte. Em 1812, o imperador francês, comandando 600 mil homens, chegou às portas de Moscou. O exército russo reagiu e forçou os franceses a uma retirada vergonhosa. A 31 de março de 1814, o czar Alexandre I entrou triunfalmente em Paris.

O último czar foi Nicolau II, que governou de 1894 até março de 1917, quando renunciou. Com o êxito da revolução comunista, em outubro, ele e toda a sua família foram executados.

Lênin, o líder da Revolução de Outubro, criou em dezembro de 1922, no 1º Congresso dos Sovietes, a União das Repúblicas Socialistas Soviéticas (URSS). Com a morte de Lênin, em janeiro de 1924, o poder foi assumido pelo secretário-geral do Partido Comunista, o ex-seminarista ortodoxo Joseph Stalin, que governou até o fim de sua vida, em março de 1953.

Durante a Segunda Guerra Mundial (1939-1945), a Alemanha nazista invadiu a União Soviética, em junho de 1941, e conduziu suas tropas até as proximidades de Moscou. No inverno de 1942-43, os soviéticos desencadearam a contraofensiva e derrotaram as tropas de Hitler como seus antepassados haviam feito com as de Napoleão. No decorrer da guerra, a União Soviética anexou a seu território as repúblicas bálticas da Letônia, da Lituânia e da Estônia, bem como parcelas de territórios romenos, poloneses, finlandeses e japoneses. Estabeleceu em suas fronteiras um cinturão de segurança, a "cortina de ferro". No combate às tropas nazistas, os soviéticos lograram introduzir o regime socialista na

Polônia, Romênia, Tchecoslováquia, Bulgária, Hungria, Iugoslávia, Albânia e em parte da Alemanha (República Democrática da Alemanha).

Stalin teve como sucessor Nikita Kruschev, que procurou romper o isolamento da União Soviética e aproximar-se do Ocidente, inclusive dos EUA. Considerado "revisionista", foi afastado do poder em outubro de 1964. Cedeu o lugar a Leonid Brejnev, que governou até morrer, em novembro de 1982. Foi sucedido por Iuri Andropov e, em seguida, por Konstantin Tchernenko, que exerceram o poder no breve tempo de vida que lhes restava. Em 11 de março de 1985, Mikhail Gorbachev assumiu a direção da União Soviética e introduziu as reformas que a levariam a desintegrar-se, abandonar o socialismo e a ingressar na órbita do capitalismo.

Fui incluído entre os onze convidados para ir ao Kremlin – que significa fortaleza – no sábado, 23 de maio de 1986. Há 1.500 anos, surgiu ali o primeiro núcleo do que, mais tarde, viria a ser a cidade de Moscou. O príncipe Iuri Dolguruk construiu, em 1147, um forte de madeira às margens do rio Moskva, que dá nome à cidade. O conjunto de prédios, que depois se tornou sede do governo soviético, data de 1156. As atuais muralhas – que ostentam 20 torres, cinco portões e abrigam 45 edifícios – foram construídas entre 1485 e 1495, numa extensão de 2.235 metros, com altura máxima de 20 metros.

Saímos num comboio de imensas Gaivotas – os carros de luxo das autoridades soviéticas –, cujo compartimento traseiro mais parecia uma sala de visitas. Recebeu-nos o presidente da Câmara do Soviete Supremo, o camarada Tolkunóv. Após as saudações protocolares, visitamos o Gran Palácio, onde se mesclam arquiteturas dos séculos XV a XVII, inclusive as habitações do czar e suas capelas privadas. Tudo revestido a ouro.

Fomos apresentados pelo metropolita Philaret. Enquanto ouvíamos os discursos, os garçons serviam chá e café. Nas mesinhas rococó, estampadas de dourado, biscoitos, chocolates, água mineral da Geórgia e sucos. Um intérprete, de voz altissonante, traduzia para o inglês tudo o que o camarada dizia. O presidente da Câmara riu quando, ao final, Philaret evocou sobre ele as bênçãos de Deus...

Subimos os 56 degraus atapetados que conduzem ao salão do século XV, todo decorado com pinturas com temas bíblicos, como a Criação, a Ressurreição e a Última Ceia. Proibidas de entrar, mulheres e crianças observavam as recepções, privilégio dos homens, por uma pequena janela. Visitamos, em seguida, as instalações em que viveu o czar: a cama, a sala do trono, a calefação em cerâmica trabalhada, revestida de porcelana, e as capelas repletas de ícones. Na restauração foram gastos 16 quilos de ouro! No entanto, achei tudo muito pequeno e apertado para um czar.

Chamou a atenção a aparente falta de segurança no centro de poder da segunda maior potência do mundo. Embora ali funcionasse a sede do governo da União Soviética, com exceção das dependências administrativas, todo o Kremlin era aberto ao público. E, à entrada, não se exigiam documentos ou compra de ingresso. No pátio, um canhão com um cano de 40 toneladas rodeado por balas pesando, cada uma, uma tonelada. Era considerado o maior canhão do mundo, mas nunca havia dado um tiro.

O museu guardava coroas dos czares, ícones, carruagens da imperatriz Catarina, belíssimos ovos de Fabergé e joias da nobreza. Do lado de fora, um sino de ferro fundido, do tempo de Ivan, o Terrível, também considerado o maior do mundo. De tão pesado, nunca tocou.[39]

Junto ao muro externo do Kremlin, o busto de Stalin cercado de flores. O povo não gostava de Brejnev, achava-o burro. Dizia-se que a União Soviética fora governada por um sábio (Lênin), um louco (Stalin), um imbecil (Kruschev) e um bobo (Brejnev). Andropov inspirou muita confiança porque chefiara a KGB e, portanto, conhecia bem os bastidores do poder.

Na Praça Vermelha, emocionou-me a beleza da catedral de São Basílio, com suas nove cúpulas psicodelicamente coloridas, evocando o movimento ascendente das chamas de velas rumo ao Céu. Lembram também saborosos sorvetes. É uma das raras igrejas – hoje transformada em museu – que traduz a fé no Ressuscitado. Em geral, os templos são como tumbas de Deus, exceto as catedrais góticas, que espelham tudo o que há de feminino e fecundo na divindade.

---

[39] Na noite de 31 de dezembro de 1991, o Kremlin deixou de ser símbolo do poder soviético, sendo entregue por Mikhail Gorbachev, que renunciara à presidência da URSS na noite de Natal, ao seu sucessor, Boris Ieltsin.

MOSCOU:
ATEÍSMO E PERSEGUIÇÃO RELIGIOSA

Convidaram-me a um encontro com Konstantin Mikhailovich Khartchev, presidente do Conselho para Assuntos Religiosos, adjunto ao Conselho de Ministros da União Soviética. O padre Alexander Zhiliayev, ortodoxo, acompanhou-me, tentou entrar e foi barrado...

Khartchev era um homem miúdo; beirava os 60 anos, tinha rosto quadrado e sorriso largo. Deu-me a impressão de um funcionário perfeitamente integrado ao complexo burocrático. Fosse nomeado diretor dos açougues soviéticos, o faria com o mesmo empenho. Disse ter lido com interesse *Fidel e a religião*. Contou que nas 15 repúblicas soviéticas havia 69 denominações religiosas oficialmente reconhecidas. A grande maioria dos que frequentavam os lugares de culto tinha mais de 50 anos.

– É permitida a catequese de crianças? – perguntei.

– Não, mas também não admitimos que se ensine a elas o ateísmo, a não ser a quem já completou 18 anos.

Lembrei-lhe que Bakunin atacou a Internacional de Marx por se recusar a incluir o ateísmo em seus estatutos. E Marx preferiu não manter ligações com o grupo de Bakunin porque este "decretava o ateísmo como dogma para seus membros", conforme consta na carta de Marx a Bolte, datada de 23 de novembro de 1871. Khartchev me olhou intrigado e não reagiu.

Falamos da Igreja na América Latina e na Polônia, da questão muçulmana, que o preocupava a partir da guerra no Afeganistão, e da teologia da libertação. Ele seguiu de perto a censura a Leonardo Boff e leu as *Instruções* do cardeal Ratzinger. Levantei muitos questionamentos quanto à relação Igreja-Estado em países socialistas.

– Não considero positivo o conteúdo dos manuais soviéticos de marxismo exportados para a América Latina – afirmei. – São dogmáticos e tratam a questão religiosa de modo simplista e preconceituoso.

Alegou que as edições eram antigas, refletiam concepções ultrapassadas, e ainda não houvera tempo para preparar edições mais atualizadas.

Consultou-me sobre a situação polonesa.

– Penso que ali houve sérios erros na implantação do socialismo – opinei. – Foi imposta àquele povo uma ideologia proselitista, antirreligiosa, num país que tem como raiz da nacionalidade o catolicismo.

Ele concordou e perguntou:

– Que impressão está tendo da Igreja Ortodoxa?

– Sinto que ela apoia o socialismo politicamente, mas o repudia ideologicamente.

– A nós não interessa que seja diferente. Se matamos todos os lobos, os veados já não aprendem a correr, não ficam espertos e ágeis, e deixam de estar vigilantes.

– Na América Latina, a Editora Progresso prestou um desserviço ao divulgar os manuais marxistas de Konstantinov e Pulitzer.

– Mas é uma forma mais popular de difusão do marxismo...

– Essa pregação ateísta aparentemente convém à luta ideológica, mas de fato é um desgaste político, porque o povo latino-americano é cristão. Frente à religião, há que escolher entre três atitudes: perseguir, marginalizar ou coexistir.

– Aqui já passamos pelas três. A perseguição durou de 1917 a 1925. A marginalização, de 1925 a 1956. E a coexistência veio em seguida. A Igreja aqui não compreendeu a Revolução. Mas nosso grande desafio agora são os muçulmanos do Afeganistão.[40]

---

[40] A União Soviética ocupou o Afeganistão de 1979 a 1989. Atribui-se a esta desastrosa ocupação peso importante no declínio do socialismo no Leste Europeu.

LENINGRADO:
NOS PASSOS DE LÊNIN

Leningrado, a "Veneza do Norte" – hoje, rebatizada com seu nome original, São Petersburgo –, está situada a 40 km do mar Báltico e é entrecortada por 68 canais e cerca de 400 pontes. Cheguei àquela cidade-monumento no domingo, 25 de maio de 1986.

Fundada em 1703, São Petersburgo, como Belo Horizonte e Brasília, foi construída para ser capital, por ordem de Pedro I, que, em 1712, transferiu a capital da Rússia de Moscou para a Fortaleza de Pedro e Paulo.

Hospedaram-me no Hotel Moscou, no extremo da avenida Nevsky, com vista para o rio Neva. A cidade contava com 4 milhões de habitantes e 2.500 bibliotecas! Como Ouro Preto, Florença, Paris e Roma, por onde quer que se ande há sempre um detalhe arquitetônico ou uma escultura a observar. Os solenes palácios do século XVIII, em estilo barroco russo, são circundados por mansões e arcos do triunfo, parques e canais.

Ciceroneado por guias oficiais contratados pelos padres ortodoxos, percorri os lugares históricos concernentes à vida de Lênin.

***

Em 1905, uma multidão pacífica, formada por operários e seus familiares, ocupou a praça do Palácio de Inverno para reivindicar melhorias de condições de vida. O czar Nicolau II se ausentou da capital e ordenou aos soldados receberem os manifestantes a bala. Milhares de mortos e feridos tombaram na praça. No dia seguinte, a nação aderiu à greve geral. Aos 35 anos de idade, um dos visados pela polícia, Vladimir Ilitch Ulianov – mais tarde conhecido como Lênin – se refugiou fora do país. Nos dez anos seguintes viveria entre Alemanha, Suíça e França.

Vladimir Ilitch Ulianov viveu seis anos em São Petersburgo, onde chegou em 1896, para estudar Direito. Ali, fundou a Organização pela Emancipação da Classe Operária, embrião do Partido Bolchevique. Em frente ao Museu da Revolução, estão os muros da Fortaleza de São Pedro e São Paulo, que serviu de prisão política durante a repressão czarista. O irmão mais velho de Lênin, Alexander Ilitch, ficou um mês preso ali. Era dirigente de uma organização que, nos anos 70 do século XIX, defendera atentados contra o czar como forma de motivar o povo à sublevação. Preso por participar do atentado ao czar Alexandre III, Alexander foi enforcado aos 21 anos, em maio de 1887, no mesmo ano em que Vladimir ingressou na Faculdade de Direito da Universidade de Kazán, da qual foi expulso por atividades estudantis. Transferiu-se então para a Universidade de São Petersburgo, onde se diplomou em 1891.

Trabalhou em Volga como advogado até 1893, quando retornou a São Petersburgo. Preso em dezembro de 1895, por organizar a União de Luta pela Emancipação da Classe Operária, foi degredado para a aldeia siberiana de Chuchénskoe. Dali retornou em 1900, e se dirigiu a Pskov, pois havia sido proibido de viver em Petersburgo ou Moscou. De lá, partiu para o exílio na Alemanha, Bélgica e Inglaterra. Criou o jornal *Iskra* (centelha), cuja epígrafe era "Da centelha nascerá a chama". Regressou à Rússia em outubro de 1905, clandestinamente, mas logo rumou de novo para o exterior: Helsinque, Estocolmo e Paris. Próximo à capital francesa, em Longjumeau, organizou uma escola de formação de militantes. No verão de 1912, mudou-se para Cracóvia e ali permaneceu dois anos. De lá, seguiu para Zurique, de onde comandou os preparativos à revolução de 1917.

Em fevereiro de 1917, Nicolau II abdicou do trono e cedeu o poder ao governo burguês provisório liderado por Kerensky. Em abril, no domingo de Páscoa, Lênin retornou à cidade, então denominada Petrogrado. Na praça em frente à estação Finlândia, proclamou a ditadura do proletariado e, em seguida, num carro blindado, acompanhado pela multidão, dirigiu-se à sede do Partido Bolchevique, um edifício que pertencera a Krzesinska, bailarina que abandonara o país quando o czar Nicolau II abdicou. (Agora, ali funciona o Museu da Revolução.) Diante do descontentamento popular, Lênin iniciou os preparativos da insurreição. Em junho, o Partido Bolchevique foi colocado na clandestinidade. Lênin passou a viver numa choça, em meio a um bosque.

Visitei seu esconderijo, a 25 km da cidade. Diz a lenda, que muitos acreditam ser verdade histórica, que um operário o disfarçou de lenhador. Apoiado num tronco de árvore escreveu, baseado apenas na memória, *O Estado e a Revolução*. Stalin era um dos que o visitavam ali. Mais tarde sua esposa localizou, na Finlândia, os famosos cadernos azuis, nos quais tomava notas dos livros que lia.

Em setembro, Lênin mudou-se para a Finlândia, na época uma república autônoma do império russo. Em outubro, auxiliado por trabalhadores russos e finlandeses, retornou do exílio disfarçado de simples operário. Deixara a barba crescer e usava um gorro para não ser reconhecido durante a viagem.

Lênin atravessou a fronteira como ajudante de maquinista, e não foi preso porque o condutor desprendeu a locomotiva da composição enquanto a polícia revistava os vagões.

Desembarcou na Estação Finlândia (cuja locomotiva, de número 293, que puxou a composição, permanecia estacionada ali). Seu último período de clandestinidade foi na casa de Margarita Fofánova, à rua Serdobolskaia 1/92.

O Palácio Smolny, construído no século XVIII por Catarina II, era uma antiga escola destinada às moças da nobreza. O comitê revolucionário o transformou em sede do comando da Revolução de Outubro. Disfarçado de operário bêbado, Lênin ali chegou, pela primeira vez, em 24 de outubro de 1917. No dia seguinte, declarou o triunfo da Revolução e assumiu a chefia do Partido e do governo soviético. Começou, então, a guerra civil. Em março de 1918, o governo se transferiu para o Kremlin, e Moscou voltou a ser capital da Rússia, e também da União das Repúblicas Socialistas Soviéticas.

PSKOV: A MÁQUINA DO TEMPO

Em Pskov, então com 200 mil habitantes, fiquei hospedado no Hotel Oktyabrskaya, que significa "outubro". Cheguei na madrugada de terça, 27 de maio de 1986, após quatro horas de viagem de trem desde Leningrado. Um monge beijoqueiro, Konstantin Malik, me aguardava no hotel.

Na Igreja Ortodoxa Russa, monge tem mais valor que padre; não se casa e pode chegar a bispo. Como sou "monge", trataram-me com deferência. *Esprit de corps!*

Passei o dia no mosteiro ortodoxo de Pskov, autêntica abadia medieval que ocupa cinco hectares, a 53 km da cidade, então habitado por 73 monges e 16 vacas, e cujo abade era o arquimandrita Gabriel. Os primeiros monges chegaram à região entre os séculos XIII e XIV. Ainda em 1986, eles observavam a mesma regra da fundação, no século XV.

Em 1540, para marcar sua visita ao mosteiro, Ivan, o Terrível, legou-lhe 80 aldeias com seus respectivos habitantes! Entre 1541 e 1781, as tropas russas repeliram, a partir daquelas muralhas, 800 ataques de invasores estrangeiros, inclusive de Napoleão. As muralhas chegaram a exibir 421 canhões, dos quais restam nove. Agora, os canhões que se postam nas esquinas das muralhas são como peças de museu, assim como o cubículo apertado, antiga prisão dos invasores. As tropas de Hitler foram as últimas a tentar invadir a fortaleza monástica.

Para comemorar as vitórias, os monges construíram o ícone da Dormição da Virgem, incrustado de brilhantes, pérolas e outras pedras preciosas. A igreja mais antiga ergue-se no bojo de uma pequena colina. Embaixo, as catacumbas. Visitei todas as igrejas, o trono utilizado pelo czar, ícones riquíssimos, os altares sempre virados para oeste, talhados em prata, madeira e bronze, e folheados a ouro, enquanto o velho monge que me servia de guia lembrava que a vida monástica serve para pagar os pecados. Respirava-se ali a teologia do pecado, do Cristo crucificado pelas nossas faltas. Espiritualidade meramente penitencial, da Terra como vale de lágrimas. Ali cada monge tinha o seu mestre espiritual, que em tudo o dirigia. Na Igreja Ortodoxa Russa, ninguém pode receber a comunhão sem antes se confessar, como ocorria outrora na Igreja Católica.

Foi como se eu tivesse entrado na máquina do tempo. Construções, oficinas de trabalho, monges-artesãos com seus compridos aventais para proteger o hábito, tudo lembrava o cenário de um filme sobre o período medieval. Na leiteria, onde se fabricavam queijos e iogurtes, vi apenas uma mulher jovem entre velhas quase centenárias. As únicas partes de seu corpo que apareciam – o rosto e as mãos – eram também alvas como leite, como se fossem peças de porcelana.

Subi a colina em cujo ventre foi construída a igreja. Apreciei os sinos presenteados por Pedro, o Grande. Em torno, a lenha empilhada para o forno, e mulheres de touca em torno de uma mesa defumando aves, como em uma pintura de Bosch. Entre os monges havia médicos, carpinteiros, eletricistas, soldadores, vaqueiros, construtores de casas e restauradores de igrejas.

Almocei com a comunidade, ao lado do abade, cercado de jovens monges. No centro do refeitório havia um rico altar. Na mesa, talheres de prata, louça de porcelana estampada, pequena tigela de arroz, outra de rabanetes no leite, pepinos inteiros, travessas com ovos cozidos, salmão e arenque. De bebida, um intragável suco, feito de pão preto fermentado durante uma semana na água com açúcar. Em seguida, sopa de legumes, coalhada como sobremesa e chá em copos de cristal com suportes de prata rendilhada. Tudo em exatos 25 minutos, enquanto um monge lia, em alta voz, a vida de santos. Só o abade – obeso, olhos azuis miúdos, longa barba encanecida, cabelos presos num pequeno rabo de cavalo, beirando 50 anos – e eu trocamos algumas palavras, graças ao intérprete. Ao ser apresentado a mim no início do almoço, estranhou que eu, frade, não trouxesse nenhum sinal exterior, exceto a pequena cruz fixada sobre a gola do paletó.

– O hábito não faz o monge – defendi-me. – E quem vê cara não vê coração.

– Sábio provérbio – reagiu sorridente.

Designou um monge para guiar-me pelo mosteiro e bateu com os dedos gordos no relógio de pulso para frisar que me esperava às 5h da tarde.

Alquebrado pela idade, o guia explicou que a comunidade levantava às 5:30, e das 6h às 8h entregava-se às primeiras orações do dia. Após o café, os monges trabalhavam até 13h. Almoçavam e retornavam ao trabalho até 6h da tarde. Faziam uma refeição de 12 minutos, oravam e deitavam por volta das 9h da noite.

O velho monge que me conduziu, à luz de velas, pelas catacumbas que abrigavam seus confrades mortos, chamava-se Neftali (sempre que ouço este nome me recordo de Pablo Neruda, que, nascido Ricardo Eliécer Neftali Reyes Basoalto, teve a sorte de encontrar um belo pseudônimo. Bem poderia ter assinado seus poemas como Ricardo Reyes – tão adequado que, do outro lado do oceano, Fernando Pessoa o adotou como um de seus heterônimos).

Penetramos os túneis abaixo da igreja. O termômetro marcava 5 graus centígrados e 100 de umidade relativa do ar. O guia apontou tumbas com nomes célebres escavados na pedra, inclusive a de um parente do grande poeta Pushkin. O cemitério subterrâneo abrigava centenas de caixões. O último entrara há dois meses. Muitos estavam abertos, destampados, como se remexidos pelas mãos de um fantasma.

Caminhamos por corredores estreitos. Fingi atenção às melífluas explicações do dublê de coveiro. De vez em quando, ele apontava uma tumba cujo cadáver, depois de muitos séculos, teria sido encontrado em perfeito estado de conservação. A seu ver, tratava-se de um evidente sinal de santidade.

Visitei a tumba de São Celestino, abade do mosteiro, cuja cabeça foi cortada por um czar no século XV. Ao fundo, havia uma espécie de caverna onde os corpos dos mortos nos últimos anos tinham sido depositados sem tumba ou caixão. Estranhei não sentir nenhum cheiro de carne podre no ar. Imagino que, por ser muito frio o ambiente, os cadáveres se conservassem como se estivessem num freezer. Era outra, entretanto, a opinião daquele velho soldado que há 39 anos se fez monge – talvez impelido pelos horrores da guerra:

– Repare que não há nenhum odor de putrefação – observou com os olhos refulgindo o brilho de quem se orgulha de comunicar uma notícia surpreendente.

– Sim, deve ser pelo frio que faz aqui embaixo – reagi.

Não gostou do que escutou:

– Nossa vida monástica nos purifica da culpa original, de modo que, sem pecado, nossos corpos não exalam cheiros desagradáveis. A vida que levamos no mosteiro nos aproxima da inocência adâmica, o que impede a putrefação – afirmou convicto.

Na teologia dele, quanto mais forte o cheiro, maiores os pecados! No entanto, aquele velho monge deixava escapar a vaidade de caminhar de costas dentro de túneis escuros, dobrando esquinas sem esbarrar. E recitava versos de sua autoria, nos quais descrevia a vida no mosteiro, segundo me informou o intérprete.

A las cinco en punto ingressei no chalé em estilo georgiano, construído em 1883, do abade Gabriel. À porta recebeu-me um jovem monge-mordomo. Cercado por jovens seminaristas que, obsequiosos, o serviam, o abade era um homem robusto, com uma barriga dilatada, e joias se derramavam por seu peito e lhe enfeitavam os dedos. Contou-me, suspirando, que o mosteiro dera à Rússia dois patriarcas – papas da Igreja Ortodoxa Russa –, entre os quais o atual, Pimen. Tudo ali dentro era rico e indescritível: relógios de ouro, telas etc. Parecia um museu de peças valiosas.

– Vejo que, aqui, os senhores têm uma vida de fartura. Como conciliam isso com os preceitos evangélicos de simplicidade?

Não se fez de rogado:

– O Senhor antecipa a alguns, ainda nesta vida, as glórias que nos aguardam no reino celestial.

Convidou-me ao chá numa vasta mesa repleta de caviar, fiambres, biscoitos, pães e laticínios; um saboroso pão de Páscoa, tipo panetone, queijos, manteiga fresca, presuntos e bombons. Fez questão de ressaltar que o samovar, folheado a ouro, era do século XVI.

O monge-mordomo, solícito, serviu primeiro o abade. Sobre uma fatia de pão espalhou, com fina lâmina de prata, grossa camada de caviar preto e ofereceu-lhe biscoitos. O abade lembrava um urso. Atrás dele, a imagem de um Cristo de corpo inteiro, dourado, de olhos brilhantes e braços abertos, parecia indignada.

– O mosteiro é um pequeno Estado, como o Vaticano – disse com jeito de senhor feudal.

A barriga proeminente estufava-lhe o hábito. Tudo ali era requintado e precioso como na produção de um filme de época. Falamos da tradição espiritual russa, da ortodoxia e da religião no Brasil.

Não me recordo de ter captado de nossa conversa qualquer frase substancial. Tudo me pareceu tão inconsistente quanto as tortas volatilizadas em meu paladar.

Passamos à sala anexa, de reuniões, dominada por comprida mesa. O abade presenteou-me com uma colher de prata, ovo de madeira com pintura, discos, livros com fotos do mosteiro e um copo de chá em taça rendada. A prata russa é rendilhada por economia, e não maciça como a da Europa ocidental, que a trazia abundante da América Latina. A uma distração do intérprete, enfiou um embrulho no bolso interno de meu casaco. Retribuí com o que tinha: quatro bombons Garoto.

No hotel, ao abrir o embrulho, vi se tratar de uma carteira de couro, na qual havia 800 rublos, o equivalente ao salário de quatro meses de um operário especializado ou de um mês de um artista de reconhecido talento. Uma fortuna!

No museu da cidade, o monge que nos acompanhava mostrou um relicário:

– Eis um pedaço de madeira da cadeira em que a Virgem Maria se sentou quando apareceu a São Nicolau. E este é um pedaço da pedra em que Davi se sentava para compor os salmos.

Durante a guerra, alemães levaram as obras de arte. Por sorte, os generais marcaram as telas mais preciosas, como sinal de que deveriam ir para a coleção pessoal do Führer. Graças a este detalhe, muitas obras foram recuperadas. Mas Pskov só recebeu 3% do que perdera.

Dessa viagem, guardei a impressão de que o povo russo é sério, sem ser triste, não demonstra ansiedade, mas os funcionários de baixo escalão nem sempre se mostravam delicados no atendimento ao público. Havia uma frieza de espírito, eslava, que contradiz com o nosso temperamento latino. Os russos veneram sua pátria, são declaradamente chauvinistas e apoiavam Gorbachev. Tal característica tem suas raízes na história. Sem contar senão com as próprias forças, os russos, em menos de 200 anos, derrotaram Napoleão, o czar, Hitler e, durante décadas, contiveram o expansionismo dos EUA, até que Gorbachev abriu a guarda, em 1990, ao aliar-se à Casa Branca na guerra ao Iraque.

HAVANA:
O ESTRANHO TELEFONEMA DA CASA
DE GABRIEL GARCÍA MÁRQUEZ

Em meados de junho de 1986, cheguei a Havana em companhia de meus irmãos Breno e Léo, e suas respectivas mulheres, Eliane e Neca; mais Kiki, irmã de Neca; padre Virgílio Uchôa e sua mãe, Maria Cecília Leite Uchôa.

Monsenhor Jaime Ortega, padre Carlos Manuel de Céspedes e monsenhor Peña, bispo de Holguín, reclamaram que, há 23 dias, os telefones do arcebispado estavam desligados. Já se haviam queixado a toda a pirâmide burocrática e... nada. Talvez alimentassem a esperança de eu levar o problema a Fidel. O que não fiz. Queixaram-se ainda do "fechamento" que Fidel promovia em Cuba: supressão do mercado livre camponês e das altas contas bancárias de pintores populares; auditorias em casa de ministros etc. Guerra aos privilégios em todos os níveis, o que, segundo eles, gerava descontentamento popular.

Curioso homens de Igreja protestarem contra o combate às mordomias e à corrupção! No Brasil, lamentamos que o governo não aja com rigor sobre aqueles que acumulam fortunas suspeitas. No entanto, pareceu-me que as novas medidas oficiais tendiam a centralizar ainda mais no Estado o controle da sociedade civil. O que há de errado no fato de um pintor vender a bom preço seus quadros e guardar o dinheiro no banco estatal? Por que proibir os camponeses de comercializar o excedente da produção? Ora, a completa estatização da economia favorece o mercado paralelo e, portanto, a corrupção.

À noite, na cobertura do Hotel Capri, a Casa de las Américas recepcionou os participantes do Encontro Latino-Americano de Educação Popular. Presentes Tomás Borge, comandante sandinista, e Gabriel García Márquez.

Jantei em casa de Chomy Miyar em companhia de José Ramón Fernandez, ministro da Educação. Ninguém me tira da cabeça que o ministro veio ao meu encontro por "ordens de cima", e não por cortesia, já que nossas relações sempre foram formais. Sabia da resistência dele à entrada da educação popular em Cuba e havia gente interessada em nosso contato para desbloqueá-lo. Fiquei todo o tempo do jantar à espera de que ele abrisse a guarda e me perguntasse pelo encontro de educação popular, mas a conversa seguiu outros rumos. Não se tocou no assunto.

Dia histórico a quarta-fcira, 25 de junho de 1986: saiu, afinal, o reatamento de relações diplomáticas Brasil-Cuba. Muita alegria entre os brasileiros residentes na Ilha e os cubanos vinculados, por razões de trabalho, ao Brasil. Todos parabenizaram Hélio Dutra, nosso homem em Havana. Trocou o Brasil por Cuba, em 1948, e desde 1964 atuava como embaixador imprepetendente, acompanhando, solícito, os brasileiros que passavam por Havana. Para marcar a data, fiz questão de que o meu passaporte fosse o primeiro a ser oficialmente carimbado.

A TV mostrou, a toda Cuba, ao vivo, o encontro de Fidel com os chefes de empresas e ministros cubanos. Lavou-se a roupa suja. No final, o líder cubano fez um longo discurso; acentuou que os estímulos morais devem estar acima dos materiais e que um comunista jamais deve trabalhar por dinheiro ou pensar em recompensas pessoais.

Na tarde de terça, 1º de julho de 1986, participei da inauguração do Instituto de Engenharia Genética e Biotecnologia, construído em apenas dois anos, ao custo de US$ 60 milhões. Segundo comentário de Fidel, nos EUA teria ficado em US$ 250 milhões. À saída, no lanche oferecido aos convidados (uns 200, a maioria estrangeiros), aproximei-me de Fidel:
– Preciso falar com você antes de ir embora.
– Vejo-o na recepção – respondeu-me.
Durante a recepção, Chomy e Pedro Alvarez saíram a campo para providenciar 500 exemplares de *Fidel e a religião* que o Comandante queria oferecer aos convidados. Um deles, um estadunidense considerado o descobridor do Interferon, completava naquela noite 80 anos de idade. Admitiu, no brinde, que jamais pensou comemorar tanta idade, e ainda mais em Cuba!
Fidel conversava animadamente com García Márquez e, especialmente, com a delegação dos EUA. Só às 2h da madrugada, quando quase todos já haviam se retirado, pudemos conversar, andando de um lado para outro, durante 45 minutos. Falamos da necessidade de se criar estímulos morais à produção:
– Neste momento estou muito voltado à situação interna – comentou o Comandante –, que enfrenta absenteísmo e falta de recursos, devido à queda do preço do petróleo, pois reexportamos parte do produto obtido da União Soviética. Reze, reze muito por nós – pediu.

Às 3h da madrugada fomos para casa. Meia hora depois, quando eu já pegava no sono, soou o telefone da cozinha. Léo atendeu. Me chamavam:

– Companheiro, aqui é da casa de García Márquez – disse uma voz anônima. – Ele está indo para aí.

Por que avisar? Para deixar a porta aberta, porque Kiki havia saído da recepção com ele? Aguardei 20 minutos, bêbado de sono. Nenhum Prêmio Nobel vale o meu repouso! Como não apareceu, voltei à cama após deixar a porta da casa encostada.

Na manhã seguinte, fui informado de que na casa de Gabo haviam recebido telefonema de alguém que dissera: "Frei Betto pede, urgente, que venha à casa dele." Gabo ficou até as 7h da manhã na varanda da casa em que me encontrava hospedado, conversando com Kiki, e deixou-me um bilhete.

Nunca entendi por que os fantasmas da madrugada pretenderam nos manter despertos e juntos... Quem sabe Gabo pudesse aproveitar o estranho episódio para um de seus primorosos contos.

HAVANA:
MADRUGADA COM SÃO LÁZARO

Desembarquei em Cuba, procedente do México, na segunda, 15 de dezembro de 1986. Comigo, uma delegação de 14 teólogos. Recebidos no aeroporto pelo doutor Carneado, fomos levados para o *hotelito*, mansão de dois andares e muitos cômodos, à beira do lago que centraliza a área de casas de protocolo reservadas aos hóspedes do governo.

Conversei com a direção da Federação das Mulheres Cubanas na sexta, 19 de dezembro de 1986:

– Não há ninguém em Cuba assumindo a teologia da libertação? – indagou Ana Maria Navarro.

– Seria bom que um sacerdote da teologia da libertação viesse morar em Cuba – comentei. – Ocorre que não interessa aos bispos cubanos. Já me disseram claramente isso. Mas há católicos cubanos cada vez mais próximos da nossa linha. Como a Igreja Católica aqui é reduzida, a hegemonia episcopal é muito forte. Não queremos criar uma Igreja paralela aqui e, muito menos, provocar qualquer ameaça de ruptura interna. Mas, na medida do possível, procuro ajudar católicos cubanos a se atualizarem teológica e pastoralmente. A cada vez que venho trago um "contrabando" de livros. O curioso é que no Partido estuda-se seriamente a teologia da libertação. Fernando Martinez acaba de publicar um texto muito interessante a respeito. E, de qualquer modo, essa teologia é comentada na Ilha, ainda que não se saiba muito bem do que se trata. Até o informe do 3º Congresso do Partido se refere explicitamente a ela.

– Como vocês da Igreja encaram questões como divórcio e aborto?

– Não queremos repetir os erros da cristandade medieval, quando a Igreja impôs seus valores ao conjunto da sociedade. A sociedade, em sua autonomia e soberania, tem o direito de, através de seus representantes políticos, decidir quais os valores a serem assumidos pelo Estado. Cabe ao povo decidir se deve ou não haver divórcio. No Brasil, a Igreja defende a indissolubilidade do matrimônio, a partir de nossa convicção de que é um sacramento, mas respeita a legislação que admite o divórcio para o casamento civil. Às vezes me pergunto se o divórcio não é uma questão burguesa, ao menos no contexto brasileiro. Para a maioria do povo, estabilidade familiar é um luxo. Há trabalhadores em permanente movimento migratório e, portanto, em constante rotatividade matrimonial. Também as mulheres abandonadas por seus maridos, às vezes com três ou quatro filhos, agradecem a Deus quando aparece um homem disposto a assumir a família. Como Jesus, não condenamos essas pessoas. Sabemos que sua situação irregular resulta da sociedade em que vivem.

– O mesmo se coloca na questão do aborto – continuei. – Somos contra, mas sabemos que, no Brasil, há inúmeros abortos por ano, que provocam a morte de muitas mulheres e deixam sequelas indeléveis em outras. Esse genocídio ocorre porque a lei proíbe o aborto. Nossa posição é de defesa da vida. Portanto, não admitimos que tal situação prossiga. Não podemos estar de acordo com uma legislação que clandestiniza o aborto e favorece o genocídio. Quando falamos em descriminalizar o aborto, não é para que a sua prática seja simplesmente liberada. É para defender o direito à vida. Se houvesse a descriminalização, a mulher grávida poderia discutir com o serviço social suas dúvidas e medos. Talvez fosse induzida a não abortar. Por outro lado, queremos criar uma sociedade em que o aborto, por razões econômicas ou psicológicas, não seja mais necessário. Hoje muitas mulheres abortam por insegurança de como criar o filho.

– Como vê a posição da Igreja de que o sexo é somente para procriar? – perguntou uma das dirigentes da FMC. – A meu ver, o sexo é uma coisa bela em si, que traduz o amor entre duas pessoas.

– As feministas brasileiras costumam fazer uma distinção entre sexo e amor – disse outra.

– Tenho problemas com alguns setores do movimento feminista no Brasil. Sabemos que, durante séculos, o casamento resultou de um acordo entre famílias, decidido pelos homens. A mulher não tinha opção. Na Idade Média, a partir dos séculos XII e XIII, surgiu a concepção de que o casamento é para procriar. Isso foi um avanço, pois exigiu certa estabilidade e, portanto, um compromisso maior do homem com aquela mulher que é mãe de seus filhos. Só mais tarde, no século XVI, com o aparecimento da concepção romântica da vida, é que o amor entre o casal passa a ter valor em si. Penso que, se Deus é amor, toda relação verdadeiramente amorosa é uma experiência de Deus.

– E qual é o seu problema com as feministas brasileiras?

– Algumas fazem o discurso da classe média, e não das mulheres dos setores populares. A modernidade introduziu nas classes mais abastadas um profundo questionamento dos antigos valores de fundo patriarcal, rural e religioso. E algumas mulheres da classe média adotaram essa concepção modernizante, liberal, sem senso crítico. Não conseguem sintonizar suas concepções políticas com a sua vivência cotidiana, em geral burguesa.

– E o que seria essa concepção burguesa?

– A que defende para a mulher, como direito, a atitude machista de se ter uma moral em casa e outra na rua. Às vezes ouço de companheiras: "Temos o direito de escolher o homem que queremos e fazer sexo com quem queremos, sem nenhum compromisso." Minha reação é indagar se também estendem esse direito às suas empregadas domésticas e permitem que elas tragam seus homens para a casa em que trabalham e dormem ou as obrigam a ficar na rua, amando nos bancos de praça. E também pergunto como remuneram suas empregadas. Dão férias? Tratamento de saúde? E se aparecerem grávidas? A modernidade introduziu uma curiosa inversão: hoje, o espaço da privacidade não é a casa, é a rua. Na rua se vive a verdadeira vida. Em casa, se preserva uma imagem burguesa. Quanto a transar sem compromisso, sempre lembro que Engels, em *A origem da família, do Estado e da propriedade privada*, afirma que, no futuro comunista, o casamento será monogâmico. A experiência de amor, quando profunda, é sempre uma exigência de exclusividade. Isso independe de ideologia. Quero ver um homem ou uma mulher falar de liberação sexual estando apaixonado! Lênin dizia que o amor é um produto cultural. Traduzo isso dizendo que o amor é uma questão de cabeça, e não de órgãos genitais. Mas como vivemos numa sociedade mercantilista, até as relações íntimas são reificadas. Os homens sempre foram mais inseguros do que as mulheres. Protegidos pelo machismo, apareceram como mais seguros. De fato, o homem tem uma relação muito mais imatura com as coisas fundamentais da vida do que a mulher. Esta, por sua sexualidade, tem um vínculo com a realidade mais forte que o homem. O homem pensa a vida; a mulher sente a vida. Ora, no momento em que a mulher passa a trabalhar e ganhar seu próprio sustento, a insegurança masculina emerge e há um aumento da homossexualidade, em ambos os sexos. Os homens temem as mulheres, as mulheres desprezam os homens. Desconfio de que, além de ser uma atração natural pelo mesmo sexo, a homossexualidade também deriva do medo ao sexo oposto.

– Para as mulheres do povo – prossegui – as questões são outras. Querem acabar com a exploração, o machismo e conquistar a possibilidade de educar os filhos sem depender tanto do marido. A mulher oprimida vê em seu corpo um instrumento de trabalho, antes de ser um instrumento de prazer. Para a mulher burguesa, o corpo é expressão estética. Ora, a trabalhadora quer, primeiro, saúde, e não beleza, embora esta também conte. Rose Marie Muraro o demonstrou em seu livro *A sexualidade da mulher brasileira*.[41]

– A devoção a Maria não favoreceu a opressão da mulher?

– O culto à Virgem contribuiu para a libertação da mulher na América Latina. Considero um preconceito burguês afirmar que o culto à Virgem favoreceu a repressão sexual. Por que o culto à Virgem sempre teve tanta penetração popular? Porque é o reflexo de uma cultura de defesa dos valores do povo. As instituições burguesas é que quiseram utilizá-lo na repressão sexual. Mas, no povo, a coisa é outra. Eu sou um escravo, um camponês ou um pescador. E minha mulher não é respeitada pelo colonizador. Aos olhos dele

---

[41] Petrópolis, Editora Vozes, 1996.

– e nas mãos dele – ela é um objeto como qualquer outro animal. No momento em que crio uma imagem da Virgem semelhante à da minha mulher, inclusive negra ou morena, estou dizendo ao colonizador: "Apesar de vocês abusarem de nossas mulheres, nossa rainha é do céu e é virgem, pura." Nesse culto há um resgate do valor da mulher. Ao se identificar com as virgens, a mulher pobre se recusa a deixar-se explorar sexualmente. Portanto, há uma identificação dos pobres com a Virgem Maria, não de repressão, mas de defesa. A Virgem revaloriza a mulher, pessoa sagrada, que não pode ser violada.

– Qual a relação da hierarquia da Igreja com a teologia da libertação?

– Em geral, tensa, mas em nenhum momento houve condenação da teologia da libertação. E, apesar das advertências a Leonardo Boff e a Gustavo Gutiérrez, a força dessa teologia na base da Igreja é tão expressiva que o papa ficou impressionado com a quantidade de cartas que chegaram ao Vaticano protestando contra o silêncio obsequioso imposto a Boff. Em abril deste ano, João Paulo II enviou uma carta aos bispos do Brasil na qual diz claramente que "a teologia da libertação não é só oportuna, como também útil e necessária à América Latina". Isso, contudo, não significa que o papa percebeu todo o alcance dessa teologia. E as tensões permanecem, na medida em que a visão dessa teologia parte da prática libertadora dos pobres, o que não é aceito por uma grande parcela da Igreja, sobretudo aquela que se encontra no Primeiro Mundo.

– Por que você considera importante o trabalho com a Igreja Católica em Cuba?

– Apesar de a Igreja Católica aqui ser uma Igreja de brancos, que nunca criou raízes populares e, hoje, só abrange 5%

da população, dos quais 1 ou 2% vão à missa, suas relações internacionais a tornam mais importante do que possa parecer internamente. Os cristãos que apoiam a Revolução Cubana sempre indagam sobre a situação da Igreja. E, embora a *santería* seja majoritária aqui, os adeptos do candomblé e dos ritos afros não são politicamente influentes fora de Cuba nem se interessam pela Revolução, salvo raras exceções. A teoria literária ensina que cada um faz a leitura do texto a partir de seu contexto. Do mesmo modo, cada um mira a Revolução a partir de seus próprios interesses. O que ocorreu aqui é que a Revolução foi feita antes que a Igreja tivesse passado por um processo de renovação, que começou em 1962, com João XXIII e o Concílio Vaticano II. Em 1959, os católicos cubanos absorveram a Revolução enquanto ela significou uma vitória democrática contra a ditadura. Mas quando passou a fazer reformas profundas e mexer com os interesses dos EUA e da burguesia, os católicos, em geral, ficaram sem condições de, a partir de sua fé, compreender o que se passava. Foram facilmente influenciados pela propaganda anticomunista, na medida em que se associava comunismo com falta de religião e ameaça à Igreja. Hoje, eu diria que a Igreja Católica de Cuba se encontra entre o Vaticano II e Medellín. Ela ainda não chegou a Medellín. E penso que é um erro da Revolução deixá-la marginalizada, seja do ponto de vista teológico como político. O que representa esta Igreja para os cubanos que vivem fora de Cuba? A comunidade de Miami olha a Igreja Católica como a última trincheira interna de resistência ao regime. Para nós, católicos, isso é lamentável, porque dificulta a inserção evangelizadora da Igreja numa sociedade socialista. Eu gostaria que os militantes do Partido não tivessem, em relação à Igreja Católica, os mesmos bloqueios e preconceitos que certos católicos têm em relação ao Partido.

– Quais são os planos da Igreja?

– De fato, não existem planos. É difícil entender a instituição eclesiástica quando não se encontra dentro dela. No início de minhas visitas a Cuba, nas discussões que eu tinha na Academia de Ciências e no Centro de Estudos sobre a América, havia, da parte dos militantes comunistas, uma transposição mecânica da estrutura do Partido para a da Igreja. Ora, são instituições muito diferentes, embora tenham aspectos parecidos. Como me disse, certa vez, Fidel, parecidos *en las cosas buenas y malas!*. Mas não se pode transpor o sistema de funcionamento do Partido à Igreja. A Igreja tem uma responsabilidade teológica e moral de viver sua fé e anunciá-la. Isso é claro na cabeça de todos nós cristãos. Se me perguntam qual modelo de Igreja convém à Cuba, eu diria uma Igreja pobre, evangélica, servidora do povo, e não uma Igreja preocupada com suas propriedades, com a importação de carros ou se pode ou não ter acesso aos meios de comunicação. Mas, na cabeça de certos bispos, tal modelo poderia significar um suicídio institucional.

Participei da peregrinação à igreja de São Lázaro, no santuário de El Rincón, em Boyeros, próximo de Havana, na madrugada de 16 para 17 de dezembro de 1986. Ali, todos os anos, na mesma data, os fiéis veneram o santo que, ao lado da Virgem do Cobre, merece a mais tradicional devoção cubana. Cerca de 5 mil peregrinos se espremiam pelas ruas que conduzem ao santuário, outrora simples capela de um sanatório de hansenianos, também chamados de lazarentos. Muitos faziam o percurso ajoelhados, ralavam as costas no asfalto, arrastavam-se pelo chão, carregavam pesadas pedras ou apenas velas protegidas do vento por copos de papel; outros cantavam, aplaudiam ou davam dinheiro ao santuário. Metade dos peregrinos era jovem. Expressavam uma religiosidade que beirava o fanatismo, o que me pareceu ao menos curioso em um país socialista.

No jardim ou no muro de algumas casas havia pequenos oratórios repletos de santos cercados de velas, ornados com palmas e flores, diante dos quais os fiéis paravam, rezavam, se benziam. Luís Torno, nosso motorista, filiado ao Partido, também nunca havia visto tão forte manifestação de fé, com tanta gente tendo que caminhar quase 5 km, pois a polícia fechara as ruas ao tráfego de veículos.

Ao entrevistar alguns fiéis, constatei que muitos eram ex-combatentes de Angola e, agora, pagavam promessas por terem regressado vivos. Muitas mulheres agradeciam ao santo o parto feliz ou a cura de algum parente.

A capela era demasiado pequena para tanta gente. Os que conseguiam entrar apertavam-se suados, entoando cânticos, enquanto no altar a missa era concelebrada por monsenhor Jaime Ortega, arcebispo de Havana, e monsenhor Cristófaro, secretário da nunciatura apostólica.

Segundo a tradição, os bebês que receberam graças do santo têm que tocar o altar. Como era impossível aos pais se aproximarem, observei, ao lado dos celebrantes, como os bebês eram passados de mão em mão, sobre a cabeça dos fiéis – uns abrindo o berreiro, outros rindo sobre cócegas de tantos dedos –, em direção ao altar, onde as freiras vicentinas os recolhiam e, pela porta dos fundos, na sacristia, devolviam a seus pais.

Três Lázaros disputavam a atenção dos fiéis, todos figuras religiosas de diferentes épocas. Essa pluralidade reflete o sincretismo religioso cubano. E corria por baixo uma disputa de poder sobre aquele pequeno, porém simbólico, espaço religioso. Para a Igreja Católica, o objeto de tanta devoção naquela madrugada era o Lázaro ressuscitado por Jesus (*João* 19, 1-44). Segundo a lenda, depois de abandonar a Palestina, ele teria sido missionário em Marselha, onde se tornou bispo e morreu mártir. Este Lázaro eclesiástico tinha ali a sua imagem revestida das insígnias episcopais e ocupava o centro do altar.

Para o povo, interessava o Lázaro da parábola evangélica do mendigo e o rico epulão (*Lucas* 16, 19-31). Uma imagem do santo coberto de chagas repousava ao lado do altar e nela se concentravam as atenções dos fiéis.

Enfim, para a crença iorubá, tratava-se de babalaô-aiê, ou Babalaô, deidade que sofreu enfermidades e outras desgraças, e a quem se deve prestar culto todas as quartas-feiras. Naquele ano, a festa coincidiu com uma quarta-feira. Malgrado as diferentes crenças, São Lázaro ou sua versão africana é um santo cuja devoção nos livra de enfermidades, principalmente da pele; protege os partos difíceis e é muito cioso do cumprimento das promessas que lhe são feitas.

Almocei no Palácio da Revolução no dia seguinte para comemorar o encerramento do Festival de Cinema Latino-Americano, em companhia de Zélia Gattai e Jorge Amado, Gian Maria Volonté e Julie Christie. Presentes também Lucélia Santos, Suzana Amaral – que ganhou o mais importante prêmio, com seu filme *A hora da estrela* –, Joaquim Pedro de Andrade e Cosme Alves Netto. Marlene França, que não veio, ganhou o prêmio de melhor documentário com *Mulheres da terra*.

Fidel me chamou a um canto para perguntar sobre a situação do Brasil. Falei do fracasso do Plano Cruzado, das

eleições, da insatisfação popular. Pediu para lhe contar em detalhes as impressões da peregrinação. Discorri sobre a fé do povo e das várias leituras do fenômeno. Fiz-lhe ver que um partido que pretende representar toda a nação cubana comete o equívoco de excluir a grande massa de devotos de São Lázaro. No fim, Fidel me comunicou:
– Vilma Espín quer que você vá descansar no hotel das FAR, em Varadero. Isso convém, pois posso lhe chamar dali. Quero conversar mais contigo, inclusive sobre as questões internas.

Em torno do lago da área de casas de protocolo, passeei com Manuel Pérez, máximo dirigente do grupo guerrilheiro colombiano Exército de Libertação Nacional (ELN), na sexta, 19 de dezembro de 1986. Padre espanhol, veio para a América Latina em 1967. Trabalhou um ano na República Dominicana. Devido a problemas políticos, transferiu-se para a Colômbia, onde viveu em comunidade com o padre Domingos Laín, morto em combate. Expulso da Colômbia em 1968, caiu na clandestinidade e passou dez anos sem sair da selva.
– Você ainda tem fé? – indaguei.
– Sim, e a vivo à minha maneira, sem nenhum vínculo institucional com a Igreja. Graças à minha fé posso fazer a ponte entre marxistas e cristãos. Os primeiros temem que eu queira cristianizar o ELN e, os segundos, que eu não seja suficientemente aberto aos valores cristãos.
– Como se sente como comandante máximo de um grupo guerrilheiro?
– Sinto dificuldades, porque o poder pode ser mando e não serviço.
– Qual seu objetivo maior?

– Unificar as forças guerrilheiras da Colômbia, embora sinta entraves da parte das Farc (PC).

À tarde, no Icaic, assisti ao documentário de Rebeca Chávez, *La invencible esperanza*. Centrado na entrevista que o Comandante me concedeu para o livro *Fidel e a religião*, o filme aborda resumidamente minha trajetória de vida.

HAVANA:
FORMAÇÃO REVOLUCIONÁRIA

À noite, 28 dezembro de 1986, em conversa com Armando Hart, coincidimos no tema da formação da consciência humana. Falei das preocupações que me ficam a partir do contato com o povo cubano. Até que ponto o marxismo não seria uma exigência racionalista, estranha a esta gente de alma lúdica? Como evitar a defasagem entre Partido e povo? Como coibir o oportunismo?

Um partido só pode mobilizar pessoas quando detém o poder por convicção ou coerção. A primeira exige trabalho de base, na linha da educação popular. A segunda, repressão e intimidação.

Hart concordou que o problema educativo é básico e admitiu que o cristianismo tem uma contribuição a dar na formação da subjetividade humana, no que concerne aos valores morais e éticos. Via o cristianismo como a única forma de expressão das classes populares oprimidas no Império Romano. Não havia outra via de expressão revolucionária à época. Agora, o marxismo é a única forma de expressão na sociedade proletária industrial. Contudo, é preciso preparar o futuro, que exigirá o encontro da teoria marxista com os valores morais do cristianismo.

Falamos da necessidade de a Revolução Cubana redefinir suas bases teóricas. E essa teoria terá que incorporar a tradição independentista da história de Cuba, o pensamento de Martí, a influência cristã, o marxismo e a presença determinante de Fidel.

– Muitas vezes os dirigentes devem discutir questões práticas imediatas e nem sempre há condições e tempo para aprofundar as questões de fundo – observou.

VARADERO E MOSCOU: GIOCONDO DIAS, GORBACHEV E MASTROIANNI

Raúl Castro e Vilma Espín ofereceram-me o hotel das Forças Armadas, em Varadero, para uns dias de descanso. Em fevereiro de 1987 me alojei ali, sozinho, como gosto, e aproveitei as manhãs para longas caminhadas e banho de mar. Varadero ainda não tinha aspecto de Miami cubana. No período da tarde, tratei de dar acabamento à redação de meu primeiro romance, *O dia de Angelo*,[42] que aborda o tema da impunidade dos torturadores que atuaram sob ditaduras militares do Cone Sul.

Tinha como vizinho de quarto o único cosmonauta latino-americano, o cubano Arnaldo Tamayo Mendez, que participou de um voo espacial com os soviéticos. Passamos uma tarde a bordo de uma lancha, pescando. Ou melhor, ele pescava, eu apreciava e mergulhava.

Após oito dias no hotel, acertei na recepção pequenos consumos extras. Hospedagem e meia pensão me foram oferecidas pelos anfitriões. Ainda assim, o caixa apresentou-me uma conta astronômica. Pela primeira vez, senti-me achacado em Cuba.

– Queira especificar a que se referem esses valores – pedi.
– A cigarros e bebidas.

---

[42] São Paulo, Editora Brasiliense, 1987.

– Não pode ser. Não fumo cigarros, e os charutos que consumi eu os trouxe. E não pedi nenhuma bebida alcoólica.

– Então alguém consumiu e assinou em seu nome.

– Mostre-me a assinatura – solicitei.

– Não há assinatura, só marcaram o número do apartamento.

– Se o fizeram, foi por abuso. Não pagarei a desonestidade alheia.

– Mas o senhor terá de pagar – disse ele.

– Não pago, não tenho esse dinheiro e, se quiser, pode chamar a polícia.

Ele recuou.

Em Havana, o embaixador soviético insistiu na minha participação, em Moscou, no Fórum por um Mundo sem Armas Nucleares e pela Sobrevivência da Humanidade, promovido por Gorbachev, a realizar-se entre 14 e 16 de fevereiro de 1987. Entregou-me duas cartas-convites: uma assinada pelo metropolita Yuvenaliy, da Igreja Ortodoxa Russa, para que eu participasse da mesa-redonda ecumênica, e outra dos intelectuais, subscrita pelos escritores Chinguiz Aitmatov, Serguei Zaliguin e Vladimir Karpov.

Expliquei-lhe que, após duas semanas em Cuba, não me seria fácil outra saída do Brasil no mesmo mês. Ele insistiu. Consultei a agenda e concedi: a menos que dessem passagem que me permitisse deixar São Paulo na noite de quinta, 12 de fevereiro, e retornar na manhã de terça, 17.

Na Rússia socialista, um pedido do Kremlin era uma ordem indiscutível, de modo que seus diplomatas deviam saber contornar todos os obstáculos.

Cheguei a Paris à hora do almoço de sexta-feira, 13, e desembarquei em Moscou no dia seguinte. Eram tantos os convidados ao Fórum que, no aeroporto da capital soviética, as salas vip apresentavam mais movimento que o trânsito de passageiros habituais. Hospedaram-me no hotel Mezhdunarodnaya, também conhecido por Sovincentr ou Centro Soviético Internacional, na época o mais moderno do país e no qual, uma noite, em minha visita anterior à capital russa, tentei em vão ingressar para jantar com Lisandro Otero, escritor cubano.

Ali, cristãos, muçulmanos, budistas, judeus e xintoístas dividiam as confortáveis instalações com homens de negócios. Curioso observar perfumados empresários dos EUA misturados, nos elevadores transparentes, a monges budistas rusticamente vestidos com túnicas cor de açafrão. Se com um olho os empresários miravam a paz, com o outro perscrutavam a disposição soviética de se abrir às *joint-ventures*, inclusive no setor bancário.

Em torno de Gorbachev já não havia o mesmo consenso do ano anterior. Muitos o aplaudiam por erradicar a gerontocracia e levar aos cárceres, como corruptos, autoridades que durante décadas foram tidas como intocáveis. Outros, contudo, o criticavam por permitir que os dissidentes de ontem caminhassem, hoje, livremente pelas ruas de Moscou. Por que "traidores notórios", como o Prêmio Nobel de Física, Andrei Sakharov, que ameaçou abandonar o país, eram agora tratados como heróis? Todos se indagavam qual o verdadeiro respaldo de Mikhail Gorbachev nas estruturas do Partido, nas Forças Armadas e na KGB.

O Fórum reuniu cerca de mil participantes, oriundos de 80 países. Havia gente das mais diferentes tendências políticas e atividades profissionais, de banqueiros a generais, de escritores a religiosos, de cientistas a artistas de cinema. Óbvio que a atenção da imprensa e do público, inclusive dos funcionários do Kremlin (onde não faltavam caçadores de autógrafos), centrava-se em figuras como Yoko Ono, Gregory Peck, Michel Legrand, Paul Newman e Shirley MacLaine. Do Brasil participaram também o maestro Cláudio Santoro, o compositor Marlos Nobre e o professor Cândido Mendes.

Na Rússia soviética, turistas e convidados transitavam sempre acompanhados por um guia ou intérprete – com certeza, agentes da KGB. E dificilmente um brasileiro ficava a par da presença de outro no país por questões de segurança. Contudo, certo dia meu "anjo da guarda" indagou se eu conhecia Giocondo Dias. Ora, como uma pessoa relativamente politizada haveria de ignorar a existência do secretário-geral do Partido Comunista Brasileiro? Um homem que se destacava por um passado de lutas e sofrimentos, várias vezes condenado a longas penas de prisão. Conheci-o em Havana, em julho de 1985.

Fui informado de que Giocondo Dias se encontrava em Moscou. Sofrera ali um aneurisma cerebral. Meu intérprete perguntou se eu teria interesse em visitá-lo. Este era um dos recursos terapêuticos valorizados pela medicina soviética: aproximar o paciente de seus parentes e amigos. Como Giocondo Dias possivelmente não contasse ali com muitos conhecidos – embora estivesse acompanhado da esposa –, apelaram a mim, brasileiro como ele.

Visitei-o no hospital. Convalescia da delicada cirurgia para extrair um tumor no cérebro. Embora fisicamente debilitado, pareceu-me de moral elevado. Ansiava por retornar ao Brasil antes mesmo de os médicos lhe darem alta.

Indaguei, como sempre faço ao visitar enfermos, se gostaria que eu lhe ministrasse a bênção da saúde. Não era a primeira vez que fazia esta proposta a um comunista. Mas seria a primeira vez que eu benzeria o secretário-geral de um partido comunista! Consentiu e impus-lhe as mãos, invocando o Espírito Santo. Quando terminei e abri os olhos, Giocondo Dias chorava.

Maria, sua esposa, pediu que, ao chegar ao Brasil, desse notícias ao filho Edmundo e telefonasse ao segundo homem na hierarquia do PCB, Salomão Malina, e dissesse uma frase que, sem dúvida, se tratava de um código.[43]

Antes do encerramento da mesa-redonda dos religiosos, o bispo ortodoxo que dirigia os trabalhos advertiu:
– Amanhã todos os convidados do Fórum irão ao Kremlin para uma sessão conjunta.

Fui acordado às 7:30 da segunda, 16 de fevereiro de 1987, pela guardiã do andar. Ela irrompeu em meu quarto como se quisesse ter certeza de que eu estava desperto para ir ao Kremlin. Parecia alimentada exclusivamente de maçãs frescas, e acredito que seu rosto havia sido modelado pela pena de Tolstói. Tomei um banho quente enquanto a neve se acumulava à janela.

Ao chegarmos ao Kremlin para a sessão de encerramento do Fórum, às 9:20, entramos pela porta que conduz à antiga biblioteca de Lênin. Atravessamos o jardim e ingressamos no Palácio dos Congressos, uma construção de 1961, em estilo moderno, toda recoberta de mármore, e que destoa do tradicional conjunto de edifícios amarelos, com suas

---

[43] Meses depois, desenganado, Giocondo retornou ao Brasil. A 7 de setembro de 1987 ele viria a falecer de arritmia cardíaca provocada por câncer no cérebro. Tinha 73 anos de idade.

cúpulas bizantinas, cercados de muralhas vermelhas. Parece que Kruschev quis marcar sua diferença inclusive na arquitetura. O auditório dispunha de 5.600 lugares. Indaguei ao guia por que construíram algo tão destoante com o conjunto arquitetônico do Kremlin. Explicou que cada um daqueles prédios foi erguido em épocas diferentes e, no passado, com certeza o mais recente também contrastou com os mais antigos... Não me convenceu, exceto de que os guias soviéticos têm respostas para tudo, até mesmo para o nosso gosto estético.

Descemos por uma escada rolante para guardar os casacos. Outra escada nos conduziu a um grande pórtico onde estavam expostos os símbolos das 15 repúblicas da União Soviética. Seguimos por um corredor até a parte mais antiga do Kremlin. Passamos pelos aposentos do czar e pela primitiva sala do trono, toda decorada com cenas bíblicas gravadas nas paredes, no século XVI. Primórdios da história em quadrinhos... De novo meus olhos contemplaram aquela maravilha só comparável à Capela Sistina. Ao meu lado, Lisandro Otero, Eliseo Diego e o cineasta argentino Fernando Birri, com seu chapéu de abas pretas cobrindo o longo cabelo preso em rabo de cavalo.

Em um dos salões do trono estão gravados os nomes de todos os generais que, em 1812, derrotaram Napoleão. Fomos em seguida para o Grande Palácio, onde se reunia o Comitê Central. Cada assento dispunha de sistema de tradução simultânea para doze idiomas. Sentado ao lado de Eliseo Diego, verifiquei, decepcionado, não constar o português. Usei o canal espanhol. Às 11h em ponto, Gorbachev entrou acompanhado pelos relatores das mesas-redondas e tomou assento no palco em estilo clássico romano sob a grande estátua de Lênin.

Mereceu mais aplausos do que o anfitrião, o escritor inglês Graham Greene, que, com bom humor, falou de improviso em nome de homens e mulheres da cultura:

– Marx previra um mundo melhor, quando já não houvesse igrejas e mosteiros. Mas vivi anos na América Latina e posso assegurar que ali há cooperação entre católicos e comunistas. Juntos, lutam contra os esquadrões da morte de El Salvador e a ditadura de Pinochet. E enfrentam os "contras" da Nicarágua. Neste país, Tomás Borge trabalha ao lado do padre Ernesto Cardenal. Portanto, antes de morrer espero ver um embaixador da União Soviética no Vaticano.

Gorbachev riu e aplaudiu, talvez sem dar importância à premonição que ele próprio haveria de cumprir.[44]

Em seu discurso de uma hora e três minutos, o autor da perestroika recordou Hiroshima e Nagasaki para advertir:

– Agora, um único submarino estratégico contém mais poder de destruição que todas as armas da Segunda Guerra Mundial. Do dilúvio nuclear não poderá salvar-se uma nova Arca de Noé.

Todos aplaudiram o dirigente soviético por acusar a Casa Branca de ignorar o acordo de 1985, em Genebra, que previa o cancelamento do projeto Guerra nas Estrelas e a limitação das armas nucleares. Num toque de bom humor, tirou os olhos do papel e observou:

– Eu contava com uma ovação mais forte.

Todos atenderam ao apelo. Em seguida, ridicularizou o presidente Reagan ao revelar que, num encontro, este lhe propôs uma ação conjunta URSS-EUA, caso o nosso

---

[44] Em janeiro de 1989, a União Soviética e o Vaticano estabeleceram relações diplomáticas.

planeta fosse atacado por seres extraterrestres! Caímos na risada. Gorbachev propôs a destruição imediata de todas as armas capazes de provocar genocídio; a inspeção das bases usamericanas no exterior e o retorno de suas tropas aos EUA. Assegurou que a União Soviética estava retirando seus soldados da Mongólia e do Afeganistão, e concluiu:

– É preciso salvar na Terra o dom sagrado da vida, possivelmente único no Universo. Para isso, é preciso acabar de vez com as armas nucleares, esse ídolo que exige sempre novos sacrifícios. Nem a União Soviética nem os Estados Unidos têm o direito de decretar pena de morte à humanidade. É preciso pôr um fim à separação entre política e moral. Queremos traduzir nossa filosofia moral na linguagem da práxis política.

Não se ateve apenas às questões de política externa; abordou também a perestroika:

– Vocês chegaram aqui no momento em que realizamos reformas revolucionárias. Só compreendendo a essência das mesmas é possível entender nossa política interna. É ela que determina nossa política externa. E o seu objetivo é o pleno e livre funcionamento de todas as formas de organização da sociedade. Queremos democratizar toda a vida social. Almejamos mais socialismo e, portanto, mais democracia.

Encerrou o discurso à 1:20 da tarde, sem citar nenhum clássico do marxismo. E deixou um recado aos dogmáticos:

– Necessitamos de uma nova mentalidade, sem dogmas irreversíveis herdados do passado. É preciso pôr fim à separação entre política e moral – repetiu.

Sakharov foi o primeiro a ficar de pé e aplaudir. Desde que foram liberados do confinamento em Gorki, ele e a mulher não demonstravam intenção de abandonar o país e, de certo modo, tornaram-se porta-vozes oficiosos do governo junto aos dissidentes.

Findos os discursos, passamos todos ao salão de recepção. O traçado lembrava um pequeno estádio de futebol; quanto mais afastadas do centro, mais altas se situavam as mesas, de modo que, de cima, se podia avistar o que ocorria embaixo.

Pelo crachá descobri que, entre cinco níveis, escalaram-me para o terceiro, à mesa 44. O primeiro, no centro, abaixo, era ocupado por artistas de cinema, pessoas agraciadas com o prêmio Nobel e outras celebridades. Estranhei que, em torno das mesas, não houvesse cadeiras. Talvez o excesso de convidados o impedisse. Também não havia sustança na comida previamente disposta e, portanto, fria. Apenas sanduíches, biscoitos, chocolates e frutas, cercados de refrigerantes, cervejas e vinhos. Dava para enganar, mas não para matar a fome de quem, naquele frio, não comia há cinco horas. Em matéria de recepção, o Kremlin tinha muito a aprender com o Palácio da Revolução, em Havana.

Os alto-falantes anunciaram que, dentro em pouco, "o presidente Mikhail Sergueievitch Gorbachev ingressará no salão e todos devem permanecer em suas mesas, pois ele passará cumprimentando um por um", advertiu o locutor.

Comentei com Emílio Monte, pastor evangélico argentino sentado ao meu lado, que aquilo não daria certo. Bem fazia Fidel ao postar-se à entrada do salão, estender a mão a cada convidado e, em seguida, desaparecer.

– Quando Gorbachev aparecer ali embaixo, ninguém segura essa boiada – adverti ao pastor. – Se quisermos cumprimentá-lo, teremos de descer.

– Descer como? Os seguranças não nos deixarão passar.

Nas escadas que separam os salões, os seguranças formavam uma barreira humana.

– Vamos descer – insisti. – Duvido que nos barrem. Devem pensar que todos aqui são muito importantes.

Puxado por mim, o pastor se animou. Dito e feito: passamos pelos seguranças sem ser molestados. Logo, instalou-se um forte movimento centrífugo abaixo. Gorbachev havia entrado e, conforme eu previra, as personalidades VIPs súbito trocaram a etiqueta pela tietagem.

– Avistei ali Marcello Mastroianni – comentei com o pastor.

– Onde? Onde?

O homem perdeu a compostura. Não queria mais nada com Gorbachev. Suplicou para ajudá-lo a descobrir o ator italiano. Entramos num impasse: eu queria ir na direção de Gorbachev e, ele, na de Mastroianni. Os alto-falantes rogavam, em vão, que as pessoas retornassem às mesas. Previ que Gorbachev não daria mais nenhum passo para dentro do salão e, o quanto antes, trataria de fugir daquela turba. Minha intuição sugeriu que ele faria uma curva antes de alcançar a porta de saída. Postei-me no local da curva, em companhia do pastor, que prosseguia de pescoço esticado à cata de Marcello Mastroianni. Logo, Gorbachev veio em nossa direção, acompanhado pelo empresário estadunidense Armand Hammer, que fora amigo de Lênin e, na Guerra Fria, servira de vínculo confiável entre a Casa Branca e o Kremlin.

Com mais de dois metros de altura, Hammer era uma das personalidades mais controvertidas do mundo empresarial internacional. Acusado de subornar autoridades soviéticas para adquirir obras de arte em condições vantajosas, gozava de privilégios invejáveis junto ao governo da URSS, entre os quais o direito de pousar com seu avião particular em solo russo sempre que o desejasse. De Leonid Brejnev ganhara um apartamento no Kremlin. Obteve lucros extraordinários com a compra de antiguidades dos soviéticos que fugiram do país com a vitória da Revolução. Multimilionário, era dono de 20 grandes empreendimentos, entre os quais a Occidental Petroleum, empresa que nascera sem grandes perspectivas de futuro com a compra de dois pequenos poços na Califórnia, mas se revelaram abundantes em petróleo. Esteve no Brasil entre 1982 e 1984 para negociar contrato de risco para exploração de petróleo. Na época, fez severas críticas à delimitação de áreas imposta pela Petrobras para a perfuração de poços, o que levou um alto executivo da empresa brasileira a observar que "Hammer queria, na verdade, um contrato de certeza e não de risco". Ainda assim investiu milhões de dólares em perfuração de poços na bacia do Rio Grande do Norte, mas nada encontrou. Estranhei que Gorbachev confiasse num homem com antecedentes tão controvertidos.

Antes de nos movermos ao seu encontro, o dirigente soviético veio nos cumprimentar. Em inglês, nos dirigimos a Hammer, que se curvou para ouvir o que tínhamos a dizer, mas, enquanto traduzia a nossa identidade para o russo no ouvido de Gorbachev, este se viu de novo assoberbado por outros ansiosos por cumprimentá-lo. Estampando seu sorriso tímido, o líder soviético tratou de apressar o passo e desapareceu atrás da porta que lhe prometia tranquilidade.

Nada mais eu tinha a fazer ali. No entanto, faltava mais de uma hora para o horário de partida dos ônibus especiais. Decidi ir embora por conta própria, mesmo porque o hotel não ficava tão distante do Kremlin, e é sempre interessante caminhar por cidades que não se conhece. Despedi-me do pastor, que prosseguiu à procura de seu ídolo cinematográfico, e busquei a saída.

Antes o pastor tivesse me acompanhado, pois logo encontrei, no mesmo empenho de livrar-se do labirinto do Kremlin, Marcello Mastroianni e Gian Maria Volonté, que eu havia conhecido em Cuba.

– Pensei que, aqui, eu teria um pouco mais de tranquilidade, mas há três dias não faço outra coisa senão dar autógrafos – desabafou Mastroianni.

Comentávamos o Fórum e a sessão de encerramento, quando avistamos, à nossa frente, três monges budistas que caminhavam pela ponte do Kremlin.

– Quando olho para esses caras – observou Volonté –, tenho certeza de que, eles sim, sabem o que é felicidade.

Imensa fila formava-se à porta do cinema próximo à rua Arbat, onde era exibido *O arrependimento*. O filme havia sido transformado em símbolo da glasnost por ter sido proibido durante dois anos, embora seu diretor, George Abuladze, o tenha realizado sob a proteção do então primeiro secretário do Partido na Geórgia, o ministro das Relações Exteriores de Gorbachev, Eduard Shervadnadze.

Gravado em georgiano, o filme trazia legendas em russo. A forte beleza das imagens me facilitou entender o roteiro. Trata-se da história do prefeito de uma pequena cidade. Usa bigodinho tipo Hitler, camisa preta ao estilo Mussolini e cruza os braços como Stalin. Ao morrer, todos choram, exceto uma mulher que vive de fazer bolos em forma de igrejas. É uma das vítimas da prepotência daquela autoridade e, agora, insiste em manter o cadáver insepulto. Desenterra-o a cada noite para que ninguém se esqueça daquele que encarnara a opressão.

Na última cena do filme, uma velha bate à porta da doceira e pergunta:

– "Por favor, a senhora sabe se esta rua conduz à igreja?"

– "Não, esta rua não leva à igreja" – responde ela.

– "E para que serve uma rua que não conduz à igreja?" – retruca a idosa.

MOSCOU E LENINGRADO: DIÁLOGO COM A IGREJA ORTODOXA RUSSA

Retornei à União Soviética em junho de 1987, a convite da Igreja Ortodoxa Russa e do Conselho de Assuntos Religiosos. Acompanhavam-me os teólogos Leonardo e Clodovis Boff; o sociólogo Pedro Ribeiro de Oliveira, especialista em ciências da religião; o pastor Jether Ramalho e os jornalistas Regina Festa e Luís Fernando Santoro.

Do aeroporto, fomos direto à dacha do metropolita Philaret, numa ilha do rio Moscou, onde nos ofereceu uma litúrgica e saborosa recepção. Fiquei matutando como as pessoas, num país predominantemente ateu, encaravam o fato de um representante de Jesus de Nazaré exibir tanto fausto! Sim, talvez a maioria dos russos nem soubesse quem foi Jesus de Nazaré ou dele tivesse ouvido falar como nossos estudantes escutam os nomes de Buda ou Maomé...

Philaret nos esperava à porta. Fomos conduzidos diretamente à capela, na qual ele ressaltou a importância das relações entre a Igreja Ortodoxa Russa e a Igreja Católica da América Latina em prol da paz entre os povos.

À mesa de jantar, sentamos de um lado; os russos, de outro. Presentes também Igor, o intérprete; padre Alexandre Zhiliayev, jovem teólogo ortodoxo; e Sergei Kuznetsov, do Departamento de Assuntos Religiosos. Entre salmões e caviar, Philaret contou entusiasmado os preparativos para as comemorações do milênio da Igreja Ortodoxa Russa, em 1988. A cada cinco minutos erguia o cálice de vodca para brindar-nos – o que, se não elevou a alma, ao menos volatilizou a mente...

Embora a ruptura entre nossas Igrejas tenha ocorrido em 1054, foi a conversão do príncipe Vladimir, em Kiev, no ano de 988, que marcou o aparecimento da Igreja Ortodoxa Russa.

Pela manhã de sexta, 26 de junho de 1987, visitamos o mosteiro Danilovsky, que abrigava 25 monges e se encontrava em restauração. Fundado em 1282 pelo príncipe moscovita Daniel, foi trasladado para o Kremlin em 1330. Trinta anos depois retornou ao local originário. Entre 1650 e 1660, foi reconstruído por ordem de Ivan, o Terrível. Ali se encontrava a sede do Departamento de Relações Eclesiásticas Exteriores da Igreja Ortodoxa Russa, chefiado por Philaret. No domingo de Páscoa, o mosteiro costumava contratar o coro do Balé Bolshoi para cantar na cerimônia litúrgica. No cemitério junto à igreja contemplamos, silentes, os túmulos de Gogol e de Arthur Rubinstein. Em seguida, debatemos teologia com sete altos representantes ortodoxos, entre os quais os metropolitas Philaret e Yuvenaliy, e Alexei Byevski, doutor em teologia e secretário do Departamento de Relações Exteriores da Igreja Ortodoxa Russa. Leonardo Boff abriu o diálogo:

– É estimulante para nós conhecer a União Soviética, a sociedade socialista daqui e a Igreja Ortodoxa Russa. Em nosso país há grande desconhecimento dessa realidade. Os jornais falam da União Soviética, mas dentro da versão capitalista-burguesa, carregada de preconceitos. No avião que nos levou do Rio a Londres havia uma universitária que lera nos jornais a notícia de nossa viagem. Perguntou se vínhamos aqui para batizar o príncipe Vladimir. Ora, Vladimir viveu há 1.000 anos! Isso mostra o nível de desconhecimento. Mas eu também tenho muitas perguntas a fazer. Quero saber como a Igreja Ortodoxa Russa se posiciona dentro da sociedade socialista. Talvez algumas perguntas revelem a nossa ignorância. É a primeira vez que participo de um diálogo entre teologia da libertação e teologia ortodoxa. Este diálogo é muito importante, pois suspeito de que há mais elementos que nos unem do que elementos que nos separam. Não temos grandes tradições teológicas e católicas na América Latina. Nossa tradição é europeia. Mas estamos tentando criar, a partir do nosso povo, que é cristão e pobre, nossas tradições cristãs ligadas à luta dos oprimidos, que fazem de sua fé um grande fator de mobilização e de libertação.

– Creio que nos une esse anseio, em parte realizado na União Soviética, de construir uma sociedade integradora das imensas maiorias marginalizadas. Queremos uma sociedade de democracia social ou, numa palavra mais simples, profundamente socialista, no sentido forte deste termo. E queremos que a fé cristã do povo e da Igreja dê a sua colaboração na gestão dessa realidade. A novidade da teologia da libertação é refletir sobre a prática já em curso na transformação da sociedade, rumo a formas mais sociais de convivência. A teologia da libertação parte da prática popular, de uma Igreja no meio dos pobres, feita pelos pobres. Mas não limitada aos pobres. A partir dos pobres, abre-se a todo mundo. Quer uma Igreja que una Evangelho e luta pela libertação. Uma Igreja que tome a sério a opção pelos pobres, contra a pobreza. E, ao mesmo tempo, que permita aos pobres criar as Comunidades Eclesiais de Base, que evangelizam cardeais, bispos e teólogos, obrigando toda a Igreja a ser mais simples e evangélica.

– Numa palavra: o núcleo fundamental da teologia da libertação reside na articulação entre o Evangelho e o mundo dos pobres. O confronto entre a fé e a injustiça social faz nascer a necessidade de libertação. Esta libertação é um bem social e político, mas também um bem do Reino de Deus. Portanto, para nós, a grande questão é como ser cristãos num mundo de tantos miseráveis. E entendemos que só podemos sê-lo de forma comprometida. A libertação é social e política, mas também evangélica, aberta à totalidade do mistério humano. Não seria libertação evangélica integral se não fosse também libertação social e política. Penso que, nesses dias, devemos discutir se a libertação é só histórica ou também escatológica. Como se unem a escatologia com a história e que contribuição as Igrejas são convidadas a dar. É a minha colocação inicial.

Clodovis Boff tomou a palavra:

– Em primeiro lugar, fiquei muito impressionado com a repercussão que tem a problemática levantada pela Igreja da América Latina aqui na Igreja Ortodoxa e no mundo soviético. Eu não acreditava que pudesse ter uma repercussão e uma atenção tão críticas, tão pertinentes sobre a problemática histórica que nós, na América Latina, tentamos refletir teologicamente e resolver historicamente. Este primeiro encontro é de uma importância tão grande que, a meu ver, escapa um pouco à nossa dimensão e compreensão. Acredito que estamos no início de um processo de diálogo, de comunhão, de encontro, e que terá frutos insuspeitáveis em nosso futuro. Penso que a presença do Espírito está aqui. É um momento fraterno, humano e de profunda espiritualidade. É um momento teológico e teologal.

– Quero retomar algumas coisas levantadas por meu irmão e dizer que nós também temos dificuldade em articular, de maneira convincente, o discurso fé e política, Evangelho e história. É uma articulação que tem uma face nova na história, de modo que temos de entender a nossa teologia no sentido processual, dinâmico, de tentativas e também erros. Analisando nossos escritos passados, vemos certas formulações que devem ser revistas, retificadas, aperfeiçoadas, porque é uma teologia processual, e precisa, portanto, de crítica cruzada, fraterna, de outras Igrejas e tendências teológicas. Somos muito gratos a essas críticas. É necessário, contudo, tentar superar a letra, a expressão literal teológica, para perceber o Espírito, a expressão de fundo de nossa teologia. Talvez eu pudesse sintetizar a intenção de fundo que anima a elaboração teológica na América Latina nesses termos: as nossas Igrejas estão profundamente convencidas de que é impossível viver uma fé destacada da história. A fé tem que ser libertadora. Não se admite mais uma fé alienada e alienante. Esta é uma convicção profunda, ligada à outra, a luta pela justiça. A luta por uma nova sociedade tem que ser toda ela animada pela fé e aberta à perspectiva transcendente. Uma fé aberta à justiça, e a justiça aberta à interrogação. Portanto, o encontro fé e justiça é a convicção profunda que anima a nossa reflexão e, sobretudo, a nossa luta histórica, social e política na América Latina.

– Às vezes, a teologia não dá conta, não reflete de maneira muito adequada a prática de base de nossas comunidades, que é muito melhor que a nossa teologia. Costumamos dizer que a teologia é ato segundo, vem depois da prática de justiça animada pela fé. Essa prática segunda é a prática teórica, teológica, que explicita mais ou menos a prática concreta anterior. Não existe ortopráxis que não precise ser acompanhada de uma ortodoxia teológica. Mas esta ortodoxia teológica também vai se processando com o tempo, com o andar da reflexão.

– Então, para entender corretamente a teologia da libertação, não basta ficar nos livros. É preciso encontrar as pessoas e conversar para perceber a intenção profunda. Eu diria mais: precisaria ainda entrar em contato vivo com as nossas Igrejas, que são as matrizes originárias dessa reflexão teológica. Por isso, nossa visita aqui, o encontro com esta Igreja e com este povo, dará uma impressão mais correta, profunda e espiritual dos processos recíprocos. O segundo ponto que eu queria colocar – prosseguiu Clodovis Boff – a partir das interrogações e interpelações de nosso irmão teólogo é o seguinte: às vezes, parece – e a impressão é muito forte – que a nossa teologia enfatiza unilateralmente alguns aspectos do dogma e da verdade cristãs, como salvação, o sentido do Reino, o universalismo da Igreja etc. Eu diria que não se trata de posições exclusivistas, mas de acertos exigidos pela situação histórica de nossos povos. Numa situação de fome, de opressão, de alienação cultural, a premência dessa problemática vital força os teólogos e a Igreja a enfatizarem, por exemplo, a dimensão histórica da fé, a dimensão imanente do dogma, a função social da Igreja, a dimensão política da teologia. Por isso, é preciso sempre situar as coisas dentro da visão mais ampla, mais completa, mais transcendental, mais orgânica da teologia.

– Os livros não refletem a situação. Nossas CEBs não são comunidades exclusivamente políticas, são comunidades de profunda fé, oração e senso eclesial. A realidade é mais rica que a expressão do dogma. É necessário entender essa teologia no contexto das práticas eclesiais e sociais do nosso povo, oprimido e religioso. Esse é um dado cultural e um dado teológico também. Por último, pessoalmente desconfio de que a Igreja e a teologia ortodoxas podem dar grande contribuição à nossa teologia, por causa de sua tradição profundamente litúrgica, monástica, mariológica, e de sua ênfase no aspecto mistérico da Igreja da fé. É a partir desse húmus teologal mais profundo que ganha força e significado a dimensão política da fé, que jamais pode se destacar deste húmus mistérico. O político da fé é tanto mais forte e significativo quanto mais está cristalizado nessa dimensão mística do próprio cristianismo, dimensão da qual a Igreja Ortodoxa é um grande testemunho. Estamos, pois, abertos ao diálogo e temos esperança de que ele seja enriquecedor também para nós.

A vez coube a Jether Ramalho:

– Pertenço à tradição protestante. Sou o único da delegação brasileira que não participa da Igreja Católica. No meu país, a Igreja protestante tem certas características. Tivemos três grandes momentos das Igrejas evangélicas no Brasil. O primeiro, quando recebemos o protestantismo com os imigrantes alemães e ingleses, que construíram a Igreja luterana e anglicana. Depois, tivemos forte influência das Igrejas missionárias norte-americanas. E, hoje, vivemos um novo momento do protestantismo, com grande crescimento do chamado protestantismo popular, pentecostal, de grupos carismáticos. Isto, para nós protestantes, trouxe certa tradição teológica muito ligada à ideologia liberal, fundamentada no individualismo, na racionalidade, o que sem dúvida nos empobreceu muito fortemente em outros aspectos de nossa fé e da dimensão maior da nossa tradição.

– Estamos vivendo um novo momento. Podemos verificar, neste século, alguns sinais deste novo momento. Um dos sinais mais importantes é a possibilidade de se ter no mundo um novo tipo de sociedade, na qual o socialismo aparece como um elemento fundamental. Cremos, no Brasil, que isso é um dos sinais do Reino, a possiblidade de romper a preponderância do capital sobre o trabalho humano. Cremos concretamente que há outros sinais do Reino. Um deles é o movimento ecumênico. No século XX, ele fez com que fossem quebradas certas barreiras e possibilitados novos intercâmbios. Isso permitiu o conhecimento de outras expressões da fé cristã. Como disse o nosso irmão teólogo que iniciou a explanação, no movimento ecumênico tivemos a oportunidade de ter um relacionamento mais estreito com a Igreja Ortodoxa e com os companheiros ortodoxos. Temos elementos comuns como a construção da paz, a luta pela justiça, a presença no novo mundo. É esta nova realidade que está possibilitando esse diálogo e a um protestante participar deste contato numa delegação católica. Estamos quebrando determinadas posições estreitas, compreendendo realmente a universalidade da fé cristã, a proposta de Cristo e do Evangelho. E creio que, na América Latina, a teologia da libertação nos tem ajudado a compreender isso. Ela não é uma teologia convencional; parte de um princípio maior, que ultrapassa as fronteiras das denominações. Isso é uma novidade, porque é uma teologia que, como disse Leonardo, tem, pela sua característica, uma metodologia que parte da prática dos pobres, da luta por melhores condições sociais e da construção do novo Reino. Ela, portanto, pertence a todos aqueles que lutam por esses ideais.

– Creio que outra característica da teologia da libertação – prosseguiu Jether Ramalho – é a importância da Bíblia. Ela abriu a Bíblia para os pobres. E abriu com uma certa hermenêutica. É verdade que esta leitura bíblica não cabe muito perfeitamente dentro dos padrões clássicos. O pobre é visto de uma forma diferente, com a sua sabedoria, a sua situação social, a partir de seu lugar, de sua posição econômica, de seu sofrimento. Isso tem trazido algumas dificuldades para os hermeneutas clássicos. Como, sem conhecer perfeitamente a exegese, sem conhecer perfeitamente a origem dos textos, é possível fazer essa nova leitura? Qual a novidade que esta nova leitura da Bíblia veio trazer? Acreditamos que o Espírito de Deus atua dessa forma, agradando os simples, manifestando-se através dos humildes, daqueles que não sabem as letras. E atua também na própria interpretação da Bíblia, sem que a teologia despreze a leitura científica, crítica, histórica. Mas também dá importância a esta nova maneira de ler a Bíblia que os pobres estão fazendo. Hoje a Bíblia é um livro que foi apropriado pelos pobres de nossas Igrejas.

Creio que um terceiro movimento é a questão da espiritualidade. Deu-se uma nova dimensão à espiritualidade. Não simplesmente a espiritualidade que vínhamos mantendo, mas que se vai construindo num processo de luta pela justiça, pelos direitos humanos, pela construção da nova sociedade. A espiritualidade se forma através da prática, não só da prática eclesial, mas também da social. Vai-se construindo uma nova forma de espiritualidade, que se manifesta nas celebrações litúrgicas. Nelas aparece muito do existencial, do cotidiano, do sofrimento. As questões da terra, da fome, do desemprego estão presentes na liturgia como sinais da luta e da presença de Deus. E isso com a contribuição da música do povo, dos gestos do povo, do espontâneo do povo, daquilo que é natural no nosso povo pobre. De forma que a gente gostaria de ressaltar esses três elementos da nova prática da Igreja: uma visão mais ecumênica, menos sectária, mais aberta, mais fraterna e universal; a importância da Bíblia como elemento fundamental da luta e da construção da fé; e uma nova forma de celebração e de espiritualidade.

Os teólogos ortodoxos pareceram não entender e, muito menos, absorver o que falamos. Abraçavam uma teologia fixista, desconheciam a situação da América Latina, repudiavam o marxismo e acatavam o socialismo como uma fatalidade. E temiam que criássemos uma dissidência na Igreja de Roma.

A Igreja Ortodoxa Russa primava pela riqueza. Diz a lenda que, em 1917, ao pressentir a vitória dos bolcheviques, a família imperial teria entregue todos os seus tesouros a ela. Pelo apoio recebido na guerra, Stalin devolveu ao patriarcado de Moscou templos e obras de arte expropriados pelo Partido. Com certeza, a Igreja Ortodoxa Russa era a única empresa privada existente na União Soviética.

LENINGRADO:
O QUE É TEOLOGIA DA LIBERTAÇÃO

Debatemos o procedimento a adotar na Letônia e na Lituânia, enquanto o trem cortava a noite rumo a Leningrado. Sabíamos que haveríamos de encontrar católicos conservadores, com certeza convencidos de que a teologia da libertação é o cavalo de Troia do marxismo na Igreja. Segundo o nosso guia, era a primeira vez que visitantes cristãos entravam oficialmente naqueles países anexados pela Rússia na União Soviética. Com certeza um pressentimento político alertara o Kremlin – o socialismo soviético andava mal das pernas e quem sabe um grupo de teólogos latino-americanos poderia salvá-lo aos olhos daquelas nações impregnadas de fé cristã.

– Devemos apenas deixar claro que não somos o que eles imaginam – opinei.

– Precisamos enfatizar que somos eclesiásticos – sugeriu Clodovis Boff.

– Mas nada de querer mudar a cabeça deles – insisti. – Já será suficiente mudar a nossa imagem aos olhos deles. Por que o Partido nos leva até lá? Por acreditar que podemos influir na Igreja Católica das repúblicas bálticas. Talvez os comunistas pensem que, se na Letônia e na Lituânia houvesse uma Igreja na linha da teologia da libertação, eles não seriam repudiados. Ora, não sei se vamos mudar a cabeça dos católicos, mas quero muito mexer com a dos comunistas.

Eu me convencera de que o modo como seríamos recebidos e interpretados na Letônia e na Lituânia repercutiria em Roma. Até agora, nenhum obstáculo havia sido posto a meu trabalho nos países socialistas. O que estava em jogo não era a liberdade de minha mobilidade pessoal. Era algo mais importante: a possibilidade de se passar de uma Igreja *petrina*, adequada apenas ao sistema capitalista, a uma Igreja *paulina*, adequada também ao socialismo. Assim como Paulo brigou com Pedro, pois este defendia que os pagãos, para serem cristãos, deveriam, primeiro, abraçar o judaísmo, não se estaria pedindo hoje aos "pagãos" para, primeiro, abraçarem o capitalismo? A possibilidade de um pagão ou ateu assumir a fé cristã sem abandonar suas convicções socialistas me parece mais condizente com a teologia de São Paulo.

Nosso intérprete revelou que integrava a redação de um novo jornal:

– Estamos perdendo o medo do Estado.

– Havia medo na época do Brejnev? – indaguei.

– Sim, por medo as pessoas não faziam críticas. Agora já não temos receio de publicar artigos para demonstrar que Lênin tinha outra concepção de organização da sociedade. Ele defendia, por exemplo, a propriedade privada rural, mas Stalin promoveu a coletivização.

Ignoro se Nicola tinha consciência de que Stalin ao decidir, a ferro e fogo, estatizar a agricultura ceifou a vida de mais de 20 milhões de camponeses – em nome dos quais havia sido feita a Revolução de Outubro, a ponto de a foice junto ao martelo se tornar símbolo do comunismo.

Chegamos a Leningrado no domingo, 28 de junho de 1987. Fomos alojados num hotel na avenida Nevsky, de excepcional beleza arquitetônica. As ruas cobriam-se de sementes de berioska que, naquela época do ano, caíam da árvore, símbolo da Rússia.

Após o jantar demos um passeio pelas cercanias do hotel, ao longo do rio Neva, sem a companhia do intérprete. Como estávamos em plena época das noites brancas – só escurecia entre 2h e 3h da madrugada – arriscamos ingressar no cemitério diante do hotel. Dentro, o vigia nos surpreendeu. Por sinais, deu a entender que já não era hora de visitas. Procuramos convencê-lo e, através de vocábulos como "café", "Pelé", nos identificamos como brasileiros. Oferecemos-lhe cigarros. Solícito, convidou-nos a acompanhá-lo e apontou os túmulos de personalidades famosas: Dostoievski, Pushkin, Rimski-Kórsakov, Borodín, Tchaikovsky, Lomonossov, Glinka, Rienski etc.

Já não são tumbas, são altares! Como uma nação que produziu tantos gênios foi cair em mãos de um genocida arrogante, ex-seminarista ortodoxo, chamado Josef Stalin?

Leonardo Boff, estancado diante do túmulo do autor de *Os irmãos Karamazov*, proferiu uma oração; rogou que, naquele momento atormentado de sua vida espiritual, quando o Vaticano aplicava a ele métodos semelhantes aos adotados contra os dissidentes soviéticos, o Senhor o arrancasse também da casa dos mortos... O guarda, impactado com tanta veneração, arrancou a estrela vermelha de seu quepe e nos ofertou.

Percorremos os lugares históricos relacionados à vida de Lênin.

– Os finlandeses apoiaram de tal modo os preparativos da Revolução que, após a vitória, em outubro de 1917, Lênin concedeu independência àquele país – ufanou-se a guia que nos conduziu à Estação Finlândia.

– Calma lá! – reagi. – E por que Lênin não concedeu independência às repúblicas bálticas? É preciso não esquecer que havia na Finlândia um movimento de libertação que lutava há 30 anos! Liberdade não se dá, se conquista.

A moça preferiu o silêncio.

Observei a locomotiva.

– Lênin chegou neste trem em agosto de 1917? – perguntei.

– Não, em abril. E logo começou a preparar a Revolução, vitoriosa em 25 de outubro de 1917 – explicou ela.

– Quer dizer que ele chegou duas vezes no mesmo trem? Uma em abril e outra em outubro?

– Sim, em 7 outubro de 1917 ele retornou no mesmo trem, mas desta vez poucos sabiam. Viveu clandestinamente em vários apartamentos de Petrogrado, durante duas semanas, preparando o momento oportuno para deflagrar a Revolução. Escolheu o dia 25 de outubro. Dizia que a Revolução não seria vitoriosa nem antes, nem depois.

Fiquei matutando como é possível marcar data para derrubar um governo, mormente em se tratando de uma monarquia czarista.

RIGA: VISITA À LETÔNIA

Na capital da Letônia, a 30 km do mar Báltico, viviam, então, 1 milhão de habitantes – metade da população da república. A maioria pertencia a Igrejas evangélicas. Riga abrigava 12 igrejas ortodoxas, 10 católicas (com direito a um bispo e um cardeal) e 18 evangélicas. E um caso único no mundo – um bispo batista!

Além de promissora indústria eletrônica, a região era conhecida por sua produção de leite. Até 1915, a Letônia esteve anexada ao império czarista russo. No fim da Primeira Guerra, resgatou sua independência, que durou até 1940, quando o Exército Vermelho expulsou as tropas de Hitler e a incorporou à União Soviética.

Ao chegar ali na terça, 30 de junho de 1987, ficamos hospedados no Hotel Riga. Os hóspedes soviéticos pagavam apenas 10% da diária cobrada aos estrangeiros. Assim era a tabela em quase todos os grandes hotéis da União Soviética.

Padre Leonardo, católico, veio ao nosso encontro:

– Gostaria de saber se os padres Leonardo e Clodovis Boff estão autorizados por seus bispos a celebrar missa.

– Sim – responderam os irmãos Boff intrigados.

– Então, quero convidá-los para celebrar em nossa catedral amanhã.

O fato de convidarem Leonardo Boff para celebrar, conhecendo seus problemas com Roma, foi visto por nós como demonstração de grande apreço.

Ao lado de um templo da Igreja Ortodoxa visitamos um mosteiro feminino, no qual raramente se admitiam estranhos. Quarenta monjas ortodoxas nos receberam sob seus hábitos pretos e rostos cobertos por longos capuzes que lembravam bruxas de histórias em quadrinhos. Só o metropolita Leônidas Brejnif falou. Elas permaneceram mudas, perfiladas, aterrorizadoras como uma versão em negro da Ku-Klux-Klan...

– Este mosteiro foi fundado em 1892 – informou o metropolita. – Aqui vivem 80 irmãs. Metade está de férias, fora da cidade. Todas têm educação média ou superior. Sobrevivem graças aos donativos voluntários de nossos fiéis. Têm como tarefas principais manter a catedral limpa e arrumada, e preparar o pão eucarístico.

KAUNAS E VILNIUS:
VISITA À LITUÂNIA, O MUSEU DO DIABO

Antes de Gorbachev, Kaunas, na Lituânia, cortada pelo belo rio Nema, era uma cidade proibida a turistas. Na quinta, 2 de julho de 1987, visitamos o arcebispo católico, dom Liudas Pavilonis, e seu auxiliar, dom Ladislao Michelevicius. Ciceroneados pelo último, percorremos templos e o seminário maior, com 130 seminaristas. A catedral de São Pedro e São Paulo, construída no século XIX, foi transformada em museu nos anos 30, quando a cidade se encontrava anexada à Polônia. A romanização das igrejas se confirmava pelas imagens expostas sobre os altares: Nossa Senhora de Lourdes, Sagrado Coração de Jesus, São José, Santa Teresinha, Nossa Senhora do Rosário etc. Assimilava-se o modelo europeu ocidental de Igreja em detrimento da espiritualidade e da cultura locais.

Contou-nos o bispo auxiliar que 85% da população da Lituânia eram católicos:

– Temos aqui pequenas comunidades de catequese e evangelização que funcionam muito discretamente. A nossa Igreja se encontra agora numa fase econômica muito boa. Os fiéis são muito generosos em seus donativos. Temos também uma Igreja Católica lituana no exterior, que reúne aqueles que, durante a guerra, se acercaram dos nazistas e não podem mais regressar. Tenho esperança de que a nova lei sobre religião, que está sendo preparada pelo Estado, nos permita dar catequese nas igrejas. Quase não temos contato com fiéis do exterior. Alguns passam como turistas, mas sempre acompanhados...

Padre Adriano, vigário do único templo ortodoxo da cidade, a Igreja da Anunciação, recebeu-nos em almoço. Pediu a Leonardo Boff que explicasse a teologia da libertação. Ao final, comentou:

– Essas ideias não me são estranhas. Comungo profundamente com elas. Gostaria de viver no Brasil para participar da luta de vocês.

Dentro da Igreja da Anunciação, uma velha senhora vendia medalhas. Típico exemplo de livre iniciativa! Encobriu a mercadoria ao nos aproximarmos.

À tarde, visitamos o Museu do Diabo, único no mundo. Três andares de representações do demo, em imagens, esculturas, telas e fotos, provindas de diversas partes do mundo, sem faltar o Brasil, com um Exu de umbanda. Havia ali mais de mil representações do Cujo em madeira, ferro, cerâmica e outros materiais. Porém, só nos mostraram 800. Após insistir com o guia para explicar a razão de nos esconderem os demais, ficamos sabendo que eram considerados eróticos... Ao nos observarem, os demais visitantes riam intrigados, devido à presença de padres ortodoxos que nos acompanhavam com suas longas batinas pretas.

Em Vilnius, atual capital, então com 600 mil habitantes, ficamos hospedados no Hotel Lituânia. No decorrer da Idade Média, a Lituânia pertenceu à Polônia. Como Kaunas foi mantida como parte da Polônia até recentemente, a capital foi transferida para Vilnius.

No hotel, uma lituana que mora nos EUA me confidenciou que, sob pretexto de visitar a família, veio a trabalho das Testemunhas de Jeová. Criada no Brasil, foi freira franciscana. Deixou a vida religiosa para casar e emigrou para o Canadá, onde teve dois filhos e se tornou Testemunha de Jeová. Contou que não tinha direito de ficar mais de onze dias, não podia se hospedar em casa de parentes nem viajar pelo interior. Quando uma pessoa vinha se encontrar com ela no hotel, devia primeiro provar o parentesco.

– Aqui há Testemunhas de Jeová? – indaguei.

– Sim, mas quando descobrem são mandadas para a Sibéria.

– E quanto tempo ficam por lá?

– Isso eu vou saber esses dias – sussurrou ao meu ouvido.[45]

---

[45] A Lituânia recuperou sua independência em março de 1990, e a Letônia em maio do mesmo ano.

VARSÓVIA, MAJDANEK E GDANSKI: ENCONTRO COM LECH WALESA

Ao retornar a Varsóvia, na quarta, 14 de outubro de 1987, a convite da Associação Cristã Social, que comemorava 30 anos de fundação, os frades dominicanos locais me negaram hospedagem.

Talvez temessem o contágio de algum vírus político de esquerda. Fui então levado ao Hotel Orbis-Solec, do qual desfrutei a bela vista do rio Wisla, que cruza a cidade.

Na noite de sexta, 16 de outubro de 1987, fui entrevistado, ao vivo, no mais importante telejornal do país, depois de tentar me esquivar do convite de todas as maneiras. Cristãos interessados no diálogo da Igreja com o Estado me convenceram de que era a primeira vez, em décadas, que a TV entrevistava um religioso. Apresentei-me com meu hábito dominicano, pois ainda não era comum um religioso ou padre andar em trajes civis naquele país. O locutor fez-me duas ou três perguntas, entre as quais como encaro o socialismo:

– Penso que possui valores que se aproximam mais do Evangelho que os encontrados no capitalismo.

No dia seguinte, fui recebido na Universidade Católica de Lublin, na qual o padre Karol Wojtyla – futuro papa João Paulo II – foi professor de ética.

✳✳✳

Passei um dia no que foi o campo de concentração de Majdanek, o mais importante da Europa fascista depois de Auschwitz. Ali foram assassinadas 360 mil pessoas em 33 meses de funcionamento, entre outubro de 1941 e julho de 1944.

Em 1941, o chefe da SS em Lublin, Odilo Globocnik, foi nomeado por Heinrich Himmler para construir um campo capaz de abrigar 25 mil pessoas e de executar a "política especial" nazista em Majdanek. Enquanto Treblinka e Sobibor eram campos destinados exclusivamente a judeus, Majdanek ficou reservado à população polonesa em geral sem excluir judeus. Embora recebesse o pomposo nome de *Kriegsgefangenenlager* – campo de prisioneiros de guerra – os que passaram por ali eram, em sua maioria, civis poloneses ou provenientes de outros países. A sucessiva troca de seus comandantes impediu que tivesse o grau de organização alcançado em Auschwitz. E, por estar situado em região habitada exclusivamente por poloneses, seus prisioneiros lograram estabelecer canais com o exterior, de modo que, dali, as fugas tinham chances de ser bem-sucedidas.

O campo dividia-se numa área para os SS e outra para os prisioneiros. Na primeira, de 120 hectares, ficavam o comando, três barracões que serviam de caserna para os SS, a prisão, a sala de depilação, a enfermaria, o armazém, as oficinas e 16 celas solitárias. Dispunha de sete câmaras de gás e cinco fornos crematórios. Na outra área havia 150 barracões, dos quais 128 destinados aos prisioneiros ou "internos", como eram chamados. Os demais serviam de armazéns e oficinas. Havia ainda um conjunto de 80 barracões, que funcionavam como a filial lubliniana das confecções SS de Dachau. Mas só um quinto do projeto foi executado. Ao contrário dos outros campos, em geral edificados distantes de vilas e cidades, Majdanek fica na periferia de Lublin, que no início da década de 1940 contava com cerca de 100 mil habitantes, e ao lado de sua cerca passa uma movimentada rodovia.

Uma razão econômica levou os nazistas a quebrar ali o princípio de dissimular os campos aos olhos da população: o projeto de construir, em suas proximidades, uma cidade industrial para os SS e suas famílias. Os prisioneiros forneceriam a mão de obra gratuita.

Os primeiros a ali chegarem foram 5 mil soldados soviéticos, transportados em vagões de carga hermeticamente fechados e sem instalações sanitárias. Dormiam a céu aberto e, de dia, trabalhavam na construção. Contaminados pelo tifo, os doentes eram sumariamente fuzilados. Em menos de quatro meses a maioria morreu, mas as obras foram reforçadas pelo trabalho do contingente de judeus presos em Lublin. Os médicos e intérpretes eram prisioneiros comuns, trazidos da Alemanha. Em março de 1942, cerca de mil camponeses das cercanias de Lublin foram internados por não terem fornecido ao campo a cota mínima de produtos agrícolas determinada pelos SS. Conduzidos a pé da estação ferroviária de Lublin, fuzilaram aqueles que fraquejaram na caminhada.

Ao chegar ao campo, os prisioneiros eram despidos. Os pertences, mesmo afetivos, como fotos e cartas, recolhidos pelos guardas. Em seguida, conduzidos à depilação e banho com desinfetante. Com frequência, a mesma água contendo desinfetante servia para lavar várias pessoas. Os cabelos dos presos eram usados pelos nazistas para revestir suas botas e proteger os pés no inverno.

Em seguida, os prisioneiros recebiam uniformes, muitas vezes sujos e manchados de sangue. Cada um portava um distintivo, cuja cor variava segundo a nacionalidade e o motivo da internação. Os políticos, um triângulo vermelho; os comuns, verdes; os objetores de consciência (Testemunhas de Jeová e outras denominações religiosas), violeta; os desempregados e avessos ao trabalho, negro; os homossexuais, rosa. Os judeus, dois triângulos, amarelo e vermelho. A cor não impedia que todos tivessem o mesmo regime. Única exceção aos prisioneiros comuns alemães, que participavam do serviço burocrático do campo. A letra negra, inscrita a nanquim dentro do triângulo, indicava a nacionalidade: P para os poloneses; T para os tchecos; F para os franceses; D para os dinamarqueses etc. Os prisioneiros soviéticos não portavam triângulo, mas as letras SU (Soviética União) marcada com destaque na roupa.

Prisioneiros de mais de cinquenta nacionalidades passaram pelo campo ou tiveram ali seus últimos dias de vida. Todos eram conhecidos e tratados por seus respectivos números, jamais pelos nomes. Por vezes, o campo chegou a abrigar mais de 40 mil pessoas. Os beliches eram de três camas. Não havia proteção contra o inverno. Cada barracão dispunha de 250 beliches, abrigando 750 pessoas. Como a roupa de cama jamais era lavada, os vermes e insetos se multiplicavam. O único utensílio permitido a cada prisioneiro era uma gamela, na qual comia com as mãos – pois talheres estavam proibidos –, recolhia água para se lavar e, por vezes, fazia suas necessidades fisiológicas, já que os banheiros eram poucos para tanta gente. A ração alimentar era mínima e não ultrapassava 1.000 calorias por dia.

Vi galpões que aparentemente abrigavam salas de banho, com muitos chuveiros espalhados pelo teto e buracos nas paredes. As vítimas ignoravam o que as aguardava. Antes de entrar na câmara de gás, tomavam banho.

Na porta, a inscrição: *Banho e desinfeção*. A diferença é que, aberta a torneira do lado de fora do prédio, hermeticamente fechado, dali saía gás. Podiam ser mortas, em cada câmara, 150 pessoas simultaneamente. Por uma placa de vidro, os SS observavam a agonia e morte dos prisioneiros.

O pavilhão feminino abrigava cerca de 6 a 8 mil mulheres, sendo que, no verão de 1943, chegou a ter 11 mil. Ao lado, ficava o pavilhão das crianças, e não era permitido o contato entre mães e filhos. Os bebês eram mortos. Em 25 de julho de 1943, centenas de crianças morreram na câmara de gás. Foi dito às suas mães que haviam sido remetidas a escolas mantidas pela Cruz Vermelha Polonesa. Em 1942, 6 mil pessoas foram fuziladas em 48 horas. Torturas eram comuns. Em 3 de novembro de 1943, 18.400 pessoas foram fuziladas com armas automáticas – foi a maior mortandade da história do campo. Eram todos judeus.

Fiz uma oração no mausoléu onde estão guardadas as cinzas dos prisioneiros assassinados. Sob sua cúpula, a inscrição: *Nosso destino é para vós uma advertência*. Naquele lugar, milhares de homens, mulheres e crianças foram obrigados a cavar o próprio túmulo e, em seguida, mortos por rajadas de metralhadora.

Porém, o que mais me impressionou foi o forno crematório. Fiquei paralisado ali naquela sala de pedra, escura e úmida como se fosse uma adega, observando o forno de cimento e ferro, e tentando imaginar a cabeça dos engenheiros que o criaram. Antes de serem levadas para o forno, as vítimas tinham seus pelos raspados e os dentes de ouro arrancados. O complemento era tão sórdido quanto ridículo: numa pequena sala ao lado do forno, a banheira de ágata, erguida sobre quatro pés de patas de leão, na qual o oficial responsável pelas cremações se aliviava do calor...

Do campo de Majdanek guardo, em minha mente, as raras e dramáticas fotos das crianças atulhadas nos barracões prisões, como se estendessem os olhos à procura dos pais ou de alguma esperança. Na completa ausência de um único sorriso, todo o horror de uma época.

De volta a Varsóvia, decidi enfrentar o preconceito e discriminação e fui à missa dos dominicanos, no domingo, 18 de outubro de 1987. Durante o almoço, recebi dos frades toda sorte de diretas e indiretas. O fantasma da manipulação, qual entidade viva e palpável, ronda cabeças que consideram que, diante de um comunista, um cristão sempre banca o imbecil.[46]

Informaram-me que ganhei dinheiro com os direitos autorais da edição polonesa de *Fidel e a religião*, que vendeu 50 mil exemplares. Em *zloty*, algo equivalente a US$ 5 mil, depositados em meu nome no Banco de Varsóvia. O detalhe é que só me era permitido gastar o dinheiro dentro da Polônia. Podia, por exemplo, comprar roupas, mas não uma passagem aérea internacional. Decidi doar parte a um fundo destinado a editar, em polonês, textos de teologia da libertação (nunca soube se foi utilizado) e, com a outra, comprei três passagens aéreas para, em companhia de meus dois intérpretes, ir a Gdansk entrevistar Lech Walesa.

---

[46] Em setembro de 1988, meu confrade, frei Pawel Kozacki, criticou minha visita à Polônia no boletim *Informações Dominicanas Internacionais (IDI)*, afirmando que eu me apresentara à TV polonesa "vestido com o hábito dominicano, quando em outras ocasiões veste-se como um burguês". Segundo ele, eu teria dito na TV que "a vontade de Deus se serve de todos os sistemas políticos, mas que o melhor sistema para transmitir a mensagem evangélica é o comunista". De fato, eu dissera que "no socialismo há mais valores evangélicos que no capitalismo", como "a partilha dos bens". No mesmo boletim tive oportunidade de dar minha versão dos fatos, estranhando que "um dominicano se espante por ver outro usando o hábito".

O sindicato Solidariedade havia surgido como uma esperança de renovação política do país. Atraíra muitos jovens comunistas. Chegara a ter 10 milhões de adeptos, numa população de 36 milhões de habitantes. Mas começou a decair quando aceitou o apoio dos países capitalistas, especialmente dos EUA. Walesa cometeu o grande equívoco de dizer na TV polonesa que o embargo do trigo norte-americano à Polônia, decretado por Reagan, não afetava o povo, somente o governo... Por sua vez, a Igreja temia que o movimento se transformasse num partido político e chegasse a um enfrentamento com o regime. Preferiu então intervir, mantendo Walesa diretamente sob o seu controle – o que provocou um racha no Solidariedade, dividido entre os "políticos" e os "sindicais" (leia-se: clericais).

A notícia de que eu pretendia falar com Walesa causou arrepios entre meus anfitriões. Chegaram a sugerir que não o fizesse. Como insisti, se dispuseram a facilitar o contato. Após 48 horas, nenhuma confirmação. Alegaram não conseguir localizar o dirigente sindical. Mineiro, desconfiei de que, de fato, quiseram dificultar o encontro. Afinal, obtive de um jornalista o telefone da casa de Walesa em Gdansk e pedi a meu intérprete que o chamasse. O próprio Walesa atendeu e marcou a entrevista para dois dias depois. Sabia de quem se tratava, pois havia lido *Fidel e a religião*.

Chegamos a Gdansk à hora do almoço de quarta, 21 de outubro de 1987. Walesa avisara que nos receberia na casa paroquial da igreja de Santa Brígida, após deixar o trabalho nos Estaleiros Lênin. Tomei banho e almocei no hotel, antes de ir ao encontro dele em companhia do casal de intérpretes. Ao entrar na igreja para fazer uma prece, observei que na pequena loja de artigos religiosos havia mais estampas de Walesa ao lado do papa João Paulo II que de Santa Brígida ou de qualquer outra figura religiosa.

Nosso encontro foi na casa paroquial do capelão do Solidariedade, o padre Radca Henryk Jankowski, pároco da igreja, que me estendeu um cartão de apresentação *sui generis*: de um lado, nome e endereço; de outro, a conta bancária.

Vestido impecavelmente, padre Jankowski não me pareceu uma pessoa feliz. Tinha a pele avermelhada, o nariz afilado, os olhos inquisitivos e um corpo balofo que lhe acentuava a meia-idade. Na mão direita, se destacava um imponente anel. Sobre o peito, a cruz dourada de miolo redondo que lhe imprimia certo status episcopal.

Conduziu-nos a uma pequena saleta onde já se encontravam assessores do Solidariedade. Por todos os cantos viam-se símbolos do sindicato. Não estranharia se me dissessem que ali era a sede de fato do movimento. Enquanto aguardávamos o líder, trocamos impressões turísticas sobre a Polônia e o Brasil.

Lech Walesa chegou meia hora depois. À sua frente, entraram três seguranças, enquanto outros aguardaram no furgão que o trouxera. Eu o supunha muito mais baixo e menos gordo. Os olhos miúdos afundavam no rosto redondo, e os cabelos loiros, curtos, pareciam oxidados. O vasto bigode cobria os lábios finos e se derramava pelos cantos do queixo largo. Todos se perfilaram à sua entrada. Na lapela do blusão, um broche do Solidariedade e outro com a foto de João Paulo II:

– Desculpe-me fazê-lo esperar – disse ao cumprimentar-me –, mas tenho que ganhar o pão no estaleiro.

Indagou ao pároco se o almoço estava pronto e se podíamos passar à mesa, como se não tivesse tempo a perder.

– Quer ser tratado de companheiro ou padre? – perguntou-me, enquanto se ajeitava à cabeceira, prendendo a ponta do guardanapo junto à gola da camisa.

A sala de almoço ostentava um requinte espantoso. Na parede ao fundo, imenso espelho de cristal reproduzia nossas imagens. Parecia um cômodo reservado de restaurante de luxo. Pratos e travessas de porcelana, e talheres de prata.

– Sou irmão, e não padre. Entre os dominicanos há sacerdotes e irmãos. Chame-me de companheiro. Trago-lhe cumprimentos de Lula, com quem você se encontrou em Roma, em 1980.

– Cada vez ouço falar menos de Lula. Não sei o que se passa com ele. A vida traz tantos problemas para ele e para mim que o contato fica difícil. Mas creio que vamos conseguir organizar nossas trincheiras e encontrar tempo para nós. Então, analisaremos o que se passou conosco nos últimos tempos. Se houver ruínas atrás de nós, teremos de cuidar delas. Mas se o que ficou são belas construções seguiremos adiante.

– Lula foi o deputado federal eleito para a Constituinte com o maior número de votos no país – informei. – Mas anda muito desgostoso com o trabalho de elaboração da nova Constituição, pois a maioria dos parlamentares é contra os interesses populares. Ele comentou que, na conversa em Roma, você o criticou por ter criado um partido político a partir da luta sindical. Passados sete anos, sua crítica perdura?

– Mantenho o que disse. Não se podem misturar certas coisas. A água e o fogo não se misturam. Me surpreende que você tente unir a água e o fogo – disse Walesa, pulando de Lula para mim, como se não conseguisse se controlar para esperar o momento oportuno de iniciar o sermão que trouxera preparado. – A Igreja sobreviveu dois mil anos somente porque nunca se intrometeu em certas questões. Na Polônia, o Solidariedade é uma velha ideia, mas a sabedoria da Igreja não lhe permite se comprometer totalmente com o sindicato. Isso vem de nossa tradição milenar. Já tivemos muitas experiências negativas e, por isso, insistimos na tese de que certas coisas não se misturam. Não se podem unir assuntos partidários com assuntos sindicais, coisa que com muita frequência acontece nesse sistema socialista e faz com que sejamos hoje os mendigos da Europa e do mundo. O mesmo aconteceria se a Igreja se envolvesse com o Solidariedade. Portanto, agradecemos muito a sabedoria da Igreja, que nos permitiu sobreviver no sistema marxista-leninista, que parece muito bom em seus lemas, premissas e princípios, porém, na prática, é outra coisa, e por isso muitos países jovens se iludem. Queremos nos livrar disso. Nosso sistema exclui a existência de Deus e da fé. Minha pátria e minha fé não podem existir sem Deus. Tenho um pedido para você e para todos que querem construir a solidariedade: devemos nos definir. Não podemos estar ligados a certas situações e pessoas. Vejo em você uma grande missão, a de servir aos homens. Mas é preciso ter presente os interesses dos dois milênios de nossa Igreja. O fato de a Polônia ter muitas igrejas e de que se fale em colaboração não é um presente dos comunistas, e sim porque a conduta da sociedade e da Igreja obrigam a isso. Não há dúvida de que em outros países é preciso lutar por um novo sistema. Não podemos trazer o Céu à Terra, e sim levar a Terra ao Céu.

– Gostaria de perguntar-lhe – pois isso é do interesse dos operários com os quais trabalho – se o Solidariedade continua organizado e qual é a proposta dele para a Polônia?

– Em todos os aspectos, sociais, políticos e econômicos, temos nosso programa. Nesse sistema comunista é muito difícil lutar por direitos, já que ele não reconhece nenhuma divindade. Mas através de soluções pacíficas, da propagação de boas ideias, da oração e da aplicação da doutrina social da Igreja chegaremos à vitória. Sem pôr em risco as instituições, que são seculares, mas agindo com sabedoria. Aqui o limite é muito débil. Muitos têm expectativas em relação aos dirigentes da Igreja, porque querem soluções imediatas. O mesmo se passa com os capelães do Solidariedade, que ajudam em nossa causa. Enfrentam muitas dificuldades porque gostariam de ser, primeiro, ativistas e, depois, padres. Mas rezamos e lhes pedimos que continuem sendo capelães e, depois, ativistas, pois tal postura favorece à Igreja e ao movimento que presidimos.

Servido o almoço, insistiram para que eu comesse. Expliquei que já o fizera.

– Gostaria de deixar claro, Walesa, que sou um homem de Igreja. Minha atividade está em sintonia com a linha pastoral da Igreja no Brasil. Mas não posso pretender que todos me compreendam. Mesmo porque Deus, muitas vezes, tem projetos para as nossas vidas que só posteriormente tomamos consciência deles.

– Ao aparecer na televisão, você disse que no comunismo há lugar para Deus. Isso é um grande erro. No comunismo não há lugar para Deus.

– Se disseram isso, traduziram mal. O que eu disse é que o socialismo possui valores mais próximos do Evangelho que o capitalismo.

— Sabemos dos grandes defeitos do capitalismo. Em nossas igrejas, aos domingos, oramos pela unidade dos cristãos, para que haja um só rebanho e um só pastor. Pois todas as ações que rompem a hierarquia e transmitem ensinamentos conflitivos conduzem à divisão. Não podemos estar de acordo com a divisão. Devemos, através de nossa oração, buscar a unidade dos cristãos, mas sem fanatismos. Não se pode rechaçar ninguém. Muitos cristãos fazem coisas piores do que os que não creem. Mas Deus e a fé não têm culpa, pois são homens que fazem isso. Dois mil anos nos ensinam que deve haver hierarquia, deve haver ordem, as coisas devem estar sintonizadas. Porque senão tudo se destrói. Veja na história quantos sistemas, quantos líderes, quantos impérios! E todos caíram. Houve também divisões na Igreja, provocadas por fanáticos, inclusive por razões muito cultas. Mas eles foram impacientes, não agiram pela oração, apenas por razões muito humanas. Queriam fazer revolução na Igreja e isso é mau, pois a nossa vida é curta, mas nossos erros são mais longos do que nossas vidas – afirmou, como se fosse um superior religioso admoestando o súdito.

Fiz de conta que não entendi sua alusão implícita à teologia da libertação, que na Igreja polonesa só era conhecida pela versão deturpada da ala conservadora da Igreja Católica.

— O Solidariedade é um movimento de caráter cristão ou leigo?

— Num país como a Polônia, não se pode compreender o Solidariedade sem a cruz, sem Cristo e sem a fé. Não queremos confundir as esferas. Sou um sindicalista. É visível que carrego símbolos da fé e sou cristão, como a maioria dos nossos militantes. Mas não queremos substituir o trabalho por ajoelhar e orar. Queremos orar trabalhando. Não fugimos da doutrina e dos ensinamentos da Igreja. Com base nos ensinamentos cristãos, queremos construir este sindicato para o corpo. À luz dos mesmos princípios, a Igreja trabalha para o espírito. Podemos inclusive construir igrejas, e vamos fazê-lo. Mas também vamos construir centros de trabalho.

– Não só de palavras vive o homem, mas também do alimento que vem da terra, que é dom de Deus – comentei.

– Mas somos inquilinos e não proprietários. Alugamos esses anos de vida, e inclusive a nossa sabedoria. E se levamos a sério o cristianismo temos de prestar conta disso. E também do trabalho e de seus resultados. Não desprezemos a fé na qual nos movemos.

– Você dizia que o Solidariedade tem um programa econômico e social. Como analisa essas propostas de reforma econômica do governo polonês? Do meu ponto de vista, em muitos aspectos elas se parecem às que o FMI impõe aos países da América Latina. Receio que a Polônia vá pelo mesmo caminho dos países do Terceiro Mundo, de tentar pagar sua dívida externa. Como vocês do Solidariedade analisam isso?

– Creio que o comunismo já nos levou ao Quarto Mundo. Cuidem vocês para não caírem no mesmo, já que querem o comunismo. Hoje, há solução para os problemas econômicos. Temos apenas que trasladá-la e adaptá-la às diferenças que existem aqui. Ao homem fazem falta sobretudo três pluralismos: na economia, para que haja iguais oportunidades econômicas para todos; na defesa dos interesses sindicais e sociais; e na política, para que não haja mais Stalin, Kruschev, Brejnev e outros. E não sabemos quantos outros novos bandidos surgirão se não mudarmos o sistema. Deve haver pluralismo político, com diversos partidos que lutem por meios pacíficos nos marcos de regras estabelecidas. Assim, ninguém permitirá que existam tais bandidos e que eles se equivoquem. Não devemos falar de pluralismo comunista ou socialista. Ou há pluralismo ou não há. Nossos filósofos pensam suas ideias, mas têm medo do pluralismo. Têm medo de ser julgados e a isso se dá o nome de socialismo. Se alguém perguntar se temos soluções, respondo que sim com esses três pontos. Mas eles devem ser aplicados de forma distinta. Para um índio, preservar sua liberdade é correr e meter-se no mato. Eu não gostaria de ter a mesma liberdade porque seria picado por mosquitos, mas se o índio quer assim, é preciso lhe dar este direito.

– Na medida em que defende esses pontos, o Solidariedade não se transforma num partido político?

– Se quisessem me dar o poder, eu fugiria deste país. Não se trata da pessoa de Walesa. A questão está na segurança estrutural das soluções. A solução não está em Walesa. Por isso temos procurado evitar a tomada do poder. Mas lutamos por reformas e por segurança estrutural. Queremos continuar sendo somente um sindicato. Ocorre que neste sistema em que estamos – capitalista de Estado e simultaneamente miserável, em que tudo temos e ao mesmo tempo nada temos – não se pode fazer um sindicato, porque para fazer um sindicato são necessárias três condições: situação econômica; situação política, para cumprir as obrigações sindicais; e ordem jurídica. Não podemos reivindicar se não há uma ordem jurídica. Por esta razão, nosso sindicato não pode ser um bom sindicato. Temos que lutar por essas três condições. Este sistema criou absurdos e não queremos nos meter nele como força organizada. Este é um país que tem de tudo e, no entanto, passa fome. Não posso esquecer que trabalho como operário e tenho oito filhos.

Um dos assessores interrompeu-nos, extravasando o clima de animosidade que pairava no ar:

– Sabe que as pessoas que você encontrou em Varsóvia são aquelas que colocaram Lech na prisão? Como você reagiria se Lech Walesa tivesse ido ao Chile e se encontrado com Pinochet, e tivesse falado com pessoas que põem outras na prisão?

– O papa esteve no Chile. E rezou na capela do general Pinochet – retruquei, aliviado por não almoçar numa situação tão indigesta.

– Mas o papa é o papa! – reagiu o assessor.

– Eu gostaria de viver um tempo aqui e conhecer melhor o povo, mas isso não é fácil.

– Você pediu para encontrar-se com presos políticos?

– Não pedi, porque passei menos de duas semanas aqui. Mas a Associação Social Cristã me ofereceu alguns contatos e eu, como estrangeiro, não creio que deveria recusá-los. O importante é que em nenhum momento fiz concessões de meus princípios. Sou homem de diálogo. Sou capaz de dialogar com o diabo, se preciso.

– Até com Pinochet?

– Se estiver convencido de que isso ajudará o povo chileno, dialogo com Pinochet.

– Então por que não vai dialogar com Pinochet?

– Porque ainda não me surgiu a oportunidade de prestar tal serviço ao povo do Chile.

Walesa retomou a palavra:

– Creio que há uma questão distinta em cada pessoa que não se pode negar. Mas há certos perigos. Não podemos esquecer que devemos ter um só rebanho e um só pastor. Tudo mais devemos fazer à luz dessa exigência. Não está estabelecido que você vai fazer isso bem ou Gorbachev. Sou a favor de tudo o que você faz, apenas quero que isso sirva à unidade, à solidariedade, à fé e à Igreja. E que não haja divisões, porque divisões já temos muitas – advertiu.

– Não devemos esquecer o ensinamento de São Paulo de que a Igreja é como um corpo que tem muitos membros – lembrei. – E nem todos podem agir do mesmo modo. Imagina se criticássemos Teilhard de Chardin por ter vivido na China comunista! E hoje sabemos que Teilhard edificou lá a ponte entre fé e ciência. O Vaticano está inteirado do meu trabalho, pelo qual os bispos de Cuba já manifestaram gratidão. Mas sei que minha atuação está sujeita a muitas interpretações, como também a sua, Walesa.

– Você veio aqui para ver a situação nas ruas e ajudar. Isso eu compreendo. Até agora fez um serviço de urso, porque usaram você para fazer propaganda deles.

– Falei o que penso. Em nenhum momento afirmei que este é o melhor regime do mundo.

Outro assessor interveio:

– Mas Walesa não pode dizer nada na televisão.

– Não posso aceitar que vocês digam que vim aqui para ser instrumento do governo. Onde me dão a palavra eu falo. Falo o que penso. Não peço a todos que concordem, inclusive porque venho de uma situação muito diferente desta. Não tenho a pretensão de compreender perfeitamente todos os problemas daqui.

Walesa retomou:

– Nos alegramos com a sua visita. E já que somos almas irmãs devemos nos ajudar, e não a uma causa má. Nem ao comunismo, que nos oprime e nega a existência de Deus.

Devemos ser quentes ou frios. Não estou de acordo que você possa compactuar com o diabo. Aqui também o criticaram por seu diálogo com Fidel.

– E hoje os bispos cubanos reconhecem que meu livro ajudou a trazer mais liberdade para os cristãos de Cuba. E também o próprio papa, segundo eu soube por dois arcebispos.

– Sim, Deus escreve certo por linhas tortas.

– Deus faz um bordado. Por enquanto, as linhas são vistas pelo avesso, todas confusas. Mais tarde apreciaremos o desenho.

– Isso cabe a Deus.

Um assessor interveio:

– Mas a gente que oprime os poloneses e Walesa permite que você se apresente na televisão e isso lhe deu um mandato. Nós nunca falaríamos nesta televisão. Walesa nunca deu entrevista nesta televisão. Se ele desse entrevista à TV estatal do Chile, seria visto como um apoio a Pinochet, embora Pinochet não declare que não há Deus.

– Eu compreendo as razões emocionais do problema da televisão – reagi.

– É muito difícil julgar qualquer coisa ou qualquer pessoa. Deixemos isso a Deus – ponderou Walesa, procurando conter seus parceiros. – Nós defendemos aquilo com o que estamos comprometidos. Na hierarquia, você ocupa uma posição mais alta que a minha. Portanto, você tem certas responsabilidades, como levar o rebanho à unidade. Se cada frade quisesse fazer o que bem entende, há muito tempo não haveria mais frades. Tem que haver certa ordem. Não se pode permitir que os alunos andem pela classe sem escutar o professor. Há um papa, um primaz, um episcopado, um bispo, e há que se submeter ou não se meter nisso.

– Tentei encontrar o cardeal Glemp – expliquei –, mas não obtive resposta. E visitei meus irmãos dominicanos em Varsóvia, inclusive Leopoldo, que viveu aqui. Fiquem tranquilos, sou um frade que conhece as regras do jogo.

– Solicitei aos dominicanos de Gdansk que me ajudassem em nosso encontro, mas eles se negaram – revelou Walesa.

– Então o problema é deles, não meu. São eles que estão fechados ao diálogo.

– A questão da fé é a mesma para mim e para você. E o nosso interesse é defender essa fé. Eu pergunto: de que falamos? Eu, enquanto cristão, devo falar de um jeito e, como sindicalista, de outro. Nós também temos dúvidas. Mas respeitamos certas regras. Eu brigo com meu bispo e muito fortemente. Mas nunca com malignidade, e sim como um filho que não compreende algo, que quer fazer as coisas de outro modo. Porém, nas coisas da fé me submeto totalmente a ele. E não rompo meus compromissos. O mesmo ocorre no sindicato. É preciso ajudar os trabalhadores. Entretanto, não se pode fazer isso rompendo certos critérios. De novo lhe peço, por favor, este país tem experiências terríveis, subsistiu graças à Igreja, caso contrário não haveria Walesa, nem Igreja, nem Polônia. A Igreja nunca apoiou tudo até o final. Não se misturou. E conseguiu sobreviver. Nisso há uma sabedoria. É preciso estender a mão ao mendigo e ao rei, mas não se deve estar nem com o mendigo nem ao lado do rei, mas seguir o seu próprio caminho. Assim teremos um só rebanho e um só pastor, e não haverá divisões. Aqui ouvimos falar da teologia da libertação, que estaria influenciada pelo marxismo e pelo comunismo. Isso é traição, não se pode admitir – desabafou afinal.

– Uma coisa é o que vocês escutam, outra é o que é – rebati.

– Reconhecemos que há uma grande opressão na América Latina e que o sistema é mau – assentiu ele.

– Essa história de que os teólogos da libertação são comunistas ou marxistas é mentira. Na América Latina, todos que lutam pela justiça são considerados comunistas pelos que aceitam o estado de opressão.

– Fidel Castro é comunista.

– Mas dom Paulo Evaristo Arns, cardeal de São Paulo, não é comunista e é chamado de comunista.

– Recorde-se do que falei: não podemos trazer o Céu à Terra. Temos que pôr em ordem a Terra. A teologia da libertação, próxima ao marxismo, quer trazer o Céu à Terra. Isso não se pode fazer. Que há dificuldades, nós sabemos. Possivelmente vocês têm problemas maiores do que os nossos em alguns casos e que não têm solução. O caminho não vai por aí. É preciso preparar as pessoas pelo menos durante três gerações. É preciso elevar a consciência. Mostrar os erros de um e de outro sistema, e construir um novo sistema, através do nosso trabalho, e não de golpes, porque a nossa fé não permite. É preciso buscar soluções programáticas e, seguramente, há soluções. Sem querer resolver as coisas com uma pistola na mão ou dando pedradas na cabeça dos outros para tentar modificar o que elas pensam. Nosso país passou por muitos problemas, mas nunca foi o último país da Europa. Mas, devido ao comunismo, hoje é o último da Europa, onde não há oportunidades nem chances. E o pior é que não tem saída, não pode se desenvolver. Este sistema é realmente inútil. Essa situação, nos primeiros um ou dois anos, foi interessante, porque o comunismo tomou as fábricas, as lojas e as terras, dizendo que isso era democracia, mas na verdade destruiu o país. E hoje está tudo desorganizado. É preciso reconstruir tudo. A revolução é bem-feita quando se toma e se reparte. Que sistema temos? Aqui, inclusive, não se pode fazer revolução. Quando tiverem um sistema como o nosso, se vocês derem a um, serão mortos pelos outros que não receberem o mesmo. Aqui há gente disposta a receber medalhas, mas quando alguma coisa vai mal no trabalho nunca se encontra um responsável. Eu sou filho desse sistema. Gostaria que meus filhos vivessem em outro sistema, mas tampouco gostaria que vivessem no sistema de vocês, que seguramente é muito ruim.

– Se você, eletricista, vivesse no Brasil, provavelmente estaria na favela com seus oito filhos. E pelo menos quatro estariam entre os trinta milhões de menores carentes.

– E seguramente, nesta situação, eu também lutaria por mudanças. Mas não atiraria com a cruz.

– Nós também não queremos disparar. Queremos esgotar todos os meios pacíficos. Não há ninguém na Igreja que deseje a violência. Mas a violência sobre gente da Igreja é cada vez mais dura. Na América Latina, dois ou três sacerdotes são assassinados por ano devido ao problema fundiário. O grande problema do Brasil é que existem fazendas do tamanho da Holanda, e a reforma agrária é o principal tema da conferência episcopal. O presidente Sarney, preocupado com isso, foi falar com o papa, esperando que ele puxasse a orelha da conferência episcopal para que não se metesse nos negócios do Estado. E, pela primeira vez, o papa rompeu o protocolo de uma audiência privada, pois, ao terminar de falar com Sarney, chamou os jornalistas e disse: "No Brasil, não haverá democracia enquanto não houver reforma agrária." São 15 milhões de famílias expulsas do campo e indo para a cidade, sem nenhuma perspectiva.

– Isso é sério e tudo isso é preciso mudar. Mas com métodos pacíficos, com programas – repetiu Walesa.

– Estou de acordo. Mas no Brasil temos urgência, devido à mortalidade por fome e desemprego.

– O comunismo tem um modo muito simples para isso: toda gente que se encontra na rua é simplesmente enviada aos campos de concentração. Ninguém morre na rua, embora haja muitos na rua. Temos pouco para viver, mas o suficiente para não morrer. Em seu sistema é diferente: poucos têm muito e muitos não têm nada. É preciso buscar os métodos de luta. Ter pressa significa somente sacudir as pulgas.

– No Brasil, Lula fundou o Partido dos Trabalhadores. Se Walesa vivesse no Brasil, entenderia que não bastam apenas os sindicatos. A criação do PT foi motivo de alegria inclusive para muitos bispos no Brasil.

– Eu não viveria nem mais um ano se fundasse aqui um partido político. No Brasil, isso é possível porque a polícia é diferente, o sistema é diferente, não tão sedento de sangue.

– Claro, cada um tem sua própria conjuntura. E temos de ter cuidado para não estabelecer comparações entre situações tão diferentes.

Um assessor atravessou a conversa:

– O que aconteceria com Lula se fundasse um partido em Cuba?

– Não quero falar por Cuba. Penso que é uma situação diferente da Polônia, embora seja também um país socialista. É muito difícil quando uma pessoa, desde a sua situação, pensa que pode entender as demais. Isso é muito complexo. Por isso é preciso dialogar.

O assessor insistiu:

– O que ocorreria com Lula se ele formasse um partido dos trabalhadores em Cuba? Ele não sobreviveria.

– Não posso dizer o mesmo porque não vivo em Cuba, apesar de ser amigo de Cuba, tanto da Igreja quanto de gente do governo.

– Seria algo impensável fundar um partido aqui – afirmou Walesa. – Nem sequer sonhamos com isso. Porque simplesmente é impossível. A nossa obrigação é propor soluções somente através dos sindicatos. Aqui está escrito na Constituição: "O partido que está no poder é inquestionável e eterno." Portanto, é uma situação que não se pode mudar. Aqui o sindicato tem que assumir outros temas. Sua situação é diferente, porque permite organizar partidos políticos. E Lula o fez. Aqui eu não posso, e apenas respiro.

– Você disse que no Brasil temos que encontrar nossos meios. É verdade – concordei. – Mas a Igreja, como tal, não quer se identificar com nenhum partido político. Porque entende que a fé está acima das opções partidárias e que, na mesma Igreja, deve haver lugar para pessoas com diferentes posições políticas. Parece que minhas teses não agradam a vocês, e eu quase me sinto impelido a pedir desculpas por pensar o que penso. Vamos fazer um exercício fraterno de conversação.

Outro assessor intrometeu-se:

– Eu gostaria de ir a Cuba visitar pessoas que estão presas por sua fé católica.

– Conversei em Cuba com presos políticos que saíram das prisões. O meu tempo aqui é muito precioso para eu explicar todo o trabalho que tenho feito em Cuba.

– Só não vamos acreditar que você vai conseguir enganar os comunistas, porque eles acabam cortando a sua cabeça – disse Walesa. – Eles sabem que a Igreja é forte. Não que eles tenham que aceitar isso, mas sabem que a Igreja, de fato, é forte. Se Cuba estivesse numa situação econômica melhor, não dialogaria com você. Porém, eles estão falidos e, por isso, buscam apoio. É claro que é preciso aproveitar essas oportunidades. Se recebessem mais ajuda, mais dinheiro, não buscariam ajuda. Colocariam você na prisão.

– Eu não represento nada.

– Quanta gente fez bem à humanidade e hoje tampouco se sabe onde se encontra! E isso aconteceu no sistema da "felicidade social", o comunismo. Os comunistas conversam quando estão por baixo, mas, tão logo se levantam, já querem enforcar. Não cremos que possamos enganá-los. Porque esta é a concepção deles. Entre eles não há somente bandidos, mas têm uma concepção tal que já não podem atuar de outra forma. O homem é somente um homem. E é preciso adaptar o sistema à sua humanidade, e não o contrário. Não se pode construir um sistema materialista sem ter materiais e roubar o material do bolso das pessoas. Este sistema é ilógico. Marx e Lênin seriam piores do que eu caso vivessem hoje, com tantos problemas. É certo que nem tudo no socialismo é totalmente ruim, pois não se chega ao extremo de uma miséria de ter somente um par de sapatos e um pedaço de pano para se cobrir. É preciso construir um sistema, não para os capitalistas, e sim para os que querem ser mais sábios e melhores, e não todos iguais. Se fossem mais sábios, seria até perigoso, porque iriam querer tiranizar a todos. Alguém tinha muita razão quando disse que se o sistema socialista fosse construído no deserto do Saara, até areia faltaria. Há que lutar, pois há muita opressão!

– É justamente isso que estamos tentando – procurei explicar. – Por esta razão, não entramos para os partidos comunistas que há no Brasil e apoiamos o Partido dos Trabalhadores. Porque julgamos que, hoje, ele busca uma alternativa adequada à situação do nosso país.

– Não se trata de Lula ou Walesa, mas das estruturas. Porque Lula e Walesa são bons quando sofrem. Quando estão bem, até a Igreja descobre que cometemos erros. Porque assim é o homem. É preciso reconhecê-lo. Não se pode apostar que um único homem seria o alfa e o ômega, mas sim nas estruturas. Lula é bom, seguramente. Eu o conheço pouco. E fala muito bem. Sabemos de revolucionários que falavam muito bem, tinham magnífico programa, e quando tomaram o poder implantaram sistemas piores do que os anteriores.

– Vocês não têm nenhuma esperança! – protestei. – Um cristão tem que ter esperança. Você crê que a América Latina vai para o comunismo, que Lula fala bem, mas não pode fazer nada. Onde está a esperança?

– Estamos cheios de esperanças. Estamos seguros de que vamos vencer. Somente acreditamos que a nossa vitória não está na cabeça de alguém. Não cometer erros; ir para adiante; não destruir, construir; não incendiar, mas apagar; adaptar-se, não se deixar enganar por qualquer coisa; não crer em ensinamentos loucos – recitou Walesa.

– Não seríamos capazes de dar tantos conselhos à Polônia, e a vocês em particular. Temos que entender a especificidade de cada país. E dar um voto de confiança à Igreja que aí se encontra e ao povo que está lutando.

– Não são conselhos nossos, isto está claro. Apenas manifestamos o nosso ponto de vista. Não sabemos, enfim, se temos razão. Conhecemos muito pouco de vocês para poder aconselhar. Não temos pretensões. Somente falamos o que nos agrada e o que não nos agrada. Não queremos dar lições. Cada país é distinto, cada pessoa é diferente. E todos temos que buscar em nosso lugar a realização. Para aconselhar há sempre muita gente.

– Para trabalhar há pouca gente – observei.

– Para trabalhar há poucos. Se há resultados positivos, todos vêm felicitar. Quando a coisa está difícil, nos metem o pau.

– Há muitos anos me dedico à relação entre marxismo e cristianismo. Para me dar conselhos há muita gente. Mas gente que queira trabalhar a fundo nesse tema tão importante não há, e sempre sou visto com suspeita pelos dois lados. É a minha cruz.

– E assim é preciso fazer. Há que conhecer sua medida sem deixar de suportar esta cruz, e não acusar ninguém. Eu nunca quis nada de ninguém nem impor nada a ninguém. Simplesmente falo meu ponto de vista, um pouco atrevido, o que pode parecer que quero ditar, que quero impor. Não, não quero isso. Há coisas que escuto e não sei se têm razão, pois tenho minhas pretensões, tal como você tem as suas. Sempre há que se compreender, inclusive o adversário. Lembre-se de que um bom jogador sempre joga, não com as suas cartas, mas com as do adversário. Mas não somos jogadores. Somos gente oprimida de forma diferente, você e eu. E temos que procurar solucionar os problemas. Seria muito cômodo eu querer resolver os seus problemas, e você, os meus. Seria ridículo! Simplesmente tenho essas observações e você tem outras. E na questão de Deus e da fé devemos estar mais próximos do que nunca. Porque somos irmãos na fé. E, nessa esfera, eu o escuto, porque estou mais abaixo na hierarquia.

– Você não está mais abaixo. Deus sabe onde cada um está.

– O marxismo é uma boa questão para estudo, pois são questões de há cem anos. Mas não se confirmou na vida e na prática. Para o nosso clima não é bom. É provável que no Brasil, onde faz calor, o marxismo seja bom – ironizou Walesa.

– Não queremos o marxismo, queremos uma sociedade justa.

– É certo que vocês têm que se perguntar como lutar nessas condições em que as crianças estão com fome e onde há proprietários que não querem compreender que o outro passa necessidade. Esta é uma situação difícil. Mas Deus nos concedeu viver nesta época. E teremos que prestar contas do que fazemos agora. O mal é quando um padeiro pretende fazer uma cirurgia cardíaca. Estive uma vez numa situação parecida com a sua. Íamos à Cracóvia. O padre tinha um Mercedes-Benz dirigido por um alemão. Eu associei o Mercedes e o alemão, que iam a 170 km por hora. Também sou motorista e percebi que às vezes ele dirigia mal. E o alemão, quando saiu do carro, disse: "Para quem como eu dirige um carro pela primeira vez, creio que me saí bem."

Enfastiado de tanto sermão, apressei o fim do papo:

– Bem, creio que foi uma conversação muito interessante. Está claro que vivemos muito longe um do outro. Mas há experiências comuns na Igreja da Polônia e na Igreja do Brasil, possivelmente as Igrejas, hoje, mais populares do mundo. O catolicismo está na cultura e na alma dos nossos povos. Por isso é importante esse contato. Apesar de diferenças em nossos pontos de vista, se falamos em pluralismo, temos que começá-lo entre nós. Inclusive entre presos políticos, pois eu estive preso sob o capitalismo, e você, sob o socialismo. Por aí começamos.

– Há pluralismo, mas há também lealdade. Eu, por exemplo, não me apresentaria na televisão do Chile – voltou Walesa ao tema, mostrando claro sua face autoritária e moralista. – E falo como um preso a outro preso. Nosso grande cardeal Wyszynski dizia que, se há possibilidade de salvar, ainda que seja uma gota de sangue, é preciso aproveitar essa chance. Se você salvou uma pessoa do cárcere comunista, isso é bom. E, portanto, é preciso fazê-lo.

– Quero lembrar que sou da Ordem dos Pregadores. Se me põem a TV de Moscou na frente e me deixam falar, falo. Lamentavelmente não posso me responsabilizar pela tradução.

– Por que então apresentar-se?

– Porque não posso partir do princípio de que sempre...

– Walesa não me deixa concluir. Ia dizer "sempre deturpam minhas palavras".

– Tem razão. Somente seu hábito dominicano na TV de Moscou teria significação. Uma monja ia pela rua de Moscou. As crianças indagaram: "Você é um ícone, não?" Nunca haviam visto uma monja. Gostaria que você confessasse Gorbachev, por exemplo. Mas seria impossível. Adam gostaria que você fizesse mais – disse, apontando o assessor ao seu lado. – Mas é preciso ir passo a passo. Você está numa situação um pouco difícil, pois trabalha com operários e é um frade. Isso eu admiro. Eu não diria que você se acomode. Mas não se exponha, não se arrisque e não se canse. E não espere agradecimentos. Sempre haverá exigências. Para fazer exigências há muitos, mas para trabalhar, poucos. E eu lhe peço, como cristão, lembrar que, nos assuntos de fé, devemos tender a um só rebanho e a um só pastor.

– Quanto a isso, não precisa se preocupar. Inclusive porque o papa enviou uma carta aos bispos brasileiros, em 9 de abril de 1986, dizendo que a teologia da libertação "não é somente necessária, mas útil e oportuna à Igreja da América Latina". Há muitas interpretações de nossa atividade, como há interpretações sobre o Solidariedade. No Ocidente, por exemplo, se diz que o Solidariedade recebeu um milhão de dólares de Reagan. Dizem muitas coisas. Por isso é importante encontrar diretamente as pessoas. Porque é a única maneira de esclarecer as coisas. Falar diretamente é o melhor caminho.

– É preciso compreender essas coisas, como cristão, com a mão estendida. Ajudar-nos e nos compreender. Devemos fazê-lo, porque senão não seremos cristãos e muito menos militantes. Me alegro que tenhamos esclarecido muitas coisas. Queremos permanecer em contato. Se alguma vez for ao Brasil, tratarei de encontrá-lo – prometeu Walesa, sem tocar na questão dos dólares americanos.

– Muito bem, nos veremos.

– Tenha cuidado, porque então você terá muitos inimigos por toda parte.

– Não me importo com o que as pessoas dizem. Já estou acostumado...

– Você tem uma tarefa muito importante a cumprir neste terrível mundo em que vivemos. Neste mundo em que há tantas coisas a fazer. Sempre temos que ter cuidado. Erguerão obstáculos em nosso caminho. Às vezes esses obstáculos têm espinhos. O suborno também é um obstáculo. Procurarão tentar-nos. Devemos, então, com mais convicção, servir à causa que abraçamos. E buscar as vias do triunfo, não através da imposição, e sim através da razão lógica e prática.

– Exatamente. Amor, verdade e justiça. São os três princípios de nossa prática.

– Eu acrescento a isso solidariedade.

– Se esses três princípios não conduzem à solidariedade, não servem para nada.

Visivelmente incomodado com o meu gravador ligado, ele observou:

– Se depois dessa nossa conversa você pretende escrever um livro sobre ela, faça-o de modo tão cálido como o que escreveu após a conversação com Fidel Castro. Você falou 23 horas com Fidel?

– Sim, falei 23 horas com ele.

– E por que não falamos 23 horas?

– Lamentavelmente não tenho tempo, pois retornarei ao Brasil amanhã.

– Eu também tenho que ir-me. Vim diretamente dos estaleiros para cá. Tenho coisas a fazer esta tarde, questões organizativas, aproveitando-me da Igreja. Depois tenho que ir à minha casa e ver meus oito filhos, cuidar deles, conferir o correio e dirigir o sindicato. Ou seja, tenho quatro postos de trabalho e quero cumprir as minhas tarefas. E faço como posso. Hoje o que me parece razoável, amanhã pode me parecer pouco razoável. O que hoje faço com gosto, amanhã faço com desgosto. Disso me julgarão os outros. O que não podemos é deixar de fazer as coisas. Essa é nossa cruz. E devemos levá-la com dignidade.

– Há um ditado brasileiro que diz que o mais cômodo é não fazer nada. E eu sempre digo: quem não faz nada, não tem problemas com ninguém. Mas tem o maior problema que uma pessoa pode ter – com a sua própria consciência.

– Estou convencido de que um dia irei ao Brasil. Lula vai querer se encontrar comigo? Não sei. Mas você terá que se encontrar comigo.

– Seguramente – repliquei.

– Nos encontraremos e conversaremos.[47]

---

[47] Derrubado o Muro de Berlim e retornada a Polônia ao capitalismo, Lech Walesa transformou o Solidariedade num partido político, pelo qual se elegeu presidente de seu país em 1990. Tentou a reeleição em 1995 e foi derrotado. Recandidatou-se em 2000 e mereceu apenas 1% dos votos válidos. Em 28 de setembro de 2011, Lech Walesa recebeu Lula em Gdansk para entregar-lhe o prêmio Lech Walesa por seu empenho em prol da liberdade, da democracia e da cooperação internacional.

BERLIM ORIENTAL: O ABALO DO MURO

Visto de cima, o Muro de Berlim assemelhava-se às muralhas de imensa prisão, pontilhadas por guaritas e holofotes. Enquanto o avião se preparava para pousar do lado ocidental da cidade, observei os jipes militares que mantinham vigilância sobre os dois lados daquela estranha fronteira entre Ocidente e Oriente. Ali, de fato, o conflito ideológico petrificou-se em seu mais sinistro monumento.

No desembarque, aguardavam-me o professor Heinrich Finks e a intérprete Cristiane Canale. Embarcamos no Lada com placa de Berlim Oriental. Casada com o brasileiro Dario Canale – militante do PCB que viera, há cinco anos, para um curso e ali ficara cativado pelo afeto –, Cristiane atravessava, pela primeira vez, para o lado ocidental da cidade em que nasceu. Enquanto o carro se dirigia à fronteira com a zona leste, ela tudo mirava com uma curiosidade quase infantil.

Passamos ao lado do Portão de Brandemburgo, fechado ao tráfego. Costeamos o lado oeste do Muro, todo pintado com grafites, e ingressamos na área de travessia. No asfalto, uma faixa branca demarcava a fronteira de Berlim partida em duas cidades, da Alemanha dividida em dois países, da Europa cortada em dois sistemas.

Na área sob controle dos EUA, da França e do Reino Unido, naquela terça, 2 de fevereiro de 1988, a guarita ostentava a bandeira estadunidense. Doutor Finks passou pela guarda ocidental sem dificuldades, mesmo porque já era permitido o trânsito oeste-leste. O problema era o sentido inverso. O marco da RDA não era conversível do lado ocidental. Na guarita do lado oriental, ele estacionou o carro sobre uma placa de ferro que, ao centro, possuía um espelho que permitia ao guarda fiscalizar a parte inferior do veículo. Ao exibir os documentos, o professor constatou ter esquecido de trazer meu visto. Exibi o passaporte brasileiro e recebi um visto válido por apenas 24 horas, mais tarde ampliado.

Participei de um seminário sobre Teologia no Terceiro Mundo, promovido pela Faculdade de Teologia da Universidade Humboldt, em memória de um antigo professor, o pastor e teólogo luterano Dietrich Bonhoeffer, morto em campo de concentração por conspirar contra Hitler.
Naquela cidade de mais de 700 anos viveram pessoas que admiro, como os líderes operários August Bebel, Wilhelm Liebknecht e Rosa Luxemburgo; e os artistas Bertolt Brecht, Erich Maria Remarque, Erwin Piscator e Kurt Weill.
Viajei a convite de Holger Röfke, da Secretaria de Estado para Assuntos Religiosos, que promovia o lançamento de *Fidel e a religião*. Recebeu-me o diretor da Faculdade de Teologia, o professor Heiner Fink.[48] Curioso o ritual para

---

[48] A edição de *Fidel e a religião* publicada, em 1987, na República Democrática da Alemanha omitia, na capa, o nome de Fidel Castro e se intitulou *Frei Betto: conversações noturnas*. A editora pertencia à União Democrata-Cristã da Alemanha (CDU), um dos cinco partidos representados no Parlamento.

uma tarde de autógrafos: primeiro, falou o editor; em seguida, o autor do prefácio; e, antes que eu fizesse uso da palavra, um ator leu trechos da obra.

***

A Universidade de Berlim – na qual estudaram, no século XIX, Humboldt, Hegel, Fichte, Brentano, Schlegel e Karl Marx – era a única do mundo socialista a ter uma faculdade de teologia. Engels fez o serviço militar em Berlim e frequentou-a como aluno externo. Naquela universidade também exerceram o magistério Heinrich Hertz, que descobriu as ondas eletromagnéticas; Max Planck, que deu fundamento à teoria dos quanta; Albert Einstein, que formulou a teoria da relatividade; Rudolf Virchow e Robert Koch, que venceram o tifo, a cólera e a tuberculose.

A 16 de abril de 1945, dois milhões e meio de soldados soviéticos, apoiados por 42 mil canhões, 6.250 carros de assalto e 7.500 aviões, iniciaram o ataque à cidade. No dia 30, a bandeira vermelha da vitória, com a foice e o martelo, ondulou sobre o Reichstag. Metade dos edifícios estava destruída. Dos 4 milhões e 300 mil habitantes, restavam 2 milhões e meio, famintos e ameaçados por epidemias.

Nas comemorações em memória do assassinato de Rosa Luxemburgo e de Karl Liebknecht, um mês antes de minha chegada, estudantes luteranos haviam sido presos por saírem às ruas com cartazes que reproduziam palavras de Rosa: *Liberdade apenas para os partidários do governo, somente para os membros de um partido – não importa quão numerosos –, não é liberdade. Só é liberdade se o for para aquele que pensa diferentemente.*

O jornal *Frankfurter Allgemeine Zeitung*, de 30 de janeiro de 1988, publicou artigo sobre a detenção dos jovens, na qual o partido da RDA anunciava que "em nosso país a liberdade é somente para aqueles que compartilham de nossa filosofia".

Jantei no hotel com Kurt Löffler, secretário de Estado para Assuntos Religiosos e chefe do doutor Röfke.

– Os jovens cristãos que fizeram a manifestação no mês passado continuam presos? – perguntei.

Ele me encarou surpreso:

– Sim, mas vamos permitir a saída daqueles que optarem por passar ao outro lado da fronteira.

– Suponhamos que alguns não queiram ir para a Alemanha Ocidental, por preferirem viver neste país socialista. Continuarão presos por se recusarem a viver no capitalismo?

Ele pareceu confuso. Dois dias depois fui informado de que todos os jovens haviam sido soltos.

Ao deixar Berlim Oriental, acompanhou-me a forte impressão de que a glasnost e a perestroika, já em efervescência na Rússia, não demorariam em derrubar o Muro. Os comunistas não conseguiam disfarçar sua baixa autoestima e demonstravam uma confusa perplexidade frente ao futuro imediato. A avenida do hotel em que fiquei deixara de ter o nome de Stalin para ser rebatizada de Karl Marx.

HAVANA:
O SUMIÇO DE HÉLIO PELLEGRINO
NA MADRUGADA

Durante o voo para Cuba, na terça, 22 de março de 1988, fiz escala no aeroporto Omar Torrijos, do Panamá. Vi pela TV o general Noriega vociferar contra os EUA. Cutucava a onça com vara curta.[49]

Os cubanos faziam piadas com Armando Valladares, nomeado por Reagan embaixador extraordinário dos EUA junto à Comissão das Nações Unidas para os Direitos Humanos, reunida em Genebra, em fevereiro de 1988. Ali Valladares denunciou o assassinato, nas prisões de Cuba, de prisioneiros que estavam vivos... Um deles, Francisco Massip Suárez, deu entrevista ao *Granma*. O outro, Iván Plácido Hernández Baluja, cumpria pena em La Cabaña.

---

[49] Nem por isso eu poderia imaginar que, menos de dois anos depois, a Casa Branca mandaria pelos ares todos os seus discursos democráticos e, no estilo dos velhos piratas, invadiria o Panamá. Se fosse a União Soviética de Gorbachev invadindo a Tailândia, o mundo ficaria perplexo, graças ao cinismo da mídia ocidental. Como era o Panamá e o pretexto, a acusação de que Noriega favorecia o tráfico de drogas, houve certa cumplicidade do jornalismo televisivo deste lado do planeta. Como se alguém devesse fazer o jogo sujo... desde que preservando a nossa pele. Ora, se Noriega era traficante, ladrão ou assassino, isso era uma questão interna do Panamá. Nenhum país tem o direito de se arvorar em juiz de outro. Imaginem se o Brasil, por julgar Obama louco, invadisse os EUA! Em briga de marido e mulher, vizinho não mete a colher.

Viajaram comigo José Márcio Brandão, meu cunhado, e seu tio José Jorge, mineiro de Caratinga, comunista confesso. Era funcionário da Standard Oil, até que se tornou advogado prático na defesa de aposentados e desempregados que não tinham como pagar um casuístico de anel no dedo. Ficamos hospedados em La Violetera, uma casa de hóspedes do Conselho de Estado que mais lembrava um antigo prostíbulo de luxo.

Pela manhã, visitei minha amiga, a brasileira Davina Valentim da Silva, no hospital Frank País, onde, há quatro meses, convalescia de uma operação na coluna. Trabalhamos juntos em Vitória, na década de 1970. Funcionária da Petrobras, Davina nunca se casou, consagrando-se à pastoral popular, na qual transitava exalando alegria. Na década de 1980, mudou-se, com seu inseparável violão, para São Bernardo do Campo, dedicando-se ao trabalho em favelas. Porém, a coluna a traiu, reduzindo sua mobilidade. Esgotados os recursos em São Paulo, e após uma cirurgia que a deixou pior, conseguimos enviá-la a Cuba, onde todo o tratamento foi gratuito.

Antes do almoço passei pelo gabinete do doutor Carneado. "Monsenhor" deu-me várias publicações, entre as quais a nova encíclica de João Paulo II, *Sollicitado rei socialis.* Nunca supus que um membro do Comitê Central de um partido comunista me ofertasse uma encíclica papal!

Carneado mostrou-me também o livro de Ricardo de la Cierra, *Oscura rebelión en la Iglesia*,[50] que registra à página 11: "Um dos ajudantes de Marighella, como se sabe, foi o furibundo ativista guerrilheiro Frei Betto, recente interlo-

---

[50] Plaza & Janes Editores, 1987.

cutor de Fidel Castro para o diálogo estratégico de cristãos e marxistas na América."

Carneado me fez acompanhá-lo pelos obumbráticos corredores do Comitê Central. Demos numa sala entulhada de caixas de livros, com selos da companhia de aviação Iberia. Eram volumes destinados às dez bibliotecas pastorais que propus a monsenhor Adolfo Rodriguez, bispo de Camagüey, em 1986. Contei 30 caixas. Padre Edênio Vale, do Verbo Divino, conseguira a doação com seus confrades espanhóis, incluindo o transporte aéreo. Em geral, Bíblias, obras catequéticas, manuais de evangelização, na linha conciliar. As coleções aguardavam a minha chegada para que eu pudesse repassá-las aos católicos de Cuba.

A Igreja Católica daquele país jamais sonhara que seu trabalho de evangelização contasse com a generosa colaboração do Partido Comunista e, especialmente, de Fidel, que me incentivou a trazer os livros e facilitou a sua introdução no país. Diga-se de passagem que sem abrir nenhuma das caixas ou perguntar sobre o conteúdo das obras.

Ricardo Gontijo telefonou-me do Brasil na madrugada de quarta, 24 de março de 1988. Comunicou que Hélio Pellegrino morrera de coração, tão grande era o dele. Hospitalizara-se na segunda-feira, sem apresentar sintomas aparentemente graves, e falecera na madrugada da terça. Enterraram-no com a bandeira do PT que ajudou a construir. Liguei para Lya Luft, sua companheira, mas ninguém respondeu ao telefone. Consegui falar com Dora Pellegrino, filha de Hélio, e com sua mãe, Maria Urbana.

– Ele estava tão lindo... – disse Maria Urbana com ternura ao comentar o funeral. – Nos últimos tempos tivemos longas conversas. Agora estou rezando a ele.

– No último dia 11 – contei-lhe – jantei em casa dele e Lya com Ricardo Gontijo, Rita Luz e Hildebrando Pontes. Naquela noite, disse-me que tinha muita vontade de ajoelhar-se diante de um padre e confessar-se. Houve reação na roda amiga, alguns se mostraram indignados. Como um psicanalista inteligente, de esquerda, adepto da teologia da libertação, podia pensar em confessar-se a um padre! Rita Luz perguntou-lhe: "Você tem medo da morte?" Ao que ele respondeu: "Da morte não, já acertei os meus ponteiros com ela. Mas, como bom mineiro, preciso de um oficial de justiça, um pistolão, para me apresentar diante de Deus. Mineiro sempre prefere intermediários."

Apoiei-o, ressaltei que certos atavismos que trazemos da infância são como raízes: se arrancados, mutilam a nossa identidade. Ninguém mata impunemente o menino que o habita. Hélio insistiu que essa era a sua estrutura religiosa; nenhum homem pode viver sem ritos e referências. "Confessar-me a um sacerdote é a minha verdade como cristão", disse ele. Indiquei-lhe frei Marcos Faria, do convento dominicano do Leme, no Rio. Não sei se Hélio chegou a procurá-lo, mas sei que, naquela noite, ele fez, de fato, sua confissão geral, e recebeu a absolvição de Deus. A doutrina da Igreja ensina que o desejo manifesto antes da morte tem valor sacramental.

Mas que diabo de pecado podia ter o Hélio, que era todo amor?

***

Numa confortável casa em Botafogo, no Rio, onde moravam Maria Urbana e Hélio Pellegrino, encontrei-o pela primeira vez em 1967. Oswaldo Rezende, meu confrade dominicano, e eu decidimos procurá-lo; conhecia-se sua posição contrária à ditadura militar. Sabíamos que se assumia como cristão e socialista – síntese na qual, com certeza, foi um dos pioneiros no Brasil. Queríamos seu apoio ao movimento guerrilheiro liderado por Carlos Marighella, no qual estávamos envolvidos.[51]

Hélio, gato escaldado, ouviu a nossa atrevida proposta com aquela bonomia mineira que encobria, qual tênue invólucro, sua explosiva natureza italiana, como se carregasse um vulcão no lugar do coração.

Ele nunca dizia não. Projetava os olhos castanhos fortes, vivos, sobre o interlocutor, erguia mãos e braços qual imensa ave prestes a levantar voo e, gesticulando muito, dedos indicadores apontados como armas engatilhadas, músculos da face morena retesados, veias grossas do pescoço expostas, todo o seu corpo convulsionava pela vibração que as ideias lhe provocavam. Valorizava os argumentos ouvidos como se acabasse de receber uma revelação dos céus, compelido por um entusiasmo teofânico. Concordava, frisava que aquele era o caminho da salvação – mas ele próprio saía discretamente pela porta dos fundos, escusando-se como um dramaturgo incapaz de representar os personagens que criou.

Talvez herdara esse aprendizado de sua prática psicanalítica, acostumado que era a devolver ao paciente o discurso que este proferira. Porém, não o fazia de modo premeditado, e nada tinha do profissional que sempre se apresenta embrulhado em seu próprio diploma. Instado a participar de eventos e movimentos, candidatar-se a senador ou governador, Hélio Pellegrino se esquivava, não por insegurança ou petulância, mas por conhecer

---

[51] Ver *Batismo de sangue* (Rocco).

muito bem o seu lugar neste mundo. Havia encontrado o seu banco na praça, embora nele se mantivesse de pé e dele fizesse uma incendiária tribuna.

Dotado de perturbadora irreverência, muito inteligente e perspicaz, pertencia a esta excepcional raça de seres humanos – os poetas – na qual razão e emoção se fundem numa coisa só, nisso que Drummond definiu como o sentimento do mundo. Hélio Pellegrino era um ser voraz, com muita fome de amor, de amigos, de Deus. Nele o afeto latejava como uma válvula aberta que deixa escapar o gás contagiante. Aproximar-se dele era ingressar na esfera indelével da paixão. Nunca um nome coube tão bem a uma pessoa, tamanho o magnetismo dessa figura que resplandecia como o sol.

Após aquele primeiro contato, reencontrei-o quando saí da prisão, em meados da década de 1970. Visitei-o em seu apartamento no Humaitá, no Rio, à rua Senador Simonsen, onde vivia com Sarah, sua segunda mulher. A partir daquele almoço, nossos encontros se tornaram frequentes. Ao terminar sua relação com Sarah, tivemos infindáveis papos. Ele sabia cultivar a difícil arte de conversar. Em geral, as pessoas quase não conversam, quando muito trocam informações e comentários, como se estivessem por trás do guichê de repartição pública, inclusive as que compartem o mesmo leito. Conversar é uma arte como escrever ou pintar. Como em qualquer atividade artística, exige indiferença ao tempo. Ainda que todas as manhãs chegasse cedo ao seu consultório em Copacabana, Hélio varava noites batendo papo com os amigos.

Naquele nosso último encontro, em 11 de março, notamos seu cansaço, ameaçamos ir embora, mas ele insistiu para ficarmos, reteve-nos até as três da madrugada. Seus diálogos eram densos, tensos, polêmicos, eruditos.

Nisso se comprazia com seus amigos mais íntimos, Otto Lara Resende e Fernando Sabino, também mestres na arte de conversar. Os três se falavam horas ao telefone, todos os dias, como se a resolver os destinos do mundo.

Hélio Pellegrino e Maria Urbana, de relações reatadas, vieram participar, no início da década de 1980, do grupo de oração, integrado por profissionais liberais, que acompanho no Rio. Fizemos vários retiros, dos quais dois na casa de praia de Maria Urbana, em Angra dos Reis. Reconciliado com a prática ritual da fé cristã, Hélio se interessava pelos místicos com a mesma atração que sentia por Freud, Jung ou Melanie Klein. Nele, os contrários se uniam. Paradoxo vivo, harmonizara em sua existência tudo isso que a vã filosofia considera antagônico: fé e psicanálise, socialismo e mística, poesia e medicina. Ser multifacetado, transcendia todos os conceitos que pretendiam enquadrá-lo ou defini-lo. Guardo em mim a foto de seu silêncio, absorto em meditação, na praia de Angra, e de sua alegria quase infantil ao auxiliar-me na cozinha.

Em meados da década de 1980, explodiu nele a paixão avassaladora por Lya Luft. Mais uma vez, ele surpreendeu. Seu 60º aniversário havia sido comemorado como festa de um segundo matrimônio com a primeira mulher, mãe de seus sete filhos. Mas, se o coração tem razões que a razão desconhece, a razão padece ao tentar explicar as loucuras do coração. Agraciado pelo novo amor, Hélio Pellegrino retomou de modo febril sua atividade literária. Mantinha uma coluna quinzenal no *Jornal do Brasil*. Seus artigos, coletados em *A burrice do demônio*,[52] eram o dizer poético e profético daquilo que a parcela indignada da nação sentia sem poder expressar.

---

[52] Rio, Rocco, 1989.

Porque a indignação era a virtude que Hélio Pellegrino mais acalentava.

Impelido por ela, ingressou no Partido dos Trabalhadores e sempre tratou Lula como "meu general". Ele queria a libertação do Brasil. Queria um mundo justo. Queria a ressurreição da carne impregnando todos os espíritos. Queria, sedento, a eternidade. O sedutor objeto de seu desejo era Deus, que nele pulsava com o vigor de uma paixão irrefreável.

Como disse o poeta Affonso Romano de Sant'Anna, a morte de Hélio não foi uma perda, foi uma devastação. Há mortos que sepultamos também em nós, mesmo ao preservar a memória afetuosa de suas presenças.

Não consigo sepultar Hélio Pellegrino. É como se, numa esquina do Rio, ele, sequestrado, tivesse desaparecido. Sinto imensa ausência de sua presença. Às vezes tenho ímpetos de ir à polícia e dar parte de que meu querido amigo Hélio Pellegrino sumiu na madrugada de 22 de março de 1988 e é preciso urgentemente encontrá-lo. Enquanto procuram, aqui aguardo ansioso, convencido de que irão trazê-lo para continuarmos a falar da burrice do demônio e das artimanhas de Deus.

HAVANA: DOMINGO DE PÁSCOA

– Penso que o socialismo se encontra num duplo impasse – comentei em Havana com Esther Pérez e Fernando Martínez, em março de 1988. – Objetivamente, sua economia se acha estagnada, sem avanços na área de tecnologia de ponta. A centralização das decisões econômicas, a estatização como princípio, e não como imperativo frente às demandas sociais, a hipertrofia do orçamento militar são fatores que hoje comprometem a modernidade socialista. Subjetivamente, preocupam-me o absenteísmo e a falta de formação política da população. Uma coisa me parece consequência da outra. É um equívoco imaginar que, por ser habitante de um país socialista, o cidadão está de acordo com esse projeto político. A tendência da pessoa é voltar-se sobre seus próprios interesses, a menos que um processo cultural a induza a priorizar os interesses sociais. Em suma, o amor é fruto da educação. É um aprendizado difícil e constante. Sem isso, o capitalismo leva vantagem, pois condiz com o egoísmo, a busca do bem-estar pessoal, a supremacia da liberdade individual, ainda que em detrimento do direito de todos serem igualmente livres.

No sábado, 26 de março de 1988, reuni-me com cerca de 15 brasileiros que se encontravam em diferentes escolas cubanas. Todos filiados ao PT, e pelo menos 13 ligados à pastoral popular. Criticaram os métodos impositivos no sistema educacional de Cuba, a dificuldade de se fazer perguntas aos professores, a disciplina militar (aliás, o ministro da Educação foi coronel do Exército de Batista antes de aderir à Revolução). As mulheres se queixavam do assédio dos cubanos, inclusive professores que insinuavam querer transar com alunas.

À noite, em casa de Marta Harnecker e Manuel Piñeiro, narrei o que ouvira dos brasileiros. Solicitei que Jorge Ferrera, que atendia o setor Brasil no Departamento de América, fizesse ao menos uma reunião mensal com eles para ouvir críticas e queixas.

Fui recebido no seminário evangélico de Matanzas pelo reitor, o pastor Odin Marechal, na segunda, 28 de março de 1988. Ali estudavam seminaristas das Igrejas episcopal, presbiteriana e metodista.

Iniciamos o seminário sobre teologia da libertação, com destaque para o tema cristianismo e marxismo, com 48 pessoas de diferentes Igrejas evangélicas. Entre os participantes havia dois ou três católicos.

Quanto à relação com os comunistas, predominava na sociedade cubana a ignorância do que realmente é o marxismo. A versão corrente era a dos manuais dogmáticos. Os cristãos, por sua vez, estavam bloqueados frente ao marxismo; resistiam a seu estudo. Possuíam uma visão maniqueísta da relação fé e política.

Conversei com Armando Hart sobre a perestroika soviética e a retificação cubana.

– A Perestroika é um esforço de se livrar das heranças do Estado czarista – admitiu Hart.

– E stalinista – completei.

– Costuma-se dizer que o marxismo é filho da filosofia alemã, do socialismo francês e da economia inglesa... mas é também filho da burocracia russa – observou o ministro da Cultura.

– Na Rússia, confundiu-se socialismo com estatismo.

– Sim, é verdade, mas o que me parece mais grave é que falta ao marxismo uma teoria da subjetividade – ponderou ele. – Só o cristianismo desenvolveu esse campo. Muitos comunistas se mostram ressabiados quando se fala em aprimorar a subjetividade e desenvolver valores interiores. Provoco-os: "Vocês estão com medo de encontrar Deus?"

– Penso que falta à Revolução Cubana, bem como aos demais países socialistas, uma metodologia de trabalho na formação da consciência política – opinei. – O que será desta Revolução após a morte de Fidel? Por que se mantém aqui uma estrutura educacional tão verticalista que não desperta espírito crítico nos alunos?

Hart era de opinião que a Revolução produziu quadros à altura de suceder Fidel, mas concordava com a carência de maior consciência crítica entre os estudantes cubanos.

Davina veio passar a tarde em La Violetera.
– Esteve com Fidel? – perguntou-me.
– Brevemente, na sexta.
– Espero vê-lo na Praça da Revolução, na festa do 1º de Maio – disse ela. – Só de pensar que o verei a distância fico emocionada.

Às 4h da tarde, José Márcio e José Jorge se preparavam para ir ao teatro. Na sala, eu conversava com a cineasta Rebeca Chávez. De repente, entraram militares de uniforme verde-oliva; portavam metralhadoras. Percebi logo que Fidel chegava. Seu Mercedes estacionou bem à porta. Cumprimentou Silvia, a faxineira, Ayala, o copeiro, e meus amigos; perguntou pelo tratamento de Davina, que, perplexa com a surpresa, mal conseguia falar, pois chorava, emocionada. Deixou-se fotografar com eles e me convidou para um passeio de carro.

– Você almoçou em casa de Chomy? – indagou.

– Não. Fui à missa na catedral e, em seguida, almocei com os dominicanos, pois hoje é domingo de Páscoa.

– Ah, hoje é domingo da Ressurreição – reagiu, como se recordasse de algo familiar. – Soube que você andou trabalhando nas microbrigadas. Recebi seus comentários críticos sobre a perestroika e estou de acordo quando assinala que as reformas soviéticas enfatizam os aspectos materiais, não dando a devida atenção aos aspectos subjetivos e políticos.

Presenteei Fidel com pastilhas de hortelã e uma caixa de bombons Garoto. Para desespero da segurança, abriu e comeu-os com avidez. Fomos até o Malecón, passando ao largo do Hotel Riviera, e, antes de atingir a legação norte-americana, retornamos em direção a Boyeros, onde ele queria me mostrar a construção do Centro de Exposição de Produtos Cubanos, a ser inaugurado em dezembro. Perguntou sobre o Brasil, o PT e Lula.

Após visitar a obra, continuamos a andar de carro por Havana por mais de uma hora. Ao atravessarmos o Parque Lênin, repleto de adultos e crianças em domingueira descontração, um Alfa Romeo com placa do Ministério do Interior fez sinal para um dos dois Mercedes-Benz que nos davam segurança. O comboio parou e um oficial desceu com um envelope. Entregou-o a Fidel. No frontispício, o timbre do Ministério das Forças Armadas (Minfar). O Comandante pediu licença e se dedicou a ler o que parecia um extenso relatório. Ao terminar, permaneceu calado, absorto, enquanto rumamos para o Palácio da Revolução. Seus olhos perdiam-se nos pequenos aglomerados junto aos pontos de ônibus, como se não se desse conta da surpresa das pessoas ao vê-lo passar em marcha lenta. Pressenti que o envelope lhe trouxera, mais do que notícias, problemas.[53] Enfim, ele tomou a iniciativa de cortar o silêncio:

– Como se compõe a estrutura de direção do PT?

– Há um diretório nacional com cerca de 80 membros. E uma comissão executiva nacional com 15 dirigentes.

– Qual o seu lugar no Partido?

– Nenhum – respondi.

– Nenhum?

– Devido à minha posição na Igreja, não convém que eu esteja em estruturas partidárias.

– Mas como se dá seu relacionamento com Lula?

– Somos amigos, trabalho na Pastoral Operária em São Bernardo do Campo e, às vezes, presto a ele e ao Partido alguma assessoria.

Comentei os preparativos para o 3º Encontro Latino-Americano de Educação Popular, a ser realizado em Havana, de 23 de junho a 2 de julho de 1988.

– Seria importante você se encontrar com os participantes. Pela primeira vez, organismos cubanos enviarão representantes. Não serão apenas observadores, como nos

---

[53] Posteriormente fui informado de que Fidel recebera, naquela tarde, importante informe sobre os desdobramentos da batalha de Cuito Cuanavale, a mais importante da guerra de Angola, transcorrida entre novembro de 1987 e março de 1988. O confronto entre, de um lado, as Forças Armadas de Angola e as Forças Armadas Revolucionárias de Cuba e, de outro, a Unita e o Exército da África do Sul resultou na independência da Namíbia e apressou o fim do regime de segregação racial da África do Sul.

encontros anteriores. Talvez você pense que a educação popular esteja necessariamente vinculada ao trabalho de evangelização da Igreja. Embora muitas Comunidades Eclesiais de Base adotem essa metodologia, inúmeros movimentos populares, que nada têm a ver com Igreja ou religião, também a adotam. No processo de retificação, ela poderia ser uma importante metodologia na educação dos valores subjetivos.

– Em que sentido? – indagou Fidel.

– Por exemplo, como evitar que num centro de trabalho os problemas subjetivos tenham reflexos objetivos que afetem a produção? Suponhamos que o chefe sai para almoçar com uma delegação estrangeira. Leva de três a quatro horas nisso. O trabalhador subalterno dispõe, no entanto, de apenas 40 minutos para comer. É natural que ele comece a pensar que há privilégios, que ele também tem o direito de dispor de mais tempo para almoçar etc. Ora, se há uma metodologia objetiva, como a crítica e a autocrítica, então os problemas subjetivos vêm à tona e são tratados, não como vacilação ideológica, mas com objetividade.

– O que você chama de crítica e autocrítica?

– Quando eu estava na prisão, o confinamento de muitos companheiros numa mesma cela criava certos problemas. Coisas que não têm a menor importância aqui fora tornam-se relevantes lá dentro. Para evitar tensões, decidimos que, uma vez por semana, faríamos uma reunião de crítica e autocrítica. Fora dessa reunião, ninguém deveria emitir nenhuma observação crítica a qualquer companheiro. E, na reunião, só podiam falar aqueles que sentiam que sua crítica era objetiva. Ora, sob esse critério, queixas que porventura eu tivesse hoje de um companheiro, amanhã eu mesmo já tinha feito minha autocrítica e passado uma borracha por cima. Mas, se por acaso a considerasse relevante, no dia da reunião a expressava. Nesse dia, cada um de nós ficava sucessivamente na berlinda. Primeiro, eu ouvia todas as críticas que os companheiros tinham a me fazer. Não me defendia, fazia minha autocrítica ao terminar a rodada. Isso modificou por completo o clima de nossa convivência, tornou-o mais saudável e transparente. Mais tarde, aplicamos esse método à equipe de educação popular com a qual trabalhei em São Paulo.

Comentei os plágios que descobri no livro de Tad Szulc, *Fidel, um retrato crítico*.[54] Há passagens inteiras copiadas de *Fidel e a religião*.

– Este homem é uma raposa – reagiu Fidel.

– Cometi o erro de ser delicado com ele e chamei-o por telefone em Washington para comunicar que eu denunciara à imprensa o plágio. Não queria que ele soubesse da denúncia por terceiros. Ele se valeu do meu gesto para mentir aos jornalistas, divulgou que eu ligara para pedir desculpas. Disse-me ao telefone que é seu amigo e que não gostaria de ver essa amizade prejudicada. Observei que eu não gostaria de ter um amigo como ele.

– Minhas relações com ele já estão esclarecidas na entrevista que concedi a Gianni Miná.[55]

O Comandante indagou como eram as relações da teologia da libertação com as forças políticas no Brasil. Pedi-lhe uma folha do bloco que tinha à sua frente e desenhei cinco esferas:

---

[54] Rio, Editora Best Seller, 1987.

[55] *Un encuentro con Fidel*, Gianni Miná, Editorial Consejo de Estado, La Habana, 1988.

– Os setores populares organizados no Brasil se encontram numa dessas cinco esferas: pastoral, movimentos populares, sindicatos, partido político, máquina estatal. São igualmente importantes. O grande desafio político é manter a inter-relação delas, sem que uma queira excluir ou absorver as outras. Muitos militantes atuam nas diferentes esferas, sem dificuldades, reconhecendo a importância e respeitando a especificidade de cada uma delas.

Expliquei-lhe que, em 1980, um grupo de sindicalistas e militantes do movimento popular fundou a Articulação Nacional dos Movimentos Populares e Sindicais (Anampos). Até a fundação da CUT, em 1983, a Anampos funcionou mais em função do movimento sindical. Depois, suprimiu-se de seu nome o "e Sindicais", mantendo-a apenas como órgão de articulação de pessoas e grupos do movimento popular brasileiro. Contei-lhe que, no Brasil, havia uma imensa rede de movimentos que se estendia até mesmo à organização das prostitutas, lideradas por Gabriela Silva Leite, uma mulher de nível universitário que se tornou prostituta profissional e agora, politizada, se dedicava às lutas sociais. Fidel se mostrou surpreso ao saber que havia, inclusive, uma pastoral das prostitutas:

– E vocês, teólogos, estão sempre em contato com as lideranças populares?

– Lula, Jair Meneguelli, Leonardo Boff e eu passamos juntos o Carnaval numa fazenda. Aliás, Leonardo e Clodovis Boff foram detidos por algumas horas, no início deste mês, numa delegacia de polícia em Petrópolis por apoiarem uma ocupação de terras.

Fidel pediu detalhes do Carnaval, da fazenda, o que fazíamos a cada dia, como nos divertíamos. Pergunto-me se esse seu interesse por detalhes aparentemente secundários traduzia uma voracidade intelectual ou se tratava de uma artimanha para descansar a mente entre um e outro assunto de maior importância.

– O que se produz naquela fazenda?

– Atualmente, leite para o consumo doméstico, frutas e um pouco de café.

Levantou-se e dirigiu-se ao telefone:

– Já que não estive com vocês no Carnaval, vamos tomar aqui o nosso trago.

Pediu dois uísques com soda.

– Você sabe que O'Connor, arcebispo de Nova York, virá a Cuba no próximo mês? – informou. – Trará de presente aos bispos daqui equipamentos como telex e offset. Por que os bispos cubanos não convidam o cardeal Arns? Quando O'Connor chegar, vou recebê-lo junto com os bispos daqui e perguntar por que não convidam o cardeal Arns. Creio que seria uma boa ideia aproveitar este ano do bicentenário de nascimento do padre Félix Varela e conceder ao cardeal a Comenda Félix Varela, a mais alta condecoração cultural de Cuba.

– Aliás, com a próxima ida do papa ao Paraguai, só fica faltando Cuba para João Paulo II visitar na América Latina – observei.

– Penso que ainda não há condições para que venha. Na última visita à Polônia, ele se meteu na política interna.

– Qual foi sua impressão de madre Teresa de Calcutá? – perguntei-lhe, pois a famosa religiosa estivera em Cuba, onde implantara uma comunidade da sua congregação.

– É uma mística, vive em outro mundo. Está completamente tomada por sua missão. Mas é uma pessoa boa, dedicada à sua causa. O que fazem aqui as monjas que ela trouxe?

– Não sei.

– Talvez busquem em Havana algum bairro semelhante a Bombaim... Mas é inútil.

Mais tarde, fiquei sabendo que as irmãs de madre Teresa trabalhavam no hospital do câncer. Aproveitei a deixa para informar Fidel sobre a vida das irmãzinhas e dos irmãozinhos de Foucauld em Cuba. Dois deles, Humberto e Henrique, trabalhavam agora como operários na fábrica de colhedeiras de cana, em Holguín. Marcelo se empregara numa fábrica de ferramentas em Havana.

– Soube que um deles foi eleito presidente do CDR de seu bairro – contei ao Comandante. – Por ser cristão, foi questionado por outros membros do comitê. O irmãozinho se defendeu, insistiu que os estatutos não impedem um cristão de ser presidente, e ele estava disposto a "lutar em defesa dos estatutos".

– Muito bem, muito bem – afirmou Fidel. – Onde vivem em Havana?

– Em Marianao. As irmãs moram num pequeno sobrado de dois quartos, onde há um cômodo improvisado em oratório e uma gostosa varanda. Os irmãozinhos vivem numa meia-água ao lado de uma capela do bairro.

De pé, os olhos estendidos sobre Havana descortinada além das vidraças de seu gabinete, Fidel observou:

– Queremos tornar esta cidade cada vez mais humana. Assisti a um vídeo sobre as grandes cidades do mundo, incluindo São Paulo, Rio e Brasília, com seus bosques de arranha-céus e a miséria de suas periferias. Técnicos suecos e outros urbanizadores europeus nos deram uma lista dos erros cometidos nas megalópoles. Não queremos repeti-los aqui.

– Sei que o problema habitacional também é grave em Cuba. Como responder à demanda de novas casas em decorrência da separação de casais? A separação leva cada um a buscar uma casa para si. Uma questão ética, como a estabilidade conjugal, tem consequência socioeconômica.

– Você tem toda razão, a questão ética influi na socioeconômica.

PRAGA:
CENSURA A *FIDEL E A RELIGIÃO*

Não me foi fácil obter o visto para entrar na Tchecoslováquia, onde desembarquei na segunda, 20 de junho de 1988. Convidado pelo Conselho Mundial de Igrejas, meu passaporte foi recusado pelo consulado em São Paulo por declarar-me membro de uma Ordem religiosa.

– Devo consultar Praga, e a resposta não virá antes da data de sua viagem – alertou a funcionária.

Apelei para o jeitinho brasileiro. Falei com o embaixador Jorge Bolaños, de Cuba, amigo do embaixador tcheco.

Participei do encontro que visava a possibilitar o diálogo entre representantes de Igrejas cristãs da América Latina e representantes de Igrejas cristãs dos países socialistas da Europa Central e Oriental. Convidaram-me a pronunciar a conferência de abertura, sob o tema Fé, Política e Ideologia. Entre os 80 participantes vinculados às Igrejas católica, ortodoxa e protestante, encontrava-se um representante do Vaticano, monsenhor Marchisano, da Congregação de Educação Católica. Ele admitiu que Roma não lhe dava paz interior e que lá era muito difícil ser fiel ao Evangelho.

– Roma é a cidade que tem mais fé no mundo – disse-lhe eu –, pois cada fiel que a visita deixa lá um pouco.

Na recepção oferecida pelo governo, o doutor Vladimír Janku, do Secretariado de Assuntos Eclesiais, elogiou Gorbachev, disse seguir com atenção o encontro do presidente soviético com Reagan, e não citou uma única vez o nome de Gustáv Husák, o mais alto dirigente tcheco.

Visitei o cardeal Franticek Tomásek, acompanhado do jesuíta John Lucal, da Bélgica, na manhã de sexta, 24 de junho de 1988. Ele morava ao lado do palácio do presidente Husák. O prelado, aos 90 anos de idade, recebeu-nos carinhosamente e agradeceu o exemplar alemão de *Fidel e a religião*, que ofertei. Pronunciou algumas palavras em espanhol e italiano. Era bispo desde 1949. Falamos sobre a situação da Igreja Católica na Tchecoslováquia, onde havia dez dioceses.

– O Estado quer que a Igreja seja estatal e deseja controlá-la – denunciou. – Até os nomes daqueles que desejam entrar no seminário devem ser aprovados pelo governo. De uma lista de 100 jovens costumam aprovar a metade.

O aparato comunista herdara do império austro-húngaro a tutela sobre a Igreja Católica. Nada se fazia na Igreja sem passar pela aprovação da família imperial. Agora, nada se fazia sem a aprovação do Partido Comunista. Não havia ecumenismo, exceto nas pequenas aldeias em que não existiam templos católicos e onde os fiéis católicos celebravam seus funerais nos templos evangélicos.

Embora as Ordens religiosas continuassem proibidas, havia mais frades dominicanos que no período anterior ao socialismo, garantiu-me o secretário do cardeal, padre Vladimir.

– A diferença – comentou o cardeal – é que, agora, todos vivem na clandestinidade.

Discorri sobre meu trabalho em países socialistas, e ele considerou "um milagre" que as autoridades tchecas estivessem interessadas em dialogar comigo sobre a questão religiosa.

O reverendo Lubomír Mirejovsky, secretário-geral da Conferência Cristã pela Paz, revelou-me que o Partido não autorizou uma edição em tcheco de *Fidel e a religião*. Só mesmo em inglês. Alegaram que o livro "é muito cubano" e haveria o risco de quererem aplicá-lo ali...

PEQUIM: CATOLICISMO NA CHINA

Pangu, auxiliado pelo dragão, o unicórnio, a tartaruga e a ave Fênix, passou 18 mil anos modelando a Terra. Ao morrer, seu corpo se fundiu com a sua criação. A carne fez-se terra; o sangue, chuvas e rios; os pelos, plantas e árvores; a respiração, vento; a voz, trovão. O olho esquerdo de Pangu tornou-se o Sol e, o direito, a Lua.

Antes que os chineses tivessem inventado a escrita, a lenda de Pangu já explicava a origem do Universo. O território chinês, com 9,6 milhões de quilômetros quadrados, ocupa uma superfície quase equivalente à da Europa.

As primeiras dinastias reconhecidas foram a Xia, de 2205 a 1766 a.C., e as de Shang e Zhou, de 1766 a 770 a.C., correspondentes à Idade do Bronze. No ano 221 a.C. se instaurou um Estado unificado pelo centralismo feudal. A dinastia Qing fundou o primeiro império chinês, que, para defender suas conquistas, mandou construir a Grande Muralha.

Dois mil anos antes de Cristo a linguagem escrita surgiu na China. Foram os chineses que inventaram o papel, o bronze e o álcool. Para eles, o ideal reside nos antepassados. O primeiro encontro da China com a civilização ocidental ocorreu no século XIX, quando 30% da população foram viciados em ópio pelo colonialismo britânico. Não há exagero em afirmar que a maior traficante de drogas da história foi a rainha Vitória.

Em 1949, os comunistas, liderados por Mao Tsé-Tung, chegaram ao poder na China.

Embarquei em São Paulo, na quinta, 29 de setembro de 1988, rumo a Toronto e Montreal, para me reunir à delegação de cristãos brasileiros que viajaria à China. Na preparação, a dificuldade maior foi obter o visto de entrada nos EUA, já que faríamos breve escala em Chicago, na ida e na volta. O despachante sugeriu-me assinalar, na ficha consular, que nunca havia sofrido processo penal... Recusei-me a subestimar o mais organizado serviço secreto do mundo. Negaram o visto, mas me convidaram a comparecer ao consulado dos EUA em São Paulo. Recebeu-me a vice-cônsul Kathleen Kavalec. Pediu-me explicações concernentes aos períodos em que estive preso. Enquanto indagava, examinava, nervosa, um grosso volume de leis, algo que cheirava a macarthismo.

– Fui preso por auxiliar a fuga do país de pessoas procuradas pela repressão da ditadura militar e que corriam o risco de serem torturadas ou mortas.

Ela queria detalhes, mas esbarrou em minha impaciência:

– A senhora deve entender que, tendo sido anistiado pelo governo de meu país, é muito complicado eu admitir que, agora, devo prestar contas a um governo estrangeiro. Meu destino não é o seu país, é a China. Gostaria apenas de obter um visto de trânsito no aeroporto de Chicago. Não sendo possível, buscarei outra rota para Pequim.

Acrescentei que minha estranheza diante do interrogatório se devia ao fato de, entre 1980 e 1983, o próprio consulado ter insistido tantas vezes para que eu visitasse os EUA a convite do governo Reagan. Recusei por razões óbvias. Encerrei o diálogo afirmando que certamente os computadores do consulado continham todas as informações que ela desejava.

– Não, não há informações a seu respeito, pois o senhor nunca havia pedido visto de entrada nos EUA – respondeu com aquela aparente ingenuidade que nos faz pensar que certos estadunidenses são burros quando, de fato, nos tratam como imbecis. Tive vontade de lembrar-lhe que, em 1969, no Deops de São Paulo, fui interrogado por um policial estadunidense que só falava inglês, mas me contive.

– O senhor pode retornar hoje no fim da tarde? – solicitou.

– Não posso, estarei ocupado, mas enviarei o despachante. Antes de ir-me, quero dar um presente à senhora – e lhe estendi a edição norte-americana de *Cartas da prisão*, editada em Nova York pela Orbis Books em 1977, e a de *Fidel e a religião*, editada na mesma cidade pela Simon & Schuster, em 1987.

– O senhor poderia autografar? – pediu-me.

Escrevi: *Kathleen, a liberdade é uma conquista objetiva e subjetiva. E um direito dos pobres.*

Quando o despachante retornou, meu passaporte trazia visto válido por um ano.

Saímos de Chicago na tarde de segunda, 3 de outubro de 1988. Foi o meu primeiro dia sem noite. Doze horas depois chegamos a Tóquio, após sobrevoar o Polo Norte. Desembarcamos no dia seguinte em Pequim, em pleno Ano do Dragão e do Turismo, ao som do piano de Chopin nos alto-falantes do aeroporto. A burocracia aduaneira não se mostrou exigente e nossas malas não foram examinadas, o que me permitiu ingressar na China com uns tantos livros religiosos em inglês.

Esperava-nos Li Bai-Nian, vice-presidente da Associação Patriótica e membro da Comissão Nacional de Assuntos Religiosos. Cabelos prateados, ralos, sobre a cabeça esférica, rosto moreno e lábios acentuados, demonstrava ser uma pessoa serena. Tinha dentes grandes, brancos, alinhados. Sempre sério, fumava muito, falava pouco e intervinha nos momentos precisos. Seu raciocínio era ágil e se percebia que possuía boa formação teológica e intuição política. Mostrava-se sempre disposto a responder às perguntas mais provocativas. Fazia-se acompanhar pelo doutor Zhu, médico aposentado que estudou em colégio de padres, onde aprendeu inglês e francês.

Serviu-nos de intérprete o jesuíta Michel Marcil, de Quebec, que se preparava para viver na China. Cabelos grisalhos, rosto redondo, barriguinha proeminente, jamais perdia o bom humor.

No percurso do aeroporto ao hotel notamos que toda Pequim parecia um imenso canteiro de obras. Ficamos no Hotel Da Du, cujos apartamentos dispunham de água quente, TV e telefone, e exalavam forte odor de mofo. Ao lado, a construção de um edifício, por três turnos de trabalhadores, produzia ruídos inclusive à noite.

Irmã Valéria Rezende, Lúcia Becker e eu passeamos pelas imediações enquanto aguardávamos a hora do jantar. Entre um e outro carro Santana VW, iguais aos fabricados no Brasil, milhares de bicicletas ocupavam as ruas. As pessoas vestiam-se com simplicidade; raros os tecidos em cores vivas. As chinesas, sempre de calças compridas, jamais mostravam os braços. Coisas do taoismo. Em torno de algumas casas e praças havia arranjos de flores bem cuidados, distribuídos em centenas de pequeninos vasos de cerâmica. No mercado da esquina, as mesmas verduras e legumes encontrados no Brasil: alface, abobrinha, abóbora, fava, repolho... Os produtos eram transportados em todo tipo de bicicletas, algumas com adaptações inimagináveis, como pequenas carrocerias de caminhonete ou confortáveis assentos para pessoas idosas, que pareciam conduzidas por ciclistas particulares. As varredoras de ruas usavam lenços na cabeça e também sobre o nariz e a boca para se protegerem da fina poeira que, do deserto de Gobi, sopra sobre Pequim.

No jantar, muito arroz em nossas tigelas de porcelana. Nas outras, rasas, as misturas – verduras, frango, camarão, lula, frutos do mar, bambu e pão doce. A sopa de cogumelos continha demasiada pimenta-do-reino para o meu gosto. Como sobremesa, chá digestivo. Enquanto comemos, o doutor Zhu explicou que na China já não se faziam reuniões, pois todos se empenhavam na produtividade:

– O povo dizia "os nacionalistas têm táxis, os comunistas, reuniões" – contou animado o médico sem dar-se conta de que, ao suprimir reuniões, o Partido Comunista reforçara sua autoridade centralista. E acrescentou: – Nesses dias os senhores encontrarão todo tipo de pessoa.

– Inclusive gente do Partido Comunista? – indagou Lúcia Becker, a única operária de nossa delegação.

Ele ficou pasmo. Com certeza não esperava que um grupo de cristãos tivesse interesse em contatar comunistas. Ao fim do jantar, desculpou-se pela simplicidade do acolhimento; alegou que a situação financeira era precária.

Visitamos monsenhor Joséph Dzung Hwai, presidente da conferência episcopal, e monsenhor Miguel Yang, vice-presidente, no seminário nacional católico, antigo palácio de um príncipe da última dinastia. Os dois participavam da

Associação Patriótica Cristã, instituição que fazia a ponte entre Igreja e governo, sem, no entanto, interferir em questões de doutrina e de disciplina religiosas. No caminho, vimos muitas casas que lembravam cortiços e inúmeros prédios em construção, mas nada que se parecesse a uma favela.

Na capela, rezamos o Pai-Nosso em latim. Conversamos em seguida com os bispos em torno de uma mesa com chá, uvas e balas. Reparei que as imagens religiosas espalhadas pela casa tinham feições ocidentais.

– Somos uma pequena Igreja inexperiente – disse monsenhor Dzung. – O primeiro encontro da fé cristã com a China deu-se no ano 635, através de um monge persa. Em 1294, os franciscanos de Monte Corvino fundaram aqui paróquias e conventos. Caiu a dinastia mongólica que havia sido convertida ao cristianismo, o que abateu os missionários. Mais tarde, chegou Matteo Ricci, que se adaptou à alma chinesa. Adotou um método correto de evangelização. Durante sua vida, a Igreja na China conheceu um período glorioso de expansão. Tanto a família imperial quanto as camadas populares aderiram ao cristianismo. O método Ricci de evangelização era o de São Paulo: ser grego com os gregos e judeu com os judeus. Aproximar-se de todo homem para que todo homem possa se aproximar de Jesus Cristo. Ricci permitiu que os chineses cultuassem seus antepassados, o que outras religiões combatiam como superstição. Mas Roma ficou contra ele, o que comprometeu a história da Igreja na China.

– No século XIX, o cristianismo foi utilizado para facilitar a expansão colonial – prosseguiu o bispo. – Isso feriu profundamente a sensibilidade do povo chinês. O cristianismo passou a ser visto como uma religião estrangeira, antipatriótica e instrumento de penetração colonial. Havia, sim, zelo missionário, mas faltava sensibilidade à vida do povo. Na luta de libertação, na década de 1940, a Igreja aliou-se à contrarrevolução, ficando do lado de Chang Kai-Chek. Houve conflito entre ateísmo e teísmo. Os bispos chegaram a ponto de convocar um batalhão de soldados católicos para combater o comunismo. O Vaticano reforçou a posição anticomunista da Igreja Católica e proibiu a colaboração dos fiéis com o governo popular, mesmo no que se refere a medidas imprescindíveis, como a reforma agrária. Os católicos não podiam mais enviar seus filhos à escola pública. Os sacramentos deviam ser recusados a quem não obedecia Roma. Assim, o clero chinês se viu numa difícil situação: amava o país e o Vaticano, mas era obrigado a escolher entre um dos dois. Terrível dilema! Amar o país era ser punido pelo papa. Tivemos graves conflitos de consciência. Optamos, enfim, pela Tríplice Autonomia.[56] Amar o país é um dever de Estado. Agimos segundo a nossa consciência. Visto de hoje, consideramos que a Revolução trouxe melhorias. Há igualdade entre os cidadãos, não há exploração nem corrupção, todos têm empregos, as virtudes cívicas são praticadas e não há jogo ou prostituição. A Ação Patriótica foi fundada com o intuito de amar a pátria e a Igreja. E de tornar viável a política religiosa do governo.

– A Ação Patriótica reivindica independência e autonomia da Igreja. O que isso significa? – perguntou Clodovis Boff.

– Queremos uma Igreja sintonizada com o sentimento do povo, em harmonia com os costumes do país, em empatia com a situação da China. Os fiéis e o clero devem ter a mesma visão.

---

[56] O Movimento Patriótico da Tríplice Autonomia, criado em 1951, propõe às religiões, na China, autossustentação, autoadministração e autopropagação.

– Como é a relação de vocês com o papa? – indagou Leonardo Boff.

– Não sentimos que a nossa fé divirja de qualquer católico do mundo. Temos a mesma fé do papa e muito respeito por ele. Não estamos contra ele. No plano religioso, não há nenhuma contradição com ele. A contradição existe no plano político, pois o Estado do Vaticano reconhece Taiwan e não a República Popular da China. A contradição, portanto, é diplomática. Aos olhos da China, o fato de o Vaticano reconhecer Taiwan fere o sentimento do povo chinês. A Ação Patriótica considera temporária essa falta de contato com o Vaticano. Enquanto a questão diplomática não se resolver, nossa posição é de não ter contato. Queremos ter igualdade com as outras Igrejas, mas desde que respeitem nossa soberania nacional e autonomia eclesiástica.[57]

– Como a Ação Patriótica mantém contato com os católicos que discordam dela e permanecem fiéis a Roma? – perguntou Lévis Veillette, da Sociedade das Missões Estrangeiras, de Quebec.

– São nossos irmãos na fé. Mas, do ponto de vista pastoral, a atitude deles ameaça a unidade da Igreja chinesa e enfraquece o impacto evangélico sobre a sociedade. Queremos que se juntem a nós – explicou monsenhor Dzung.

– Eles vivem com complexo de perseguição – acrescentou monsenhor Yang. – Por isso atuam clandestinamente.

– Os padres ordenados clandestinamente não têm formação teológica – criticou monsenhor Dzung. – Às vezes pregam o Pai, o Filho e o Espírito Santo como se fossem três deuses. Propagam que não há transubstanciação em

---

[57] A China e o Vaticano romperam relações em 1951.

nossas eucaristias e que nossa absolvição não perdoa os pecados.

À tarde, encontro com os bispos Du Shi Hua, reitor do seminário nacional, reaberto em 1984, e monsenhor Antonio Wang, vice-reitor. Em todo lugar, fomos convidados a nos sentar em torno de pequenas mesinhas com chá.

O bispo explicou que sete professores davam conta do currículo do seminário, entre os quais dois padres. Os candidatos ao sacerdócio vinham de todas as províncias chinesas, exceto do Tibete. Estudavam também história e cultura da China. Aprendiam latim, francês, inglês e/ou alemão. Adquiriam noções de medicina popular para facilitar o contato com o povo.

Os seminaristas levantavam às 5h da manhã. Dedicavam-se à meditação, participavam da missa e, em seguida, praticavam tai chi chuan. Após o banho, três horas de aulas e mais duas horas à tarde. À noite, leituras espirituais. Cada semana um deles se encarregava da homilia dominical. Na biblioteca, livros de Rahner, Schillebeeck, Congar, Küng e Boff. Via EUA, haviam recebido cerca de 100 títulos sobre teologia da libertação.

– Há diálogo com o marxismo? – perguntou Leonardo Boff. – Estudam-se os textos de Marx, Lênin e Mao?

– Nossa aproximação não é intelectual, mas de fato, na vida cotidiana. Nos grandes seminários há cursos de marxismo, onde se fala da história do comunismo na China. Contudo, o marxismo chinês tem contradições com a religião.

– Como os senhores viveram a Revolução Cultural? – indagou Leonardo Boff.

– Como uma reeducação. Fomos obrigados a trabalhar em outras atividades. Foi bom para nós, pois nos reaproximou do povo. Mas naquela época não era admitida nenhuma manifestação religiosa visível. Muitos de nós ficaram na prisão, outros em fábricas. Até o atual presidente da República esteve preso. Era melhor estar no cárcere do que fora, pois aqui as humilhações eram piores.

– Vocês, especificamente, onde estiveram? – perguntou Leonardo Boff aos oito clérigos que nos cercavam.

– Em fábricas ou fazendas. Foi uma semente de martírio para nós. Durou 10 anos. A Revolução Cultural não foi só contra a religião, mas contra aqueles que hoje são dirigentes do país. Mas felizmente não tomaram o poder, pois não tinham o apoio do Exército. Paradoxalmente, daquele período de violência surgiram coisas boas, como uma nova fé calcada no igualitarismo. Trouxe mais fervor à Igreja. A experiência de Deus nos salvou da grande tribulação.

PEQUIM: DIVERSIDADE RELIGIOSA

Durante a Revolução Cultural, a catedral de Pequim foi utilizada como escola e usina elétrica. Devolvida em 1985, tinha intactos apenas seus vitrais, com o Cristo e os apóstolos em traços chineses. Os fiéis levaram sete meses para restaurá-la. Tudo teve de ser refeito. Fora construída 100 anos antes, em estilo gótico francês, e a geomancia orientara a posição do edifício, como é o costume em todas as construções na China. À entrada, dois pagodes da dinastia Ching, à frente dos quais se destaca a figura de um leão, símbolo do imperador e proteção contra os maus espíritos. De 400 a 500 fiéis frequentavam a missa diária. Aos domingos, o número subia para 3 mil. À porta do átrio, uma placa com quatro ideogramas redigidos pelo imperador, em 1640: *A verdadeira fonte de tudo*.

A família imperial, liderada pela imperatriz Ci Xi, manifestou seu desagrado ao constatar que a catedral era mais alta que os edifícios imperiais. Sobretudo porque a imperatriz, ao contribuir com a obra, doou 450 mil peças de prata. Nenhum edifício da cidade podia ser mais alto do que os palácios da Cidade Proibida.

Na diocese de Pequim, havia nove igrejas abertas ao culto; quatro na cidade e cinco na periferia. Antes da Revolução Cultural eram 29. Ao sul da cidade, visitamos a igreja de

Nantam, consagrada à Imaculada Conceição e construída em 1904 num terreno doado, no século XVII, a Matteo Ricci. Cantamos a Ave-Maria em latim. Provisoriamente o bispo de Pequim, monsenhor Fu, vivia ali. A diocese contava com 18 padres e cerca de 40 mil fiéis, e obtinha seus recursos com um curso de línguas e uma fazenda com criação de peixes e galinhas.

No altar, a imagem de Maria assemelhava-se à de Iemanjá. Por servir ao corpo diplomático, aquela igreja foi a menos mutilada durante a Revolução Cultural. Era a única a funcionar para cultos.

Enquanto estávamos na casa do bispo de Pequim, ligou o ministro-conselheiro da embaixada brasileira, Luiz Amado, primo de Jorge Amado. Apresentou-se como "amigo dos cardeais Rossi e Lucas" e pediu esclarecimentos a Leonardo Boff sobre a nossa viagem. Recebeu o silêncio como resposta. Nem nos tempos da ditadura militar as embaixadas brasileiras controlavam tão ostensivamente nossas viagens.

Por toda Pequim via-se uma espécie de altar, uma pedra com um furo no meio. A pedra simboliza a Terra; o buraco, o Céu. Harmonia entre o Céu e a Terra – o grande símbolo taoísta.

Madame Chao Jinru, vice-presidente da Comissão de Assuntos Religiosos do Partido, nos informou que as quatro mais importantes religiões na China eram o budismo, o taoismo, o islamismo e o cristianismo. Havia uma minoria de ortodoxos russos. O budismo existe há dois mil anos. O taoismo é uma religião de origem chinesa, porém posterior à expansão budista. Há seis ou sete séculos, o islamismo ingressou nas fronteiras chinesas, especialmente em dez etnias, das 56 que existem no país. O catolicismo veio da Pérsia e pouco tempo depois desapareceu. Sob a dinastia mongólica houve uma segunda investida fracassada dos católicos. A terceira se deu há 500 anos. Só em fins do século XIX chegaram os protestantes. Após a Revolução, o Partido e o governo reconheceram a liberdade religiosa, prevista na Constituição.

– A Revolução Cultural destruiu a política do Partido em relação à religião – reconheceu ela. – Após a queda do Bando dos Quatro, o Partido recuperou sua política. Agora estamos restaurando os templos. Existem hoje, na China, cerca de 40 mil lugares de culto, entre mosteiros, pagodes, igrejas e mesquitas. A população é livre para crer ou não crer. O fenômeno religioso não encontra muita acolhida entre a etnia Han, a majoritária no país.

– Nem o budismo penetrou na etnia Han? – indagou Florete.

– Há na China três grandes correntes budistas: uma formada pelos bonzos; outra, por aqueles que seguem os preceitos monásticos em suas próprias casas; e a massa de fiéis que não tem prática sistemática. Os primeiros vivem fora da sociedade, são consagrados à religião. É difícil saber se são budistas ou taoistas. Em algumas regiões, a religião é muito ligada à etnia. O lamaísmo é praticado no Tibete e na Mongólia pela maioria de suas populações. Aqui não temos religião nacional. Todas são iguais e ajudam a construir o socialismo. Em geral, os crentes têm resultados excepcionais no trabalho e, por isso, são admirados por seus colegas.

– Essa participação dos crentes na construção do socialismo é a mesma agora e no início da Revolução? – perguntou Leonardo Boff.

– Na China temos a esperança comum de que o país seja forte e de que todos vivam melhor.

Clodovis Boff interveio:

– Estamos contentes em saber como o Partido Comunista aplica o princípio da liberdade religiosa. Essa política é baseada no marxismo. Como é a relação entre marxismo e ateísmo? Acidental ou substancial?

– Nosso pensamento fundamental é o materialismo histórico e o materialismo dialético. Esta é a nossa referência de base. Se utilizamos o materialismo dialético, somos, portanto, ateus. Cremos que tudo é objetivo e tem seu aparecimento, crescimento, velhice e morte. Inclusive a Revolução. Isso não depende de eu querer que ela exista ou desapareça. Como marxistas, somos ateus, mas não podemos exigir que toda a população também o seja nem impor medidas administrativas para destruir algo que é fator subjetivo. Em nossa concepção, as pessoas têm direito de crer ou não.

Luiz Viegas indagou:

– O objetivo do Partido é a felicidade da China e da humanidade. Gostaria de abordar a relação entre socialismo e autonomia financeira. Aqui há propriedade particular. Os trabalhadores agrícolas podem ter lucro e comprar casas. Nas Igrejas se exige autonomia financeira, mas sem lucro. Por quê?

– Essa questão decorre de uma incompreensão do socialismo de que tudo pertence ao Estado. Aqui coexistem vários tipos de propriedade: a estatal, a coletiva, a familiar e a individual. Essa primeira fase do socialismo supõe a coexistência desses vários tipos. A do Estado predomina e é a base do sistema de propriedade. Só recentemente nos abrimos aos outros tipos. Nossa Constituição protege a propriedade privada, adquirida e mantida com o trabalho honesto. Para nós, o socialismo é a força de produção de toda a nação. Aumentar a produção é o objetivo do socialismo.

Coloquei uma questão:

– Bakunin foi criticado por Marx por não querer admitir operários cristãos na Liga dos Comunistas. Lênin dizia que acreditar em Deus e aceitar o programa do Partido era um problema da consciência dos cristãos. Por que o Partido Comunista da China não aceita cristãos? Essa restrição não seria, antes, uma questão política e histórica do que de princípio?

– Cremos no marxismo e somos materialistas; portanto, ateus. Mas nós, militantes do Partido, não somos a maioria. Somos minoria, apenas 40 milhões. Hoje, a contradição religiosa é secundária. Por isso, formamos uma frente com os crentes para construir o socialismo. Historicamente temos crentes que participaram da Revolução. Quando houve a invasão japonesa, foi possível colaborar com os crentes. Há crentes que são amigos de longa data de militantes do Partido. E ser crente não impede a participação na política do Partido.

No almoço com madame Chao Jintu, no restaurante Ren Ren, indagamos sobre as perspectivas de a Igreja Católica local reabrir canais com o Vaticano.

– Há duas condições. Primeiro, o Vaticano reconhecer a República Popular da China. Segundo, respeitar as normas internacionais e não se intrometer em nossos negócios internos, nem mesmo na Igreja.

Recordou que, quando os japoneses invadiram a Manchúria, como mostra o filme de Bertolucci, *O último imperador*, o primeiro a reconhecer o governo fantoche foi o Estado do Vaticano. Este nunca nomeou um núncio para a China e, no entanto, o fez para Taiwan. Ressaltou também que Matteo Ricci era, hoje, uma figura respeitada pelo Partido Comunista.

Visitamos uma das 13 tumbas Ming, a última dinastia Han, que durou do século XIII ao XVI. Detivemos-nos na tumba de Hun Li, imperador que recebeu Ricci. Foi construída em 1584. Fomos em seguida à Grande Muralha, uma das sete maravilhas do mundo. As torres foram construídas na distância de duas flechas que, atiradas de um lado e de outro, encontram-se naquele ponto. A base é de pedra e a murada, de tijolos. Construída entre 300 e 200 a.C., tem uma extensão de 6 mil km, dos quais 5 mil km estão em bom estado. A Muralha foi levantada por ordem do general Chin para defender Pequim dos reinos vizinhos e dos hunos, quando o país ainda não estava unificado. É curioso constatar que Marco Polo não cita a Muralha em seus escritos. Ele esteve na China no século XIII, sob a dinastia mongol, quando a Muralha não tinha nenhuma utilidade, o que talvez explique sua falta de atenção à mais bela e extensa fortificação do mundo.

Minha amiga Tuca Magalhães, funcionária da embaixada do Brasil, me ligou às 10:30 da noite para dizer que comentara com o embaixador o estranho telefonema que o conselheiro Luiz Amado dera a Leonardo Boff. O embaixador pediu a Tuca que nos transmitisse desculpas pelo ocorrido, sublinhando que a iniciativa do ministro-conselheiro não tivera nenhum respaldo de sua parte ou do Itamaraty. Acrescentou que a embaixada recebera um telegrama aberto de Brasília, referindo-se à notícia de nossa visita, publicada pelo *Jornal do Brasil*, e pedia confirmação do que eu dissera ao jornal, ou seja, que viemos visitar a Igreja Católica da China.

PEQUIM: A CIDADE PROIBIDA

A Cidade Proibida, no coração de Pequim, ocupa 720 mil metros quadrados. É maior que o Vaticano. Há uma rampa de um dos palácios, feita com pedras de 200 toneladas, onde estão esculpidos dragões. Atrás, um jardim, outrora um parque de pequenas caças. O local foi escolhido pela dinastia mongol Yuan (1279-1368), mas totalmente reconstruído pelo 3º imperador da dinastia Ming, Yong Le (1403-1424). Diz a lenda que, do Trono do Dragão, sentado, o imperador avistava até a Porta do Céu, 10 mil metros adiante...

Em tempos imperiais, havia pena de morte para quem entrasse na Cidade Proibida, onde viviam cerca de 200 concubinas. Os soldados raspavam suas baionetas sujas em vasos de bronze e ouro que, ali expostos, ainda hoje mostram as marcas daquele modo de limpeza. Toda a construção é em madeira encaixada, sem um prego, e tudo é envernizado com laca e ornado com rendas em bronze e dourado. O telhado de porcelana dourada reverbera ao sol. O fosso que cerca toda a Cidade Proibida tem 50 metros de largura. Nos diversos palácios há nove mil salas. Quase todos os prédios têm dois andares. O corrimão das escadas é trabalhado em mármore e, visto a distância, parece flocos de algodão. Quem olha de baixo tem a impressão de que o palácio, que abrigou 24 imperadores, está sobre nuvens. Muitas obras e peças foram roubadas pelos invasores japoneses, na década de 1930, e pelo Kuomintang, em 1949. O Portão Meridiano, onde há o retrato de Mao, é encimado por cinco pavilhões. Construído em 1420, foi restaurado em 1647 e 1801. Do alto, o imperador passava em revista as tropas e julgava os prisioneiros. O Filho do Céu proclamava dali o calendário do Ano-Novo. Quem entra por aquele portão, encontra o pátio cortado pelo Regato das Águas Douradas. Ali podiam reunir-se 90 mil pessoas durante as cerimônias imperiais. Cinco portas de mármore conduzem ao Portão da Suprema Harmonia, ladeado por leões de bronze, símbolos do poder imperial. Há três escadarias. A do centro era exclusiva do imperador. Ao lado, o Palácio da Suprema Harmonia, construído em 1420, onde eram dadas as recepções aos estrangeiros. Tem 2.400 m² e é o mais amplo e o mais alto. Em torno dele, caldeirões de cobre que serviam para recolher água da chuva. Em seguida, o Palácio da Harmonia Assegurada. Depois, o Palácio da Pureza Celestial, onde se casou, em 1922, o último imperador, Pu Yi. No Palácio da União eram celebrados os aniversários. O relógio de água funciona há mais de 2.500 anos. No Palácio da Tranquilidade residia o imperador e ali também eram oferecidos os sacrifícios religiosos e celebradas núpcias. Dos lados ocidental e oriental há 12 palácios que abrigavam a biblioteca. Os jardins imperiais medem 7.200 m².

O sistema político era a meritocracia – os candidatos eram nomeados pelo imperador, segundo os méritos. Submetidos a exames difíceis e de grande complexidade, tinham que demonstrar erudição e que conheciam toda a obra de Confúcio.

Visitamos um templo lamaísta na manhã de terça, 11 de outubro de 1988. Ali vivia Pau-Lama, um bodisatva, considerado, na tradição Mahayana, encarnação de Buda ou Buda vivo. Então, havia apenas dois no mundo: este e o Dalai Lama, líder dos monges do Tibete. Durante a Revolução Cultural, Chu En-Lai manteve aquele belíssimo templo sob vigilância de uma guarnição militar, para evitar que os Guardas Vermelhos o destruíssem.

Vimos o cômodo no qual um dos imperadores fazia retiros. Na liturgia, os monges utilizavam máscaras, vestimentas trabalhadas, danças, tambores, pratas e longos instrumentos de sopro. As oferendas a Buda incluíam pães, uvas, bananas, maçãs, dinheiro e incenso. Contemplamos um Buda de 16 metros de altura, esculpido em 1750 num tronco inteiriço, trazido do Tibete. Levou três anos para chegar a Pequim por rio. Foi um presente ao imperador.

TAIWAN: FRANCISCANOS E BUDISTAS

Com 24 horas de atraso, chegamos a Taiwan, capital da província de Shanxi. Na época, com 2 milhões de habitantes, a cidade é considerada heroica. No século X foi incendiada e, em seguida, os invasores desviaram dois rios para inundá-la e "lavar as cinzas". Ainda assim não conseguiram ocupá-la. Daí a fama de resistência da população.

Nos hotéis, havia sempre grandes garrafas térmicas com água quente para o chá. Visitamos as igrejas da Imaculada Conceição, de São José e São Francisco de Assis, e a catedral, edificada entre 1903 e 1906, que serviu de oficina de carros durante a Revolução Cultural. Encerrado o período de terror, os leigos ajudaram na restauração das igrejas, trabalhando como pedreiros, pintores, eletricistas etc.

O bispo de Taiwan, monsenhor Yang Sin, franciscano, vestia *clergyman* e boné chinês. Mostrou-se alegre por encontrar o franciscano Leonardo Boff:

– Recebo-o sob bênçãos de São Francisco de Assis, uma pessoa tão livre que, com certeza, compreende a nossa situação. A história de nossa Igreja local começa com a chegada dos jesuítas em 1626. Depois, devido à querela dos ritos, os jesuítas foram substituídos pelos franciscanos. Em 1944, Shanxi tornou-se diocese. Éramos 7 mil católicos e 10 padres estrangeiros, seis chineses e um bispo estrangeiro. Isso até 1950. Agora, são nove dioceses na província.

Leonardo Boff indagou se havia outros franciscanos na China e como eram as relações com os confrades do exterior.

– Antes da libertação, os franciscanos tinham aqui cinco províncias, distribuídas por 25 dioceses. Eram mais de 2 mil frades. Agora, não sei quantos são. Em Taiwan, apenas dois, e não temos noviços. Há quem queira ser franciscano, mas as leis do país não admitem ordens religiosas masculinas. Sou velho, não sei se após minha morte alguém me seguirá no caminho de São Francisco. Espero que sim. Com os do exterior não temos relações.

À tarde, visitamos a comunidade camponesa de Ke Lao Go, cujo pároco, franciscano, estudou teologia com os dominicanos em Fribourg, Suíça, antes da Revolução. Tive a nítida impressão de estar numa aldeia rural do Peru. Até nas feições os chineses lembravam os peruanos. (Ou serão os peruanos que lembram os chineses?)

Em uma população de 2.300 pessoas, 2.000 eram católicas. Produziam milho, sorgo e feijão, e até nisso se pareciam com o Peru. Dispunham de 160 caminhões e 13 tratores. Exportava-se toda a produção ao Japão. Possuíam também uma pequena fábrica de cimento e de materiais de construção. Não havia roubo ou crime na comunidade.

Na Igreja de Taiwan, os fiéis só tinham acesso aos sacramentos, inclusive ao batismo, após completar 18 anos. Exigência das autoridades locais.

Ao fim da tarde, no Birô de Assuntos Religiosos da Província de Shanxi, os dirigentes nos explicaram que, na província, havia presença budista, taoista, muçulmana e cristã. Contavam-se 200 mil crentes entre uma população provincial de 27 milhões!

No Mosteiro da Bondade Venerada, que visitamos na quinta, 13 de outubro de 1988, viviam cerca de 20 monges budistas, entre jovens e idosos. Tinha 64 templos. Em todos os telhados destacava-se a figura do dragão com seus nove filhos. Vimos uma belíssima imagem de Buda, em terracota, chamada o Buda das Mil Mãos. Em cada uma das mãos, um objeto sagrado. Indaguei sobre a rotina cotidiana:
– Levantamos às 3h e recitamos o sutra até as 4h, quando tomamos café. Depois, nos dedicamos às orações durante duas horas e meia e, em seguida, aos nossos trabalhos. Almoçamos às 11:30. À tarde, trabalhos e mais duas horas e meia de orações. Dormimos às 9h da noite.
Os monges usavam uma espécie de rosário com 108 contas. Eram vegetarianos, "porque Buda não destrói a vida".

XIAN: EXÉRCITO DE TERRACOTA

Chegamos a Xian, capital da China ao longo de 11 dinastias – desde a dinastia Zhou, em 1066 a.C., até 221 a.C. – na quinta, 13 de outubro de 1988. No século VIII, era a mais populosa cidade do mundo. Em 1974, ao cavar um poço artesiano, camponeses encontraram pequenos cacos de terracota que lembravam a anatomia humana. Foi uma das mais importantes descobertas arqueológicas do século XX – o túmulo do primeiro imperador chinês, Qin Shih Huangdi, do século III a.C., que unificou o país, transferiu a capital para Pequim, promoveu importantes reformas econômicas, como a introdução no mercado de pesos e medidas, e iniciou a construção da Grande Muralha e do Grande Canal.

Em 247 a.C., quando Ying Zheng completou 13 anos e assumiu o feudo de Qin, passando a ser conhecido por Qin Shi Huangdi, seu túmulo começou a ser construído nas cercanias de Xian. Este era o costume: ao chegar ao poder, o imperador devia cuidar da edificação de sua tumba, de preferência em local que jamais pudesse ser encontrado. Assim, nada perturbaria sua paz celestial.

Setecentos mil operários trabalharam na obra durante 36 anos. Um palácio funerário foi erguido no interior de uma montanha, cercado por um exército de terracota –

6 mil soldados, em tamanho natural, com suas armas, carros e cavalos, detalhadamente esculpidos. Não há duas figuras iguais. Cada rosto possui perfil original, o que demonstra ter o exército imperial servido de modelo. Alguns estão com barba, o que comprova o contato com estrangeiros. Essas estátuas guardam o túmulo de Qin, no monte Li, há mais de 2 mil anos. Entre os milhares de guerreiros com armaduras ou vestes curtas com cinturão, há 40 carros de combate, como bigas, e inúmeras balestras. As armas de bronze foram retiradas. Tudo era originariamente colorido, mas desbotou com o tempo. As esculturas têm dorsos ocos, e pernas e braços maciços, e as cabeças são deslocáveis, como nas esculturas do Vale do Jequitinhonha, em Minas. Tudo isso foi colocado num grande túnel escavado e a terra retirada amontoada sobre armações de madeira besuntada de óleo inflamável. Uma vez terminado o trabalho, puseram fogo na armação, e a terra soterrou "para sempre" o Exército funerário do imperador. São três câmaras funerárias. Só a primeira foi aberta. São 230 metros de comprimento e 63 metros de largura. Consta que a tumba de Qin Shi Huangdi teria sido colocada no centro de uma ilha no lago artificialmente aberto no ventre da montanha. Ao morrer, todos os altos funcionários imperiais ingressaram com ele, e a única porta de acesso foi lacrada por fora, para sempre.

Por Xian passava, nos séculos VII e VIII, o mais antigo corredor comercial entre a Ásia e a Europa, conhecido como "a rota da seda". Por ali o budismo penetrou na China. Então, a capital da província de Shaanxi (não confundir com outra província, Shanxi) contava com 5 milhões de habitantes. A cidade decaiu a partir do século X com o fim da dinastia Tang. Ali Chang Kai-Shek foi sequestrado em 1936 por um de seus generais para assinar, no Jardim da Cortesã do Imperador, com fontes de água sulfurosa, a aliança com o Partido Comunista para combater os japoneses. Nesta cidade ficam as termas de Hua Qing, no sopé do monte Lishan, a 30 km de Xian. Descobertas há 2.800 anos, durante a dinastia Zhou, eram a estação de repouso dos imperadores. Em 644, o imperador Tang Tai Zong ergueu seu palácio. Em 747, o imperador Gao Zong decidiu morar em Xian com sua legendária concubina Yang Guifei, a quem dedicava tanto tempo que os ministros tramaram a morte dela. Em 936, foi transformado em mosteiro taoista.

O comércio em Xian nos pareceu mais movimentado que o de Pequim. Encontramos o bispo Li Du An e frei Lao, franciscano, todos da Associação Patriótica. Explicaram que havia 4 mil católicos na cidade e quatro igrejas. A Igreja local se mantinha graças ao albergue que possuía. O bispo, que passou 13 anos preso, nos ofereceu um jantar no Hotel do Povo. Em torno da comida, os chineses manifestam o melhor de sua hospitalidade.

O *China Daily*, distribuído nos hotéis aos turistas, noticiava que aumentaram os assaltos durante as viagens de trem. Como na China ainda não se populariza o talão de cheques e nem os cartões de crédito, os comerciantes viajavam com malas cheias de dinheiro para comprar mercadorias. Dizia o jornal que crescia também o número de estupros.

Observei, na TV de meu apartamento, propagandas muito ocidentalizadas. Tentava-se imitar o erotismo ocidental.

WUHAN:
SANTO TOMÁS, CONFÚCIO E MÊNCIO

Em Wuhan, falamos com o bispo Dung Gwang Ching, o primeiro a ser eleito na Igreja da China, em 1957. Era vice-presidente da Associação Patriótica. Ficamos hospedados no Qingchuan Hotel, à beira do rio Yangtzé, que significa "rio azul". Wuhan é capital da província de Hubei e é o nome coletivo de três antigas cidades – Wuchang, Hankou e Hanyang – ligadas pela ponte de Changjiang, de 2 mil metros, construída em 1957 por soviéticos e chineses.

Com 6 milhões de habitantes, Wuhan era uma cidade industrial, onde predominavam a metalurgia e a siderurgia, e a atividade portuária, pois o rio é navegável até Xangai, num percurso de 2 mil km. Era a terra do vinho. Ali se deu a "insurreição de Wuhan" – que equivale à Queda da Bastilha –, batalha decisiva das tropas de Sun Yat Sen para derrubar a dinastia Manchu.

Visitamos a igreja da Sagrada Família, cuidada por um padre franciscano. Durante a Revolução Cultural, a igreja serviu de fábrica de peças:

– Felizmente, os Guardas Vermelhos não perceberam que o dourado do teto é mesmo ouro – suspirou o vigário, aliviado.

Fomos ao seminário regional Sul, que atendia a cinco províncias, com cerca de 100 seminaristas.

– No curso de Filosofia se incorpora a tradição filosófica chinesa? – indagou Clodovis Boff.

– Além do tomismo, apresentamos outras tradições cristãs do Ocidente e as diferentes escolas filosóficas chinesas, como Confúcio e Mêncio. A filosofia escolástica e o confucionismo são semelhantes, o que representa uma vantagem para nós.

– Vincula-se a espiritualidade cristã às tradições budista e taoista? – perguntei.

– Nossa espiritualidade é exclusivamente católica. Não ensinamos outras espiritualidades.

– O socialismo ajuda a Igreja na observação das virtudes morais? – indagou Viegas.

– A Igreja ajuda o socialismo na observação das virtudes morais – retrucou o bispo. – Numa paróquia, o padre pregou sobre os mandamentos divinos, ensinando que não se devem cobiçar os bens alheios. Depois do sermão, um operário devolveu à fábrica um equipamento que havia tirado. O diretor foi cumprimentar o padre e pediu-lhe que dissesse o mesmo a todos os operários. As cidades cuja população é majoritariamente católica têm muito boa reputação junto ao governo. Também o socialismo ajuda a Igreja a praticar as virtudes morais, pois trata-se de uma ideologia que estimula o serviço ao próximo. Quando falamos em construir o socialismo, entendemos que se trata da construção material e espiritual, e a Igreja tem um papel importante na construção espiritual. Na velha sociedade havia muitos problemas sociais e coisas reprovadas pela Igreja, como jogos, drogas e prostituição. A Igreja não foi capaz de reformar a sociedade, o que se tornou possível graças ao Partido Comunista. A mudança ocorrida vem ao encontro da ética que a Igreja propõe à sociedade. Entre nós, não há mais sistema de exploração. Vocês sabem que jamais a Igreja considerou a opressão dos pobres uma virtude. O socialismo mudou as relações sociais, por isso nós, cristãos, nos engajamos na sua construção.

Liu Bai-Nian acrescentou que, se não fosse pelo ateísmo, os cristãos poderiam ingressar no Partido Comunista.

HANKOU: PRAGMATISMO COMUNISTA

Em Hankou, na manhã de domingo, 16 de outubro de 1988, missa solene no rito gregoriano na catedral consagrada a São José. O povo cantou o terço em gregoriano. O sacerdote vestia paramentos de seda, brocado, decorado com rosas vermelhas sobre o branco. Para chegar à catedral, passamos por bairros que foram concessões inglesa, italiana, japonesa e francesa, com direito de extraterritorialidade.

Ao meu lado, um idoso não tirava os olhos da foto do papa João Paulo II, que lhe marcava o missal. Ali, cerca de 200 fiéis frequentavam a missa diária e, aos domingos, o número subia para 600.

Uma senhora indagou, à porta da catedral, se éramos italianos:

– Gostaria de mandar dizer que aqui estamos muito unidos ao papa.

Nós nos reunimos com o Birô de Assuntos Religiosos de toda a província de Hubei – então com 50 milhões de habitantes e 52 etnias.

Na conversa com Wang Chu Jie, presidente do Birô, Leonardo Boff perguntou:

– Que espécie de colaboração o Birô espera dos cristãos e da Igreja?

— Há cooperação entre o governo e a Associação Patriótica. O governo não dirige a religião, mas a apoia. Nós, como militantes do Partido Comunista, somos ateus, devido ao materialismo dialético. Mas somos pragmáticos, aceitamos a liberdade religiosa e a respeitamos. A única coisa que diferencia um militante do Partido e um cristão é a fé. Temos fés diferentes. Cremos no materialismo ateu e, vocês, em Jesus Cristo. Vocês têm a Bíblia como fonte de sua fé, e nós temos o nosso equivalente. No resto, não há diferenças.

— Como o senhor explica um país socialista como a China adotar uma economia mista, com reintrodução de mecanismos capitalistas? – indagou irmã Valéria Rezende.

— Para nós, a organização e a racionalidade da produção estão acima das classes.

— Mas como justificar a mais-valia?

— Aqui ela é diferente, pois não sai do país.

— Mas os senhores sabem que os países capitalistas lucram com os negócios que fazem na China?

— Se lucram, é um problema deles. O que nos interessa é o bem-estar do nosso povo.

— Não – objetou irmã Valéria Rezende –, é um problema nosso sim, do povo trabalhador, que sofre as consequências de um capitalismo que se reforça na China. Onde fica o internacionalismo proletário?

Não houve resposta, mas concluí que os chineses são ortodoxos na ideologia, pragmáticos na economia e inflexíveis na política.

Uma das causas da ruptura da União Soviética com a China foi a tentativa de os russos abrirem portos na China e exigirem que os chineses mandassem tropas para as guerras na África. Mao teria respondido que, se isso acontecesse, ele voltaria para as montanhas e reorganizaria a guerrilha.

NANQUIM:
REVOLUÇÃO CULTURAL
E INTERNACIONALISMO PROLETÁRIO

Chegamos a Nanjin, mais conhecida no Ocidente por Nanquim, então com 3,5 milhões de habitantes. Situada ao sul do rio Yangtzé, a cidade data do século VIII a.C. Capital da China entre 220 e 589 – até a queda da dinastia do Sul –, dali surgiu a famosa tinta que, em Belo Horizonte, usei nos bancos escolares. Apareceram ali também as primeiras fundições de ferro. Foi de novo capital da China entre os anos 907 e 979. E a primeira capital da dinastia Ming, em 1368, quando o imperador ordenou que 20 mil famílias se instalassem na cidade. Mas seu sucessor, Yong Le, retornou com a capital para Pequim.

O famoso romance de Wu Jingzi, *Os sábios*, do século XVIII, que descreve a aristocracia, é todo ambientado em Nanquim, bombardeada pelos britânicos na Guerra do Ópio, entre 1840 e 1842. Em 1842 foi assinado o Tratado de Nanquim, a bordo de uma canhoneira britânica, o que representou um golpe na soberania chinesa, abrindo cinco portos ao comércio exterior. Dois anos mais tarde, o controle se dividia entre EUA e França. Em consequência do tratado, aumentaram os impostos e, com eles, o número de camponeses pobres.

Os participantes da rebelião T'ai-p'ing, iniciada em 1851, venceram, em 1853, e rebatizaram a cidade de Tianjing (capital celestial). Durante 11 anos, os T'ai-p'ings governaram o Sul da China. Em 1864, os Ching, liderados por Cheng Guofeng, conquistaram Nanquim e mataram, em três dias, 100 mil pessoas. Houve muitos suicídios, mas diz a lenda que ninguém se rendeu.

Em Nanquim, Sun Yat-Sen foi eleito presidente da República em 1911 por delegados de 17 províncias; em 1925, ali foi enterrado. No mesmo local, Chiang Kai Shek fundou o governo republicano do Kuomitang. O Japão invadiu a cidade em 1938. Em quatro dias, 44 mil mulheres foram estupradas e 100 mil homens mortos. Foi a chamada "violação de Nanquim". Japoneses a ocuparam até setembro de 1945. Mao, Lin Piao, Bocheng e Deng Xiaoping tomaram a cidade em 1949.

Ciceroneados pelo pastor Chen Dz Ming, vice-reitor, visitamos o Seminário Nacional Evangélico, o primeiro a ser reaberto após a Revolução Cultural em 1981. Tinha 210 alunos, dos quais um terço era de mulheres. Quase todos os livros de sua biblioteca foram consumidos pelo fogo ateado pelos Guardas Vermelhos. Agora, a maioria dos livros nas estantes era em inglês. Havia muitas obras de Leonardo Boff, e o reitor elogiou especialmente *Jesus Cristo, libertador*, considerado por ele "muito boa cristologia". Vimos também obras de Karl Rahner e Hans Kung. A maioria dos estudantes lia inglês. O curso, de sete anos, incluía disciplinas como Bíblia, correntes teológicas modernas, teologias chinesas contemporâneas e cultura grega. Publicavam revistas teológicas e pastorais, com tiragem bimensal de 35 mil exemplares. Percorremos o ateliê de arte, onde estudantes faziam desenhos e gravuras voltados à difusão do Evangelho.

Sobre a mesa de um deles, a *História de uma alma*, de Santa Teresinha do Menino Jesus.

Formalmente, havia uma só Igreja evangélica na China, sem denominações – que, de fato, existiam, por baixo do pano. Os evangélicos demonstravam interesse em manter melhores relações com os católicos, mas estes se mostravam arredios ao ecumenismo. Os protestantes contavam com 12 escolas de teologia em toda a China, sendo o seminário de Nanquim o único nacional. Ao todo, 700 alunos. Alguns viajavam ao exterior para se especializar. Mas o objetivo era a inculturação na China, inclusive para evitar ocidentalizar a teologia. Dos 100 ordenados nos últimos cinco anos, 20 eram mulheres.

Visitamos o imponente mausoléu de Sun Yat Sen, em cujo frontispício está escrito: *Tudo que há debaixo do céu pertence a todos*. Construído em estilo republicano, sem dragões no telhado, o monumento simboliza o equilíbrio yin-yang e, de certo modo, reflete a fé despojada de Sun Yat Sen, que era metodista. Conhecemos também a casa onde morou a mulher de Chang Kai-Shek, com quem ele teve três filhas e um filho. A irmã dela era esposa de Sun Yat Sen.

WUXI: ALDEIA DE PESCADORES

Depois de viajar três horas de trem, chegamos a Wuxi, na noite de terça, 18 de outubro de 1988. Na estação, populares se juntaram para observar nossa fieira de malas ser ajeitada em dois táxis.

Wuxi tem 3 mil anos. O primitivo nome era Touxi, "com estanho". Exaurido o minério, mudaram para Wuxi, "sem estanho". Ali, há 1.500 anos, surgira a seda. Agora era um importante centro industrial e tinha como principal atração turística o lago Tai, com 2.240 km² e 100 ilhas.

Na manhã seguinte, visitamos a aldeia de Yuwan, a Vila Florida, habitada por cerca de 50 famílias de pescadores. Contaram-nos que entregavam 50% da produção ao Estado e a outra metade vendiam ao mercado livre. Porém, deviam pagar ao Estado imposto de 10% sobre o produto comercializado. A vila era, de fato, uma enorme fazenda de criação de peixes. Em 1956, ao ser aprovada a lei de pesca, o governo deu a eles o terreno onde se ergue a vila. Antes, moravam em seus barcos.

De 1956 a 1988, não houve ali nenhum registro policial. Todos os moradores adultos tinham nove anos de estudos obrigatórios. Até 1979, muitos jovens partiam ao chegar à idade de trabalhar. Agora, devido à prosperidade local, retornavam. Em geral, os jovens se casavam com moças e rapazes de fora, conhecidos numa das quatro grandes festas anuais da região. Ao se casarem, a noiva se transferia para a casa do noivo. Mas, se a noiva era órfã de pai, o noivo era recebido em sua casa para que lá houvesse um homem.

No almoço, preparado por um dos pescadores, nenhuma mulher sentou à mesa. Enquanto comíamos, Michael Jackson cantava no andar de cima...

Ao fim da tarde, passeamos de barco pelo lago Tai, com 100 km na sua maior extensão, onde vimos precárias e antiquíssimas embarcações com velas de bambu. Durante a Revolução Cultural, os cristãos de Wuxi só conseguiam se encontrar para rezar no meio do lago Tai. Depois, jantar na casa de protocolo, à base de 25 pratos!

Visitamos na manhã de quinta, 20 de outubro de 1988, o parque à beira do lago Tai. Havia muita gente curtindo o seu "domingo", já que na China não se adotava um dia da semana em que todos parassem para descansar. Diziam os chineses que, se houvesse domingo como no Brasil, a multidão não caberia nos lugares de lazer.

XANGAI:
PROIBIDA A ENTRADA DE CACHORROS E CHINESES

A pós o almoço, tomamos o trem para Xangai, então com 13 milhões de habitantes. Era uma cidade visivelmente ocidentalizada. Ficamos hospedados no Huaxia Hotel, no seu 11º dia de funcionamento.

No dia seguinte, visitamos a catedral, a maior igreja da cidade, construída em 1906 pelos jesuítas e consagrada à Mãe de Deus. Havia cerca de 13 mil católicos na paróquia. Durante a Revolução Cultural, o templo serviu de entreposto e os padres foram trabalhar numa fábrica de guarda-chuvas.

Visitamos o mausoléu de Paul Xu, importante membro da dinastia Ming, convertido por Matteo Ricci e primeiro-ministro do imperador. Ao lado da tumba, no parque, vários chineses faziam a ginástica chi gonq.

Ricci fez aqui o primeiro mapa-múndi visto pelos chineses, no qual colocou o Pacífico como oceano de referência, a China no centro, a Europa no extremo oeste. Há quem diga que Roma o condenou por isso e não pela questão dos ritos. Ele queria a liturgia católica adaptada à cultura chinesa.

Xangai era uma das três cidades administradas diretamente pelo governo central, como Pequim e Tianzin. Mais da metade de todo o comércio chinês passava por aquela cidade, que servira de cenário ao célebre romance de André

Malraux, *A condição humana*. Antes da Revolução era uma cidade dividida em concessões estrangeiras, isentas das leis chinesas. No parque, havia uma placa: *Proibida a entrada de cachorros e chineses*. Pela ordem.

Em 1º de julho de 1921, houve o 1º Congresso do Partido Comunista em Xangai. Em abril de 1927, numa concentração de 800 mil trabalhadores, milhares foram mortos pelo Kuomintang. Daqui, Chang Kai-Shek fugiu em 1949 para Taiwan. Xangai foi também o berço da Revolução Cultural, em 1965.

À noite, conversamos com o vice-presidente do Birô de Assuntos Religiosos, senhor Albert. Indagamos se havia, entre o povo, preconceito ou discriminação aos católicos.

– O fenômeno religioso é social e objetivo – respondeu. – No passado nem todos o entendiam. E ainda hoje há quem não entenda, como o Bando dos Quatro. Esse esquerdismo não refletc o verdadeiro conceito religioso do Partido. Com a Revolução Cultural, não só os religiosos sofreram, mas toda a população. Porém, desde outubro de 1979, temos uma nova política, cujo lema é *encontrar a verdade a partir dos fatos*. A existência da religião é um fato.

– Sei que o socialismo revê sua posição frente à religião – afirmou Leonardo Boff. – Como é isso na China?

– O trabalho de nosso Birô não é só no sentido de ajudar as religiões, mas também lograr que todos entendam a política religiosa do Partido.

– Como a religião entra nessa primeira fase do socialismo?

– Entendemos que a primeira fase durará 100 anos, irá até o ano 2050. Até lá, nossa sociedade quer obter um desenvolvimento econômico médio. A religião continuará existindo também nas fases posteriores.

– O novo homem e a nova mulher são parte da construção socialista? – perguntei. E acrescentei: – O Partido reconhece a contribuição espiritual que a religião tem a dar?

– É importante que todos participem da construção do socialismo. E algo faltará se os católicos não contribuírem. A religião tem um papel importante, pois o fator humano é primordial, e dele depende a dimensão ética. Li Peng, nosso primeiro-ministro, disse num encontro com pastores evangélicos que os cristãos podem imprimir dimensão espiritual, cultural e ética a essa primeira fase de construção do socialismo. Rejeitamos a estreita concepção marxista de que só a ética marxista é válida. Constatamos que nas cidades onde os católicos são maioria não há crimes.

Fiz uma observação:

– Funcionários do Birô de Assuntos Religiosos nos disseram que a religião vai desaparecer. Vocês dizem que ela deve contribuir para o progresso do país. Deve-se trabalhar para o desaparecimento da religião?

– Para nós, comunistas, a religião é um fenômeno objetivo. E nós, materialistas dialéticos, afirmamos que há leis objetivas na natureza e na história. Tudo nasce, cresce, declina e desaparece.

– E o marxismo, enquanto fenômeno objetivo, também desaparecerá?

– Todos os fenômenos objetivos estão sujeitos ao ciclo de nascimento e morte, inclusive o Partido Comunista e o país.

– A lei da objetividade também é um fenômeno objetivo. Ela também desaparecerá?

– Sejamos pacientes e aguardemos o tempo – respondeu ele acuado.

HAVANA:
CARTAS EPISCOPAIS E RELAÇÃO ENTRE CRISTIANISMO E MARXISMO

Desembarquei no aeroporto José Martí, de Havana, na madrugada de terça, 3 de janeiro de 1989. Em La Violetera já se encontravam hospedados Leonardo Boff, João Batista Libanio, o padre canadense Gérard Dupont e Márcia Miranda.

Para os festejos do 30º aniversário da Revolução estavam em Cuba mais de mil convidados estrangeiros, inclusive o enviado do papa, cardeal Roger Etchegaray, que, em homilia na catedral de Havana no domingo, 1º de janeiro de 1989, pediu que se respeitassem os direitos dos católicos no país e evocou a mensagem papal para o Ano-Novo, em que este manifestava a esperança de que 1989 fosse marcado pelo maior respeito às minorias étnicas, culturais e religiosas. Tratou com Fidel da visita do papa a Cuba.

À tarde, o grupo brasileiro recebeu a visita de Fernando Martínez:

– Não gostamos de nos chamar de ateus, porque soa entre o insulto e o ridículo – disse Martínez.

À noite, recepção em palácio pelo 30º aniversário da Revolução. Mesmo com o metabolismo destrambelhado, a cabeça pesada, consumido pelo cansaço, não deixei de comparecer. Miguel D'Escoto entreteve-se numa longa conversa com Leonardo Boff sobre a teologia da Trindade.

– É a base da minha espiritualidade – ouvi-o dizer.

Lamentou a situação de seu país:

– O mais duro para o povo da Nicarágua não é a agressão americana, mas a falta de apoio da Igreja.

Daniel Ortega, a seu lado, concordou, acrescentando:

– Já não tenho esperança de que monsenhor Obando venha a ser tolerante com a Revolução. Mesmo quando indicado como mediador nas conversações de paz, ele sempre defendeu os interesses dos contrarrevolucionários.

Entreguei a Fidel carta de dom Paulo Evaristo Arns, saudando o 30º aniversário. Ali mesmo, no pequeno salão, pediu que eu a traduzisse.

– Posso divulgá-la? – indagou, entusiasmado, quando terminei a leitura.

– Primeiro preciso consultar o cardeal – respondi (sem imaginar que, a partir daquele momento, estávamos detonando uma bomba que traria enormes dores de cabeça ao arcebispo de São Paulo).

– Estou desgostoso com o padre Carlos Manuel de Céspedes – disse Fidel. – Fez um sermão criticando a falta de esperanças da juventude na Revolução. A homilia foi lida por ele numa missa presidida por monsenhor Jaime Ortega, que alega não ter tido conhecimento prévio do conteúdo. Monsenhor enviou-me uma carta de desculpas. Gostei muito do que ele escreveu e, se pudesse, gostaria de divulgá-la. Parece que padre Carlos ficou doente e renunciou ao cargo de secretário da conferência episcopal.

– Se gostou da carta de monsenhor Ortega, por que não pede licença para torná-la pública? – sugeri.

– Não quero fazê-lo por respeito à Igreja e para não parecer oportunista, como se utilizasse a palavra do arcebispo para responder às críticas do padre Céspedes – justificou-se, acrescentando: – Faz dois dias que deixou Havana o cardeal Etchegaray. Tive muito boa impressão dele. Conseguiu me convencer a receber a visita do papa. Contou-me que o papa gostou do nosso livro.

No dia seguinte, cedo, liguei para a casa do cardeal Arns, em São Paulo. Consegui localizá-lo em Goiânia, onde pregava um retiro. Transmiti-lhe o pedido de Fidel.
– Não vejo inconveniente – reagiu ele. – Confio na avaliação sua e de Boff. Só não gostaria de desagradar aos bispos cubanos.

Animado com o conteúdo da carta e com a possibilidade de divulgá-la, não me dei conta de minha avaliação equivocada. Melhor que a carta tivesse sido mantida em sigilo. Na história, certos documentos exigem o respaldo do tempo, que depura emoções e oxigena a mente.

Irmã Carmen Comelio, do Sagrado Coração de Jesus, sugeriu, em La Violetera, que fizéssemos chegar uma cópia da carta às mãos dos bispos cubanos antes de ela sair na imprensa. Concordei e rezei a meus santos protetores que dessem um jeito de eu ter acesso a Fidel para propor essa medida antes que a carta aparecesse no *Granma*.

À tarde, ato público de inauguração da Expocuba. Milhares de pessoas acorreram ao local. Fidel fez um de seus longos discursos; falou das 6h da tarde às 8:45 da noite.

Ao final do ato, comuniquei-lhe que o cardeal Arns autorizara a divulgação da carta. Disse ainda necessitar de uma cópia do texto para passar aos bispos cubanos, com o que ele concordou.

Enquanto jantava em casa de Esther Pérez e Fernando Martínez, o telefone tocou. Era Armando Hart. Indagou se os teólogos brasileiros fariam mesmo palestra sobre teologia na Nico López, a Escola Superior do Partido. Talvez o ministro estranhasse que um reduto tão ortodoxo se abrisse a um tema tão heterodoxo.

Na manhã seguinte, abri a mesa-redonda na escola do Partido. Resumi a história das relações cristianismo e marxismo, e Igreja e Estado, nos países socialistas. Analisei as recentes mudanças ocorridas nas esferas cristã e comunista. Tais mudanças não decorriam de nossos méritos, mas da nova conjuntura histórica, que forçava a quebra de barreiras e impunha ações comuns.

Na plateia, uma centena de dirigentes políticos cubanos e latino-americanos, entre os quais Volodia Teitelboim, secretário-geral do Partido Comunista do Chile; Nestor Vicente, candidato popular à presidência da Argentina; Cecília Oviedo, secretária-geral da Unidade Democrática Popular, do Peru; Antonio Franco Medina, pastor evangélico e encarregado das relações internacionais do Partido Socialista de Porto Rico; Pedro Sotto, sacerdote equatoriano, presidente da Conferência Cristã pela Paz–América Latina; Armando Hart; e Heloísa Miranda, do gabinete do doutor Carneado.

Leonardo Boff explicou o que é teologia da libertação e como ela se articula com as raízes subversivas do cristianismo. Discorreu sobre a opção preferencial pelos pobres e de como, a partir daí, chegava-se ao marxismo.

– A teologia da libertação resgata Marx a partir do pobre, que nos impõe novas práticas. Para ela, o sujeito da libertação é o povo organizado, e não a Igreja ou mesmo os partidos políticos. Optar pelo pobre é, portanto, reconhecer o povo como sujeito histórico. Nesse sentido, aliar-se ao pobre é elaborar uma pedagogia que o assume como sujeito: fazer com o povo e não para o povo. Como diz Paulo Freire, é preciso adotar uma pedagogia dos oprimidos, o que implica aprender com as lutas sociais, e não só com os estudos teóricos. Hoje, na América Latina, a grande contribuição da Igreja é pedagógica: os cristãos não querem se constituir em vanguarda, mas tornar o povo capaz de sua própria libertação.

– Nós, intelectuais orgânicos – prosseguiu Boff –, temos também como tarefa socializar a ciência e as teorias que fortalecem a libertação. Os movimentos aos quais estamos ligados devem articular-se com outros grupos, de modo a criar o bloco histórico dos oprimidos. Queremos construir juntos não a sociedade cristã, mas a sociedade democrática, socialista. Dentro dessa realidade conflitiva surgem divisões na Igreja por razões políticas. É preciso saber trabalhar com a conflitividade sem romper a unidade institucional. Queremos que toda a Igreja venha a comprometer-se com a libertação. É a direita que provoca cisma na Igreja. De nossa parte, encaramos politicamente – e não dogmaticamente – os conflitos com o Vaticano. O conflito principal situa-se em nível de classes e não na ótica doutrinária ou pastoral. Enfim, precisamos desenvolver a mística dos cristãos, ou seja, as razões pelas quais vivemos e morremos numa realidade na qual assassinatos e torturas fazem parte de nosso cotidiano. Entendemos a mística como uma ideia poderosa, que nos informa e nos faz amar o Invisível, inclusive a sociedade comunista que ainda não vemos com os nossos olhos.

Armando Hart tomou a palavra:

– Após essas belas e revolucionárias palavras de Boff, torna-se mais excitante fazer algumas reflexões. E começo com uma confissão: em Cuba não tivemos uma experiência de prática religiosa cristã de fundo popular. Havia sentimento religioso no povo, com sincretismo, mas as correntes cristãs que se mostravam políticas se inclinavam à direita. Para alguns de nós era difícil entender um cristianismo voltado politicamente à esquerda. Quando surgiu o processo nicaraguense e, depois, El Salvador, chamou-nos a atenção como a radicalização sandinista era acompanhada pela radicalização dos religiosos. Era difícil para nós compreender como se podia ser revolucionário e cristão. Até que conhecemos de perto os católicos nicaraguenses. Na vivência direta desse fenômeno começamos a analisá-lo mais profundamente, bem como a mergulhar mais fundo na história cubana. Ao início da Revolução, Fidel tocava na questão religiosa, dizendo: "Quem trai o povo, trai a Cristo." Eu, que tive formação ateia, comecei a recordar como víamos o cristianismo quando, adolescentes, estávamos no curso secundário. Sempre lembrávamos que o cristianismo, em sua etapa original, era uma grande rebeldia contra a opressão. Tínhamos enorme admiração pelos mártires. Apesar de nosso ateísmo e do fato de que em Cuba não houve expressão política cristã coerente, como há em outros países, víamos o cristianismo em seus primórdios e líamos Martí, que percebia a originalidade do cristianismo, bem como Félix Varela, que tinha posição política clara, pois foi quem primeiro colocou em Cuba a questão da nossa independência.

– Como marxista, eu me pergunto – continuou Hart – por que perdurou o cristianismo? Não por razões de classe, já que por elas muitas coisas não perduraram. Também não penso que por razões divinas. Mas sim por razões sociais e históricas. Depois de ler Boff e outros teólogos da libertação, concluímos que o cristianismo foi a síntese cultural do pensamento do mundo antigo mediterrâneo. Assim como o marxismo é uma síntese marcada pela Europa do século passado. E quando observávamos a conversa entre Fidel Castro e Frei Betto sentíamos que presenciávamos um acontecimento histórico, um diálogo sem concessões e que, ao mesmo tempo, identifica, une mais essas duas grandes correntes do pensamento humano: o cristianismo e o marxismo-leninismo. Tal diálogo só se podia produzir nesta América Latina, que vive uma nova situação e que assumiu muita coisa da Europa, mas não de forma mecânica. O êxito da Revolução Cubana se explica porque tomou a tradição socialista e renovou-a através da situação de classe que existe em nosso continente. Para nós, o marxismo tem valor enquanto análise de uma sociedade concreta. E o leninismo se aplica à Europa concreta do início do século XX. Quando se forjou o marxismo, não se conhecia na Europa a história da América Latina. Não era uma história concluída. Seria idealista pensar que a história da América pudesse ser conhecida. Mas estava ocorrendo.

– Havia em Cuba – acrescentou o ministro da Cultura – o colonialismo e a escravidão. Eram fenômenos conhecidos, mas não vistos de dentro. Lênin começou a perceber o fenômeno do neocolonialismo e, logo, o do imperialismo. Já entrava em pauta a grande questão deste século, a nação. Da América Latina, vemos o fenômeno nacional diferente da ótica europeia. Aqui, nacionalismo era luta contra o imperialismo e, na Europa, exacerbação do nacional, que resultou no fascismo. Pátria e patriota soam como termos suspeitos na Europa. A luta pela nação na América constituiu a grande utopia. "Não haverá América sem que se incorpore o índio", dizia Martí. Temos a nossa identidade latino-americana. Daqui vem a teologia da libertação. É um fenômeno deste continente. Minha primeira reação frente a ele foi de surpresa. Isso decorre das raízes latinas, que são cristãs, como demonstrou Martí. Certos elementos éticos da cultura cubana vêm da tradição cristã. Inclusive certo idealismo e o senso utópico. Desde Varella, nossa cultura se caracterizou pelo senso do utópico. Sem aquela utopia não estaríamos agora aqui conversando.

– O que mais nos identificou com a teologia da libertação – enfatizou Hart – é ser ela produto da cultura e dos povos da América Latina. Recebi há pouco o documento Santa Fé II, da administração Bush. Nele, há um capítulo – "Ofensiva cultural marxista" – onde se diz que os marxistas latino-americanos, orientados por Gramsci, apoderaram-se dos valores da nação para impor o totalitarismo. Como se estivéssemos fora do corpo social e, de fora, quiséssemos impor nossas ideias! Também no marxismo tivemos nossas igrejas. Hoje, na busca de novos caminhos, a teologia da libertação procura reinterpretar o cristianismo surgido dessa luta contra tudo o que é indigno. Suas ideias tratam de buscar as origens antes da romanização do cristianismo, o que é interessante, por se libertar de certos elementos romanos e gregos. A filosofia grega introduziu o idealismo. Na discussão social, não há dúvida de que o cristianismo tem papel decisivo, devido ao fator humano. Uma análise crítica do marxismo nos últimos 70 anos mostra que se descuidou muito do fator humano, cedendo lugar ao economicismo. Tomamos a "última instância" econômica como a única, esquecendo a política, a cultural, a religiosa inclusive. Ao ter em conta o ser humano concreto, o cristianismo deu uma lição ao marxismo. Como me dizia Frei Betto, Cristo não nasceu em Roma, mas num presépio, numa região colonizada, explorada, como um símbolo. Por isso, não se trata de um problema tático, mas estratégico, que deve nos levar à identidade continental. O que querem os comunistas cubanos é que a nossa América expresse sua identidade. Para os comunistas cubanos é um desafio fazer com que o cristianismo deixe de ser reserva da Igreja e da reação para tornar-se reserva dos pobres e da libertação. Para tanto, os marxistas devem entender melhor os cristãos, porque no Reino deste mundo devemos estar muito unidos.

Rigoberto Padilla, secretário-geral do Partido Comunista de Honduras, interveio:

– Meu primeiro impacto com os cristãos veio da leitura do documento episcopal de Medellín e do testemunho de sacerdotes que deram a vida pelo povo. Antes, ficava-se discutindo se haveria ou não glória eterna, quando se deveria discutir é se há ou não injustiça terrena e como combatê-la. Considero um absurdo que, no passado, meu partido exigisse que seus militantes renunciassem à fé, provocando profundos traumas psicológicos. Hoje, em Honduras, estão muito unidos os comunistas, os católicos e os luteranos. A entrevista de Fidel Castro sobre a religião foi amplamente difundida em meu país. A meu ver, não há contradição entre religião e revolução.

– Devemos falar de "revolucionários" e não de "cristãos e marxistas" – disse Alvaro Monteiro, secretário-geral do Partido Socialista da Costa Rica. – Ingressar num partido marxista não torna ninguém revolucionário, a não ser como ato de fé. São as atitudes concretas que forjam um revolucionário. Só o cristianismo surge do resgate da dor humana.

***

Anoto em minha agenda: "o marxismo também". É impossível separar estes dois galhos – cristianismo e marxismo – do mesmo tronco judaico. A dor humana, em suas múltiplas formas – sofrimentos, injustiças, enfermidades, exílios, derrotas, fracassos e medos –, é objeto da tradição bíblica. No fundo, a grande questão que tanto atormentava Camus: se há um Deus bom e justo, por que até crianças sofrem? Não há no texto bíblico uma resposta unânime. Perdura o mistério. Para o legalismo religioso, o sofrimento é o salário do pecado. Deve ser assumido como purgação. Para o profetismo e Jesus, o sofrimento é um mal e deve ser erradicado. Nascemos para viver felizes e não para padecer. Por isso, Jesus provoca escândalo nos fariseus ao curar os enfermos em nome de Javé (*João* 9). O Deus de Jesus quer a saúde, o bem-estar, a justiça e a paz. Se a dor existe, ela é fruto do pecado, mas não como fatalidade do desígnio divino, que nos condena ao vale de lágrimas. Ela decorre das relações injustas entre pessoas e grupos sociais. E das más relações do ser humano com a natureza, consigo mesmo, com o próximo e com Deus.

O marxismo procura resgatar essa dor, transforma-a em potencial revolucionário, pelo conhecimento racional de suas causas. O cristianismo se divide entre os doloristas, que fazem dele uma religião da catarse, e os que seguem Jesus e revertem a dor em esperança pela fidelidade a um Deus que nos criou para viver num paraíso. Para os primeiros, a cruz ocupa o centro da fé; para os segundos, no centro se destaca o Reino de Deus, a radical transformação de toda essa realidade marcada pelo desumano.

Enquanto almoçava chuletas com batatas no Hotel Habana Libre, o motorista do Partido interrompeu a refeição para entregar-me um envelope com timbre do Conselho de Estado e o carimbo MUITO URGENTE. Era a cópia da carta do cardeal Arns a Fidel Castro, acompanhada por um bilhete de Sonia Torres, secretária de Chomy Miyar, no qual comunicava que a carta seria divulgada na imprensa no dia seguinte e pedia que eu fizesse chegar a cópia às mãos de monsenhor Jaime Ortega.

Larguei a comida e parti imediatamente para a residência episcopal, na esquina de Chacon e La Habana, onde tive a sorte de encontrar o arcebispo. Mostrei a cópia da carta do cardeal Arns.

– Está boa, mas provavelmente nós, cubanos, diríamos as mesmas coisas de outra maneira – comentou o prelado mineiramente.

– Fidel ficou muito bem impressionado com a carta que recebeu de sua parte, após o *affaire* Céspedes – contei-lhe.

– De fato, não li previamente a homilia e estranhei que um homem tão equilibrado como padre Carlos tivesse tido tal rompante – disse monsenhor. – Penso que ele se deixou influenciar por certo clima de insatisfação de alguns setores da população com a atual crise econômica.

Mostrou-me em seguida a cópia da carta que remeteu a Fidel.

– Foi elaborada por mim, por monsenhor Meurice e monsenhor Adolfo Rodríguez – explicou enquanto eu lia.

(Era o documento episcopal mais favorável à Revolução que eu lera até então. Não poderia reproduzir o que ficou registrado em minha memória por não estar autorizado pelo missivista. Destaco apenas que ressaltava como positivas as obras sociais do período revolucionário. Compreendi o entusiasmo de Fidel.)

– Sugeri a Fidel que solicitasse ao senhor autorização para divulgar esta carta, mas ele me disse que preferia não fazê-lo por respeito à Igreja e para não dar a impressão de oportunismo, como se, com este documento, estivesse respondendo ao padre Carlos Manuel de Céspedes.

– Não vejo inconveniente em sua publicação – retrucou o arcebispo, para minha surpresa.
– O senhor autoriza a divulgação?
– Sim.
– Permite-me advogar isso junto ao Conselho de Estado? – indaguei, agora mais angustiado ainda na luta contra o relógio.
– Sim, mas seria recomendável que a carta cubana saísse a público antes da brasileira.

Fui direto ao Conselho de Estado, na Praça da Revolução. Nada melhor podia acontecer do que a divulgação da carta de dom Paulo Evaristo Arns respaldada pela de monsenhor Jaime Ortega. Uma coisa é um bispo estrangeiro, marcado como de esquerda, elogiar a Revolução Cubana. Outra é o próprio arcebispo de Havana, conhecido por suas posições moderadas, sublinhar as conquistas positivas da Revolução. Era preciso tornar pública a carta. E o melhor era que o próprio arcebispo concordava com a proposta.

Chomy Miyar não se encontrava em seu gabinete. Acompanhava Fidel na audiência que este concedia a Milos Jakes, secretário-geral do Partido Comunista da Tchecoslováquia. Como fazer para interrompê-la e evitar que o *Granma* do dia seguinte só estampasse a carta do arcebispo de São Paulo? Pedi um papel e, num bilhete a Fidel, descrevi resumidamente a conversa que acabara de ter com monsenhor Jaime Ortega, ressaltando que este dera sinal verde para que sua carta fosse divulgada.

Eu estava aflito, pois dentro de poucas horas o *Granma* deveria rodar com a carta do cardeal Arns e era preciso incluir a do arcebispo de Havana. Convencido da importância de se publicar a carta cubana, foi a primeira vez – e, espero, última – que eu ousei interferir na rotina interna do Conselho de Estado de Cuba.

Após longa espera, Chomy Miyar trancou-se comigo em seu gabinete.

– Frei Betto, o Comandante, recebeu milhares de cartas por ocasião do 30º aniversário da Revolução – disse, sem disfarçar a irritação da voz – e não é possível pensar em publicar uma e não as outras. Já está decidido que o *Granma* divulga amanhã a carta do cardeal de São Paulo que você pediu ao Comandante que fosse publicada – acrescentou.

– Chomy, com licença – interrompi. – A bem da verdade, não fiz tal pedido. Depois de ler a carta na recepção, o Comandante é que me perguntou se poderia divulgá-la, e respondi que iria telefonar ao Brasil para solicitar a autorização do cardeal Arns.

Tive a impressão de que Chomy – ou o próprio Fidel, de quem ele era porta-voz – não captara a importância de se dar publicidade à carta de monsenhor Jaime Ortega.

– Não se pode comparar uma carta episcopal – insisti – com milhares de outras provenientes de pessoas e de instituições que não gozam de igual autoridade moral e política junto aos inimigos da Revolução. Qualquer jornalista pode escrever contra Cuba, e isso é creditado à linha editorial da imprensa burguesa. Mas, se quem fala ou escreve sobre Cuba é uma pessoa que vive dentro da Ilha, tudo muda de figura, sobretudo quando se trata de uma autoridade eclesiástica. Por isso a homilia de padre Carlos Manuel de Céspedes repercutiu em todo o mundo.

– Só insisto na divulgação da carta do arcebispo de Havana – expliquei a Chomy – porque o próprio Fidel me disse que gostaria de publicá-la. Além disso, interessa à Igreja em Cuba que a carta seja divulgada. Portanto, fica afastada a hipótese, levantada pelo Comandante, de que isso seria visto como uma indelicadeza com o padre Carlos Manuel de Céspedes.

Mais calmo, Chomy pareceu sensível a meus argumentos.

– Eu compreendo, mas não posso interromper as audiências do Comandante para comunicar o que você acaba de me dizer.

Alea jacta est.

Em sua última página, em boxe, o *Granma* publicou com destaque, na sexta, 6 de janeiro de 1989, a carta do cardeal Arns. Com um grave erro de tradução: "Querido Fidel" foi vertido para "Queridíssimo Fidel", que ressoa bajulativo.

São Paulo, Natal de 1988
Querido Fidel
Paz e Bem!

Aproveito a viagem de Frei Betto para enviar-lhe um abraço e saudar o povo cubano por ocasião deste 30º aniversário da Revolução. Todos nós sabemos com quanto heroísmo e sacrifício o povo de seu país resistiu às agressões externas e enfrentou o imenso desafio de erradicar a miséria, o analfabetismo e os problemas sociais crônicos. Hoje em dia, Cuba pode sentir-se orgulhosa de ser, em nosso continente tão empobrecido pela dívida externa, um exemplo de justiça social.

A fé cristã descobre nas conquistas da Revolução os sinais do Reino de Deus que se manifestam em nossos corações e nas estruturas que permitem fazer da convivência política uma obra de amor.

Aqui no Brasil vivemos momentos importantes de luzes e sombras. De um lado, a vitória popular alcançada nas últimas eleições renova o marco político do país e abre esperanças de que o indescritível sofrimento de nosso povo possa ser minorado no futuro. Convivemos com uma inflação de 30% ao mês e uma sangria de recursos absorvidos pelo injustificável pagamento dos juros da dívida externa. De outro lado, sabemos que essa vitória ainda não significa a nossa liberdade e estamos obrigados a enfrentar em nosso próprio país todo tipo de pressões e dificuldades criadas pelos donos do grande capital.

Este é um momento de dor para quem faz de seu serviço episcopal um ato de efetivo amor para com os pobres. Contudo, confio em que nossas Comunidades Eclesiais de Base saberão preservar as sementes de vida nova que têm sido semeadas.

Infelizmente, ainda não se deram as condições favoráveis para que se efetue o nosso encontro. Tenho a certeza de que o Senhor Jesus nos indicará o momento oportuno.

Tenho-o presente diariamente em minhas orações e peço ao Pai que lhe conceda sempre a graça de conduzir o destino de sua pátria.

Receba meu fraternal abraço nos festejos pelo 30º aniversário da Revolução Cubana e os votos de um Ano-Novo promissor para o seu país.

Fraternalmente,
+ Paulo Evaristo, cardeal Arns.

A imprensa internacional deu grande repercussão à carta. Especialmente no Brasil. Acusou o cardeal de São Paulo de conivência com a "ditadura cubana". Contudo, não houve constrangimento no Vaticano pela coincidência de a carta ser publicada logo após o longo colóquio de Fidel com o cardeal francês Roger Etchegaray, presidente da Pontifícia Comissão Justiça e Paz, que passara dez dias em Cuba. Houve até quem julgasse que a missão de Etchegaray havia sido preparada por dom Paulo. E o colóquio abrira a possibilidade de o papa visitar Cuba.

Antes de eu retornar ao Brasil, Fidel me entregou um envelope contendo resposta à carta do arcebispo de São Paulo.

Na tarde de sábado, 7 de janeiro de 1989, Leonardo Boff e eu fomos a Marianao, visitar as irmãzinhas de Foucauld. Acabava de subir as escadas do sobrado onde viviam as irmãs Vitória, Lídia e Emanuela, quando Ibrahim, motorista do Conselho de Estado, bateu à porta. Fidel me aguardava em palácio.

Dei a ele uma caixa de bombons Garoto:

– Presente do Dia de Reis – disse, recordando que, em Cuba, a troca de presentes, antes da Revolução, era no 6 de janeiro, e não no Natal, como ocorre na maioria dos países de tradição cristã.

Sentados em cadeiras de balanço – daquelas que Alejo Carpentier, em *O recurso do método*, frisa que os cubanos chamam "não sei por quê, 'de Viena' – nunca soube que em Viena houvesse móveis desse tipo" –, Fidel e eu conversamos durante duas horas e meia.

Falamos da carta do cardeal Arns. Narrei-lhe minha conversa com monsenhor Jaime Ortega e a boa impressão que tive da carta que ele lhe escrevera.

– Dom Paulo autorizou a publicação desde que não lhe criasse problemas com os bispos cubanos – comentei. – Mas estou convencido de que a carta do arcebispo de Havana alcançaria uma repercussão internacional muito mais favorável à Revolução.

Fidel concordou que se deveria publicar a carta de monsenhor Jaime Ortega e demonstrou ter entendido as razões de minha "invasão" ao Conselho de Estado na tarde de quinta-feira. Fiquei, portanto, na expectativa de que o *Granma* a divulgasse (o que nunca aconteceu). Quanto à resistência, a única hipótese que me vem à cabeça é a de que, dentro do governo cubano, havia setores realmente empenhados em que não se desse nenhum realce positivo à Igreja local. Toleravam a instituição eclesiástica, desde que ela permanecesse na obscuridade. O destaque era para efeito externo, sobretudo no *Granma Internacional*, para propagandear que em Cuba há plena liberdade religiosa. Assim, os próprios comunistas dificultavam as relações internas entre Revolução e Igreja, preferindo segregar aquilo que não conseguiam enquadrar.

Ao fim do encontro, Fidel convidou-me para, no dia seguinte, em companhia de Lula – que chegara a Cuba naquela tarde – acompanhá-lo à Ciudad Libertad, onde 25 mil pioneiros reproduziriam a chegada dos guerrilheiros de Sierra Maestra a Havana, em 1º de janeiro de 1959. Lula iniciou por Cuba seu périplo internacional como candidato do PT a presidente do Brasil na eleição de 15 de novembro de 1989. Declinei do convite:

– Lamento, Comandante, mas devo assistir à ordenação sacerdotal de frei Antônio, dominicano espanhol que agora reside em nosso convento de Havana.

HAVANA: VISITA DE LULA

Não saberia dizer quantas conversas privadas tive com Fidel. Após o nosso primeiro encontro, em Manágua, em 1980, fiz mais de 30 viagens a Cuba. Acredito que, a partir de 1985, em todas elas surgiu a oportunidade de encontrá-lo. Mas nunca tive acesso direto a ele. Enganam-se aqueles que me ligam pedindo que eu seja portador de uma carta ou apelo a Fidel. Não é alguém que se possa chamar por telefone. Desconfio que, como eu, ele detesta falar ao telefone. Nas poucas vezes que o vi ao aparelho mostrou-se tão sucinto que parecia o avesso daquele homem que, de uma tribuna, era capaz de entreter a multidão por três, quatro ou mais horas.

O que primeiro chama a atenção quando se depara com Fidel é a imponência. Parece mais alto do que é, e a farda o revestia de um simbolismo que transmitia autoridade e decisão. Quando ingressa num recinto, é como se todo o espaço fosse ocupado por sua aura. Os que estão em volta se calam atentos a seus gestos e palavras. Os primeiros instantes costumam ser constrangedores, todos esperam que ele tome a iniciativa, escolha o tema, faça uma proposta ou lance uma ideia, enquanto ele persiste na ilusão de que a sua presença é uma a mais na sala e que lhe darão o mesmo tratamento amigável, sem cerimônias e reverências. Como na canção de Cole Porter, ele deve se perguntar se não seria mais feliz sendo um simples homem do campo sem a fama que o reveste.

Diz a lenda que, altas madrugadas, costumava dirigir seu jipe pelas ruas de Havana, incógnito. Sei que tinha o hábito de aparecer inesperadamente na casa dos amigos, desde que visse uma luz acesa, e embora alegasse permanecer apenas cinco minutos não seria surpresa se ficasse até os primeiros raios de luz prenunciarem a aurora.

Outro detalhe que surpreende é o timbre de voz. O tom em falsete contrasta com a corpulência. Às vezes soa tão baixo que os interlocutores apuram os ouvidos como quem recolhe segredos e revelações inéditas. E, quando fala, não gosta de ser interrompido. Magnânimo, vai da conjuntura internacional à receita de espaguete, da safra de açúcar às recordações de juventude. Porém, não se deve julgá-lo um monopolizador da palavra. Raramente encontrei alguém que goste tanto de conversar. Por isso, quando governava, não concedia audiências. Incomodam-lhe os encontros protocolares, nos quais as mentiras diplomáticas ressoam como verdades definitivas. Fidel não saberia receber uma pessoa por 10 ou 20 minutos. Quando o fazia, ficava ao menos uma hora. Com frequência, a noite toda, até se dar conta de que era hora de ir para casa, tomar um banho de piscina, comer algo e dormir.

Na conversa pessoal, o líder cubano procura extrair o máximo de seu interlocutor. Quando se entusiasma com um tema, quer conhecer todos os seus aspectos. Indaga sobre tudo: o clima de uma cidade, o corte de uma roupa, o tipo de couro de uma pasta ou sobre aviões militares de um país. Se o parceiro não domina os detalhes do tema suscitado, o melhor é desviá-lo.

Nos encontros que tivemos, antes que a doença o obrigasse a retirar-se da vida pública, ainda que iniciasse o diálogo confortavelmente sentado, logo se tinha a impressão de que qualquer poltrona era demasiadamente estreita para o seu corpanzil. Eletrizado pela excitação de suas próprias ideias, Fidel levantava-se, andava de um lado ao outro, parava no meio da sala, os pés juntos, o tronco arqueado para trás, a cabeça tombada sobre a nuca e o dedo em riste; bebericava uma dose caubói de uísque, provava um canapé, curvava-se sobre o interlocutor, tocava-lhe o ombro com as pontas dos dedos indicador e médio; sussurrava-lhe ao ouvido, apontava incisivo o indicador direito, gesticulava veemente, erguia o rosto emoldurado pela barba e abria a boca, como se o impacto de uma ideia lhe exigisse reabastecer os pulmões; fitava o interlocutor como quem quer absorver cada informação transmitida.

É preciso muita agilidade para acompanhar seu raciocínio. Sua prodigiosa memória é enriquecida por uma invejável capacidade de fazer complicadas operações matemáticas mentais, como se acionasse um computador no cérebro. Gosta que lhe contem casos e histórias, descrevam processos produtivos, tracem o perfil de políticos estrangeiros. Mas não se queira invadir sua privacidade, guardada a sete chaves. A menos que se relacione à sua única paixão: a Revolução Cubana.

Sempre cercado por atentos seguranças, Fidel sabe que não é alvo apenas das atenções de admiradores. Durante 12 anos, entre 1960 e 1972, mafiosos como Johnny Roselli e Sam Giancana, interessados em recuperar os cassinos expropriados pela Revolução, tentaram matá-lo em colaboração com a CIA. Em 2011, a TV cubana informou que Fidel fora alvo, ao longo da vida, de 638 atentados!

Jantei com a delegação de Lula na casa de protocolo, na noite de domingo, 8 de janeiro de 1989. Presentes Marisa Letícia Lula da Silva; o deputado federal José Genoíno; o presidente do PT de São Paulo, Rui Falcão; o economista Paulo Sandroni; o jornalista Ricardo Kotscho; o embaixador do Brasil, Italo Zappa, e o conselheiro José Viegas; o médico João Yunes, representante da Organização Mundial da Saúde; o teólogo Leonardo Boff e o escritor Emir Sader.

Fidel chegou ao jantar pouco antes da meia-noite. Permaneceu conosco mais de uma hora, o suficiente para tomar um gole da cachaça de Araras, envelhecida em barril de carvalho, e contar boas histórias.

– Dei uma entrevista de dez horas ao ministro da Cultura da Galícia – contou o dirigente cubano no centro da grande roda que se formou na varanda –, e o covardão não teve coragem de publicá-la. Publicou uma parte, com um prólogo em que amenizava certas afirmações minhas. Agora pretendo publicá-la na íntegra, mas sem o prólogo.

No fim da tarde de segunda, 9 de janeiro de 1989, Fidel recebeu em seu gabinete, por três horas, a comitiva de Lula:

– Comandante, queremos lhe dizer que, após as eleições de 1988, estamos otimistas – disse Lula. – Queremos lhe dar um quadro da atual situação econômica e política do país.

Rui Falcão e José Genoíno descreveram a conjuntura política brasileira, e Paulo Sandroni completou com dados econômicos. Expuseram também o Programa Alternativo de Governo, elaborado para a campanha presidencial, e a política de alianças do PT. Sandroni enfatizou a preocupação de se estancar a saída de dólares do Brasil para o exterior. Um governo petista teria como metas recuperar o que foi transferido do setor público ao privado, através de uma política fiscal e de preços e salários a curto prazo, bem como da eliminação dos subsídios às grandes empresas e da isenção fiscal às grandes propriedades. Naqueles últimos dois anos e meio, a administração federal ganhara mais 250 mil funcionários fantasmas. Seria necessária uma política administrativa que enxugasse a máquina governamental, porém evitando demissões massivas no serviço público. Quanto à dívida pública, a proposta seria reduzir o ritmo do crescimento mediante o sistema tributário e fiscal: impostos sobre fortunas, fim das isenções e controle dos bancos privados. Cancelar o pagamento da dívida externa e, com seus recursos, criar um fundo de inversões voltado ao desenvolvimento do país.

– Penso que o povo brasileiro vive seu melhor momento – acrescentou Lula – porque recuperou a esperança. Antes, o clima era de desencanto. A Nova República e o PMDB criaram grande frustração no povo. A coerência do PT na oposição à Nova República fez com que o nosso partido desse saltos extraordinários. Há a possibilidade real de uma pessoa saída de dentro da fábrica chegar, pelo voto, à presidência da República. Isso é único nos últimos 100 anos. Temos consciência do papel do Brasil no Terceiro Mundo. Um governo comprometido com as causas populares pode assumir uma dura posição frente à dívida externa e conquistar independência econômica. O Brasil poderá ser o polo de aglutinação do Terceiro Mundo na busca de uma nova ordem econômica.

Fidel anotava tudo. De vez em quando intervinha para indagar sobre presidenciáveis brasileiros: Ulysses Guimarães, Mário Covas, Leonel Brizola, Miguel Arraes, Jânio Quadros e outros. Uma única vez emitiu opinião:

– O PT não deve dar a impressão de inimizade com os militares. É preciso que não vejam o PT como inimigo. Sem abrir mão dos princípios do partido, vocês devem procurá-los.

Na manhã seguinte, a delegação brasileira encontrou-se com Carlos Aldana, do Secretariado do Comitê Central, responsável pelas esferas ideológica e cultural. A conversa girou em torno da atuação do Partido Comunista.

– O desempenho do Partido nas províncias é mais claro do que na capital – explicou Aldana –, pois aqui ele se confunde com o Estado. Nas províncias, o primeiro-secretário do Partido é chamado de *el jefe*. Não se trata de uma virtude ou defeito, é um dado histórico. Em Cuba não há um Ministério da Informação, esta função foi assumida diretamente pelo Partido. Na área artística, dedicamos muito tempo às relações humanas e políticas com os criadores. Dos assuntos da cultura ocupam-se homens da cultura. Portanto, é preciso que haja artistas militantes do Partido. Dos poucos artistas que se foram do país, alguns fizeram do anticomunismo sua forma de sobrevivência nos Estados Unidos. É verdade que alguns têm talento.

José Genoíno indagou como a perestroika repercutia em Cuba:

– Ela provoca traumas em alguns e expectativas em outros – reconheceu o anfitrião. – As informações nos chegam através de publicações soviéticas. Recebemos em Cuba, por mês, mais de 200 mil exemplares da revista *Sputnik*. E 40 mil exemplares de *Novedades de Moscú*, que agora o Partido reduziu para 10 mil. Há questões que nos obrigam a pensar. Há dois anos estamos abrindo a informação interna, embora de modo tímido. Nesse período, a imprensa avançou. Mas ainda não chegamos, na direção do Partido, a um consenso de critérios sobre isso. Muitos diziam que abrir o fluxo de informações é favorecer o inimigo. A Rádio Martí transmite 14 horas por dia de Miami e entra sem dificuldades na Ilha. Transmite uma informação deturpada sobre Cuba. Há pouco noticiou que Fidel tem câncer no pulmão e está gravemente enfermo. Isso cria confusão na população. Agora, ameaçam entrar com a TV Martí.

– Trata-se de uma rádio pirata? – perguntei.

– A rádio inimiga é imoral, mas não é ilegal. Obedece a todas as normas internacionais. E Cuba não tem como responder à altura, cobrindo com uma rádio todo o território norte-americano. Mas um canal de TV é ilegal, além de prepotente. Isso pode até gerar uma crise, pois Cuba usaria seu poder de interferir nos radiotransmissores dos Estados Unidos. Temos aqui potentes transmissores.

– Como são preparados os jornalistas cubanos? – quis saber Ricardo Kotscho.

– Não podemos continuar preparando jornalistas que usem um estilo apologético e louvativo. Devem ter espírito crítico, sem cair no criticismo exagerado. Há em nossa população uma avidez de conhecer as causas dos problemas.

※※※

Como o Partido e a Igreja se parecem! Na Igreja, até heresias são suportadas quando expressadas em tom apologético e louvativo, como é o caso da papolatria de São João Bosco, que chegou a dizer que "o papa é a presença de Deus na Terra"... No entanto – ou talvez por isso mesmo – foi canonizado. O curioso, em se tratando de um Partido Comunista, é a falta de espírito crítico em nome da dialética marxista! É o mesmo que emudecer vozes numa escola de canto. Conhecer as causas dos problemas é exatamente um dos objetivos primordiais da teoria marxista. Soou estranho ouvir um dirigente comunista reconhecer que nem sempre há respostas para perguntas da população.

– Nossa política tem avançado, mas lentamente – admitiu Aldana. – Temos grandes obstáculos, como a burocracia do Estado. As pessoas não dizem que estão contra, mas boicotam na prática.

Veio-me à cabeça o fato de a carta de monsenhor Jaime Ortega ainda não ter sido publicada no *Granma*. Também nas esferas oficiais havia quem preferisse boicotar a dizer que era contra. Não me contive:

– O que me custa entender é saber que vocês têm em mãos certos trunfos, como a carta de monsenhor Ortega por ocasião deste 30º aniversário da Revolução e, no entanto, relutam em publicá-la. Insisti com Fidel que o fizesse.

– Fico feliz por saber que você disse isso a Fidel – retrucou Aldana. – Também sou de opinião que deve ser publicada. – E contou um curioso episódio: – Num seminário humorístico, divulgou-se um texto satírico referente a um ministro. O ministro protestou numa carta. Ocorre que a população pensou que a carta fosse outra piada. Não acreditou em sua autenticidade.

– Como é veiculada a informação interna no Partido? – perguntou Rui Falcão.

– Usamos vídeos. Há, inclusive, pronunciamentos de Fidel só para militantes. Esforçamo-nos também em vincular estudos dos discursos de Fidel com a prática política em cada localidade. O Partido tem, hoje, cerca de 500 mil militantes e 600 mil na Juventude Comunista. Reconhecemos que há um vazio na elaboração teórica. Domingo passado,

Fidel disse que é preciso acabar com o ensino dogmático do marxismo. Sabemos que as escolas do Partido são incipientes e, por isso, estamos revendo seus textos e métodos. Basta dizer que passamos dez anos sem estudar a história de Cuba como matéria específica! Era parte da história geral.

A noite ficou reservada para jantarmos na embaixada do Brasil. Uma feijoada! Seria a primeira vez que se comeria feijoada à luz da lua. Porém, pouco antes de sairmos da casa de protocolo, Fidel apareceu. Dei-lhe de presente um exemplar do *Guia de Cuba*, que redigi em coautoria com Sérgio de Souza, Colibri Vitta e João J. Noro. Um ano e meio após o lançamento da obra – da qual remeti 100 exemplares ao Conselho de Estado – Fidel confessou que só agora tomava conhecimento da existência dela. Ficamos conversando na varanda, enquanto eu me preocupava com o horário, pois eram 9:30 da noite e o embaixador marcara o jantar para as 9h. Fidel explicava o projeto da retificação cubana e voltava a criticar a perestroika:

– Polônia, Hungria e Iugoslávia já aderem ao capitalismo. – E acrescentou: – Nossa Revolução jamais fuzilou um de seus fundadores, um revolucionário de Sierra Maestra ou um sacerdote. Nunca cometemos abusos, como ocorreu em outros processos revolucionários. Duvido que se encontre outra revolução tão ética quanto a nossa. Talvez só a da Coreia do Norte.

A reação de Fidel contrastava com a simpatia que parte da população cubana demonstrava pela perestroika. Preocupava-o o fato de o mundo capitalista ver com bons olhos o que se passava sob o governo Gorbachev. Ao mesmo tempo, ele sabia que deveria dosar suas críticas públicas sob pena de inculcar no povo um antissovietismo que poderia transmutar-se num antissocialismo, o que seria catastrófico.

Olhei o relógio – 23h – e o comandante prosseguia animado. Criei coragem:

– Fidel, temos um jantar na casa do nosso embaixador e gostaríamos que você nos acompanhasse.

– Um jantar? E eu aqui tomando o tempo de vocês! Por que não me avisaram? Vou logo me retirar.

– Por que não nos acompanha? – insisti.

– Porque não fui convidado.

– Mas nós o convidamos, pois, além dos gastos serem pagos por nós, contribuintes brasileiros, estamos certos de que todos ficarão satisfeitos com a sua presença – argumentei.

Chegamos quando as travessas de feijoada davam a impressão de terem sido atacadas por um bando de corsários famintos. Marisa, Ricardo Kotscho e eu nos safamos para a cozinha na tentativa de encontrar algum resto do butim. Entre pilhas de pratos e talheres sujos, abrimos lugar numa pequena mesa bem no centro da cozinha, fugindo da agitada movimentação na sala, em torno da figura de Fidel. Pouco depois, o Comandante entrou na cozinha à procura do telefone. Terminada a ligação, encheu a mão de amendoins que se encontravam sobre a nossa mesa, aceitou um copo de cerveja, encostou-se na pia repleta de pratos sujos e começou a contar detalhes da histórica viagem dos revolucionários cubanos a bordo do iate *Granma*, de Vera Cruz, no México, a Santiago de Cuba, em 1956.

Do jeito que encostou, pouco depois de meia-noite, Fidel ficou mais de duas horas. Todos os convivas foram atraídos para a cozinha. Narrou o que qualificou de "a segunda grande atitude ética da Revolução" – o naufrágio de um companheiro, o que obrigou o grupo, no esforço de resgatá-lo em plena madrugada, sem poder acender luzes, a retardar por 40 minutos o desembarque. O náufrago foi salvo, mas o fator surpresa do desembarque ficou comprometido, pois o ancoradouro previsto já estava tomado pela repressão. Tiveram que desembarcar num pântano:

– Atolado até o pescoço, eu me perguntava se havíamos chegado mesmo a Cuba ou estávamos desembarcando num *cayo*.

Perguntei qual teria sido "a primeira grande atitude ética". No ataque ao quartel Moncada, frisou ele. O grupo comandado por Fidel tinha 90 homens e a tarefa de tomar a porta principal do quartel. Mas só 60 ou 70 o conseguiram, pois os outros não conheciam bem as ruas daquela parte da cidade e passaram adiante. Previa-se que tomariam o posto de comando do Moncada e obrigariam os soldados a recuarem para dentro do quartel, onde cairiam prisioneiros entre os que haviam entrado pela frente e o grupo que dominava o pátio traseiro, no qual ficava o alojamento. Porém, antes que chegasse à entrada principal, o grupo de Fidel deparou-se com uma patrulha, que o obrigou a iniciar os combates fora do quartel, e não dentro, como previsto. Logo, mais de mil soldados se mobilizaram. Perdeu-se o fator surpresa, embora o primeiro carro conseguisse chegar à entrada do quartel. Impunha-se a retirada. Ao ver um companheiro perdido pela rua, Fidel fez parar o segundo carro, no qual se encontrava, e cedeu ao companheiro o seu lugar no Oldsmobile.

– Mas o grande milagre – enfatizou Fidel – foi eu ter sido salvo pelo tenente Sarría.

Na retirada do fracassado ataque ao quartel Moncada, Fidel, Oscar Alcalde e mais um companheiro se encontraram na montanha, ao fim de uma semana de esforço sobre-humano para furar o cerco, e se abrigaram numa pequena cabana – conhecida em Cuba por *vara en tierra* – na qual os camponeses guardam material de trabalho. Esgotados, decidiram pousar ali. Ao amanhecer, foram acordados sob a mira de fuzis. Haviam cometido o grave erro de não montar guarda. Os soldados da patrulha queriam matá-los, mas o tenente Sarría, que os comandava, ao reconhecer Fidel, não permitiu. Travou-se uma discussão entre os guerrilheiros e os soldados sobre quem era assassino e quem merecia o título de continuadores do Exército Libertador. Sarría assumiu o risco de levar Fidel diretamente à Casa de Detenção de Santiago de Cuba e não entregá-lo às mãos do Exército, que com certeza o teria fuzilado.

Ao final das recordações do dirigente cubano, Júlio Victor do Espírito Santo, cônsul brasileiro em Havana, indagou:

– Por que em Cuba os serviços de atendimento ao público são tão ruins?

Fidel não se esquivou:

– Você tem toda razão, são ruins. Mas agora a nossa prioridade é a construção civil. Temos poucos recursos para fazer frente a tantos problemas.

Na quarta, 11 de janeiro de 1989, em visita à comitiva de Lula, Fidel leu para todos a expressiva carta que escreveu ao cardeal Arns e me advertiu que autorizava a sua divulgação (o que o destinatário preferiu não fazer).

Fidel virou-se para Lula e vaticinou:

– Você precisa prever a possibilidade de perder a eleição. Lute para ganhá-la e não demonstre nenhuma ponta de dúvida. Mas trabalhe intimamente com a hipótese de ser derrotado.

Antes de deixar Havana, a comitiva de Lula, abastecida de presentes – charutos, runs, artesanatos –, decidiu que tudo o que se ganhou seria doado à campanha presidencial para obter fundos.

MANÁGUA: A TORTA TRANSPARENTE

Procedente de Havana, desembarquei em Manágua acompanhando a comitiva de Lula. Durante o voo, Lula comentara comigo:

– Foi bom aquele conselho de Fidel. Sinto que, pessoalmente, estou preparado para não ganhar a eleição.

O jantar na casa de protocolo em que ficamos hospedados era o retrato fiel da crise econômica nicaraguense: podiam-se contar os grãos de arroz no prato, e a fatia de torta da sobremesa chegava a ser transparente…

Ao café, encontramos o presidente Daniel Ortega e o chanceler, padre Miguel D'Escoto.

– Vocês sabem que ontem nasceu no Brasil o cruzado novo, com menos três zeros? – informou-nos Daniel Ortega com uma ponta de ironia.

Contou-nos que a mudança da moeda nicaraguense, em fevereiro de 1988, teve pouco efeito. Oito anos de resistência à agressão dos EUA afetaram o país de modo drástico.

– Temos que administrar essa crise sem condições de implantar uma economia socialista – admitiu o presidente nicaraguense – inclusive porque sabemos que uma radicalização nossa agora afetaria o avanço da Frente Farabundo Martí de Libertação Nacional, em El Salvador, e do PT, no Brasil.

D'Escoto comentou, indignado, que o presidente Ascona, de Honduras, havia sido recebido por George Bush e lhe perguntou se os EUA iriam transferir o comando de suas tropas do Panamá para Honduras! O presidente norte-americano respondeu, em tom prosaico, que ainda não havia pensado nisso. Ascona acrescentou que só havia uma solução para a paz na América Central: invadir a Nicarágua, "matar o mal pela raiz".

PRAGA:
A MORTE DO CHEFE NAZISTA E A
(FALTA DE) LIBERDADE RELIGIOSA

Um calor tropical dominava Praga em maio de 1989. O jovem guarda alfandegário abriu meu passaporte, encarou-me, conferiu o visto, levantou-se e deixou a cabine. Regressou em dois minutos e fez-me entender que eu deveria portar coronas tchecas. Os turistas eram obrigados a fazer câmbio e obter dinheiro nacional na proporção do tempo que ficariam no país. Dirigi-me ao setor de câmbio e expliquei à funcionária, em francês, que não era turista, e sim convidado.

– Por que organismo?

– Pela Conferência Cristã pela Paz.

Ela olhou complacente meus papéis, carimbou e devolveu-os:

– O senhor não está obrigado a fazer troca de moedas – disse em tom cúmplice, talvez por ser cristã e se sentir gratificada por ajudar um irmão na fé a ingressar em seu país comunista.

Aguardava-me o cubano Misael Gorrín, pastor presbiteriano. Eu o conhecera em Berlim Oriental, em fevereiro de 1988. Terminados seus estudos teológicos, foi trabalhar em Praga com a entidade ecumênica que me recebeu.

Fiquei alojado na Casa Sacerdotal, mantida pelas irmãs de Notre Dame, na rua Jecná 2, em pleno centro da cidade, junto à igreja de Santo Inácio de Loyola. A um quarteirão fica a igreja de São Carlos Borromeu, destruída durante a guerra pela Gestapo, porque ali se esconderam perseguidos políticos.

Irmã Vojtecha, hospedeira, me conduziu ao segundo andar do convento de construção antiga.

– Madre Teresa de Calcutá dormiu nesta cama – disse em inglês com indisfarçável satisfação ao abrir as cortinas do amplo quarto para deixar entrar luz.

Na parede, um crucifixo, a foto oficial de João Paulo II e duas pinturas com paisagens tchecas. Um pequeno móvel de madeira com baldes, bacias e sabonete compensava a falta de pia. Armário, sofá e uma mesa baixa, cercada por duas poltronas, completavam o mobiliário. A luz da tarde parecia tornar ainda mais brancas as cortinas de renda estendidas sobre as duas amplas janelas. O único problema é que, no banheiro, só havia água quente no inverno, quando ligavam a calefação. O jeito foi suportar, antes das 6h da manhã – quando me levantei para a missa –, o banho glacial.

※※※

A ambição de Reinhard Heydrich era tão grande quanto seu nariz. Olhos frios, gostava de demonstrar aos superiores, sobretudo a Himmler, seu chefe, sua completa impiedade ao cumprir ordens de extermínio nos países ocupados pelo III Reich.

Quando o velho barão Konstantin von Neurath, chefe da ocupação nazista na Tchecoslováquia, caiu doente, em 1941, Hitler recomendou-lhe retornar à Alemanha para tratamento de saúde. O país ocupado tinha 5 milhões de habitantes e foi invadido por 3 milhões e meio de nazistas.

Reinhard Heydrich foi nomeado Protetor Interino da Boêmia e Morávia. Com 38 anos de idade, o novo comandante supremo transferiu-se para o Castelo de Hradschin, em Praga.

Jan Kubis e Josef Gabeik, dois militantes da resistência tcheca sediada em Londres, aceitaram a arriscada missão de abandonar a Inglaterra em um avião da RAF e saltar de paraquedas na Tchecoslováquia, com um único objetivo: matar Reinhard Heydrich. Quando o jovem Protetor, em seu Mercedes conversível, deixou sua casa de campo rumo ao castelo, na manhã de sexta, 29 de maio de 1942, não podia imaginar que seus olhos contemplavam, pela última vez, as montanhas nas quais o sol reluzia prenunciando o verão. A bomba de fabricação inglesa atingiu em cheio o carro e quebrou-lhe a espinha. Os combatentes conseguiram escapar e se refugiar na igreja de São Carlos Borromeu, cujos padres apoiavam a resistência. Seis dias depois, Heydrich morreu.

Himmler decidiu vingar de modo exemplar a morte daquele que representava o Führer na Tchecoslováquia. A igreja foi cercada pelas tropas das SS, e 120 militantes da resistência mortos a tiros, entre os quais Jan Kubis e Josef Gabeik, sem que os nazistas soubessem que os responsáveis pelo atentado figuravam entre as vítimas. Foram sumariamente executados 1.331 tchecos, entre os quais 201 mulheres. Transferiram três mil judeus do gueto de Theresienstadt para campos de extermínio. Em Berlim, Goebbels mandou prender os últimos 50 judeus que se encontravam em liberdade e, ao saber da morte de Heydrich, mandou executar, "em represália", 152 judeus.

De todos os castigos, o mais cruel foi o massacre da população da aldeia de Lídice. Na manhã de 9 de junho de 1942, o capitão Max Rostock – enforcado em Praga em agosto de 1951 – e suas tropas cercaram a aldeia e, no dia seguinte, fuzilaram 172 homens e rapazes acima de 18 anos. Dezenove habitantes que trabalhavam nas minas de Kladno, próximo à aldeia, foram presos e executados em Praga. Sete mulheres, também levadas para Praga, foram assassinadas. E 195 mulheres, transportadas para o campo de concentração de Ravensbrück, morreram na câmara de gás. Quatro mulheres grávidas foram levadas para a maternidade de Praga e, após darem à luz, os nazistas mataram seus bebês e as enviaram para Ravensbrück.

As 90 crianças que sobreviveram ao genocídio da aldeia foram remetidas para a Alemanha para serem educadas como alemãs e com nomes alemães. A aldeia foi incendiada, e as ruínas, dinamitadas.

Para que ninguém esqueça e o terror não se repita, Lídice jamais foi reconstruída.

Visitei na sexta, 26 de maio de 1989, monsenhor Liska, bispo auxiliar de Praga, redentorista de formação e ordenado bispo em 1988. Esteve preso – ou "internado", como diziam – durante quatro anos, na década de 1950. Ao sair da prisão, trabalhou na agricultura.

A meu pedido, o Secretariado para Assuntos Eclesiais havia solicitado nova entrevista minha com o cardeal Frantisek Tomásek, que, por estar doente, remeteu a seguinte resposta:

Estimado doutor,

Agradeço muito a sua carta de 3 de maio. Com prazer tomei conhecimento de sua preciosa visita que vem do Brasil e do interesse que Frei Betto tem por nossa Igreja.

> *Seu hóspede é bem-vindo à nossa casa. Encarreguei meu bispo auxiliar, monsenhor doutor Liska, que me substitua e que receba o senhor Carlos A. Libanio Christo na sexta-feira, 26 deste mês, à hora proposta, ou seja, às 10 horas, em nosso palácio arcebispal.*
> *Meus votos de todos os dons celestiais de Nosso Senhor.*
> *Com fraterno respeito,*
> *+ Frantisek Cardeal Tomásek*
> *Arcebispo de Praga*

Monsenhor Liska recebeu-me indiferente e perguntou de cara:

– A teologia da libertação identifica salvação e revolução? As Comunidades Eclesiais de Base trabalham nas paróquias?

Conversamos durante 45 minutos, durante os quais lhe dei as devidas explicações.

– Graças ao seu livro – revelou ao final – utilizei, junto ao governo tcheco, argumentos de Fidel Castro favoráveis ao trabalho das religiosas em Cuba. Assim, conseguimos tirá-las da clandestinidade. Agora só faltam os religiosos.

– Gostaria de saber se conto com o seu apoio nesse meu trabalho de propiciar o diálogo entre comunistas e cristãos.

– Não tenha dúvida, pois é preciso buscar o diálogo, e pode estar certo de que o governo de nosso país também é sensível a quem luta por justiça e liberdade na América Latina.

À saída, deu-me sua bênção.

À tarde, encontrei os camaradas Cinolder e Mracan, membros do Comitê Central do Partido Comunista, responsáveis pelo setor ideológico, com quem debati o direito à liberdade religiosa.

– Por que não permitiram aqui a publicação integral de *Fidel e a religião*? – indaguei.

– Nossos filósofos acham que a posição de Fidel diante da religião pode causar dúvidas na cabeça de nossos militantes.

– Vocês não podem fugir do desafio do resgate ideológico da cultura tcheca, cujo substrato é cristão. Têm que resgatar o cristianismo dentro do socialismo. Não podem criar a ilusão de que o futuro de um homem no socialismo é desfrutar das condições de vida burguesa.

– Essa aliança patriótica entre marxistas e cristãos – afirmou Cinolder – sempre predominou aqui, inclusive durante a ocupação. Reconheço que da parte de alguns comunistas houve sectarismos, mas esta não é a norma.

– A reestruturação tcheca, a perestroika soviética e a retificação cubana têm dois caminhos, priorizar o do progresso material, como na União Soviética e na China, ou o do progresso ético e moral, como em Cuba. E aqui?

– Devemos prestar mais atenção aos valores morais – reconheceu Cinolder. – A atual juventude perde consciência da solidariedade. Não sabe que a luta dos povos do Terceiro Mundo é a nossa luta.

– A imagem que guardo dos tchecos – disse a eles – são as pontes do rio Vltava. Como país, vocês ligam dois mundos. Como incrementar patriotismo e internacionalismo? Aqui precisa haver desbloqueio de ambos os lados.

– Eu pensava que conhecia a América Latina – admitiu Mracan – mas, depois que fui a Cuba, vi que conheço pouco.

– Como fazem trabalho ideológico junto à juventude?

– A juventude é muito importante – disse Cinolder. – Fazemos trabalho ideológico através do sistema escolar e de outros meios. Sabemos que a supertecnificação implica abandono de valores éticos. Temos a União da Juventude

Socialista, mas é muito formal. Nossa juventude é como qualquer uma da Europa.

À noite, autografei, na Casa de Cultura Cubana, a versão tcheca da edição resumida de *Fidel e a religião* sob o título *Na strasse chudych* (*Caminhar ao lado dos pobres*). Presentes diplomatas brasileiros e os embaixadores de Cuba, Angola, Nicarágua, Colômbia e Uruguai. Foram editados sete mil exemplares por iniciativa do Comitê de Altos Dignitários Religiosos – organismo ecumênico que, oficialmente, representava as Igrejas cristãs e a sinagoga junto ao governo. Porém, a obra não foi vendida ao público, apenas distribuída gratuitamente nos círculos religiosos.

Ao tomar em mãos meu passaporte no aeroporto, no domingo, 28 de maio de 1989, o guarda reagiu alegre:
– Rio de Raneiro, Sao Paolo, samba!
– *Naschledanou!* (Adeus!) – respondi sorrindo.
No free-shop vi uma garrafa de licor Fra Angelico sem o nome religioso, mas com o rótulo de Barbero, nome do fabricante. Um evidente sinal de censura e preconceito antirreligioso até em rótulos de produtos estrangeiros.

A 30 de maio de 1989, em Zurique, eu soube, pelos jornais, que Fidel convidara oficialmente o papa a visitar Cuba e que doutor Carneado, pela primeira vez, visitara Roma a convite do cardeal Roger Etchegaray, presidente da Comissão Pontifícia de Justiça e Paz. Em audiência privada com o papa, dia 26 de maio, Carneado entregou-lhe mensagem de Fidel Castro oficializando o convite.

DUQUE DE CAXIAS:
REPÚDIO AO *PAREDÓN*

Quatro militares cubanos – general Arnaldo Ochoa Sanchez, coronel Antonio la Guardia, major Armando Padrón e capitão Jorge Martinez –, acusados de tráfico de drogas e traição à pátria, foram condenados à morte no dia 10 de julho de 1989.

No dia seguinte, o papa João Paulo II pediu a comutação das penas. Outras dez pessoas receberam sentenças de 15 a 30 anos de prisão. Desde 1986, haviam traficado seis toneladas de cocaína para os EUA, em caixas de computadores, a pedido do Cartel de Medellín. A droga era apanhada em Varadero por aviões ou lanchas provenientes da Flórida. Muitos trabalhavam no Ministério do Interior.

Ochoa era um dos cinco militares cubanos com o título de Herói da República. Ao comandar as tropas cubanas em Angola, envolveu-se no comércio clandestino de marfim e diamantes.

Em Duque de Caxias (RJ), no 7º encontro intereclesial das Comunidades Eclesiais de Base, padre José Marins comunicou que dois bispos cubanos, residentes em Miami, divulgaram carta contrária à que dom Paulo Evaristo Arns remetera a Fidel por ocasião do 30º aniversário da Revolução. Em referência a mim, afirmavam que vou a Cuba para "discutir receitas de camarão e lagosta com Fidel Castro".

Todas as vezes que a direita manifesta indignação, ela tropeça no ressentimento. Qual cobra venenosa, morde o próprio rabo.

Por sugestão de Margarida Genevois, que participou do encontro das CEBs, liguei para o advogado Marco Antônio Rodrigues Barbosa, presidente da Comissão de Justiça e Paz da arquidiocese de São Paulo. Pedi-lhe para transmitir ao cardeal Arns a sugestão de telegrafar a Fidel solicitando a comutação da pena de morte imposta aos militares. Dom Paulo preferiu assinar o telegrama remetido em nome da Comissão de Justiça e Paz.

Em um regime consolidado considero condenável a pena de morte. Admito a exceção em situações de guerra, quando se trata de um torturador notório e responsável, ou quando uma coluna guerrilheira não pode manter preso – e nem libertar – um contumaz assassino. Nesse caso, as leis revolucionárias devem ser previamente divulgadas, e o direito de defesa concedido aos réus.

Na terça, 11 de julho de 1989, dom Paulo Evaristo Arns compareceu ao encontro das CEBs. Pediu-me para remeter um telegrama a Fidel, apelando à comutação das penas capitais, e incluir sua assinatura. Na entrevista coletiva, entreguei à imprensa cópias do telegrama:

> *Ao Comandante Fidel Castro Ruz*
> *Palacio de la Revolucíon*
> *Plaza de la Revolucíon*
> *La Habana – Cuba*

> *Comandante,*
>
> *Em meu nome e em nome do cardeal Paulo Evaristo Arns rogamos suspensão das sentenças de morte dos ex-militares cubanos recentemente condenados pelo hediondo crime de narcotráfico. Estamos seguros de que a Revolução, realizada para defender a vida, respeitará o dom maior de Deus.*
> *Fraternalmente,*
> *Frei Betto*

Os quatro militares foram fuzilados. Na volta a São Paulo remeti carta ao mandatário cubano:

> *São Paulo, 17 de julho de 1989*
>
> *Querido Fidel,*
>
> *Desde o início do caso dos narcotraficantes sinto-me mais irmanado a você e à Revolução Cubana. Imagino o duro golpe que isso representa para Cuba e o povo cubano. E sobretudo para o seu próprio coração, Fidel.*
> *O fato comprova os princípios que têm sido temas constantes de nossas conversas: o socialismo só se justifica como advento do homem e da mulher novos. Na sua raiz reside a ética que deve operar, na vida pessoal de cada cidadão, a mesma transformação que a Revolução opera na vida social. Ocorre que o socialismo – contemporâneo do capitalismo – é vinho novo em odres velhos. Ele é a primeira etapa de um longo processo histórico que fará desaparecer as marcas de séculos de opressão e de alienação. Agora, porém, joio e trigo crescem juntos.*
> *O que leva um heroico revolucionário a tornar-se cúmplice de repulsiva atividade criminosa como o nar-*

cotráfico? A indagação traz para o centro do processo de educação política a questão da subjetividade humana. Um homem ou um povo não se torna imune às seduções capitalistas pelo fato de favorecer, por seus atos, a construção do socialismo. No coração de um audacioso guerrilheiro, a vaidade pessoal e as ambições egoístas podem se sobrepor ao amor ao povo, assim como um quadro do Partido pode mover-se motivado mais pelo desejo de fama pessoal do que por espírito de serviço à Revolução. Portanto, nem sempre os frutos revelam a qualidade da raiz da árvore ou a prática traduz a verdade pessoal. Gestos objetivamente positivos podem esconder uma subjetividade maculada por intenções espúrias. O dirigente de uma cooperativa pode mentir alterando estatísticas, de modo a ficar bem frente ao governo, assim como uma professora é capaz de aprovar alunos incompetentes para não prejudicar seu currículo profissional.

Como atingir a raiz do coração humano? O capitalismo obtém êxito exatamente por corresponder àquilo que o ser humano possui intimamente de mais egoísta, enquanto o socialismo resulta de uma educação para o amor. E o amor é sempre exigência de transcender-se e ir ao encontro dos outros – e esta é a base ética do socialismo. No capitalismo, a pessoa escolhe a si mesma em detrimento dos outros. Porém, mesmo em países socialistas há indivíduos que agem – inclusive a favor da Revolução – motivados por um espírito capitalista. É esta raiz podre que favorece o inimigo. E é esta raiz que a proposta de Jesus busca atingir e modificar.

Em termos políticos, não se trata de confessionalizar a ética e pretender que todos sejam cristãos. Trata-se de algo mais profundo: levar uma coletividade a viver os valores evangélicos – dar a vida pelos outros, amor, serviço desinteressado, despojamento, partilha de bens, capacidade de *sacrifício etc. – que, sem dúvida, coincidem com os mais puros valores revolucionários. É este desafio que a educação popular procura enfrentar. Há toda uma série de fatores que concorrem para a emulação de um povo: o exemplo dos dirigentes, os princípios da Revolução, a memória histórica, o internacionalismo, as exortações políticas que falam à razão e ao coração. Contudo, é preciso ir mais fundo, através de métodos educativos que renovem, a cada dia, o espírito revolucionário. Nesse sentido, a Igreja possui um valioso patrimônio que você tão bem conhece: exame de consciência, interiorização pela oração, retiros espirituais etc. O lamentável é que esse patrimônio tem sido historicamente manipulado por ideologias reacionárias, gerando em cristãos a atitude esquizofrênica da freira capaz de se deixar consumir pelos doentes de um hospital e, no entanto, ficar impassível perante a miséria de todo um povo.*

Para a educação popular, o desafio é como resgatar revolucionariamente tal patrimônio. Nenhum homem pode autoformar-se ideologicamente sem o confronto com a realidade, as exigências de luta social, os questionamentos dos companheiros. Aquele que já não se submete periodicamente à crítica e autocrítica acaba convencendo-se de sua própria imunidade – irmã gêmea da suposta impunidade. A dificuldade é que essa educação ética e ideológica não depende apenas de processos escolares formais – é preciso haver espaços informais e coletivos nos quais as pessoas se tornem protagonistas de sua própria educação. Só assim, creio, teremos aquele homem não alienado de quem falava Marx, ou seja, a pessoa cuja existência coincide com a sua essência.

A carta que o cardeal Arns lhe escreveu por ocasião do 30º aniversário da Revolução continua sendo manipulada por setores anticomunistas para desgastar o cardeal dentro da Igreja. A cada semana, dom Paulo recebe protestos indignados dos Estados Unidos e da Europa, onde o acusam de querer "canonizar o inferno cubano". O cardeal mantém-se firme, convicto do que escreveu a você. Porém, considerou oportuno que ele e eu nos uníssemos ao apelo do papa dirigido a você no sentido de que se comutasse a sentença de morte dos ex-militares narcotraficantes.

Sabemos que a comunidade de Miami está interessada em boicotar a visita do papa a Cuba. Para ela, a visita será tão prejudicial às campanhas anticomunistas como o foi a carta do cardeal Arns. Como não convém criticar diretamente o papa, os "gusanos" atacam o cardeal.

Diante dessa conjuntura, seria oportuna a divulgação da carta que os bispos cubanos enviaram a você em fins de 1988, por ocasião do aniversário da Revolução. A carta dos bispos cubanos mostraria à opinião pública internacional e à Igreja universal que a opinião do cardeal Arns encontra respaldo na própria apreciação dos bispos cubanos. A questão é encontrar o modo de fazer essa tardia divulgação. Talvez o Granma *possa publicar uma reportagem preparatória à visita papal, descrevendo as relações Estado-Igreja em Cuba nos últimos cinco anos (desde a publicação do livro).[58] Nesse contexto, a carta dos bispos cubanos seria divulgada na íntegra.*

Ficam o apelo e a sugestão – e os faço tendo em vista as fortes pressões que o cardeal Arns sofre por fidelidade ao apreço que nutre por você e pela Revolução.

(...)

Rezo ao Pai por você e pelo povo cubano.
Lembranças a Chomy e Marina.
Meu abraço mais fraterno,

Frei Betto

---

[58] Referência ao livro *Fidel e a religião*.

BERLIM ORIENTAL: O MARXISMO PARECIA DESABAR COM O MURO

Rumo a Berlim Oriental, voei com Leonardo Boff na quarta, 7 de fevereiro de 1990. Pensei que, devido à queda de Erich Hornecker, líder supremo da República Democrática da Alemanha, o grupo responsável por nossa programação tivesse caído em desgraça.

Fomos recebidos pelo professor Hendrich Fink, da seção de Teologia da Universidade Humboldt; pelo doutor Holger Röfker, da Secretaria de Estado para Assuntos Religiosos; e por alguns assessores. Ali mesmo nos foi exposto o intenso programa a cumprir. Como viajamos no escuro, sem saber o que nos aguardava, não preparamos as conferências. Uma informação desencontrada me deixara com a ideia de que falaríamos sobre os 500 anos da chegada dos europeus à América Latina – equivocadamente chamada de *descobrimento*.

Acertei na soma dos séculos, mas errei no evento: comemorava-se, naquele ano, o quincentenário do nascimento de Thomas Müntzer.[59] Queriam que o relacionássemos à teologia da libertação. Fomos obrigados a preparar as palestras à

---

[59] Teólogo protestante alemão (1489 ou 1490-1525) que lutou por reformas e apoiou movimentos camponeses.

noite no quarto do hotel e, devido à falta de bibliografia, apelando à memória e a notas que levamos em nossas agendas.

Costeamos o Muro de Berlim, cujas guaritas estavam vazias e os holofotes apagados, como sinais de um campo de concentração desativado. Entre a igreja de Santo André e a Berlin Hauptbahnhofer, a estação ferroviária, haviam pichado no Muro: *Stalin foi mesmo embora para sempre?*

Na mesma tarde nos encontramos com um grupo de sacerdotes e leigos, na paróquia de São José. Presentes cerca de 30 pessoas. Fez-se prolongado silêncio quando Boff indagou se os luteranos participavam do processo de redemocratização do país. (Saberíamos depois que o papel dos luteranos havia sido muito mais destacado do que o dos católicos.) Um dos presentes perguntou:

– Para o Terceiro Mundo, tão miserável, tem alguma importância a contradição capitalismo *versus* socialismo no Primeiro Mundo? Existe conflito entre pobres e ricos ou também entre capitalismo e socialismo? O socialismo seria vantajoso para a América Latina?

– Para nós – respondeu Boff – a tensão não é entre Leste e Oeste, mas entre Norte e Sul. A questão não é ideológica, mas real: uma imensa pobreza em consequência do capitalismo. Este é o nosso inimigo. Sempre reconhecemos que o socialismo real traz mais igualdade, sem ignorar seus desvios e defeitos. Portanto, a ênfase da discussão não deve recair na mera polarização socialismo *versus* capitalismo, e sim na questão da participação popular nas decisões políticas e na gestão econômica. Democracia popular não pode ser confundida com democracia liberal. Esta situação aqui é como um novo contrato social. Renasce o fetichismo do mercado e do valor, sem se indagar pelos custos sociais do progresso capitalista, que são pagos pelo Terceiro Mundo, responsável por 47% da riqueza da República Federal da Alemanha.

– Durante 40 anos vocês viveram no socialismo. O que houve de positivo? – perguntei.

A resposta demorou, deixando no ar um silêncio constrangedor. Logo, as pessoas começaram a opinar: "Acabou-se a minha utopia numa sociedade solidária", disse um leigo. "Não havia desemprego, e o ensino era gratuito", falou uma mulher. "Em todo o Leste Europeu", opinou outro, "estamos alérgicos a falar em ideologias ou sistemas. O que existe é a posição do indivíduo. Não acredito em soluções urgentes e penso que a democracia no Ocidente não está acabando."

Percebi a esperança que nutriam no que denominavam "um capitalismo humano". Um deles chegou a sugerir a "humanização do mercado". Leonardo Boff reagiu:

– Seria possível humanizar o capitalismo? Sua lógica é a da acumulação e, portanto, ele não existe para responder às necessidades dos pobres e sim aos interesses dos ricos. Como imaginar a raposa protegendo o galinheiro? Reduzindo o tamanho dos dentes da raposa? Seria isso o capitalismo humano? Ora, a agressão às galinhas pertence ao próprio instinto da raposa. Não sou contra o mercado, o problema é que no capitalismo ele só visa ao lucro, não satisfazendo as necessidades básicas e criando outras, artificiais. É inegável que o capitalismo dispõe de recursos suficientes para acabar com a fome no mundo. Mas não quer aplicá-los na vida, quer multiplicá-los, ainda que favorecendo a indústria da morte.

Jantamos com o ministro Kalb, secretário de Estado para Assuntos da Religião, em companhia dos doutores Will,

Röfke, Hartwig, Tröger, do professor Fink e da senhora Kleinig. Na sala Rostov do restaurante do hotel em que estávamos hospedados, Kalb fez a mais severa autocrítica que já ouvi da boca de um dirigente comunista:

– Como explicar que a situação da RDA tenha chegado a este ponto? – perguntei.

– Não fomos capazes de reconhecer nossos erros e nem abrimos espaço às críticas. Tentamos competir com a outra Alemanha. Quando descobrimos que não podíamos concorrer na pesquisa científica e no avanço tecnológico, investimos no esporte. Pretendíamos fazer da RDA uma potência esportiva. Chegamos a gastar 4 milhões de marcos para ganhar uma medalha de ouro nas Olimpíadas. E perdemos também neste terreno. Hoje, 90% da população querem o consumo, o capitalismo. As pessoas estão preocupadas consigo mesmas. Começaram por derrubar o Muro, depois os corpos de segurança do Estado e, agora, o regime. A unificação das Alemanhas é inevitável. Helmut Kohl quer iniciá-la pela uniformização das moedas, controlando nossas empresas. E hoje, na TV, apelou para que o nosso povo se mantenha dentro de nossas atuais fronteiras. É sinal de que a abertura já começa a molestar o outro lado.

Virou-se para mim e acrescentou:

– Há dois anos, quando o senhor esteve aqui, eu lhe disse que a RDA seria o fator de equilíbrio da Europa. Os fatos mostraram que eu estava equivocado.

Leonardo Boff e eu falamos sobre teologia da libertação no auditório Marx e Engels, da Universidade Humboldt, na quinta, 8 de fevereiro de 1990. Coube-me o tema "O Deus da vida contra os ídolos da morte". Baseado em Franz Hinkelammert, reli o sacrifício de Isaac, mostrando que a fidelidade de Abraão não se comprovou por sua disposição de matar o filho, como sugere a leitura tradicional, mas justamente por sua decisão de não assassinar Isaac. Abraão, que pertencia a uma religião pastoril politeísta, cujo culto requeria sacrifícios humanos, como acontecia entre os astecas, rejeitou a exigência de oferecer seu primogênito em sacrifício ao se converter a Javé, o Deus único, o Deus da vida. Por isso, Abraão teve que se afastar da cidade, para não ser punido como herege. Contudo, predominou a leitura parricida, retomada por Santo Anselmo no século XI e aplicada à morte de Jesus, uma reparação divina da ofensa que os seres humanos fizeram a Deus pelo pecado, como se o Pai, sedento de justiça, tivesse enviado o Filho para que o nosso pecado fosse resgatado com sangue divino.

– Essa óptica de leitura fundamenta o espírito capitalista, cuja lógica em nome de um "bem maior", a fidelidade a Javé ou a reparação da injustiça cometida contra Deus, pratica-se o "mal menor", como as mortes de Isaac e Jesus. Há males que vêm para o bem, diz o ditado popular. Assim, em nome da segurança nacional ou do desenvolvimento, governo e empresas sacrificam cidadãos e operários, através da repressão ou dos baixos salários.

"O que caracteriza a modernidade – prosseguí – é a famosa frase de Marx em O *manifesto comunista*, 'tudo que é sólido desmancha no ar'. Teologias e filosofias perenes foram para o espaço a partir do momento em que o racionalismo se casou com o pragmatismo, a ponto de os discípulos de Kant e Hegel indagarem se restou outro espaço para a filosofia fora do campo da linguagem. No entanto, em nome da modernidade, novas concepções totalizantes, como o marxismo, acabaram por se impor como perenes. O problema é que todo pensamento é tributário de seu tempo. E o marxismo, em sua pretensão científica, não conseguiu ficar de todo imune ao vírus do implacável determinismo de Laplace e do positivismo de Comte. Agora, na pós-modernidade, o homem e a mulher insistem em ser os produtores do próprio sentido de suas vidas, ainda que este sentido resulte de algo parecido a uma colcha de retalhos, como acontece sobretudo no que concerne à religião, onde elementos do cristianismo ortodoxo se mesclam, num sincretismo consciente, às contribuições da mística oriental ou de alguma tradição africana."

"Temos de retomar o socialismo", concluí, "a partir de seus valores éticos e sociais e, ao mesmo tempo, criticar a autocracia stalinista, que excluiu a participação popular na construção da concepção de sociedade. Não basta convocar o povo para levantar a casa segundo o projeto feito pelos engenheiros. Participar é dar acesso popular à própria concepção do projeto."

**

Nos últimos dias de Berlim marxista-leninista, o mundo parecia virado de cabeça para baixo. Ao menos a minha cabeça dava voltas como uma piorra movida por um furacão de novidades. Nós, da teologia da libertação, falávamos como revolucionários, enquanto os marxistas tentavam se adaptar a uma nova linguagem, mais digerível por aqueles que detinham a hegemonia do neoliberalismo que assolava a Europa. Talvez pudéssemos suportar um pouco melhor tantas mudanças imprevistas, porque a Igreja já passara pelo Renascimento – que, afinal, chegava para o socialismo real.

Assim como para os cristãos foi difícil admitir a ideia de que a Terra não é o centro do Universo, os comunistas sofriam ao constatar que o avanço do socialismo não era inexorável. Em muitos países, o povo pedia nas ruas mais liberdade, e isso causava tanto impacto aos ortodoxos como o êxito de Lutero aos olhos dos bispos católicos. Assim como passamos a deplorar nossos desvios genocidas, como a Inquisição, agora se ampliavam as críticas aos crimes de Stalin; à invasão da Hungria, em 1956; à forma como foi esmagada a Primavera de Praga, em 1968; e ao massacre da praça da Paz Celestial, em 1989.

Em nome de Deus, a Igreja cometeu crimes tão hediondos como aqueles que o socialismo real repetiu em nome da emancipação do proletariado. Nem por isso, a fé desapareceu da face da Terra, e o evangelho, com certeza, ganhou ainda mais força quando se descobriu que seus princípios condenam o modelo constantiniano de Igreja.

Do mesmo modo, as mudanças do socialismo real não afetam os princípios éticos que regem a teoria marxista. Ao contrário, eles se tornam mais vivos, pois a humanidade não está de fato preocupada em saber se o regime é liberal ou comunista, e sim como é possível viver com dignidade, justiça, liberdade e paz. A história mostra-se intransigente em sua ironia, vendo o povo da Nicarágua repudiar, pelo voto, o governo sandinista, e a propriedade privada retornar aos países do Leste Europeu como fator imprescindível ao desenvolvimento social, assim como viu a Comuna de Paris, em 1871, desmascarar a prosopopeia da Revolução Francesa. Não há, definitivamente, leis irrevogáveis no processo social. Nele também se aplica o princípio quântico da indeterminação.

Heinrich Fink, Holger Röfke, Engler e outros amigos nos acompanharam na manhã de segunda, 12 de fevereiro de 1990, ao aeroporto de Berlim Oriental. O sol apresentava um brilho primaveril, embora ventasse mais do que nos dias anteriores.

– Vai nevar tão logo o nosso avião decole – comentei em tom de brincadeira com nossos anfitriões.

Dois dias depois, os jornais brasileiros noticiaram que um vendaval arrasara meia Europa, jogando árvores sobre carros, fazendo tombar embarcações no Canal da Mancha e derrubando postes na zona rural. Em seguida, caiu neve.

E o mais importante: o Muro de Berlim deixou de existir.

***

Na peça *Cabaré*, inspirada em *Adeus a Berlim*, de Christopher Isherwood, e estrelada no cinema por Lisa Minelli, os anos dourados de Berlim terminam quando os bares da noite são invadidos por novos frequentadores, além dos tradicionais turistas, intelectuais, artistas e boêmios: os nazistas que, com seus uniformes de grossos cinturões de couro e botas até os joelhos, e braceletes vermelhos com a suástica preta em fundo branco, exercem poderoso fascínio sobre prostitutas e bailarinas. O ambiente descontraído, carregado de fumo e álcool, envolto na alegria contagiante da música e do humor picante, abre espaço aos novos figurantes, que logo se impõem como atores principais. Nascia uma nova Alemanha, grávida de pangermanismo.

Em fevereiro de 1990, nas ruas de Berlim Oriental, pouco antes da reunificação da Alemanha, vivi a experiência inversa à de Christopher Isherwood: as austeras avenidas da cidade, com suas praças consagradas aos mitos do panteão comunista, eram tomadas pelos reluzentes Mercedes-Benz oriundos do lado ocidental, graças à derrubada do Muro de Berlim. Junto ao prédio do Reichstag, pedaços do Muro eram vendidos a 5 marcos, com a etiqueta *Die Mauer* (*O Muro*). Vinham comprar barato tudo o que encontravam pela frente, beneficiando-se da diferença de câmbio entre as duas Alemanhas. Aqueles visitantes eram, de fato, os anfitriões. Renascia a Alemanha unificada, num abraço fraterno entre o urso e o coelho.

Num de seus poemas, o poeta cubano Onélio Cardozo diz que a fome de pão é saciável, mas a de beleza, infindável. Talvez o socialismo real tenha cometido o erro de pensar que a saciedade da fome de pão traria, em consequência, a de beleza, ou seja, preencheria esse buraco na alma que faz os seres humanos buscarem, de modo incansável, um sentido para a aventura da vida, algo que transcenda a relação com o mundo físico e que transforme a luta pela sobrevivência na helênica arte de tecer esperanças. No plano individual ou coletivo, o ser humano é movido por utopias, que não cabem no apertado gargalo de uma racionalidade que reduz as relações sociais à esfera econômica. O próprio Marx, numa carta à sua mulher Jenny, dizia que felizmente as relações entre eles nada tinham a ver com as relações de comércio...

O capitalismo, ao reduzir de fato o ser humano à esfera econômica e torná-lo prisioneiro da lógica implacável da relação capital X trabalho, cuidou de evitar que os olhos mirassem a realidade de frente. A exacerbação do imaginário é uma poderosa arma para assegurar a alienação e, portanto, a própria continuidade do sistema. Embora o Eldorado seja oferecido a uma minoria, ao menos na forma de bem-estar material, o sonho de alcançá-lo é socializado. Em outras palavras, para poder privatizar os bens materiais, o capitalismo socializa os bens simbólicos, através da religião ou da mídia eletrônica, que não distingue o barraco do pobre da mansão do rico.

O socialismo fez exatamente o contrário: socializou os bens materiais e privatizou os sonhos, na medida em que só os detentores do poder podiam aspirar ao exercício da transgressão – como mudar o modo de pensar e de agir em matéria política –, um dos atributos da liberdade.

Nenhum ser humano cabe em si mesmo. A inata vontade de transcender-se está diretamente relacionada à possibilidade de transgredir os limites subjetivos e objetivos que o cercam. Como num filme de Walt Disney, o capitalismo cria essa válvula de escape dando vida real à fantasia. As relações objetivas não sofrem nenhuma modificação, o favelizado continua marginalizado do acesso aos bens imprescindíveis à existência, mas seu imaginário é permanentemente realimentado, aumentando o fosso entre a sua consciência (alienada) e a sua existência (oprimida). Diante dessa alienação, que Marx tão bem descreve no *Manuscritos econômicos e filosóficos*, o socialismo pretendeu privar a consciência dos sonhos e trazê-la à realidade, a ponto de sufocar o talento artístico nas linhas geométricas do realismo socialista. A única utopia era a futura sociedade comunista, mas seu caminho passava pela difícil estrada de terra do trabalho produtivo, e o imaginário, como uma pipa privada de ventos para alçar voo, ficava sob o jugo da racionalidade "científica" definida pela versão do Partido. Como um pássaro que resiste no viveiro, o imaginário era obrigado a voos curtos, no âmbito das relações pessoais, já que as sociais estavam predeterminadas pela política oficial.

A crise do socialismo coloca uma pergunta-chave: *afinal, o que deseja o ser humano em última instância, saciar a fome de pão ou de beleza*? As duas, diriam todos. Diante da impossibilidade real, em uma humanidade em que dois terços passam fome, tomistas e marxistas estariam de acordo que sem um mínimo de pão, de condições materiais, não se pode sequer falar no apetite de beleza. Contudo, é suscitando esse apetite que o capitalismo mantém suas vítimas conformadas com a falta de pão. E na guerra à racionalidade política da esquerda, lança mão da poderosa arma do imaginário e vence eleições.

A resposta a esta questão não é fácil, mas acredito que encerra um novo caráter para a metodologia da educação política. Um homem privado de bens essenciais à vida pode não ter condições de perseguir suas utopias, mas isso não significa que não queira transgredir os limites que o asfixiam. Ele insiste em sentir-se livre. E o consegue pela revolta, colocando os seus "direitos" acima dos direitos alheios e tornando-se um bandido. Assim transgride, pela via do imaginário, na ousadia de supor que é capaz de alcançar, por seus próprios meios, a riqueza que lhe é negada.

Outros preferem a via política, onde a utopia se torna fator normativo da persistente militância. Marx prefigurou uma sociedade "onde o livre desenvolvimento de cada um é a condição para o livre desenvolvimento de todos". Essa autorrealização não se esgota na garantia de acesso aos bens e serviços essenciais. Há exemplos-limites que demonstram a predominância do sentido da vida sobre o bem-estar material. É o caso de São Francisco de Assis ou de Che Guevara. Os dois, em nome de seus ideais, foram capazes de abraçar duras privações materiais, inclusive com risco de morte. "Nem só de pão vive o homem...", advertia Jesus. Não teria o socialismo real desprezado a fome de beleza, supondo que o pão fosse suficiente para saciar a voracidade humana?

Na arte, o realismo socialista felizmente teve vida curta. Para o artista, não se trata de reproduzir a realidade, mas de recriá-la. Seu olho enxerga e revela o real por um novo prisma que capta, de alguma forma, a própria essência do real. Isso explica por que as salas reservadas aos impressionistas franceses são as mais visitadas no museu de São Petersburgo (outrora chamada Leningrado). Talvez os nossos processos de educação política repetissem uma espécie de "realismo socialista pedagógico". Acreditava-se que transmitindo noções de classes sociais, de modos de produção ou de história da classe operária, formava-se um bom militante. Sem dúvida, o conhecimento histórico, científico e técnico é imprescindível à qualificação política. Mas não é suficiente.

BRASÍLIA:
A MENSAGEM CRÍTICA
DOS BISPOS CUBANOS

De Havana comunicaram-me, na segunda, 12 de março de 1990, que eu deveria estar em Brasília no dia seguinte, no início da noite. Deduzi que para aguardar a chegada de Fidel. Levei comigo Leonardo Boff.

No fim da tarde, Fidel desembarcou na base militar do Distrito Federal e deu sua primeira entrevista à TV Globo. Na residência do embaixador, recebeu-nos muito bem-disposto.

– É uma pena que a posse não seja de Lula – comentamos ao abraçá-lo.

Sentia-se feliz por realizar seu sonho de retornar ao Brasil após 31 anos. À sua volta, o embaixador Jorge Bolaños, o ministro Ricardo Alarcón, Manuel Piñeiro, Chomy Miyar e Rafael Hidalgo.

– Você vai precisar disso – disse eu, entregando-lhe uma caixa de pastilhas de hortelã que ele tanto aprecia para aliviar a garganta.

– Então, como veem minha visita aqui? O que consideram importante enfatizar?

– Três temas – adiantei: – a questão indígena, ligada à ecologia; o negro, pois somos a segunda nação negra do mundo, depois da Nigéria; e a mulher, pois há um crescimento do movimento feminista no Brasil, inclusive delegacias de mulheres destinadas exclusivamente a registrar agressões sofridas por elas.

– Os brasileiros são a favor da interferência estrangeira na Amazônia? – perguntou.

– Não, pensamos que nós mesmos devemos administrar a Amazônia.

– Era o que eu pensava.

– O governo Sarney fez na Amazônia uma política condenada pela Igreja e pelas instituições antropológicas mais sérias do país – falei. – Sua concepção era militarizada, ou seja, relegava a sobrevivência indígena ao segundo plano, priorizando a defesa das fronteiras do país e a exploração das imensas riquezas minerais encontradas em terras indígenas. Com isso, favoreceu o genocídio das nações indígenas. Para nós, a defesa da Amazônia está vinculada à figura de Chico Mendes, um seringueiro, militante do PT e dirigente sindical, assassinado pelos latifundiários no Natal de 1988. Ele defendia a criação de reservas extrativistas – a exploração racional da florestas por seus próprios habitantes, através do aproveitamento econômico de suas potencialidades, assegurando a reprodução da fauna e da flora. E toda essa questão do meio ambiente se liga à exigência de reforma agrária. Neste país de dimensões continentais, nunca houve um mínimo de justiça fundiária. É bom recordar que o papa João Paulo II, em audiência concedida ao presidente Sarney, em julho de 1987, declarou que "não haverá democracia no Brasil enquanto não houver reforma agrária".

Pediu que lhe preparássemos, o mais rápido possível, um dossiê sobre Chico Mendes.

– Há alguns termos que convém evitar no Brasil – adverti. – Comunista, por exemplo, significa pouco num país em que há comunistas de esquerda e de direita. É melhor falar em revolucionário. E em socialismo. Convém ainda não falar muito em marxismo-leninismo, expressão que aqui é mais usual na boca daqueles que julgam a teoria mais importante que a práxis.

– O que acham que perguntarão nas entrevistas e nos encontros?

– Sobre a crise do Leste Europeu e a democracia em Cuba. A derrota da Frente Sandinista na eleição presidencial leva inclusive setores de esquerda a se perguntarem se a Revolução Cubana resistiria à prova das urnas.

– Seria bom então explicar como funciona nosso mecanismo eleitoral – reagiu ele –, as organizações de massa, o Poder Popular. A derrota da Frente Sandinista também nos surpreendeu. Ela se deu devido a uma série de erros cometidos pela Frente, que se afastou do povo após a Revolução. Os sandinistas não foram capazes de oferecer à população melhoria das condições de vida, e a guerra levou os eleitores a buscarem uma candidatura capaz de assegurar a paz. Os Comitês de Defesa da Revolução já não funcionavam e, portanto, o Poder Popular não existia de fato.

– Sim, especialmente este termo, Poder Popular, tem excelente ressonância aqui. Mas não se deve fugir da questão eleitoral. Embora saibamos que democracia não rima apenas com eleições, mas sobretudo com justiça social e participação popular nas decisões políticas, é preciso não menosprezar toda a luta dos brasileiros, ao longo de quase 30 anos de ditadura militar, por eleições diretas.

– De fato, este aspecto é muito importante – comentou Fidel, como se falasse para si mesmo, querendo registrar o dado. – E como vocês encaram o governo Collor?

– Ele é um megalomaníaco, considera-se o rei do Brasil. Por isso, age voluntariosamente, surpreendendo gregos e troianos, inclusive na indicação de seus ministros, gente que foge de todas as previsões dos lobbies tradicionais. De cara, já deu um tropeção ao decretar um feriado bancário que impede os pobres de receberem seus míseros salários. Bastava ter paralisado o mercado financeiro, as aplicações, deixando abertos os guichês dos bancos para retiradas sob um limite máximo.

– Como justificar minha visita à conferência episcopal na sexta-feira?

– Será um gesto de consideração com uma Igreja que tanto lutou pela redemocratização deste país.

***

Leonardo Boff e eu explicamos a Fidel que o Brasil era seguramente o país da América Latina com o maior número de católicos. Mas, aqui, o catolicismo possuía características diferentes dos outros países. Fomos colonizados pelos portugueses, e não pelos espanhóis, mais aferrados a uma religião régia. Durante a colônia, nosso catolicismo foi muito *callejero*, pouco eclesiástico, mesmo porque os padres estavam mais interessados no contrabando de ouro que na salvação das almas. Em 1750, o marquês de Pombal expulsou os jesuítas do Brasil, reforçando o controle da Igreja por parte da Coroa. Os negócios eclesiásticos dependiam da aprovação do imperador até fins do século XIX.

Nunca tivemos uma democracia cristã forte. Ao contrário de outros países, os bispos brasileiros mantiveram uma atitude política de defesa dos interesses patrimoniais da Igreja, mas sem nenhuma atuação que hegemonicamente pudesse ser considerada de direita. Após a Segunda Guerra, pela via da Ação Católica, o catolicismo brasileiro começou a ter um caráter progressista. Até então, combater os protestantes e os espíritas era mais importante que combater os comunistas.

A Ação Católica teve importância decisiva no atual caráter do catolicismo brasileiro. Através do Centro Dom Vital, no Rio de Janeiro, intelectuais do porte de Alceu Amoroso Lima (Tristão de Athayde) introduziram no Brasil o pensamento avançado do catolicismo francês. Nos anos de 1950 e 1960, a JUC desempenhou um papel preponderante na formação do cristianismo progressista, pois, pela primeira vez, leigos cristãos atuavam, em nome de sua fé e aliados com os comunistas, na política estudantil – que, naquele momento, era tão importante em nossa conjuntura como, nos anos de 1970 e 1980, o movimento sindical. Dom Hélder Câmara teve uma profética atuação em tudo isso, como pioneiro da opção preferencial pelos pobres. Com o golpe militar de 1964, a Ação Católica, perseguida como subversiva, perdeu força, deixando lugar ao novo movimento cristão de natureza mais popular: as Comunidades Eclesiais de Base.

Na eleição de Collor, atribuiu-se às CEBs o expressivo número de votos que Lula obteve em regiões interioranas do país, onde não havia organização sindical e partidária. Ninguém negava que a maioria dos militantes das CEBs tinha preferência eleitoral pelo PT, embora não existisse nenhum vínculo orgânico entre os dois.

– Em Cuba, Betto, parece que seu trabalho junto à Igreja não deu frutos – observou Fidel. – A conferência episcopal, há pouco, recebeu a visita do cardeal de Boston. Foram três dias de reflexão. Ao final, me enviaram as conclusões, um documento contrarrevolucionário, digno da CIA. Este cardeal deve ter metido na cabeça deles que a Revolução está com seus dias contados, justamente no momento em que o nosso povo melhor responde aos nossos chamados. Estamos trabalhando inclusive com a hipótese de a União Soviética cortar toda a ajuda que nos presta. Vamos simular como sobreviver com metade ou um quarto das importações essenciais.

***

Os bispos de Cuba acabavam de causar uma profunda decepção em Fidel. Nos últimos meses, haviam se encontrado na nunciatura apostólica, a 23 de outubro de 1989, por motivo do 11º aniversário do pontificado de João Paulo II e, em fevereiro de 1990, na recepção oferecida pelo pró-núncio ao cardeal Bernard Law, de Boston. Nesta ocasião, monsenhor Jaime Ortega preveniu Fidel de que o tema da reunião do episcopado com o cardeal Law era a conjuntura cubana. Fidel ficou intrigado, mas não se manifestou. Por que chamar um cardeal americano para assessorar a reflexão acerca da situação nacional?

Em 22 de fevereiro de 1990, ao encerrar-se o encontro com o cardeal Law, os bispos assinaram um documento crítico ao regime cubano e o remeteram a Fidel. Agora, ali naquela sala em Brasília, o Comandante parecia não ter ainda se recuperado do impacto que o documento lhe causara. Bufava de raiva e indignação. Perguntava-se por que a presença de um prelado dos EUA naquela reunião e por que os bispos não foram pessoalmente entregar-lhe o texto.

Passou-nos uma cópia. De fato, o documento era bastante crítico e incisivo. Dividido em 23 pontos, condenava o bloqueio do governo dos EUA, mas ressaltava que as dificuldades exógenas "não devem impedir uma consideração muito séria dos problemas endógenos que nos molestam". Segundo os bispos, "o cubano médio parece afetado pelo cansaço", e as imagens de mobilizações populares em apoio à Revolução não passavam de um engodo.

Afirmavam ainda que "muitos podem assistir a grandes manifestações populares, sair alegremente em caminhões rumo ao trabalho produtivo, declarar à televisão que estão dispostos a tudo e, depois, trabalhar no dia a dia com ostensivo desinteresse, a meia potência, negociando de diferentes maneiras numa economia subterrânea que envolve toda a população, e dizer em voz baixa e em círculos reduzidos de amigos exatamente o contrário do que proclamam publicamente e de modo oficial". Segundo os autores do texto, até militantes do Partido e do governo agiam dessa forma.

Numa análise sucinta sobre a falência do socialismo no Leste Europeu, os bispos assinalavam que, ali, não ocorrera "uma revolta para reclamar a satisfação das necessidades elementares do homem, como o sustento e o teto, e sim uma ânsia de maior liberdade. Essas mesmas aspirações sempre existiram no povo cubano". Para o episcopado, liberdade é "a capacidade de optar, de repartir, de participar ativamente, não só na execução, mas também na eleição de meios e pessoas e nas tomadas de decisões".

Os bispos se queixavam também da "síndrome de Atlântida", que estaria sendo estimulada pelo governo, ao exigir sacrifícios da população e disposição de, se necessário, dar a vida para impedir que o socialismo fracassasse. Em suma, "socialismo ou morte". Criticavam a uniformidade, a falta de pluralismo, rogando que "nosso povo possa encontrar sua unidade na sã diversidade de critérios e opiniões". Afirmavam que "uma ideologia política discutível nunca poderá unir um povo. É preciso compreender que somos muitos os cubanos que, seja por razões antropológicas, seja por uma fé religiosa, não podemos aceitar o comunismo marxista-leninista como doutrina que nos una a todos". E o que era mais grave, considerando a presença do bispo de Boston: "A unidade do povo cubano não deve se apoiar primeiramente no combate ao inimigo, que pode nos unir conjunturalmente, e sim no desenvolvimento de todas as potencialidades do próprio povo."

– Você deveria retornar o diálogo com a conferência episcopal – insisti.
– Não, não me é possível neste momento – reagiu Fidel. – E este documento põe em risco a visita do papa. Há meses, quando começou a derrocada do Leste Europeu, Roma calou-se quanto à visita, dando a entender que estaria cancelada. Agora voltou a acenar com a possibilidade. Precisamos analisar melhor se realmente ela nos interessa. Num jantar na nunciatura em Havana, em homenagem ao cardeal de Boston, eu disse a monsenhor Jaime Ortega que a reflexão que me enviaram era uma ofensa ao processo revolucionário. Agora, ele acaba de partir para Roma.[60]

---

[60] Chocada com a má acolhida que Fidel teve do documento, uma comissão de bispos cubanos foi ao Vaticano, em março de 1990, tentar apressar a ida do papa a Cuba, único país latino-americano que, até então, não havia merecido sua visita. Pouco depois, comentou-se na nunciatura de Havana que a viagem seria "na primavera de 1991", ou seja, entre abril e maio, segundo o calendário europeu de estações.
Em abril de 1990, o papa visitou a Tchecoslováquia, onde elogiou as mudanças no Leste Europeu e fez um apelo à Europa Ocidental para ajudar "no esforço democrático" da Europa Oriental. Durante o voo de retorno a Roma,

Fidel indagou se deveria visitar Rio e São Paulo. Respondemos que sim, mas que evitasse os convites que recebera para, no Rio, hospedar-se em casas de famílias ricas. Preferisse o hotel oferecido pelo governador Moreira Franco. Quanto à reação do governo Collor ao seu encontro com as CEBs, em São Paulo, procurasse ignorá-la. Daniel Ortega já abrira o precedente em viagens anteriores e não havia o que temer. Ao final da conversa, contou que, naquela noite, mandara, via embaixada soviética em Brasília, telegrama cumprimentando Gorbachev pelos novos poderes que conquistara como presidente.

– É grande a responsabilidade deste homem – ressaltou – e devemos estar próximos dele para que impeça o fim do socialismo na Europa.

Comentou sobre as condições de segurança em uma cidade como São Paulo, cuja população correspondia a uma vez e meia à de Cuba. Fidel não voava em helicópteros e, por isso, receava os longos deslocamentos em carro, malgrado os batedores. Antes de nos despedir, manifestei minha preocupação com os rumos do socialismo cubano:

---

o porta-voz do Vaticano, Navarro Vals, declarou aos jornalistas que o papa iria a Cuba em dezembro daquele ano. Fidel leu a notícia no boletim das agências internacionais e, além de não ver com bons olhos o contexto em que ela brotou – como se na cruzada papal contra o comunismo faltasse a Ilha do Caribe –, estranhou que o Vaticano se apressasse a anunciar unilateral e publicamente a data da viagem. Imediatamente o governo cubano publicou uma nota afirmando que nenhuma data ainda havia sido acertada com Roma. Constrangida, a nunciatura de Havana alegou que Navarro Vals havia feito declarações "de caráter pessoal". A imprensa europeia, entretanto, deu amplo destaque ao anúncio da viagem a Cuba, relacionando-a com o teor dos pronunciamentos papais na Tchecoslováquia.

– Agora cresce a responsabilidade histórica da Revolução Cubana. Ela é a única referência para a esperança dos pobres do Terceiro Mundo. Por isso, estamos interessados no aperfeiçoamento de seus mecanismos populares. Sobre isso, gostaríamos de conversar mais profundamente com você.

Fidel mostrou-se receptivo e pediu que marcássemos uma data para ir a Havana.

SÃO PAULO:
FIDEL FALA DA RELAÇÃO DO PARTIDO COMUNISTA COM OS CRISTÃOS

Em São Paulo, no auditório do Anhembi, cerca de 1.300 lideranças de Comunidades Eclesiais de Base, num clima de muita descontração, esperaram Fidel por mais de duas horas, no sábado, 17 de março de 1990. Foi recebido com cânticos litúrgicos populares. Leonardo Boff dirigiu-lhe breves palavras, e o pastor e biblista luterano Milton Schwantes saudou-o em nome de todos.

Queríamos passar imediatamente às perguntas, mas Fidel pediu para falar:

– Permitam-me umas palavras para dizer-lhes que lamento muito fazê-los esperar. Sabia que vocês estavam esperando e perguntei: "Desde que horas?" Disseram-me: "Desde de tal hora." Reagi: "Como é possível?" Vim cheio de pesar, realmente, porque vocês ficaram horas esperando neste lugar. Ao entrar, levei um tremendo impacto vendo este salão repleto como está, vendo vocês, vendo o espírito de vocês, a energia de vocês, o entusiasmo, a fé e a alegria de vocês. Impressionou-me muito escutar os cantos, disseram-me que assim vocês passaram horas, e também me impressionou quando Frei Betto nomeou os diversos grupos que aqui estão representados. Tive a impressão de um grande movimento, de uma grande força. Agora compreendo o entusiasmo permanente com que ele me falava desse movimento cristão do Brasil, as comunidades de base e das diferentes organizações.

Iniciamos o debate:

– Companheiro Fidel – indagou Davina Valentim da Silva, do movimento popular de São Bernardo do Campo –, os nicaraguenses dizem que entre cristianismo e Revolução não há contradição. Por que não há cristãos no Partido Comunista de Cuba?

– Por que os cristãos não estão no Partido Comunista de Cuba? Direi com toda franqueza, creio que, se lá tivéssemos pessoas como vocês, elas já estariam em nosso Partido. Não quero dizer que não haja cristãos e bons cristãos. Ali os problemas são de outra natureza. Não tivemos uma Igreja dos pobres na Igreja majoritária, que era a católica. Isso nos fez muita falta, pois teríamos conseguido multiplicar a influência de nossa Revolução se houvesse sido assim. Muita gente religiosa trabalha com a Revolução. Temos o exemplo de freiras que, com extraordinária abnegação, trabalham em hospitais e em diversas obras de alto conteúdo humano. Mais de uma vez as citei como exemplo de comunistas. Dissemos ao nosso povo e aos nossos militantes: essas freiras são exemplo de comunistas. Pedimos aos nossos cidadãos que sejam como elas, embora devo reconhecer que temos milhares de compatriotas que fazem o mesmo trabalho em nossas instituições, como consequência dessa generosidade, dessa nobreza, dessa consagração que deve ter um revolucionário, que deve ter gente de sentimentos solidários, de sentimentos humanos. Eu diria que temos milhares de frades e de freiras em nosso Partido. O fato é que temos frades e freiras em nosso Partido e não temos cristãos. É uma situação paradoxal da qual queremos sair. Já teríamos saído se tivéssemos tido uma Igreja como a de vocês. Temos também Igrejas de outras denominações cristãs, com as quais nunca tivemos qualquer tipo de dificuldade como a que tivemos, no início da Revolução, com a hierarquia católica. Como já disse em outras ocasiões, a Igreja Católica em nosso país era a Igreja dos ricos e dos latifundiários. Eu mesmo estudei na Igreja Católica. Houve muitas mudanças desde então. A palavra ecumênica não se mencionava. Era um grande pecado um católico falar com um protestante. Estava condenado a ir a um lugar em que fazia quase tanto calor como o que faz aqui neste salão. Aquilo era cão e gato. Houve grandes mudanças. Fico muito feliz de ver esse sentido de respeito, de compreensão, de irmandade entre todos os cristãos. Mas, desde a época da colônia, a Igreja predominante em nosso país era a católica. Fomos o último país a nos libertar da colônia espanhola, quase um século depois dos demais povos da América Latina. Mais tarde sofremos a intervenção dos ianques. O clero era espanhol e pró-espanhol, estava contra a independência do país durante décadas de luta heroica, e se identificou muito com aquele poder que o distanciou realmente do sentimento patriótico dos que lutaram em três guerras por nossa independência. Quando se estabeleceu a República, houve uma independência formal, um escudo, uma bandeira, mas a situação econômica e social continuou a mesma: o neocolonialismo imposto pelos Estados Unidos. Os dirigentes do clero eram, em grande parte, também espanhóis. E ao longo de toda a República houve uma identificação do clero com aquela situação. Não houve uma participação na luta pela libertação do país. E não havia um só templo católico nos campos de nosso país. Havia templos locais de outras denominações religiosas, mas nenhum católico. E o ensino religioso estava estreitamente vinculado aos setores ricos, como é o caso do meu próprio exemplo. A religião era explicada principalmente através das escolas de classes privilegiadas. Quando triunfa a Revolução e surgem as leis que afetam consideravelmente esses setores da sociedade – latifundiários, burgueses, ricos, banqueiros –, eles entraram em conflito com o governo revolucionário e trataram de usar a Igreja contra a Revolução. Isso produziu fricções, antagonismos, distanciamento, que foi o que determinou, no momento em que se funda o nosso Partido, o estabelecimento daquela norma relacionada ao ingresso no Partido, que não é um princípio nem tem que ser um princípio, nem é irrevogável, mas se estabeleceu nesses longos anos.[61]

"Houve períodos em que as relações começaram a melhorar", prosseguiu Fidel, "porque sempre fomos muito cuidadosos e prudentes. Se vinham alguns sacerdotes numa invasão mercenária, as sanções não eram altas, e no mínimo tempo possível os colocávamos em liberdade. Quando havia um caso comprovado de algum sacerdote em atividades contrarrevolucionárias, do mesmo modo fazíamos todo o possível para solucionar o problema. E, se não nos restava outra alternativa senão impor-lhe uma sanção, que ficasse o mínimo de tempo na prisão. Sempre tivemos cuidado especial para que não houvesse nenhum excesso. Tivemos o cuidado de ser prudentes no modo de enfrentar aquele problema. Demos absolutas garantias para o exercício da religião à Igreja Católica e a todas as Igrejas em nosso país, coisa rara, pois se vocês analisarem a história de tantas revoluções onde conflitos desse tipo se produziram – e em quase todas ocorreram – houve fenômenos de todas as

---

[61] Fidel se referia à exigência estatutária de professar o ateísmo para ser aceito como militante do Partido Comunista.

classes, sanções severas, fuzilamentos, assassinatos. Não há nenhum processo profundo em que não tenham ocorrido fuzilamentos de sacerdotes ou medidas desse tipo. Apesar desses problemas, a história de nossas relações com a Igreja revela que não houve um só caso de sacerdote maltratado ou fuzilado. Sempre acentuamos o sentido de justiça social do cristianismo e os ensinamentos de Cristo na área social. Citei passagens da Bíblia, mostrando como se podiam considerar cristãs as medidas sociais e revolucionárias que estávamos tomando. O núncio que estava em nosso país, monsenhor Zacchi, um homem digno e inteligente, também ajudou a superar as dificuldades. Porém, ficou aquela herança de reserva. Sobre isso falei com Frei Betto no livro *Fidel e a religião*, e devo confessar-lhes que tínhamos esperanças de que a Igreja Católica brasileira influísse na hierarquia de nossa Igreja; que este poderoso movimento da Igreja em favor dos pobres se estendesse a Cuba e nos ajudasse a criar as condições para superar os obstáculos que impediam a entrada dos cristãos no Partido. Tais dificuldades praticamente não existem em relação a outras denominações religiosas, excetuando casos como os de Testemunhas de Jeová que, por suas normas, criam conflitos de outra natureza: se podem ou não receber assistência médica, prestar serviço militar ou fazer determinados tipos de trabalho. Em geral não houve dificuldades com outras denominações cristãs como as que tivemos com a Igreja Católica. Brasileiros como Betto e Boff visitaram nosso país e procuraram influir. Não me refiro ao povo cristão e católico, mas à hierarquia, na qual não houve praticamente nenhum avanço. Há dois ou três anos ela se reuniu para um encontro de análise. Entre os convidados estavam autoridades eclesiásticas norte-americanas e de outros países, mas ninguém da teologia da libertação. Frei Betto, Boff e outros, queridos por nosso povo, não foram convidados. Bastava ser um bispo ou sacerdote que simpatizasse com a Igreja dos pobres para não ser convidado a uma reunião como aquela. Passaram-se anos, fizeram uma levíssima autocrítica e nada mais. Esta é a nossa situação. É triste, pois a hierarquia de nossa Igreja se sentia mais a Igreja dos que viviam em Miami, dos que abandonaram a pátria, dos que se colocaram ao lado dos Estados Unidos, do que a Igreja dos católicos cubanos. A hierarquia de nossa Igreja se considerava a Igreja dos latifundiários e dos ricos que preferiram migrar para os Estados Unidos. Esta é a realidade. Já que devo falar, falo. A Igreja Católica cubana é muito dependente de outras hierarquias católicas ocidentais, bem como da ajuda da Igreja Católica dos Estados Unidos e de outras da Europa. É forte a influência da Igreja Católica norte-americana sobre a hierarquia da Igreja cubana. E não é pequena a influência da política dos Estados Unidos sobre a hierarquia dessa Igreja. Já que estamos abordando o tema, não me resta outra alternativa senão reconhecer que ela nunca chegou a identificar-se com a Revolução e permanece esperando que a Revolução tenha dificuldades para então atuar contra ela. Este é um fator que se converteu num grande obstáculo para que pudéssemos avançar por esse caminho. Na entrevista que fez comigo, Frei Betto expressa isso com muita clareza. Quero que saibam que foi a primeira vez que um dirigente socialista expôs seu pensamento e fez sua análise sobre a forma como devem ser abordados os problemas religiosos, expondo ideias e critérios que nunca haviam sido ditos. Tudo o que foi dito no livro representou uma grande abertura por parte da Revolução. Ele foi traduzido em numerosos idiomas: chinês, persa, russo; em países muçulmanos e de outras religiões. O livro teve muita influência, foi lido com enorme interesse, pois, como já disse, foi a primeira vez que um dirigente socialista abordou este problema.

"Porém, nessa abertura, em que nós expressávamos também nossa simpatia pela Igreja dos pobres – concluiu o dirigente cubano –, não houve uma resposta recíproca como desejávamos, de modo a nos infundir suficiente confiança para permitir que cristãos ingressassem em nosso Partido sem que se criasse um conflito de consciência por estarem militando, uma vez que, por outro lado, estavam obrigados a acatar as orientações da hierarquia da Igreja Católica. Não tivemos problemas com os cristãos nem com os leigos da base, mas lamentavelmente com a alta hierarquia da Igreja Católica. Aqui, falando-lhes com toda a franqueza e clareza, reitero que este foi o obstáculo, ainda não superado, que não nos possibilitou viabilizar a entrada de cristãos nas fileiras de nosso Partido. Tenho esperança de que tudo isso passe. Mas não vejo essa mudança próxima, porque devido aos problemas surgidos no Leste Europeu e às dificuldades por que passa a União Soviética desenvolveu-se em alguns oportunistas a crença de que a Revolução poderá ter sérios problemas e não durará muito tempo. Atualmente, nos preparamos e nos consagramos a um enorme esforço para multiplicar a capacidade de resistência de nossa Revolução e para resistir a todas as provas, que hoje em dia não são apenas de caráter econômico, mas também ameaças no terreno militar por parte de um imperialismo arrogante, soberbo, triunfalista, que se crê dono do mundo e considera que deve esmagar a Revolução Cubana. Aproximam-se anos difíceis, de provação. E, na medida em que isso é uma realidade, também em circunstâncias como esta se tornam evidentes os oportunismos e emergem os sentimentos daqueles que jamais estiveram com a Revolução e veneram o passado, sonham com a ideia impossível de que nossa pátria retorne àqueles tempos ignominiosos de opressão, saque e exploração que felizmente desapareceram. Muito menos podemos retroceder agora, quando vocês anseiam por resolver esses problemas e conquistar um mundo melhor."

Após Fidel responder a outras perguntas, propus a todos, que lutávamos pelo pão nosso, rezarmos o Pai-Nosso, como é costume ao final das reuniões de comunidades cristãs. De mãos dadas conosco, Fidel se pôs de pé e acompanhou respeitoso a nossa prece.

Este encontro foi considerado por ele o ponto alto de sua visita ao Brasil.

Toda a solenidade foi gravada pela TV cubana e, dias depois, exibida em Cuba. O impacto junto às Igrejas foi negativo. Os bispos católicos não gostaram da comparação entre as Igrejas do Brasil e de Cuba, e os pastores evangélicos protestaram por Fidel ter afirmado que no país não havia Igrejas progressistas. Para reparar a gafe, o Comandante convocou uma reunião com os representantes de Igrejas evangélicas, na qual fez autocrítica. Este encontro foi também apresentado ao público pela TV. Porém, o tom usado pelo dirigente cubano em relação à hierarquia católica deu a entender a ela que o diálogo estava encerrado.

Mais tarde, recebi a informação de que a visita do cardeal Law poderia ter sido induzida pela CIA, com o objetivo de provocar o cancelamento da visita do papa a Cuba. Na opinião dos cubanólogos de Washington, tal visita daria ao regime cubano uma legitimidade e um reconhecimento prejudiciais à política da Casa Branca, de manter o país cada vez mais isolado do resto do mundo.

NOVA YORK E WASHINGTON: ATO PRÓ-CUBA

Com os termômetros marcando 7 graus negativos, Nova York cobria-se de neve na manhã de segunda, 20 de janeiro de 1992. Do aeroporto, atravessei a ponte do Brooklin, a avenida Lafayette e tomei o rumo do Central Park até a igreja de São Vicente Ferrer, na esquina de Lexington Avenue com a Rua 65, onde me hospedei com meus confrades dominicanos.

Fui participar do ato Paz para Cuba, previsto para o Centro de Convenções Jacob Javits, no sábado, 25 de janeiro de 1992. A iniciativa do evento coube ao grupo Apelo Internacional Paz para Cuba, monitorado por Ramsey Clark, jurista que foi procurador-geral dos EUA no governo Lyndon Johnson. Na linha de apoio estavam Harry Belafonte, Alice Walker, Eduardo Galeano, Luiz Inácio Lula da Silva, George Wald, Noam Chomsky e Kris Kristofferson, entre outros.

Ao desarrumar a mala, liguei o Pepito, meu fiel e diminuto radiotransistor e, por acaso, sintonizei a rádio FM 92, em espanhol. Os cubanos anticastristas convocavam uma manifestação contrária à nossa, no mesmo dia. Pressenti que, apesar do inverno, o tempo iria esquentar naquela esquina do mundo.

Ao dar uma volta pelo bairro, observei quase todos os estabelecimentos comerciais fechados, em plena segunda-feira. Logo me informaram que era feriado em homenagem a Martin Luther King, que nasceu em 20 de janeiro. Nos primeiros anos após o seu assassinato, em 1968, só um pequeno grupo de negros fechava as portas de seu comércio. Agora, transformara-se em feriado nacional, e as pessoas se referiam a ele acentuando o *"doctor* Martin Luther King".

Pela manhã de quarta, 22 de janeiro de 1992, contemplei, desolado, as manchetes dos jornais na estação ferroviária junto ao Madison Square Garden: o governo cubano fuzilara na véspera o terrorista Eduardo Díaz Betancourt, 36 anos. Procedente de Miami, entrara clandestinamente em Cuba portando armas e explosivos. Fidel não dera ouvidos aos clamores pela comutação da pena reforçados por Gabriel García Márquez e dom Paulo Evaristo Arns.

Ali me esperava Mónica Somocurcio, nascida em Cuzco, no Peru. Enquanto comprávamos o lanche – pois não haveria tempo para almoço –, perdemos o trem para Washington. Mônica contou que não dormira bem prevendo que isso aconteceria... Embarcamos no seguinte e, durante três horas, atravessamos Nova Jérsei, Pensilvânia e Delaware.

O objetivo de minha viagem à capital americana foi conceder uma entrevista à cadeia de TV Univision. Antes, deveria reunir-me com dirigentes da Igreja Metodista. O edifício da Igreja ficava próximo à Suprema Corte, cercada naquela tarde por uma multidão que protestava contra a lei que permite o aborto, aprovada em 1973. Em torno do Capitólio, chamaram minha atenção as imensas flâmulas vermelhas, com o leão dourado, erguidas pelos militantes da organização ultramontana brasileira Tradição, Família e Propriedade (TFP).

Tivemos que atravessar uma barreira de policiais para chegar ao prédio do Centro Metodista, onde nos aguardavam o reverendo Jorge Pantalis e o padre Guillermo Chávez. A reunião durou menos de uma hora, na qual respondi a perguntas sobre o meu trabalho em Cuba. Dela participou meu velho amigo Brady Tysson. Depois, demos um giro pela cidade, onde vi uma imensa favela estatal, um prédio construído para abrigar os sem-teto. Passei defronte da Casa Branca, que me pareceu menor do que eu imaginava. A poucos metros, eram notórios os cortiços.

O debate na Univision, em torno do regime cubano, durou meia hora, e dele participamos Paquito de Rivera, músico que abandonou Cuba em 1980; Cláudio F. Benedí, também cubano, representante em Washington da Junta Patriótica Cubana; Mónica e eu. Argumentei com os índices sociais de Cuba fornecidos pela ONU e FAO. Denunciei que os maiores responsáveis pelo fuzilamento do terrorista eram aqueles que, nos EUA, o meteram naquela aventura suicida. Antes das 8h da noite, Mónica e eu retornamos a Nova York.

Na volta, fui informado de que o Centro de Convenções Jacob Javits cancelara o ato de solidariedade a Cuba. Os promotores do evento protestaram contra a ação unilateral do Centro, acusando-o de violar os direitos de expressão e reunião, consagrados na Constituição. Teresa Gutiérrez, uma das promotoras, assegurou que o ato se faria de qualquer modo, mesmo que em frente ao Centro, na esquina da Rua 34 com avenida Oceanica. Segundo o Centro, dos 4 mil bilhetes vendidos, 500 foram adquiridos pela oposição, o que poderia resultar num confronto impossível de ser contido pela segurança.

Três canais de TV e quatro rádios em idioma espanhol aproveitaram para desmobilizar a solidariedade a Cuba, anunciando com frequência o cancelamento do ato. Porém, os promotores, capitaneados por Ramsey Clark, esforçaram-se por reverter o fato.

Pela primeira vez, no país que permite desfiles da Ku-Klux-Klan e de neonazistas, uma manifestação pacífica foi proibida. Não se tratava só de um flagrante desrespeito à Constituição dos EUA, mas de uma mácula na tão bem cuidada imagem de uma cidade que vive à sombra da Estátua da Liberdade. Ramsey Clark, assessorado por advogados, entrou na Justiça, exigindo que o Centro Javits cumprisse o contrato.

Cedo, na sexta, 24 de janeiro, postei-me nas escadarias da Corte de Justiça para participar de ato público em prol da manutenção do evento Paz para Cuba. Havia muitos jornalistas. Fomos cercados por anticastristas e ocorreram trocas de tapas e pernadas, logo dissipadas pela ostensiva presença policial.

Na hora do almoço, falei na principal igreja presbiteriana de Manhattan, em Greenwich Village. Em seguida, fui ao tribunal de Nova York, onde a Corte, convencida pelos advogados de defesa, William Kunstler e Michael Ratner, deu ganho de causa aos promotores do evento. No escritório de Ramsey Clark, comemoramos felizes. Mas, no dia seguinte, rádios e jornais não abriram nem a metade do espaço que, na véspera, haviam concedido à notícia do cancelamento.

Apesar da temperatura de zero grau, 4.500 pessoas lotaram o Centro Javits. Do lado de fora, cerca de 10 mil manifestantes vociferavam contra Cuba e contra Castro. Caminharam de Times Square até o local, liderados por

Hubert Matos e o saxofonista Paquito de Rivera. Do nosso lado, participaram Ramsey Clark; Alice Walker, escritora; Tony Benn, deputado trabalhista inglês; Cleveland Robinson, líder sindical; William Kunstler, cientista político; Kingsley L.M. Makhubela, representante do Congresso Nacional Africano na ONU; Benjamin Dupuy, embaixador do Haiti; e Angélica Arévalo, representante da FMLN. O ator e cantor Kris Kristofferson enviou mensagem dizendo que Cuba "já pagou um preço muito alto por sua independência. O fracasso da infame aliança do FBI, da CIA e da máfia para assassinar Fidel Castro comprova o apoio popular à Revolução". O governo dos EUA negou visto de entrada no país aos convidados cubanos, entre os quais Alicia Alonso; o ex-campeão mundial de box Teófilo Stevenson e o historiador Eusébio Leal.

Uma mensagem de Fidel foi lida em público. Presentes delegações de 40 cidades e de 17 estados dos EUA. Em meu discurso, frisei que só em Cuba a vida é socialmente assegurada ao conjunto da população, pois nos demais países da América Latina a maioria passa fome:

– Em todos os países da América Latina, exceto em um, a maioria das pessoas está condenada à morte precoce pelas condições sociais. A exceção é Cuba. Este é motivo suficiente para que os cristãos defendam a Revolução Cubana.

HAVANA: VOO DA SOLIDARIEDADE

Preocupados com a situação cubana, agravada pela desintegração da União Soviética, Leonardo Boff e eu fomos à casa de Chico Buarque, em dezembro de 1991, propor-lhe organizar um Voo da Solidariedade a Cuba, reunindo personalidades brasileiras. Chico partilhava de nossa preocupação. Aceitou encabeçar conosco a iniciativa. Liguei para Fernando Morais, que ocupava a pasta de Educação no governo do estado de São Paulo. Também aprovou a ideia.

No início da tarde de quinta, 6 de fevereiro de 1992, liguei para a casa de Chico e deixei recado na secretária eletrônica. Estranhei a demora do retorno. Às 9h da noite, o telefone soou. Era Chico:

– Betto, aconteceu uma coisa terrível. Não vou mais viajar.

Tinha a voz trêmula, afobada, como se tivesse tomado um porre e decidido ligar do próprio bar para mandar tudo às favas. Mas logo completou:

– O pai da Marieta morreu.

Naquela manhã, ao retornar de sua casa em Petrópolis, o carro do desembargador Luiz Antonio Severo da Costa, conduzido por um motorista, se desgovernou na estrada Petrópolis–Rio ao pegar de raspão um ciclista. Foi de encontro a uma árvore. O desembargador veio a falecer no início da noite, e sua mulher, dona Lígia, quebrou o fêmur e sofreu escoriações. O motorista também foi hospitalizado, sem gravidade.

À tarde do dia seguinte, encomendei o corpo do doutor Severo no cemitério São João Batista, apanhei as malas e fui para o aeroporto do Galeão. Do aeroporto de Cumbica ligamos para Chico Buarque:

– Estou com inveja de vocês – disse ele.

Viajaram 112 pessoas na noite de 7 de fevereiro de 1992. Entre as mais conhecidas, o cartunista Jaguar; o capitão Sérgio Macaco; Leonardo Boff; Roberto Saturnino Braga; Ana Arruda e Antonio Callado; Chico Alencar; Neusa Fernandes; Aldo Lins e Silva; Ricardo Otake; e a atriz Vanja Orico (que dançou em Cuba durante a ditadura de Batista). Fernando Morais fez questão de pedir licença sem remuneração e usar seu passaporte comum, embora tivesse direito ao diplomático.

Na pista do aeroporto de Havana se encontrava toda a imprensa nacional e internacional, à qual declarei:

– Esta é uma viagem de solidariedade ao povo cubano e contra o bloqueio do governo dos Estados Unidos. Constitui um protesto para que tirem suas mãos da América Latina e, sobretudo, de Cuba. Deus não reservou aos Estados Unidos o direito de mandar no mundo.

Entregamos às autoridades caixas com os medicamentos. Ao lado de Hélio Dutra e Rodolfo Athayde, o cartunista Ziraldo nos aguardava ostentando um cartaz: *Bem-vinda, macacada*.

Havana acabava de ser afetada pela corrente marítima El Niño, que destruiu boa parte do Malecón, especialmente as instalações do Hotel Habana Riviera, no qual reservamos apartamentos. Fomos transferidos para o Hotel Neptuno.

※※※

José Saramago encontrava-se no Hotel Neptuno. Havia participado do júri do prêmio Casa de las Américas. Liguei ao seu apartamento e, ao me identificar, recordou-se da conversa que tivemos em São Paulo, anos antes, e acrescentou, afobado, estar de saída para o aeroporto. Aguardei-o no térreo.

Em 1986 ele fora a São Paulo com sua mulher, Pilar, para o lançamento de *Jangada de pedra*. Seu editor, Luiz Schwarz, convidou-me ao coquetel que lhe foi oferecido. Saramago e Pilar haviam lido *Fidel e a religião*. Comunista e ateu, ele se surpreendera ao constatar que a fé cristã não é intrinsecamente reacionária. Pilar, educada na conservadora e elitista Opus Dei espanhola, descobrira na obra novos enfoques da fé e reconhecera no discurso de Fidel uma aproximação com os valores evangélicos, o que lhe soou como novidade. Junto à porta de vidro que separava a sala e o jardim da casa de Luiz Schwarz, o casal contou como se conhecera, o amor atalhando idades e sobrepondo-se a fronteiras, crenças e preconceitos. Os dois tinham interesse em conhecer melhor a teologia da libertação. Saramago, então, confidenciou-me: escrevia um novo romance cujo título seria *O Evangelho segundo Jesus Cristo*. Pilar, com seu penteado de *gitana* flamenca, o rosto alvo imantado de candura e beleza, descreveu-me demônios e fantasmas que haviam povoado sua religiosidade ibérica.

Em dezembro de 1991, Regina Porto presenteou-me com *O Evangelho segundo Jesus Cristo*. Dias depois, gravamos para a rádio Cultura FM, de São Paulo, o programa concebido por ela, *A face de Deus*, transmitido na noite de Natal. Nele, citei o livro de Saramago. Agora, à porta do Hotel Neptuno, eu lhe contava sobre a gravação, enquanto Regina lhe entregava o cassete com a cópia:

– Gostei de seu livro – falei – e, ao lê-lo, recordei o que Pilar dissera, na recepção em casa de Luiz Schwarz, sobre a formação religiosa que tivera. Você conseguiu exorcizar o deus ibérico que povoava a cabeça de sua mulher. Fez sentido dedicar o livro a ela. E seu estilo é preciso, ondula suave como música de câmera. Se houvesse tempo, gostaria de comentar alguns aspectos teológicos, mesmo sabendo que são irrelevantes para o ficcionista. De qualquer modo, seu Jesus se aproxima muito da definição de Leonardo Boff: "Humano assim como Ele foi, só podia ser Deus mesmo."

Saramago riu satisfeito, tombando a cabeça para trás, apressando-se para o carro que o esperava. Prometemos nos rever em alguma esquina da vida. O que só veio a acontecer anos mais tarde, no Fórum Social Mundial de Porto Alegre.

Na Feira Internacional do Livro de Havana, o que mais chamou a atenção foi constatar que o livro mais vendido era a Bíblia, principalmente o Novo Testamento, edição do Celam. Era tanta a procura que cada pessoa só tinha direito de comprar no máximo dois exemplares.

Na manhã de domingo, enquanto a caravana percorria o centro histórico da capital cubana, Leonardo Boff e eu participamos da missa no convento dos dominicanos. Os frades nos expressaram suas inquietações quanto à situação do país. Estavam horrorizados com as Brigadas de Respostas Rápidas, uma forma de mobilização popular, incentivadas pelo

Partido para contrapor-se a todo aquele que fizesse alguma crítica à Revolução. Segundo eles, em geral as manifestações terminavam em agressão física. Aquilo lembrava a segunda fase da Revolução Cultural chinesa. Mostraram-nos também manifestos assinados por professores universitários, propondo reformas no regime cubano. Os signatários teriam sido destituídos de suas cátedras e, alguns deles, presos. Lemos a cópia de uma carta que teria sido escrita da prisão.

Liguei para o doutor Carneado na manhã de segunda, 10 de fevereiro de 1992. Indaguei quando podíamos nos ver e ele sugeriu "imediatamente". Pouco depois, à entrada do Comitê Central, Boff e eu encontramos Carlos Aldana, secretário do Birô Político, que se despedia de uma visita. Perguntou aonde íamos e assegurou que, em seguida, passaria pelo escritório de Carneado. Este nos falou das dificuldades por que passava o país:

– Eu e minha mulher, Teresa, à noite comemos apenas uma sopa e uma bolacha para cada um. E vejam que sou do Comitê Central! Transformamos o jardim de casa em horta e, breve, vamos colher cebola, alho e verduras.

Serviram chá. Não havia café. Manifestamos a ele nosso desacordo com a aplicação da pena de morte, ressaltando que o fuzilamento de Díaz Betancourt foi prejudicial ao apoio a Cuba no Brasil. Carneado disse que também era contra a pena de morte e que compreendia o nosso ponto de vista. Contou-nos da reforma à Constituição, que deveria estar pronta em julho de 1992:

– Insisti, em carta a Carlos Rafael Rodríguez, que seja incluída na nova Constituição a total e explícita separação entre Estado e Igreja, bem como entre Igreja e educação escolar. É preciso introduzir a proibição de qualquer discriminação por motivos religiosos. É importante que haja inteira liberdade religiosa no país. Já há consenso em desconfessionalizar o Estado cubano, anulando o seu caráter ateu e tornando-o laico. Argumento que, ao nos referirmos à concepção científica da natureza e do mundo, basta citar Marx e Martí. Não precisamos mais usar a expressão marxismo-leninismo, pois Lênin nada mais fez do que aplicar as teorias de Marx.

Assegurou que cristãos ingressavam no Partido Comunista. E que muitos comunistas, agora, se revelavam cristãos, o que suscitava uma discussão ética entre seus camaradas, que indagavam se eles haviam sido autênticos ao esconder sua fé para militarem no Partido.

– O que você acha? – indagou Boff.

– Acho que agiram bem, pois teriam sido punidos por algo que não era "pecado". E muitos que foram afastados do Partido, por terem se casado na Igreja, ou batizado um filho, agora reingressam em nossas fileiras.

Pareceu-me que Carneado mostrava-se sensível à dificuldade de os setores cristãos da Ilha aceitarem Lênin, visto como inspirador do modelo autoritário de partido único e do ateísmo como critério de firmeza ideológica.

Entrou Aldana.

Perguntei-lhe:

– Como estão as coisas?

– Difíceis – disse –, vivemos a fase mais crítica da Revolução. Há certo descontentamento popular. O fim da União Soviética foi, para nós, desastroso, pois com ela mantínhamos 85% de nossas relações comerciais. Temos de priorizar a produção de alimentos. Ao contrário dos anos 60, quando o Partido dava corda aos grupos contrarrevolucionários para apanhá-los com a boca na botija, agora o governo atua quando se manifestam as intenções. Internamente, entre a flexibilidade e o endurecimento, optamos por este último.

– Isso é lei de segurança nacional! – reagiu Boff, indignado.

– Diante de uma situação assim, muitos querem encontrar alternativas – ponderei. – Se um guia conduz um grupo até encontrar um muro de pedra, enquanto ele não aponta o caminho é normal que todos comecem a pensar em atalhos. Temo que aqui em Cuba essa reação popular não esteja sendo bem compreendida pelo Partido. Uma semana antes da queda do Muro de Berlim, um ministro da RDA nos dizia que um dos erros cometidos por eles foi, ao saber que um grupo de estudantes criticava o Partido, não enviar companheiros para dialogar, mas a polícia. O capitalismo teve a sabedoria de privatizar os bens materiais e socializar os bens simbólicos. O socialismo cometeu o erro contrário. Só o Partido pode sonhar. Qualquer outro que pense pela própria cabeça corre o risco de ser tachado de dissidente ou tido como contrarrevolucionário. Onde fica, pois, a esperança? Qual o horizonte utópico? Há setores do povo cansados. Querem encontrar uma saída.

Aldana escutou calado, talvez indignado, mas manteve a postura. Indaguei o que pensavam fazer para amenizar o desencanto da juventude.

– Duas coisas – respondeu. – Aumentar o bem-estar material, sobretudo alimentos, e realizar as eleições parlamentares no fim do ano.

– Isso não basta – reagi. – A juventude quer ter o direito de sonhar. Quer poder participar da busca de horizontes para o caso cubano, e não apenas resistir e resistir.

– E o que você propõe? – perguntou-me.

– É preciso fugir da ideia economicista de progresso. Não alimentar a imagem de que o socialismo pretende assegurar a cada cidadão um futuro burguês. E introduzir a ideia de felicidade. Pode-se ser feliz sem muitos bens de consumo. A introdução da metodologia de educação popular nas organizações de base, como os CDRs, nos centros de trabalho e nas cooperativas, e maior flexibilidade interna. É preciso fazer trabalho de base. Criar espaços em que as pessoas possam falar, protestar, criticar e tecer sonhos, a partir dos quais o Partido reaja. O povo precisa ser sujeito do sentido de sua existência; e, inclusive, de seu sacrifício. Cuba é um país pequeno e quase todos se conhecem. Não vejo sentido em vocês responderem à homilia crítica de um bispo com um editorial no *Granma* ou um discurso que o situe entre os contrarrevolucionários. Se um grupo de professores propõe alternativas, ainda que favoráveis à economia de mercado, por que não procurá-lo, dialogar com ele, indagar como quer se inserir neste *período especial?* Vocês cometeram um erro com o fuzilamento. Já não há países socialistas que deem apoio a Cuba. Já não existem muitos Partidos Comunistas. Hoje, quem apoia Cuba são setores humanistas e cristãos, sensíveis à pena de morte.

– Aqui se passaram tantos anos sem condenar ninguém à morte – observou ele – que, em certo momento, se pensou que já não seria mais preciso fazê-lo, e se poderia suprimir a sentença máxima. Mas, agora, foi preciso dar um basta, pois não supúnhamos que houvesse novo desembarque terrorista.

Aldana tinha outros compromissos, mas ao se despedir avisou:

– Precisamos continuar esta conversa.

Fiquei em dúvida se havia mesmo interesse da parte dele.

Os brasileiros tinham um encontro com Carlos Aldana, no ICAP, na manhã do dia seguinte. Durante três horas ele discorreu sobre a situação de Cuba, admitiu que as deficiências do país não se deviam somente ao bloqueio e à extinção do socialismo europeu, mas também "à falta de idoneidade de nossos trabalhadores, pois aqui a idoneidade ainda é exceção, e não regra", e respondeu inúmeras perguntas. Criticou duramente a perestroika:

– Foi Andropov quem iniciou a perestroika. Ele tinha pensamentos próprios e escrevia seus discursos. Foi ele o comissário político da intervenção soviética na Hungria. Depois, ali permaneceu como embaixador e teve oportunidade de presenciar as reformas econômicas de Kadar. De volta à União Soviética assumiu a chefia da KGB e tomou conhecimento da corrupção que grassava no país. Ora, a perspectiva de democratizar nossa sociedade, sem pôr em risco a Revolução, está dada pela própria condição cubana. Já cometemos o erro de querer sovietizar nossa sociedade. E isso não nos foi imposto por eles. Foi erro nosso querermos copiar.

– Nos sentimos traídos e abandonados – queixou-se Aldana. – Temos combustível para um trimestre. E hoje temos inimigos do socialismo no governo da Rússia. Em Moscou há um escritório de apoio aos que combatem a Revolução Cubana, destinado a corromper funcionários russos, a fim de que sabotem as relações com o nosso país.

– Teme que Cuba possa sofrer uma agressão militar dos EUA?

– Não descartamos essa hipótese. Por isso, passamos de uma doutrina militar clássica para a guerra popular. Estamos nos preparando para suportar um completo bloqueio da parte dos EUA. Isso significa aumentar nossos estoques e criar tecnologias alternativas. A ironia é toda essa situação ter sido imposta, não pelos EUA, mas pela Rússia. Quando, em 1989, Fidel previu que a União Soviética iria desaparecer, nós achamos que ele estava ficando louco. Daí nossas prioridades: autonomia em alimentação, manter em bom funcionamento os setores de saúde e educação, estimular as pesquisas em biotecnologia e incrementar a indústria farmacêutica e o turismo. Temos de buscar mercados para exportar açúcar, cítricos, tabaco e rum. E desenvolver meios de captação de divisas, especialmente mediante a engenharia genética, a medicina e o turismo. Ao lado da palma-real, a bicicleta está se transformando em símbolo de Cuba. Nosso projeto é fazer com que cada família tenha uma bicicleta. Cuba precisa da solidariedade e da compreensão de vocês. Alguns amigos vêm aqui e se põem a dar conselhos. Não é de conselhos que precisamos.

O vereador Chico Alencar, do Rio, levantou a questão do grupo de professores universitários que havia criticado o governo, perdido a cátedra e sido presos. Aldana respondeu que eles não podiam ensinar algo em que não acreditavam, confirmou que haviam perdido o emprego mas não o salário, e negou as prisões (embora Boff tenha recebido carta de um deles escrita do cárcere).

Na tarde de quarta, 12 de fevereiro de 1992, Boff e eu falamos a um grupo de professores da Faculdade de Filosofia, na Universidade de Havana. Sentia-se a crise ideológica causada pelo fracasso do socialismo na Europa. Alguns ainda se apegavam ao marxismo como ciência, mas na verdade se referiam a ele como a um dogma de fé inquestionável.

HAVANA: O PERÍODO ESPECIAL

Na noite de quinta, 13 de fevereiro de 1992, Fidel recebeu um pequeno grupo em seu gabinete: Eric Nepomuceno, Leonardo Boff, Eliana e Roberto Saturnino Braga, Ana Arruda e Antônio Callado. Presentes também Carlos Aldana e Manuel Piñeiro.

Durante uma hora, o Comandante discorreu sobre as medidas para enfrentar as dificuldades que o país passava. E elogiou as relações do governo Collor com Cuba. Revelou que, em 1991, a situação só não foi pior porque o Brasil pagou as vacinas que importara.

Eric Nepomuceno comentou que a juventude cubana mostrava-se cansada. O que pensavam fazer diante disso? A primeira reação de Fidel foi dizer que não era verdade, havia muito entusiasmo, sobretudo no campo. Explicou que lhe agradava escutar que os estudantes estavam mais interessados na agricultura do que nas aulas. Ao fim, reconheceu que havia certo cansaço e era preciso tomar providências.

Quando nos levantamos, intervi:

– Antes de passarmos à recepção, Comandante, quero expressar em nome de Chico Buarque, Fernando Morais[62]

---

[62] Secretário de Educação do governo paulista, Fernando Morais antecipara seu retorno ao Brasil por motivo de trabalho.

Paraíso perdido

e tantos outros companheiros que não estão aqui ou nem vieram a Cuba, e em meu próprio nome, nosso desacordo com a aplicação da pena de morte. Além da objeção de consciência de alguns de nós, visto a partir do contexto brasileiro, acreditamos que o fuzilamento mais prejudicou do que favoreceu o apoio a Cuba. Quero ainda deixar claro que, pessoalmente, admito a pena de morte em uma exceção: no decorrer de guerra de guerrilhas, quando se trata de criminosos notórios, sem que haja condições de aprisionamento. Mas não no caso de um Estado consolidado como é Cuba.

Fidel retrucou dizendo que também ele era contra a pena de morte, mas não podia correr o risco de amanhã ser acusado de não proteger a vida dos cubanos. E o desembarque de terroristas treinados em Miami, bem como a morte dos três guardas, foram fatos de tal gravidade que foi preciso dar um basta.

No pequeno salão de recepção do Palácio da Revolução, Fidel recebeu um por um os participantes do Voo da Solidariedade, fazendo comentários e deixando-se fotografar. Ao fim, proferiu um breve discurso:

– Vamos resistir para que o futuro de vocês seja ainda melhor que o nosso presente; para que no futuro de vocês se faça algo melhor do que fizemos nós; para que no futuro vocês não tenham de lutar tão sós como temos lutado. – E acrescentou: – Agora, quando se completa o terceiro aniversário do desmoronamento da União Soviética, aqui estamos firmes, decididos a manter as ideias e as conquistas da Revolução. E vocês compreendem bem quão difíceis são as condições econômicas em que ficamos por culpas que não eram nossas. Quando se começou a falar do aperfeiçoamento do socialismo, o que ocorreu foi a liquidação do socialismo. Trouxeram-nos palavras muito adocicadas, como "economia de mercado", em vez de dizerem capitalismo. Agora, nossas exportações se reduziram a menos da metade, e nosso consumo de combustível baixou para 40%. Porém, enfrentamos essa situação sem política de choque que lança milhares de homens, mulheres e anciãos na fome. Não recorremos a tais medidas. Garantimos a todos proteção e segurança, e mesmo quando a fábrica não possui matéria-prima para continuar operando, e não nos resta outra solução senão mandar o trabalhador para casa, lhe asseguramos recursos suficientes para que possa viver. Estamos repartindo entre todos o que temos, e cada cidadão se sente favorecido. Apesar dessas catastróficas consequências, não há uma só criança sem escola, as universidades continuam abertas, os hospitais funcionam, não há um só enfermo que não tenha assistência médica, de acordo com as prioridades que estabelecemos. E isso enquanto o mundo vive sob uma onda neoliberal selvagem que atira povos à fome. Tanto falam de direitos humanos e, no entanto, a mais brutal violação dos direitos humanos é essa política de choque. Tanto falam em democracia, e o primeiro passo deveria ser a democratização da Organização das Nações Unidas, na qual cinco países têm o direito de veto, e um só deles pode anular o acordo assumido por mais de 160 nações. Em nossas relações com o mundo ocidental capitalista, sejam quais forem os países, prevalece o intercâmbio desigual. Sempre nos venderão muito caro tudo e pagarão muito barato por nossos produtos. Quando existia o campo socialista, havia um intercâmbio justo conosco. Se os preços dos produtos que eles nos vendiam aumentavam, os preços de nossos produtos também aumentavam. Em 1959, quando os Estados Unidos suspenderam o fornecimento de petróleo, com uma tonelada de açúcar se podiam comprar sete toneladas de petróleo. Hoje, com uma tonelada de açúcar se compra apenas pouco mais de uma tonelada e meia de petróleo. Mudaram as relações, porque hoje o petróleo também se converteu em um produto monopolizado, adquiriu preço de monopólio, e vocês brasileiros bem o sabem, pois têm que dedicar mais de dois milhões de hectares a semear cana e cortá-la à mão para produzir combustível. Estamos num processo de adaptação a esse tipo de comércio injusto, o que nos impõe muito sacrifício, nos exige enorme eficiência e uma rigorosa ordem de prioridades. Se o bloqueio desaparecesse, seria menos difícil atravessar essa etapa.

A mesa do bufê retratava a situação do país: ali, onde outrora vi cascatas de camarões e lagostas, agora apenas um prato salgado, o *congri*, sem arroz, e croquetes. De resto, doces e sorvetes.

Encontrei Aldana a sós, e cobrei dele a ironia a respeito "dos amigos que vêm a Cuba e se põem a dar conselhos". Ele se esquivou.

– Esta Revolução – afirmei – não é só de vocês, é de todos nós latino-americanos. E talvez seja mais difícil defendê-la fora que dentro de Cuba. Se me meto em Cuba, é porque Cuba se mete em minha vida.

Ele não pareceu animado com a minha reação.[63]

Conversei com irmã Carmen, na sexta, 14 de fevereiro de 1992, e disse-lhe que dava por encerrado meu trabalho

---

[63] Em setembro do mesmo ano de 1992, Carlos Aldana caiu em desgraça. Já não mais exercia as funções de ideólogo do Partido, pois um de seus assessores, indicado por ele para representar a parte cubana na *joint-venture* com a Sony, teria realizado, com dinheiro público, operações financeiras ilícitas no exterior. Descoberto e preso, o fato repercutiu desfavoravelmente para Aldana, com quem também foram encontrados cartões de crédito internacionais. Pouco depois, ele foi expulso do Partido Comunista.

junto à Igreja de Cuba. Prosseguiria meu trabalho junto ao Partido, manteria relações de amizade com os cristãos, mas não mais bateria à porta dos bispos. Ela lamentou minha decisão.

No sábado, Boff celebrou missa junto à piscina do hotel, ao lado do mar do Caribe. Participaram quase todos os brasileiros, cristãos cubanos e comunistas. Todos comungaram. Eric Nepomuceno fez sua primeira comunhão. Mirella, filha de Raúl Castro, e sua mãe, Vilma Espín, também participaram emocionadas.

Ao deixar Havana, tive a impressão de que Cuba era como um mergulhador que, no fundo do mar, se dá conta de que cortaram o cabo pelo qual recebe o oxigênio e partiram com a lancha. Sem desesperar-se, fitou os próprios braços e começou a nadar para voltar à tona.

***

O fracasso do socialismo no Leste Europeu, a derrota sandinista na Nicarágua, a repressão aos estudantes chineses na Praça da Paz Celestial e a súbita desintegração da União Soviética eram motivos de euforia para os que apregoavam "o fim da história" e a vitória irreversível da economia de mercado. Para quem ousa sonhar com a vida bem vivida repartida a todos, tais acontecimentos geraram perplexidade, desalento ou o abraâmico desejo de resgatar a esperança "contra toda esperança".

Em meio à catástrofe, Cuba resiste. É o único país do hemisfério ocidental que implantou o socialismo. E isso a 140 quilômetros dos EUA! Para os que deram ouvidos às sibilinas previsões de Francis Fukuyama – como dizia Antônio Callado, um exemplo de modernidade, pois é americano com cara e nome de japonês – esgotada a história, resta a fatalidade que, implacável, suprime do mapa tudo que resiste à ditadura do mercado. O socialismo teria contraído algo como a aids, que ainda não tem cura, e Cuba seria um doente em fase terminal. Em Miami, o milionário cubano Más Canosa já tinha pronta a nova Constituição de Cuba, enquanto muitas famílias exiladas pagavam vultosas quantias a uma empresa que se dispunha a resgatar todas as propriedades – casas, mansões, fazendas, usinas, empresas – expropriadas pela Revolução. No festival neoliberalista que assola o planeta, com a crescente privatização dos serviços públicos, a estatização cubana era apontada como um pequeno dinossauro conduzido ao Museu da História e que, congelado em suas ideias, resiste a morrer.

Por que Cuba incomoda tanto? É um pequeno país, com 11,2 milhões de habitantes, quadruplamente ilhado: pela geografia, pelo bloqueio dos EUA, pelo fim da União Soviética e pela falta de divisas. Uma nação cujo perfil na mídia só não é pior que o da Coreia do Norte: governada por um ditador sanguinário que se compraz em mandar opositores ao *paredón*, não respeita os direitos humanos e não admite o pluripartidarismo. Se ao menos Cuba permitisse a pluralidade partidária, dizem uns, a defesa de sua Revolução ficaria mais fácil. Se ao menos suprimisse os fuzilamentos, dizem outros, não poderiam acusá-la de barbárie. E por que Fidel Castro não se candidatava a presidente da República, admitindo concorrentes?

Cuba incomoda, não pelas razões acima mencionadas e tão alardeadas pela mídia. Isso é apenas areia nos olhos. Cuba incomoda pelo fato de dizer não ao capitalismo e derrubar os seus mitos, e por ter sido o único país da América Latina a conquistar condições dignas de vida para a maioria de sua população. Em Cuba não há crianças abandonadas como nas ruas do Brasil; nem multidões de analfabetos, como nas montanhas de Honduras; nem contingentes de desempregados, como no México; nem famílias milionárias indiferentes à sorte dos mendigos, como nos bairros nobres da Cidade da Guatemala; nem latifundiários que exterminam camponeses, como nas selvas da Colômbia.

Cuba não é o paraíso, mas neste continente de pobres e miseráveis quem pode comer é rei. Ali, o socialismo estendeu a todos a sobrevivência biológica (em 2012, morriam 4,6 crianças em cada 1.000 nascidas vivas), o acesso à escola, ao tratamento de saúde, ao trabalho, à cultura. Há problemas, e muitos, como os cortiços em Havana Velha, as favelas de Santiago de Cuba, a má distribuição dos produtos, o mercado negro, a falta de mecanismos políticos que permitam aos descontentes e sonhadores apontarem críticas e alternativas, sem o risco de se verem incluídos no rol dos contrarrevolucionários.

A Revolução acomodou-se à monocultura e à exportação de açúcar, confirmando a divisão internacional de trabalho imposta, primeiro, pela Espanha, em seguida, pelos EUA e, por fim, pela União Soviética. Não procurou criar uma infraestrutura industrial, talvez confiando na indissolubilidade do casamento com os russos. Ora, mesmo nos matrimônios indissolúveis, certo dia um dos dois morre. O pouco de indústria do país centrava-se na construção civil e na fabricação de materiais básicos de consumo doméstico, escolar, esportivo ou cultural.

Cuba desnudou a hipocrisia do discurso liberal, que promete a todos desenvolvimento, liberdade e paz. Passados 100 anos de efetiva hegemonia da economia de mercado na América Latina, o panorama não é o mais promissor: muitos ainda vivem na pobreza e na miséria. E hoje ninguém ignora que jamais houve qualquer intenção altruísta nos dólares remetidos pelo Primeiro Mundo ao nosso continente. Por trás de cada dólar havia a certeza de um investimento lucrativo e de aumento da dependência política, através do suborno de governos, da corrupção de autoridades, da expansão dos interesses dos cartéis e das empresas transnacionais.

A Aliança para o Progresso não aplacou a fome da população do Nordeste brasileiro, mas com certeza refreou o sentimento de brasilidade da elite daquela região. Os empréstimos sempre chegaram aos nossos países atrelados a projetos específicos e, sobretudo, em busca da multiplicação de lucros e serviços, versão monetarista da dependência colonial.

Cuba ousou desmascarar esse mecanismo que faz da América Latina e também da África e da Ásia, regiões necrófilas. Em nossos países muitos nascem para morrer precocemente. Só em Cuba os bens da Terra e os frutos do trabalho humano são fraternalmente repartidos. A Revolução promoveu as reformas agrária e urbana, permitiu que todos tenham teto e estendeu o direito à terra aos camponeses. A campanha de alfabetização erradicou a ignorância. Negros, filhos de operários e de agricultores, ou mulheres, que em nossos países estariam condenados ao subemprego, à marginalidade ou à contravenção, em Cuba graduam-se em medicina ou engenharia, trabalham em pesquisas científicas ou dão aulas na universidade, conquistam medalhas de ouro em jogos olímpicos e escrevem belas páginas da história da arte em nosso continente.

Considero lapidar o conselho de Jesus: não tirar o cisco do olho alheio sem antes afastar a trave que nos cega. Como posso atirar pedras em Cuba se vivo num país e num continente que produzem mais mortes precoces do que vidas asseguradas socialmente? Como condenar Cuba pelos seus erros, se conheço muito bem o que ocorre no interior da Igreja? E como exigir de Davi que largue a sua funda, se Golias, tão próximo, ameaça esmagá-lo?

RIO DE JANEIRO: FIDEL NA ECO-92

Fidel retornou ao Brasil em junho de 1992 para participar da conferência da ONU sobre meio ambiente e desenvolvimento, no Rio de Janeiro – a Eco-92. Às 9h da noite de sexta, 12 de junho daquele ano, recebi, no Rio, um telefonema do embaixador Jorge Bolaños:

– Betto, o Comandante quer vê-lo. Pode estar esta noite no Rio Palace?

Às 22h cheguei ao hotel, no exato momento em que o Mercedes-Benz de Fidel estacionava à porta. Um grupo de populares o aplaudiu, mas um palavrão dirigido a ele ressoou em meus ouvidos.

Subi à suíte em que se hospedava. Por motivos de segurança, o dirigente cubano trouxera, não apenas o carro, mas também cozinheiro e alimentos. De uniforme de gala, recebeu-me em um apartamento transformado em sala de visitas. Demonstrava cansaço. À nossa volta, Jorge Bolaños, Chomy Miyar, Carlos Lage, do Birô Político, e Roselina Simeon, presidente da Academia de Ciências de Cuba.

– Parabéns, gostei muito de seu discurso – disse-lhe, enquanto nos demos um abraço. – Mas vou cobrar direitos autorais...

– Mas eu não pago! – reagiu bem-humorado.

Na preparação de sua vinda ao Brasil, eu sugerira a Bolaños que o líder cubano defendesse, na Eco-92, a mais importante espécie em extinção, o ser humano, especialmente os pobres. Naquela manhã, Fidel abrira seu discurso de quatro minutos alertando: "Uma importante espécie biológica corre o risco de desaparecer devido à rápida e progressiva destruição de suas condições naturais de vida: o homem."

– Collor pareceu indelicado – comentei – ao advertir os participantes, antes de convocá-lo à tribuna, de que não deveriam ultrapassar os sete minutos previstos para cada orador. Soou como um recado a quem tem fama de falar oito horas seguidas... Talvez ele quisesse assegurar que você só falaria três.

– Fiz questão de me ater ao tempo. Como faço questão de permanecer no plenário ouvindo o discurso de cada chefe de Estado. Mas fiquei todo o dia sem comer nada. Lá não há o que comer. Só fui almoçar agora, às 9h da noite.

– Até Bush o aplaudiu!

– Recebi cumprimentos de muitos chefes de Estado. Mulroney, primeiro-ministro do Canadá, me mandou uma nota dizendo que fora o melhor discurso. Penso que Bush mentiu quanto aos dados de redução da poluição atmosférica nos Estados Unidos. Haveria que conferir o que ele disse.

– Bush nunca poderia imaginar que, depois de apagar o vermelho (o movimento comunista), seria vítima do verde (o movimento ecológico) – ironizei. – Ele é o grande vilão desta conferência. Se a Eco-92 serviu para alguma coisa, foi para conscientizar a humanidade sobre a necessidade de proteção ambiental e da posição negativa da Casa Branca. Quando o mundo estava dividido entre capitalismo e comunismo, era mais difícil obter tanto consenso crítico à política dos Estados Unidos. Agora, que se trata da sobrevivência do planeta, a ação deletéria do governo estadunidense fica mais evidente. Comparo a questão ambiental a um avião. Estamos todos a bordo de uma aeronave dividida em primeira classe, classe executiva e classe econômica. Na hora do acidente, não há como salvar os mais ricos que viajam de primeira classe. Todos são igualmente afetados. Só Bush pensa que os Estados Unidos são um país ejetável, que logrará escapar sozinho de uma possível catástrofe planetária.

– Procurei não fazer um discurso que tivesse como objetivo os Estados Unidos, e sim os países ricos em geral.

– Quero convidá-lo a se encontrar informalmente com alguns intelectuais brasileiros, no escritório de Oscar Niemeyer, aqui perto – disse a ele.

– Sim, isso seria possível. Talvez no domingo à noite. Amanhã será um dia cheio. Quero aproveitar para conversar com chefes de Estado. Muitos já se vão amanhã. Hoje mesmo, às 7h da noite, fui ao encontro de Li Peng. Nosso intercâmbio com a China é muito importante nesse momento.

– Qual a sua opinião sobre Collor? – indagou ele.

– Um fracasso total como administrador, pois a miséria só aumenta neste país, e como político, pois seu irmão caçula acaba de denunciá-lo em público como conivente com a corrupção eleitoral. Collor é tão louco que chega a apoiar Cuba! Pena que não aplique aqui nenhuma das medidas sociais que tanto elogia na Ilha. Ainda agora há enchentes no Sul do país, com muita destruição e mortes, e ele se recusa a liberar verbas para os flagelados.

Contei-lhe dos atos em solidariedade a Cuba, em Bonn, mês passado e, agora, na ABI.

– Roberto Robaina[64] falou-me de sua atuação em Bonn – comentou Fidel.

Leonardo Boff e eu fomos recebidos por Fidel no Rio Palace, no domingo à noite. Ele trajava uniforme de gala, sem gravata, relaxado.

– Comandante – disse Boff –, por considerá-lo um irmão mais velho, gostaria de lhe pôr a par de uma decisão pessoal minha. Não me agradaria que você soubesse por terceiros. Desde 1971, venho sofrendo muitas pressões na Igreja. Nos últimos anos, as coisas se tornaram insuportáveis. Proibiram-me de dar aulas, afastaram-me da Editora Vozes, passaram a censurar com mais rigor os meus textos. Essa pressão começou a influir negativamente em minha vida espiritual e em minha saúde física e psicológica. Por isso, decidi afastar-me do sacerdócio. Em agosto devo pedir redução ao estado leigo.

– Isso significa que você não poderá mais celebrar missa? – perguntou Fidel.

– Sim, não poderei mais celebrar missa. Poderei participar de celebrações da Palavra e continuar, com mais liberdade, meu trabalho junto às comunidades de base. Não quero ser teólogo da Igreja hierárquica, mas do povo de Deus.

O dirigente cubano ouviu atento as razões do teólogo da libertação. E fez um comentário de quem se move com habilidade na esfera política:

– É muito importante o modo como você comunicará à opinião pública sua decisão. Deve deixar claro que sai por amor à Igreja.

---

[64] Então ministro das Relações Exteriores de Cuba.

– E é verdade, Fidel, quero escrever, fazer teologia, mas na linha do Evangelho, sem as amarras do direito canônico.

– Bem, vou tomar um banho e dentro de 50 minutos saímos para a casa de Niemeyer.

Boff desceu, enquanto aguardei. Observei, então, a precisão cronométrica do esquema de segurança. Às 21:45, Angelito, chefe da segurança cubana, ordenou que o carro do Comandante estacionasse em frente ao hotel. O elevador foi mantido parado no andar. Cinco minutos depois, Fidel saiu do apartamento. Fomos juntos em seu carro até o prédio onde ficava o escritório de Oscar Niemeyer, na avenida Atlântica.

O anfitrião nos aguardava à porta. Subimos pelo velho elevador de grade sanfonada. Casa de ferreiro, espeto de pau. O mais famoso arquiteto brasileiro mantinha seu escritório num antigo prédio cujos elevadores funcionavam precariamente. No apertado recinto, cerca de 40 intelectuais e artistas, entre eles, Darcy Ribeiro, Ênio Silveira, Moacyr Werneck de Castro, Antonio Callado, Leandro Konder, Ferreira Gullar, Eric Nepomuceno, Ivo Lesbaupin, Hugo Carvana, Emir Sader e tantos outros. Íttala Nandi deu o toque de descontração, elogiando a aparência saudável do visitante. Ele percorreu o pequeno salão, cumprimentando os presentes. Deixou-se fotografar, deu autógrafos, respondeu perguntas. Não acreditou que Barbosa Lima Sobrinho tivesse 95 anos:

– Precisamos colher algumas amostras genéticas do senhor – brincou.

A um momento, sugeri que todos se sentassem para dirigir-lhe perguntas. O debate teve início. Fidel falou das dificuldades de Cuba e admitiu:

– Em tempos difíceis, há mais gente que vacila. No entanto, há mais heroísmo também. Se perdemos em quantidade, ganhamos em qualidade.

Uma hora depois interrompi:

– Afinal, convidamos o Comandante para um encontro, e não uma conferência.

A roda se descontraiu, Fidel reclamou:

– Não há nada que beber ou comer aqui?

Tomou uma dose de uísque e comeu com apetite variados canapés.

À meia-noite nos retiramos. A segurança avisou que o elevador social parara e o de serviço só chegava até o 7º andar. Sob luzes de lanternas, Fidel e eu descemos do 9º andar por estreitas escadas. Para chegar ao elevador de serviço, fomos obrigados a passar por dentro do apartamento de uma família, cruzando a sala e a cozinha. O jovem casal demonstrou sentir-se honrado de o acaso ter conduzido a seus domínios Fidel Castro. Este os cumprimentou e seguiu adiante. Ao chegar à calçada, foi aplaudido pelos moradores do prédio, que se dependuravam nas varandas e janelas.

No dia seguinte, fui informado de que Fidel enviara ao casal do apartamento do 7º andar alguns presentes. E, por coincidência, o rapaz era filho de um primo-irmão de minha mãe. A mãe dele, no entanto, ficou indignada ao saber de minha proximidade com Fidel. E manifestou seu horror em carta furibunda à minha mãe.

SALVADOR:
FIDEL REABILITA
O COMANDANTE PIÑEIRO

Na quarta, 14 de julho de 1993, a aeronave que trazia Fidel Castro aterrissou às 9h da noite em Salvador. Às 22:30 a assessoria dele me convocou ao Othon Palace Hotel.

Fidel me esperava na suíte do terceiro andar, reservado para suas refeições: duas mesas, um garçom cubano. Vestia uniforme militar cor baunilha. Comeu duas postas de peixe grelhado com batatas cozidas e tomou água mineral.

Falamos do clima propício na Cúpula Ibero-Americana para introduzir o texto contra o bloqueio a Cuba (o *Estadão* havia noticiado na primeira página e deixei o jornal com ele); de meu julgamento por denunciar a Rota, da Polícia Militar de São Paulo, como assassina (fui absolvido); do caráter do presidente Itamar Franco (que nada sabia sobre a América Latina); dos pronunciamentos de Carlos Menem, presidente da Argentina (que chegou a Salvador propalando que, em Cuba, havia um processo de abertura democrática, e se manifestou contra as sanções econômicas à Ilha); de PC Farias, assessor de Collor, que com frequência viajava a Cuba, em seu jatinho Morcego Negro, para abastecer o chefe de charutos; do manifesto de intelectuais brasileiros em apoio a Cuba; da possibilidade de ele dar entrevista ao programa de Jô Soares (declinou devido à dificuldade de ir até São Paulo); do crescimento de Lula nas pesquisas eleitorais para disputar a Presidência da República com Fernando Henrique Cardoso.

Fidel queixou-se do período apertado da Cúpula, pois tinha a intenção de se avistar com vários presidentes, mas não havia suficiente tempo para isso.

Comentou:

– Menem, se quiser falar comigo, que vá a Havana ou me convide à Argentina.

Perguntei-lhe:

– Comandante, por que Manuel Piñeiro foi demitido da chefia do Departamento de América?

Fidel pareceu surpreso com a pergunta. Piñeiro, revolucionário de primeira hora, tendo participado, em 1959, da tomada de Santiago de Cuba, durante décadas esteve à frente do mais continental órgão do Partido Comunista de Cuba, o Departamento de América. Mantinha relações políticas com todos os partidos, movimentos e grupos de esquerda da América Latina, excetuando os trotskistas, e era ali que se decidia quem faria treinamento de guerrilha em Cuba e quem receberia apoio deste país na sua luta local. Súbito, sem qualquer explicação, nem nota na primeira página do *Granma*, órgão oficial do PC cubano – como era praxe ao se tratar da demissão de dirigentes –, ele foi mandado para casa e, em seu lugar, assumiu José Arbezu.

Manifestei a Fidel que a esquerda da América Latina estranhara o modo como Piñeiro fora demitido, por recado da secretária, sem nenhuma explicação. Acrescentei que se Cuba tinha a solidariedade de partidos e movimentos que, em seus respectivos países, não se entendiam, isso se devia à habilidade de Piñeiro.

Fidel retrucou que Piñeiro fora demitido, não por razão ética ou política, e sim pela desorganização que reinava no Departamento, com seus funcionários viajando por toda parte sem apresentar justificativas. Assegurou que, quanto à pessoa de Piñeiro, nada havia que o desabonasse.

Comuniquei isso a Manuel Piñeiro, que voltou a assessorar o gabinete de Fidel, e lá permaneceu até falecer em acidente de trânsito, em 1998.

O ônibus que conduzia os chefes de Estado rumo ao local da Cúpula Ibero-Americana passou por uma praça onde havia manifestação pró-Cuba. Fidel não deixou escapar a oportunidade. Levantou-se e disse a seus colegas:

– Vejam, ainda há luz de esperança para o socialismo. E não vejo ali ninguém em apoio ao neoliberalismo.

HAVANA: VISITA AOS CÁRCERES

V oltei a Cuba na última semana de março de 1995, a convite da Fundação Sueca de Direitos Humanos – de cujo comitê internacional participei desde 1990. Nossa delegação foi autorizada a visitar prisões. Nada encontramos parecido ao que vivi nos oito cárceres pelos quais passei durante os quatro anos (1969-1973) em que estive preso sob a ditadura militar. Conversamos livremente com homens e mulheres presos, constatamos a pedagogia profissionalizante, vimos como a autoestima daquelas pessoas é recuperada através inclusive de cuidados estéticos – funcionava ali dentro um salão de beleza. O argumento de que o ambiente também teria sido maquiado para nos causar boa impressão poderia proceder para quem tem olhar ingênuo sobre condições carcerárias, não para mim, que convivi dois anos com presos comuns e sei identificar quando eles mentem para agradar a administração.

O bloqueio imposto pelo governo dos EUA, desde 1961, agora asfixiava menos. As recentes viagens de Fidel à Dinamarca e à França esboçavam uma estratégia de isolar a política estadunidense.

Reformas econômicas e o incremento do turismo (750 mil turistas em 1994 para uma população de 11 milhões de habitantes) desafogavam a crise em que o país mergulhou após o desaparecimento da União Soviética. Apesar das dificuldades, não havia famílias morando na rua, nenhuma criança descalça ou sem escola. Essa heroica resistência do povo cubano induzia, agora, o senador Helms a propor ao Congresso dos EUA arrochar ainda mais o bloqueio, proibindo a entrada, no mercado estadunidense, de qualquer produto que contivesse açúcar cubano. O espantoso era o silêncio dos países ditos democráticos. Raros os governos que demonstravam indignação frente àquela escalada que violava o Direito Internacional.

Cuba provoca também bloqueios emocionais, sobretudo na esquerda arrependida. Como esquema de defesa, adota-se o reducionismo, sofisma de quem, por exemplo, à luz do Renascimento, considera a Idade Média período de trevas. Emoções à parte, sabe-se que o milênio medieval não se resume a inquisições e teocracia. Houve Averróis, Avicena e a releitura tomista de Aristóteles. Ergueram-se as catedrais góticas, as universidades de Bolonha e de Paris, enquanto se expandiam as navegações que permitiram, inclusive, a conquista da América.

Hoje, aplica-se a Cuba o reducionismo. Sob a hegemonia neoliberal, julga-se que o socialismo é coisa do passado, malgrado a incompetência da economia de mercado de equacionar problemas elementares de sobrevivência da humanidade. O avanço tecnológico e a concentração do capital são proporcionais ao crescimento da pobreza. Basta ver a América Latina. Cento e cinquenta anos de dominação usamericana só resultaram na multiplicação da miséria. Vide o caso mexicano.

Cuba resiste como único exemplo latino-americano de democracia social e econômica. Quando for suspenso o bloqueio do governo dos EUA, se abrirá o caminho ao aperfeiçoamento de sua democracia política. Como me disse o pastor batista Raúl Suarez, "ensinaram-me que era pecado beber, fumar e bailar. Ninguém me ensinou que era pecado manter o povo analfabeto, vivendo em favelas, sem educação e saúde".

Graças ao avanço de sua medicina, Cuba é hoje parceiro imprescindível do Brasil. Aqui, a meningite está sendo evitada com a vacina cubana, única no mundo. Ali se produz a melhor vacina contra a hepatite B, que também importamos.

É o único país em que decresce o número de pessoas infectadas pela aids. Enquanto em países capitalistas cientistas sonegam informações a seus colegas, mais preocupados com a própria fama que em salvar vidas, o esforço coletivo dos cubanos já possibilitou que chegassem a uma vacina contra o vírus HIV, naquela ocasião testada em chimpanzés. Estima-se que o país que descobrir a vacina arrecadará, no primeiro ano, cerca de US$ 10 bilhões.

Quem considera que democracia se reduz a eleições periódicas não deve se esquecer de que em Cuba não há massacres como o do Carandiru, grupos de extermínio, sequestros, desaparecimentos, assassinatos de crianças, aposentados desassistidos e extorsão financeira para acesso à saúde e educação, que são gratuitas. A humanidade pode ser diferente, sem o escândalo do abismo que separa ricos e pobres. Por isso, Cuba incomoda a quem acredita que encher urnas é mais importante que encher barrigas. Mesmo porque essa gente nunca passou fome. No máximo, teve apetite. Com direito a couvert.

HAVANA: BOMBAS NO HOTEL

Retornei a Cuba em agosto de 1997 para participar do 14º Festival Mundial da Juventude e dos Estudantes, que reuniu 12 mil jovens. A maior delegação estrangeira era a norte-americana, com 847 credenciados. À exceção de 100 que obtiveram permissão especial do governo dos EUA para viajar à Ilha por razões acadêmicas (estudantes envolvidos em teses ou pesquisas concernentes a Cuba e apoiados por suas universidades), os demais mereceriam o título de heróis. O bloqueio imposto pela Casa Branca, reforçado pela lei Helms-Burton, impede os cidadãos estadunidenses de viajarem a Cuba. A multa é de US$ 100.000! E uma ficha no FBI para o resto da vida.

Encontrei Fidel na recepção oferecida a um grupo de delegados. Devido às dificuldades pelas quais passava a Ilha, em decorrência do desaparecimento do bloco socialista europeu e do aperto do bloqueio, as recepções eram cada vez mais raras em Havana.

Na segunda, 4 de agosto de 1997, o telefone do meu apartamento no Hotel Palco soou pouco depois das oito da noite. A assessoria do Conselho de Estado avisava que um carro estava a caminho para levar-me ao encontro do Comandante.

Fidel recebeu-me em seu gabinete, no terceiro andar do Palácio da Revolução. Tinha os olhos atentos à TV, que transmitia um torneio cubano de boxe amador. Na parede, um quadro com um texto escrito à mão por José Martí, seu grande inspirador; um retrato de seu pai quando jovem e uma foto de Hemingway ao lado de um enorme peixe que, supõe-se, acabara de fisgar, autografada: *Al doctor Fidel Castro*.

Convidou-me para jantar na sala ao lado do gabinete: laranja e salada de entrada, sopa de legumes, filé de peixe assado. De bebida, água. Estranhei, na terra do açúcar, a falta de sobremesa. E também de cafezinho, uma instituição cubana.

Perguntou-me sobre o MST, os acampamentos e assentamentos, as cooperativas, as marchas. Mostrou-se alarmado com o tamanho da dívida pública brasileira. Quis saber sobre o encontro das Comunidades Eclesiais de Base ocorrido em julho, no Maranhão, e os últimos livros de Leonardo Boff e dom Pedro Casaldáliga.

Por fim, contou-me os preparativos da visita do papa, marcada para a penúltima semana de janeiro de 1998, e me fez muitas perguntas sobre os rituais da Igreja, a liturgia da missa, o universo eclesiástico.

Naquela manhã, duas bombas haviam sido encontradas no Hotel Meliá Cohiba. Uma explodiu, causando danos materiais; a outra foi desativada. Fidel não me pareceu preocupado. Em julho, duas outras bombas tinham explodido nos hotéis Capri e Nacional. Disse-me que os responsáveis pelas primeiras ações terroristas já se encontravam presos e confessaram que os artefatos foram preparados nos EUA. Eram membros de grupos anticubanos de Miami. As bombas visavam a espantar os turistas que acorriam a Cuba, levando divisas que ajudavam o país a alcançar um crescimento do PIB de 7,5% em 1996, apesar do bloqueio.

Falei-lhe de meu romance sobre Jesus e ele se interessou em publicá-lo em Cuba.[65] Ex-aluno de colégios católicos, lassalistas e jesuítas, o dirigente cubano tem grande apreço pela figura de Jesus e interesse pelas questões religiosas. Agostina, uma de suas irmãs, é católica fervorosa e frequentava a igreja das monjas contemplativas dominicanas. Seu irmão mais velho, Ramón Castro, também é cristão.

Faltavam 15 minutos para uma da madrugada quando nos despedimos. Deixei-o trazendo comigo a impressão de que, notívago, Fidel ainda teria uma longa jornada pela frente, com certeza, visitando estrangeiros que se encontravam em Havana.

---

[65] Reeditado pela Rocco, em 2009, o romance ganhou novo título: *Um homem chamado Jesus*. A editorial Caminos, de Havana, publicou a versão em espanhol no mesmo ano.

HAVANA: VISITA DE JOÃO PAULO II

Ao embarcar de volta a Roma no aeroporto José Martí, de Havana, na tarde do domingo, 25 de janeiro de 1998 – dia de São Paulo, o apóstolo que globalizou o cristianismo –, João Paulo II deixou para trás uma Cuba diferente.

Para os que torciam o nariz à simples menção do nome de Fidel Castro, a expectativa era de que o papa repetisse no único país socialista da história do Ocidente o que fez em suas visitas à Polônia, Tchecoslováquia e Nicarágua: transformar seus sermões em libelo contra o comunismo.

A retórica eclesiástica prefere o nível da abstração. Mais importante que as palavras é a interpretação da frase. E João Paulo II desembarcou em Havana, a 21 de janeiro de 1998, como centro das atenções de mais de 2 mil jornalistas, a maioria propensa à hermenêutica que, no round entre Wojtyla e Fidel, torcia pelo primeiro.

※※※

Para a teologia da libertação e aqueles que miram com simpatia as conquistas sociais da Revolução, sobretudo na área da saúde e da educação, a expectativa era de que a visita papal fizesse Tio Sam pôr as barbas de molho. Afinal, com que direito a Casa Branca impunha a Cuba, há décadas, o bloqueio que dificultava suas relações comerciais com outros países e a mantinha fora de organismos internacionais como a OEA? Sem falar no fato de os EUA manterem uma parcela do território cubano sob seu controle: a base naval de Guantánamo.

Defensor intransigente da autodeterminação dos povos, aquele mesmo papa que, para espanto de Bill Clinton, reatou as relações do Vaticano com a Líbia, ressaltou a ilegitimidade do bloqueio a milhões de telespectadores que estavam de olhos em sua visita.

A Revolução Cubana, ao contrário da russa, não se fez contra a religião. Fidel foi aluno interno em colégios religiosos dos 9 aos 18 anos. Pertenceu à Cruzada Eucarística e assistiu à missa diária. Após o fracasso do assalto ao Quartel Moncada (1953), ele e outros companheiros não foram assassinados na prisão graças à intervenção do arcebispo de Santiago de Cuba.

Há fotos de Fidel na Sierra Maestra com o crucifixo no pescoço. A guerrilha contava com capelão oficial: o padre Guillermo Sardiñas (1917-1965), que após a vitória partilhou com Che Guevara e uns poucos líderes o insigne título de Comandante da Revolução.

Ocorre que o êxito da Revolução deu-se antes do Concílio Vaticano II, que livrou parcela da Igreja da febre anticomunista. A influência franquista entre os católicos cubanos favoreceu o distanciamento dos revolucionários que expropriavam propriedades para promover as reformas agrária e urbana. Cresceu o êxodo para os EUA, cuja elite estava inconsolável com a perda de seus engenhos de açúcar e da rede hoteleira que, graças à máfia americana, tornava Cuba conhecida como "o bordel do Caribe".

Em 1961, John Kennedy patrocinou a fracassada invasão da Baía dos Porcos. Mais de mil mercenários, treinados e armados nos EUA, foram aprisionados, entre os quais três sacerdotes. O cardeal Arteaga, de Havana, refugiou-se na embaixada da Argentina (por razões que, até hoje, são ignoradas, mas seu gesto é tido como explícita confissão de cumplicidade com os invasores).

Dentro da polarização provocada pela Guerra Fria, Cuba viu em seu alinhamento à União Soviética uma saída para a sobrevivência da Revolução. Contudo, o apoio do Kremlin teve seu preço ideológico: Estado e Partido Comunista declararam-se oficialmente ateus; os currículos escolares incluíram a disciplina "ateísmo científico"; as Igrejas viram-se obrigadas a recuar para os limites de seus templos. Até a catequese em família tornou-se suspeita. Porém, jamais uma igreja foi fechada ou um sacerdote fuzilado.

A prática religiosa predominante em Cuba, a "santeria" (candomblé), nunca sofreu restrição, mesmo porque os círculos oficiais a encaravam como "folclore". Eufemismo que facilitava, sem receio de punição, o eventual acesso de membros do Partido Comunista à consulta dos búzios ou de um pai de santo.

Durante anos, a única via de comunicação entre Estado e Igreja Católica era a nunciatura em Havana. Jamais as relações de Cuba com o Vaticano foram afetadas. E, por muitos anos, o embaixador cubano foi o decano dos diplomatas credenciados junto à Santa Sé.

A abertura da Revolução ao fenômeno religioso deu-se graças à Revolução Sandinista e ao desmoronamento do socialismo europeu. A queda do Muro de Berlim contribuiu para desdogmatizar princípios fundamentais do marxismo vulgar.

Desde 1979, a visita papal vinha sendo preparada. Importava para Fidel que Wojtyla reconhecesse que, se Cuba não era exemplo em matéria de relações Igreja-Estado, o mesmo não se podia dizer de sua heroica luta para – agora sem qualquer apoio externo – evitar o desemprego e manter escolaridade gratuita em todos os níveis, excetuando creches, bem como assistência à saúde.

João Paulo II fez dez pronunciamentos, entre homilias e discursos. Cada uma de suas frases foi pesada na balança tanto da hermenêutica progressista quanto da conservadora. Evitou extremos: nem condenou nem canonizou a Revolução, o que, sem dúvida, decepcionou os anticastristas de Miami.

A visita ampliou os espaços de liberdade religiosa, reforçou o poder institucional da Igreja Católica, dessatanizou Cuba e a Revolução aos olhos de muitos cristãos e telespectadores, e tornou evidente a ilegitimidade do bloqueio usamericano.

HAVANA:
FIDEL AVALIA A VISITA DO PAPA

Na noite seguinte à despedida de João Paulo II de Cuba, 26 de janeiro de 1998, Fidel nos convidou para jantar: Pedro Ribeiro de Oliveira, especialista em Sociologia da Religião e, então, professor da Universidade Federal de Juiz de Fora; Giulio Girardi, teólogo italiano; François Houtart, diretor do Centro Tricontinental, de Bruxelas, e doutor em Ciências da Religião; e eu.

Chegamos ao Palácio da Revolução às dez da noite. Na praça, em frente, ainda se destacava a enorme imagem do Sagrado Coração de Jesus, ao lado do perfil de Che Guevara e do monumento a José Martí.

Uma certa confusão semântica se instaurou ali com a visita papal. A Praça da Revolução foi nomeada por João Paulo II como Praça José Martí. Agora, católicos descontentes com o regime referiam-se ao local como Praça do Sagrado Coração de Jesus.

Fidel recebeu-nos em seu tradicional uniforme militar. Voltara a ele após quatro dias de visita papal. Mais magro, mostrava-se bem-disposto. Passamos à sala de jantar, ao lado de seu gabinete.

Antes de sentarmos, pedi licença para abençoar a mesa e brinquei com Fidel:

– Esforço-me para aproximá-lo de Jesus e, no entanto, você se acerca do papa.

O anfitrião preferiu sentar-se ao centro da mesa. À sua frente, os quatro visitantes. Os demais lugares foram ocupados por Carlos Lage, pediatra, que cuidava da saúde econômica de Cuba; Caridad Diego, responsável pelo Escritório de Assuntos Religiosos (uma espécie de Ministério do Culto); José Arbezu, chefe do Departamento de América; Balaguer, ideólogo do Partido; e Felipe Roque e Chomy Miyar, secretários do Conselho de Estado.

Notívago e inveterado conversador, Fidel não demonstrava a menor pressa. Enquanto os copeiros nos serviam sopa e salada, acompanhadas de água e vinho branco, ele manifestava sua admiração por Karol Wojtyla. Apreciava no papa a coerência, a convicção, a energia física e mental, malgrado a saúde combalida.

Contou-nos que um cardeal perguntou-lhe como se sentia recebendo o responsável pela falência do socialismo no Leste Europeu. Não era uma situação paradoxal? O líder cubano retrucou que não era justo sonegar desse mérito a figura de Mikhail Gorbachev.

– Nem todos os homens que cercam o papa parecem ter a fé que ele possui – observou Fidel. – Alguns são meros políticos. Outros, homens sinceros e dedicados.

Expusemos nossa análise da visita de João Paulo II. Fidel ouviu atento, sem manifestar concordância ou discordância. Ressaltou que o país ganhou um expressivo aliado contra o bloqueio dos EUA a Cuba, considerado pelo pontífice "injusto e eticamente inaceitável". Surpreendeu-o a crítica do visitante ao "capitalismo neoliberal". Em suma, estava agradecido pelo modo respeitoso como o papa tratou o povo cubano.

Senti Fidel aliviado. Era uma viagem de risco. O visitante podia ter chegado à Ilha como "o anjo exterminador do socialismo", expressão que Fidel utilizou na intimidade quatro dias antes da chegada do papa. Embora crítico ao socialismo, João Paulo II evitou imprimir aos seus discursos um tom agressivo. Preferiu as exortações pastorais.

A reação popular era outra razão da euforia demonstrada por Fidel. Nenhuma manifestação contrária à Revolução. Observou, com ironia, que teria sido a melhor ocasião para os contrarrevolucionários – caso contassem com apoio popular – darem um golpe de Estado: nas ruas, o papa, 3.300 jornalistas do mundo inteiro e nenhum soldado.

Os poucos guardas que cuidavam da manutenção da ordem foram excepcionalmente privados de suas armas de fogo, o que chamou a atenção de João Paulo II, que disse a Fidel ter ficado constrangido no Brasil, em outubro de 1997, ao ver-se cercado por tanques de guerra.

Comentamos o discurso do arcebispo de Santiago de Cuba, Pedro Meurice, que pronunciou um veemente libelo contra a Revolução. Fidel evitou emitir juízo. Preferiu destacar o gesto de seu irmão Raúl, que após a missa ofereceu carona ao bispo para irem ao aeroporto.

Giulio Girardi destacou a apropriação política que a Igreja Católica fez da Virgem do Cobre, padroeira nacional, coroada pelo papa como "Rainha da República de Cuba". Fidel saiu em defesa da santa e da fé popular. Tive a impressão de ouvir discursos invertidos: Fidel falava como teólogo e Girardi como político.

O Comandante frisou que se a Virgem da Caridade do Cobre (negra como Aparecida) saísse como simples mulher pela América Latina seria preciso pintá-la de branco para que não fosse barrada em lanchonetes e casas de baile.

Fomos informados de que na lista de presos políticos entregue pelo Vaticano figuravam 34 nomes.

Passava de duas da madrugada quando nos despedimos.

HAVANA: VISITA DE LULA PRESIDENTE

Na quarta, 24 de setembro de 2003, voei para Havana, via Miami, para unir-me à comitiva do presidente Lula, que, procedente de Nova York, era esperada em Cuba na sexta-feira.

Desembarquei em Havana pela manhã de quinta, 25.

No aeroporto, fui recebido pelo embaixador Tilden Santiago e seu conselheiro, Pedro Etchtebarne. Minha mala demorou a aparecer. Ao chegar à residência do embaixador, verifiquei terem quebrado um dos fechos. Tentaram violá-la, nunca soube se nos EUA ou em Cuba.

Na aula magna da Universidade de Havana falei sobre o Fome Zero.[66] Acentuei que, por ano, 400 mil crianças com menos de 5 anos morrem por desnutrição na América Latina. No auditório, presentes Ricardo Alarcón, presidente da Assembleia Popular de Cuba; Caridad Diego, chefe do Escritório de Assuntos Religiosos do Partido Comunista; e Roberto Fernández Retamar, presidente da Casa de las Américas.

---

[66] Trata-se do programa de combate à fome adotado pelo governo do presidente Lula entre 2003 e 2004, quando então foi substituído pelo programa Bolsa Família.

Lula presenteou Fidel com um Fiat Pálio equipado com motor que pode ser abastecido por gasolina ou álcool. Um carro flex. Fidel brincou:

– Tenho um amigo russo que não poderia ter este carro. Ele beberia todo o combustível…

O presidente recordou que Fidel esteve em sua casa, em São Bernardo do Campo, após a derrota para Collor:

– Fidel, ao invés de visitar o vitorioso, visitou o derrotado. Foi um gesto que muito me comoveu, porque ninguém vai deixar de ir à casa de um vencedor para visitar o perdedor. São atitudes como esta que reafirmam a amizade.

Lula recebeu em La Mansión, a esplêndida casa de protocolo em que se hospedava (e onde residiu, há décadas, o embaixador brasileiro Vasco Leitão da Cunha), o cardeal de Havana, Jaime Ortega, e monsenhor Carlos Manuel Céspedes, bisneto do "Pai da Pátria" e ex-colega do embaixador Tilden Santiago na Universidade Gregoriana de Roma. Participamos da conversa os ministros José Dirceu, Celso Amorim e eu. Indagamos como a Igreja Católica encarava a questão dos direitos humanos em Cuba. O cardeal abordou a situação dos 75 presos que, recentemente, foram condenados por pertencerem a uma célula contrarrevolucionária articulada pela legação estadunidense em Havana. Um infiltrado denunciou todos os detalhes. Entre os presos, o poeta e jornalista Raúl Rivero. Admitiu o cardeal que todos eram bem tratados, não se queixavam da comida e dispunham de boa assistência médica. Porém, as visitas eram escassas, apenas a cada três meses (o que exigia das famílias entregar-lhes, desde agora, a literatura e os presentes de Natal). Encontravam-se dispersos pelo país sem contato entre si. Uma das prisioneiras, Márcia Beatriz, sofria de hipertensão.

Monsenhor Jaime Ortega gostaria que Fidel os indultasse. Reconheceu que há padres com livre trânsito nas prisões, mas frisou que Cuba está longe de combinar justiça social com liberdade política. Segundo ele, as pessoas se ressentiam da falta de liberdade.

E nós, no Brasil, da falta de justiça, pensei com os meus botões...

Cuidei para que viesse ao encontro de Lula o casal Ela e Hélio Dutra. Ela estava cega, e Dutra, aos 94 anos, começava a dar sinais de perda de memória. O presidente os acolheu com muito carinho.

Os jornalistas brasileiros que acompanhavam a visita presidencial indagaram se tenho críticas a Cuba:

– Muitas – respondi. – Mas adoto um princípio: os inimigos, denuncio em público; os amigos, critico em particular. Sou amigo dos cubanos e solidário à Revolução.

Lula recebeu, no jardim da mansão, os estudantes brasileiros que ali estudavam. Eram cerca de 600, a maioria no curso de medicina. Solicitaram revisão dos critérios de validação dos cursos cubanos no Brasil. Fidel acabava de conceder bolsa a todos eles.

Por volta de 10h, Fidel, envergando terno cinza e gravata, veio buscar o presidente. Fomos todos ao Hotel Nacional, onde ocorria o Seminário Comercial Brasil-Cuba. Presentes vários empresários e executivos brasileiros. Dali rumamos para a última etapa da visita: o Palácio da Revolução. Fidel e Lula subiram para o gabinete presidencial para um *tête-à-tête*. O resto da delegação foi recebido em almoço, pelo anfitrião Carlos Lage, vice-presidente do Conselho de Estado. Apenas José Dirceu e eu não tocamos na comida. Esperávamos ser convocados por Lula a qualquer momento.

Uma hora e meia depois de iniciado o diálogo entre os dois chefes de Estado, Dirceu e eu fomos convidados ao gabinete do líder cubano. Lula e Fidel falavam do MST. O anfitrião indagou sobre as relações do governo com o movimento:

– Não há nenhuma dificuldade com o MST – assegurou Lula. – Zé Dirceu, Frei Betto e eu temos dialogado com eles. O problema é que o MST se preparava para a revolução brasileira. Agora chegamos ao governo e eles não sabem o que fazer. Desenvolveram toda uma tática para ser oposição e se enfrentar com o governo. Só que agora o lado deles ganhou.

Chamou a minha atenção o fato de Lula não tocar no tema da reforma agrária.

Fomos à mesa de almoço, contígua ao gabinete presidencial. De entrada, toronja, muita ácida. Veio camarão empanado e, em seguida, carne de porco com *moros y cristianos*, arroz misturado com feijão. De sobremesa, torta de queijo com sorvete. Tudo regado a vinho branco e tinto. No final, um rum envelhecido 50 anos! Veio numa caixa envidraçada parecida com um oratório:

– Eu estava preparando o embarque do *Granma* – observou Fidel – quando este rum foi posto a envelhecer.

Abordei a conversa com o cardeal e monsenhor Carlos Manuel de Céspedes. Disse reconhecerem as boas condições carcerárias dos 75 presos políticos, a gravidade dos delitos cometidos, o erro de embaixadas da União Europeia, que convidaram a recepções esposas de prisioneiros "dissidentes". No entanto, gostariam que todos os presos ficassem nas cidades onde vivem suas famílias. Lula sugeriu que pudessem ter visita ao menos uma vez por mês.

Fidel fez um relato emotivo sobre a gravidade dos delitos. Qualquer tolerância seria sinal de complacência. Falei do constrangimento criado, sobretudo em quem é solidário a Cuba, pelos recentes fuzilamentos. O Comandante alegou não haver outro jeito, pois o fuzilado havia sequestrado um barco com dezenas de turistas, e se a Revolução não reagisse à altura estaria abrindo a guarda. Referiu-se aos cinco cubanos presos nos EUA, dois deles condenados à cadeira elétrica, sendo que um duas vezes:

– Vai ser preciso ele nascer de novo para que as sentenças sejam cumpridas – ironizou.

Lula se ofereceu para tratar do caso dos cinco prisioneiros com Bush. E sugeriu que Nilmário Miranda, Secretário Especial de Direitos Humanos, fosse a Cuba visitar prisões. Fidel reagiu:

– Isso não seria bom. O povo cubano tem muito apreço por você e por seu governo. A vinda desse secretário poderia confundir as coisas, dar a impressão de que você não confia em nós.

Enfim, manifestamos nossa preocupação com os direitos humanos e frisamos que Cuba precisa se ajudar, se quer ser ajudada. Lula evocou os países solidários a Cuba, como a Suécia, que ficam em situação difícil porque não podem concordar com fuzilamentos.

Duas horas depois, fomos ao aeroporto para regressar a Brasília.

HAVANA: FIDEL ENFERMO

A internação hospitalar de Fidel, submetido a uma cirurgia devido à queda que lhe afetou as pernas, levou ao cancelamento das festividades programadas para comemorar seu 80º aniversário, a 13 de agosto de 2006. Foram adiadas para 2 de dezembro.

De passagem comprada, decidi não postergar minha viagem a Havana. "Estive enfermo e me visitaste", reza o princípio evangélico. Mesmo sem nenhuma expectativa de visitar o dirigente cubano, uni-me à vigília de orações em favor de sua saúde, convocada pela Igreja Católica em Cuba.

Desembarquei em Havana na madrugada de 10 de agosto de 2006 e, no mesmo dia, almocei com Ricardo Alarcón, presidente da Assembleia Popular, e Abel Prieto, ministro da Cultura.

Eis o paradoxo: nunca Fidel esteve tão presente – no coração dos cubanos e na mídia – quanto naquele período em que estava ausente; nunca sua voz foi tão nítida quanto naquele momento em que se encontrava calado.

HAVANA: AGOSTINA ABRAÇA O PAPA

Na quinta, 26 de abril de 2007, encontrei Raúl Castro em seu gabinete, em companhia de Abel Prieto, ministro da Cultura. Conversamos até 1 da madrugada. Raúl contou que, sua mulher, Vilma Espín, acometida de câncer, se apagava lentamente. Disse que Fidel sentia-se cada vez melhor, fazia exercícios, subia escadas e participava das decisões mais importantes. Sofrera muito, teve que operar a vesícula. Observou que, quando à frente do governo, Fidel parecia onipresente, trabalhava mais do que devia. Já não voltaria a fazer o mesmo.

Disse que Cuba pedira a Lula um crédito de US$ 200 milhões e só obtivera 20... Perguntou como se explicava essa mudança de Lula.

Falei de meu livro *A mosca azul*,[67] expliquei o poema de Machado de Assis do qual tirara o título, e ele se interessou em ler a tradução em espanhol preparada, em Havana, por Esther Pérez, a ser editada pela Ocean Press.

Raúl revelou que, aos 75 anos, fazia exercícios todas as manhãs, caminhava uma hora e meia. Morava em uma casa cercada por um bosque:

---

[67] Editora Rocco, 2006. Duas edições em espanhol foram publicadas em Cuba: em 2011, pela Ocean Sur, e em 2013, pelo Editorial Ciencias Sociales.

– Um dia você vai conhecê-la.

Disse que, em junho de 2006, quando fez aniversário, toda a família Castro se reuniu, à exceção de sua irmã Juanita, que vive em Miami e havia vendido sua farmácia por US$ 4 milhões. No México mora Enma, casada com um mexicano; têm dois filhos. O rapaz veio estudar agronomia em Cuba e ficou. A filha mora no México. Enma foi para este país quando Fidel se exilou e preparou o embarque do *Granma*. Agostina era a mais mística. Embora tivesse sido educada no protestantismo, pois estudara numa escola dessa confissão, depois abraçou o catolicismo. Ramón estava com 84 anos. Disse que o sonho de Agostina era dar um abraço no papa, como vira, pela TV, ele abraçar uma idosa em Camagüey. No encontro da família com João Paulo II, em janeiro de 1998, Raúl manifestou-lhe o desejo de Agostina e o papa deu-lhe o abraço desejado.

Raúl contou que o Birô Político decidira que a imprensa cubana deveria ser mais crítica ao governo.

HAVANA:
PRESENTE DE NIEMEYER A FIDEL

Participei em Havana do II Encontro para o Equilíbrio do Mundo, de 28 a 30 de janeiro de 2008. Ao evento, convocado pelo Centro de Estudos Martianos, dirigido por Armando Hart, compareceu também Roberto Requião, governador do Paraná (irritado porque Pedro Mosquera, embaixador de Cuba no Brasil, o havia indicado para falar e seu nome sequer constava do programa). Foi convidado dividir a mesa de abertura com Fina e Cintio Vitier; Roberto Fernández Retamar; Estebán Lazo, do Birô Político; e outras autoridades.

Ao abrir o ciclo de palestras, abordei o tema "A humanidade frente aos dilemas atuais". Centrei-me na questão ecológica, chamei a atenção para o empenho na produção de biocombustíveis, quando há ainda tanta fome no mundo. Tratei também das razões por que o socialismo fracassou na Europa e na Ásia, acentuando que o socialismo cubano não tem o direito de fracassar.

Naqueles dias, Fidel publicou uma série de três artigos denominados *LULA*, nos quais, tendo como gancho a recente visita do presidente a Cuba, fazia reflexões sobre a queda do socialismo, dificuldades do país etc. E me citou como "crítico, mas não inimigo" de Lula.

Participei da mesa-redonda na TV sobre Martí, ao lado de François Houtart, Armando Hart e Pablo González Casanova (assessor dos zapatistas e admirador do Subcomandante Marcos, que disse ter sido aluno dele. Elogiou o modo como Marcos inovava a linguagem).

Falei do "ateísmo" dos participantes do Fórum Econômico de Davos diante da crise financeira dos EUA, como se um bando de cardeais descobrisse, de repente, que Deus não existe.

Estive na Universidade de Ciências Informáticas (UCI) – onde foi inaugurada escultura que Oscar Niemeyer deu de presente pelos 80 anos de Fidel: uma enorme cara vermelha do imperialismo cuspindo fogo e a pequena Cuba erguendo a bandeira diante dela, resistindo. Fazia muito frio e havia milhares de estudantes na praça.

Comparei Niemeyer a Martí: os dois eram latino-americanos, revolucionários, poetas e anti-imperialistas. Elogiei a coerência e a modéstia de Niemeyer, cujas obras conheci desde criança na Lagoa da Pampulha, em Belo Horizonte.

Estive com o embaixador Ali Rodriguez, da Venezuela. Ex-chanceler, um infarto o obrigou a deixar o cargo e ir para uma função mais tranquila em Cuba. Disse-lhe que Chávez precisava deixar de atacar os bispos e evitar crise de consciência para católicos que o apoiavam, mas também amavam a Igreja. Ele concordou com a crítica.

Ricardo Alarcón me convidou para jantar. Como eu desconfiava, disse que a programação havia mudado e me levou para o gabinete de Raúl Castro, que me presenteou com uma bela caixa de charutos Romeu e Julieta Churchill, autografada por ele.

– Com esta assinatura, você passa na alfândega – disse-me o presidente quando perguntei se havia risco de não me deixarem sair com tanto tabaco.

Alertei-o para cobrar de Lula o que prometera a Cuba, pois restava um ano e meio para obterem; a partir de agosto de 2009 se iniciaria a campanha presidencial, e os créditos ficariam congelados.

Raúl lembrou o jantar feito por minha mãe em 1985; pediu que eu fizesse igual em fevereiro, ao retornar.

HAVANA:
O INTERESSE DE RAÚL CASTRO
NOS EVANGELHOS

Na noite de terça, 12 de fevereiro de 2008, em uma casa de protocolo, preparei, a pedido de Raúl Castro, canjiquinha e feijão-tropeiro, com a ajuda de dois cozinheiros cubanos. Levei quase todos os ingredientes do Brasil: minha mãe enviou, de Belo Horizonte, canjiquinha, quatro queijos, linguiça de feira, cachaça Lua Cheia, de Salinas, e espera-marido. De São Paulo, levei feijão-manteiga, carne-seca, pimenta, toucinho e alho. Das 16:30 às 19h fiquei na cozinha, sempre sob o olhar vigilante de Luis, segurança (ou, como dizem em Cuba, "da escolta do ministro"), que inclusive tratou de provar a cachaça tão logo abri duas garrafas. Provou das duas...

Os comensais chegaram por volta de 20h: Raúl Castro, Abel Prieto (ministro da Cultura), Ricardo Alarcón (presidente da Assembleia Nacional), Balaguer (Saúde), Machado Ventura (Ideologia), Felipe Roque (Relações Exteriores), Carlos Lage (Economia), Sebastian Lazo, Lina (Economia), Luiz Alberto, Raulito (neto de Raúl).

Comentei a comemoração em janeiro do próximo ano, 2009, dos 50 anos da Revolução. Chamei a atenção para a inconveniência, para os estrangeiros, da data de 1º de janeiro, devido às comemorações em família da passagem do ano e a dificuldade de voos. Melhor seria que fossem comemorados poucos dias antes do Fórum Social Mundial, em Belém, que deveria ocorrer na última semana de janeiro. Assim, os participantes oriundos da Europa e de outros continentes fariam uma só viagem à América Latina.

Raúl considerou uma boa ideia e sugeriu que a comemoração interna fosse em 1º de janeiro, em Santiago de Cuba. A da solidariedade internacional seria talvez dias 20, 21 e 22 janeiro, em Havana, terminando com uma atividade de massa na Praça da Revolução.

Antes do jantar, Raúl se interessou pela história da Igreja. Contei que a Universidade de Havana, que comemorava 280 anos, fundada pelos dominicanos em 1728, chamou-se Universidade San Jerónimo, porque havia um bispo, Jerónimo Valdéz, que pretendia instalar a instituição junto ao seu palácio. Os dominicanos insistiram em construí-la ao lado do convento de San Juan de Latrán, que ficava na colina onde, hoje, está a Universidade de Havana. Para acalmar o bispo, deram a ela o nome de San Jerónimo. O prelado se sentiu homenageado...

Daí a conversa derivou para a Igreja primitiva. Falei das minhas dúvidas de que Constantino tenha se convertido ao cristianismo, pois só se deixou batizar à hora da morte e mandou matar a mãe. Mas foi um golpe de mestre fingir que era cristão para governar com apoio popular, cooptando os bispos e o papa. São Jerônimo reagiu contra esse aburguesamento em suas cartas. Raúl perguntou quem era esse São Jerônimo. Respondi que fora o tradutor da Bíblia do grego para o latim.

Raúl pediu a indicação de um livro que tratasse daquela época. Na hora não me ocorreu nenhum fácil de ser encontrado em Cuba, e de ser entendido por um leigo como ele, senão as obras de Daniel Rops sobre a história da Igreja. Abel tentaria consegui-lo com o padre Carlos Manuel de Céspedes.

Falamos dos evangelhos, em especial de Tiberíades, construída, à beira do lago da Galileia, por Herodes Antipas, para homenagear o imperador Tibério. Curioso que Jesus, durante suas pregações, não tenha pisado naquela cidade. Levantei a hipótese de que, talvez, José tenha trabalhado ali como operário da construção civil e se fez acompanhar pelo filho que, devido à suntuosidade das edificações, na idade adulta tenha prometido a si mesmo jamais voltar a pôr os pés naquela cidade.

Raúl quis saber que línguas Jesus falava: aramaico, talvez soubesse um pouco de latim e grego e, certamente, compreendia o hebraico da Torá. Perguntou sobre Nazaré. Falei que, na época de Jesus, era uma aldeia de 400 habitantes, tão insignificante que não aparece nenhuma vez no Antigo Testamento, nem nos relatos ali contidos que nomeiam várias cidades da Galileia. Jesus certamente nasceu em Nazaré, mas como os profetas predisseram que o Messias nasceria na cidade de Davi, Belém, então houve um arranjo para demonstrar que Jesus é o Messias predito pelos profetas como nascido na cidade de Davi.

Indagou-me sobre a virgindade de Maria. Contei que, no livro de Isaías, o mesmo vocábulo em hebraico significa jovem e virgem. Os católicos tomam a predição como virgem mesmo; os protestantes, como jovem. Mas a verdadeira virgindade está na pureza do espírito e não no aspecto anatômico.

Raúl me disse que gostaria de passar todo um dia conversando comigo sobre religião. Disse que, na escola, Fidel fazia muitas perguntas nas aulas de catequese. E os jesuítas explicavam a eternidade, dizendo que o Universo era como uma imensa bola de aço em que, uma vez a cada 1.000 anos, a asa de um colibri roçaria na bola e causaria um ínfimo desgaste, e, quando a bola terminasse, ainda a eternidade não teria começado...

Raúl brincou que, pelo rumo da conversa, daqui a pouco aquele grupo deixaria o Partido e se enfiaria na catedral...

Contei que havia trabalhado intensamente naquele dia: pela manhã, uma hora e meia de encontro com a equipe de educação popular do Centro Martin Luther King, em que falei dos desafios do trabalho de base; às 12h, na Universidade, em La Colina, com a Federação de Estudantes Universitários (FEU), e estava também a direção dos secundaristas. Salientei a importância de mobilizarem revolucionariamente os jovens, pois ser revolucionário não deriva de nenhuma genética de estruturas políticas, ou seja, ninguém é revolucionário por nascer em um país socialista, e haveria de analisar bem as causas da derrota do socialismo no Leste Europeu para não repeti-las.

Às 15h, no cine Acapulco, dei palestra para mais de 1.200 professores dos ensinos básico e médio, quase todos jovens. Abordei a importância da educação da subjetividade, imprimindo sentido à consciência dos estudantes, de modo que se formem novas gerações revolucionárias. E que eles têm muita responsabilidade nisso. Frisei que devem dar testemunho junto aos alunos, pois o exemplo do professor é determinante, como foi o daquela professora de Santiago de Cuba a que Fidel se referiu na entrevista que me concedeu, que o abrigou na casa dela, hoje um pequeno museu.

Na quarta, 13 de fevereiro de 2008, pela manhã, fiz conferência no Palácio das Convenções para cerca de mil participantes do Congresso de Pedagogia sobre extensão universitária como forma de solidariedade. Em seguida, participei de mesa-redonda com Armando Hart, Abel Prieto, Omar González, um argentino e outro cubano, sobre diversidade cultural.

ASSUNÇÃO:
ELEIÇÃO DE FERNANDO LUGO

Cheguei a Assunção, convidado por Lourdes Carvajal, do Uruguai, no sábado, 19 de abril de 2008, procedente de Brasília. Recebido por Juan Diaz Bordenave, fui para o hotel Granados Park, onde se alojavam os observadores internacionais à eleição de Fernando Lugo, ex-arcebispo católico, à presidência do Paraguai.

Encontrei ali os deputados Renato Simões, Nilson Mourão e João Alfredo e, mais tarde, José Arbex, do jornal *Brasil de Fato* e da revista *Caros Amigos*, e outros brasileiros.

Fui almoçar no Bols, perto do hotel, em companhia do casal Conner e Joel Suárez, de Cuba. Joel corria o risco de chamar a atenção da mídia, disposta a acusar Lugo de conivência com Cuba...

No fim da tarde, fui levado por Lourdes, junto com Bernard Cassen, do *Le Monde*, à casa de Lugo, ao sul da capital paraguaia. Uma casa de dois pavimentos, onde o candidato nos recebeu efusivo. Estava em companhia de seu secretário particular, Walter Rojas, padre da Congregação do Verbo Divino, e Marcial Congo, frade franciscano vinculado ao MST.

Lugo contou que a embaixada dos EUA oferecera a ele todo tipo de segurança, o que interpretou como sinal: 1) de que os ianques já sabiam que venceria as eleições e não queriam prejudicar seus planos de instalar uma base militar no Paraguai; 2) de tentativa de cooptação, antes que Chávez o fizesse...

Falei que soubera que Lula estaria disposto a rever o Tratado de Itaipu. Sugeri que, se eleito, não se referisse ao tema de modo a dar a impressão de que pretendia enfrentar o Brasil, e sim buscar uma negociação diplomática para facilitar as coisas para Lula, que internamente sofria muita pressão para não ceder aos interesses paraguaios.

Propus reforçar a Aliança Patriótica para a Mudança e o Movimento Tekojoja, que reuniam movimentos populares, evitando o risco de caudilhismo que ameaçava Chávez e Lula: a comunicação direta com os pobres, sem intermediação de partidos e movimentos.

Tratava-se de uma eleição singular. Após 60 anos de Partido Colorado no poder, concorriam um bispo (Fernando Lugo), um empresário (Pedro Fadul), um militar (Lino Oviedo) e uma mulher (Blanca Ovelar).

O Paraguai teve, em 2007, um crescimento de 6%, mas 59% da população eram analfabetos funcionais. Cassen sugeriu-lhe ir à Europa e participar da reunião Ibero-Americana no Peru, em maio. Lugo era amigo de Rafael Cordero, presidente do Equador.

Terminei a noite de sábado em jantar do Movimento Zaka (transparência, em guarani). Havia muitos líderes religiosos, até o arcebispo de Assunção passou por lá.

Na manhã de domingo, dia da eleição, Lugo convidou Cassen e a mim para estarmos em sua casa às 6:30. Lá chegando o encontramos assediado pela mídia. Embora a manhã estivesse luminosa, havia o temor de chuva, favorecendo a abstenção eleitoral. No Paraguai, o voto era obrigatório, mas sem sanção a quem não votasse.

Fomos a pé ao local de votação de Lugo, próximo à casa dele, acompanhados por seu vice, Federico Franco, médico, que me garantiu durante a caminhada: "O Paraguai tem cura"...[68]

Lugo votou às 7h, quando foram abertas as seções eleitorais. Em seguida, participou de missa na paróquia de São João Batista, dos padres do Verbo Divino, onde o ex-arcebispo morou anos. Depois o acompanhamos até a sede do seu comitê de campanha. Ali uma equipe, com o auxílio de computadores, controlava a possibilidade de fraude.

---

[68] Federico Franco derrubou Lugo, através de um golpe de Estado, em junho de 2012, e assumiu a presidência do Paraguai.

HAVANA:
NA CASA DE RAÚL CASTRO

A 10 de dezembro de 2008 participei, em Havana, do Encontro Internacional pelo 60º aniversário da Declaração Universal dos Direitos Humanos. O evento foi coordenado por Felipe Roque, ministro das Relações Exteriores, e Abel Prieto, ministro da Cultura. Coube a Ricardo Alarcón, presidente da Assembleia Nacional, presidir o encerramento.

Havia delegações de muitos países, sobretudo latino-americanos, predominando os equatorianos e os venezuelanos. Também marcaram presença representantes dos EUA e de Porto Rico.

Na tarde de 11 de dezembro de 2008 estive na casa 32, de protocolo, onde se encontravam também Gabriel García Márquez e Mercedez, Ricardo Alarcón, Abel Prieto, Felipe Roque, Lola e o cineasta Julio Garcia Espinoza, e Mariutcha e Luis Eduardo Aute – cantor, compositor, pintor e diretor de cinema espanhol. O casal pedira cidadania cubana. Houve breve cerimônia, na qual Raúl entregou aos dois passaportes cubanos.

Em seguida, Raúl Castro me levou, pela primeira vez,

à sua casa. Eram 22h quando chegamos. Em um bairro residencial de Havana, ele morava em uma casa sem nenhum luxo, cercada por imensa área verde, como se fosse um sítio. Na sala, com dois ambientes conjugados, muitas fotos de família. Havia um pequeno corredor e um quarto onde ainda se encontrava a cama ortopédica usada por Vilma Spin durante sua enfermidade prolongada. No fundo do corredor, o quarto de Raúl com uma cama de casal. Ao lado, seu escritório, um cômodo exíguo.

Raúl me fez ler todos os discursos que pronunciaria em sua visita ao Brasil na semana seguinte, quando viria para a primeira reunião de cúpula latino-americana e caribenha (Celac). Estariam reunidos todos os chefes do Estado do continente, sem a presença dos EUA e da península ibérica. Eram discursos curtos. Fiz algumas sugestões, como tirar a expressão "extremo sul" ao falar dos países do Mercosul, e utilizar "a parte sul do continente"; introduzir o termo "globocolonização" e "globalização da solidariedade"; referir-se à tragédia provocada pelas recentes chuvas em Santa Catarina; dizer que, entre outras, Cuba tinha a aprender futebol com o Brasil. Sugeri manifestar que, em sua visita à catedral de Brasília, gostaria de ser recebido pelo arcebispo local e pelo presidente da CNBB, dom Geraldo Lyrio. Opinei ainda que ele, Raúl, trajasse terno no Brasil e não uniforme militar, e pusesse um sorriso no rosto...

Falei-lhe da importância de ler o livro de Fernando Martinez, *Ejercicio de pensar*, e dei-lhe meu exemplar. Ao ver a dedicatória de Fernando, Raúl não aceitou, mas anotou a editora para encomendar.

Dei-lhe de presente duas cachaças e o livro *El fogoncito*, para seu neto Paolo-Raúl, filho de Mariela.[69] Dei o mesmo livro para Mercedez e Gabriel García Márquez levarem ao neto Jerónimo, de 10 anos.

[69] Havana, editorial Gente Nueva, 2007. Tradução de *Fogãozinho, culinária em histórias infantis* (com receitas de Maria Stella Libanio Christo), Mercuryo Jovem, São Paulo, 2002.

HAVANA:
ENCONTROS COM OS IRMÃOS CASTRO

Na terça, 30 de março de 2010, a Oficina de Assuntos Religiosos do governo cubano, dirigida por Caridad Diego, promoveu, no Memorial José Martí, na Praça da Revolução, evento para comemorar 25 anos da publicação de *Fidel e a religião* e 20 anos do encontro de Fidel com pastores protestantes e representantes da sinagoga.

Presentes no evento 170 representantes de denominações religiosas, além de autoridades como Raúl Castro, Armando Hart, Abel Prieto, Ricardo Alarcón, Aleidita (Aliucha) Guevara, Homero Acosta e Roberto Fernández Retamar. Fiquei feliz porque, apesar de ordem contrária de monsenhor Jaime Ortega, cardeal de Havana, dois católicos compareceram: frei Manuel Uña, superior do convento dominicano de Havana, e uma freira que cuida de hospital.

Raúl cumprimentou cada um dos representantes religiosos e tirou fotos. Em seguida, caminhamos pelo amplo estacionamento que separa o monumento a Martí do Palácio da Revolução. Estavam conosco Caridad Diego, Homero Acosta e Eusébio Leal.

Raúl nos mostrou o gabinete de Fidel, conservado exatamente como quando ele fez uso, pela última vez, em 26 de julho de 2006.

No gabinete de Raúl assisti a dois vídeos: o da produção inicial de soja no centro da Ilha, com assessoria da Embrapa, e os projetos de construção do porto de Mariel, já que o de Havana estava sem condições de receber navios de grande calado, o que obrigava o desembarque e o embarque de produtos na Jamaica, a um custo que variava de US$ 250 a US$ 500 por contêiner. A construção seria financiada pelo BNDES e realizada pela Odebrecht.

Detalhista como o irmão, Raúl me mostrou, no mapa de Cuba, os lugares por onde passariam várias obras em projeto: canalização de água, recuperação de ferrovias, construção de estradas etc.

Contou-me que Cuba havia sido depositária de recursos de países dispostos a ajudar o Haiti – 220 mil mortos no terremoto de janeiro de 2010, inclusive a médica brasileira Zilda Arns, da Pastoral da Criança – e que não confiavam em outros intermediários. Era o caso do Brasil, que destinara US$ 80 milhões, e também da Noruega. Cuba enviou àquele país 800 profissionais da saúde.

Solicitei que Fernando Morais, que escrevia sobre os cinco heróis cubanos presos nos EUA, acusados de espionagem, tivesse acesso aos documentos do Ministério do Interior, que cuida da segurança cubana. Foi concedido.[70]

Advoguei ainda a liberação de Homero Acosta, secretário do Conselho de Estado, para vir ao Brasil em fins de maio e início de junho, a fim de participar do encontro de solidariedade a Cuba, em Porto Alegre. O presidente aprovou.

Comentei que estivera com Aleida Guevara e a filha Aliucha, que cuidavam dos documentos sobre o Che, e que o

---

[70] A pesquisa resultou no livro *Os últimos soldados da guerra fria* (São Paulo, Companhia das Letras, 2011).

Centro de Estudos sobre o Che estava com a construção paralisada. Seria bom que o governo desse uma ajuda para terminá-lo.

Raúl não tivera notícia disso e, no dia seguinte, comuniquei à Aleida que eu fizera o pedido. E sugeri que, em Santa Clara, onde repousam os restos mortais do Che, se organizassem jornadas sobre o pensamento e a vida dele, voltadas sobretudo ao público jovem.

Falei a Raúl – e, no dia seguinte, repeti a Fidel – que Cuba me parecia um carro em que os dois motoristas estavam sentados no banco de trás... Fidel, por razões de saúde, via-se obrigado a retirar-se; e Raúl, por respeito ao irmão, tinha pouca visibilidade nos cenários nacional e internacional.

A Revolução havia sido personalizada em Fidel. Faltava liderança. Parecia acéfala naquele momento de grande dificuldade pelo qual passava o país.

Disse a Raúl que, ao ver na rua um grande cartaz de convocação do Congresso da Juventude Comunista, me veio a ideia de sugerir-lhe pronunciar ali um discurso de emulação, a partir do coração, sem ler, dando testemunho de sua juventude revolucionária. Pois não conheço nenhum revolucionário, de Jesus a Fidel, que tenha iniciado sua militância após os 30 anos. Como canta Gal Costa, "não confie em ninguém com mais de 30 anos"...

Raúl me revelou que não se sentia à vontade para se exibir em público, sempre consultava o irmão, embora às vezes não concordasse com ele. Disse que, quando garotos, os dois foram montar cavalos em pelo. Fidel se manteve e ele caiu. A partir daquele dia, admitiu que nunca se deve imitar ninguém.

Frisou que a crise econômica de Cuba era muito aguda, devido à dívida externa. A água passava do nariz e eles eram obrigados a usar máscara de mergulho... Então, a principal fonte de renda era o serviço que Cuba prestava a outros países, enviando pessoal especializado, como médicos e professores. Em segundo lugar, o turismo. Havia esperança de que o plantio de soja e o petróleo a ser explorado no Golfo do México viessem a aliviar a situação. Os dados econômicos não podiam ser revelados à população, mas os militantes do Partido os conheciam.

Reconheceu que o governo Lula fazia muitíssimo por Cuba.

Ao ingressar na sala em que, toda terça-feira, se reuniam o Birô Político e o Conselho de Estado – as duas mais importantes instâncias de governo de Cuba – reparei que havia um único quadro, presente de Evo Morales: o perfil de Martí todo feito com folhas de coca. Comentei:

– Se o inimigo souber disso, dirá que o governo de Cuba é tonto porque aspira coca enquanto se reúne.

No dia seguinte, quarta, fui à casa de Fidel e Dalia. Repeti a metáfora do carro a Fidel e sugeri que incentivasse o irmão a aparecer mais... Fidel delicadamente se justificou: disse que dava plena liberdade a Raul, mas quis o destino que ele ainda não morresse, e talvez isso não tivesse sido bom para a direção do país.

Entramos pelo tema educacional. Falei das 4,1 milhões de crianças que, no Brasil, se encontravam fora da escola, segundo dados divulgados pelo MEC naquela semana.

Critiquei a mídia, como a TV, que utiliza crianças como isca de consumo. O Instituto Alana, do qual eu participava no Brasil, se empenhava em vetar a presença de crianças em anúncios ou propagandas, em especial as centradas em alimentos nocivos à saúde.

Contei que, no cárcere, conheci bandidos violentos porque foram violentados na infância. Fidel se interessou pelo tema e me crivou de perguntas sobre a prisão: o motivo, quando foi, que idade eu tinha, Marighella etc. Descrevi também os seis anos (1974-1979) em que morei na favela de Santa Maria, em Vitória. Perguntou sobre minha amizade com Lula: como e quando nos conhecemos etc. Dei-lhe de presente o livro de Denise Paraná, *Lula, o filho do Brasil*, na versão em espanhol da editorial El Ateneo, e também um exemplar da brasileira, que contém fotos.[71] O Comandante comentou que o Brasil é fundamental ao avanço da geopolítica latino-americana.

Enquanto conversávamos, Fidel mantinha um olho no televisor, interessado no pronunciamento do chanceler cubano, Bruno Rodríguez, na reunião da Assembleia-Geral da ONU, sobre a reconstrução do Haiti.

Fidel manifestou preocupação com a situação da Venezuela. Comentou que sofrera mais de uma centena de atentados:
– Alguns chegaram perto...
Acrescentou que se surpreendia por estar enfermo em casa.
Ele se mostrava interessado no acelerador de partículas europeu, nas fronteiras subterrâneas da França com a Suíça. Passou-me um texto tirado da internet a esse respeito.

---

[71] Sobre Lula foram publicados por Denise Paraná: *Lula, o filho do Brasil* (São Paulo, Fundação Perseu Abramo, 2003) e *A história de Lula: o filho do Brasil* (Rio, Objetiva, 2009).

Observou que os militares estadunidenses estavam se apoderando do Peru, depois de terem ocupado a Colômbia.

Dalia me contou que ela e Fidel leram *A obra do Artista*, elogiado por ele em artigo no *Granma*. Contei ter levado seis anos na elaboração do livro e submetera os originais a uma equipe de cientistas.[72]

Fidel concordou quando falei não existir globalização, e sim *globocolonização*. E que hoje não se trata do desenvolvimento das forças produtivas, e sim das consumistas. Agora, não se devia falar de proletariado, e sim de *pobretariado*. Fidel disse estar relendo Marx e Lênin.

---

[72] *A obra do Artista – uma visão holística do Universo* (Rio, José Olympio, 2011, 4ª edição). Em Cuba foram publicadas, em Havana, duas edições de *La obra del Artista – una vision holística del Universo* – Editorial Caminos, 1998, e Editorial Nuevo Milenio, 2010.

JANTAR COM RAÚL CASTRO

Homero Acosta levou-me ao gabinete de Raúl Castro na noite de quinta, 10 de junho de 2010, após eu haver participado do programa *Mesa-Redonda*, na TV. Comentamos o 2º Colóquio Martiano pela Sobrevivência da Humanidade e também sobre o petróleo derramado na Costa Leste dos EUA pela British Petroleum.

Raúl ligou para Roberto Fernandéz Retamar, presidente da Casa de las Américas, para o cumprimentarmos pelos 80 anos. Depois, abriu o mapa de Cuba e, com uma vareta de metal na mão, me explicou o fenômeno dos furacões, sobretudo dos que estavam previstos para o segundo semestre daquele ano, conforme informações recebidas pela legação cubana nos EUA. Explicou que todos os furacões do Caribe nascem em uma pequena ilha de Cabo Verde, na costa da África.

Mostrou-me um Quixote de madeira com a cara de Fidel, e Sancho Panza, montado a cavalo, com a cara dele, Raúl, um pouco mais gordo.

Durante o jantar, o presidente comentou que 53 presos políticos deveriam ser soltos nos próximos dias. O governo deixara tudo em mão do cardeal Jaime Ortega, que enfrentava forte reação de católicos contrarrevolucionários.

Os protestantes, via Raúl Suarez, pastor da Igreja Batista, reagiram ao direito concedido à Igreja Católica de monitorar a libertação dos presos. O presidente prometeu receber os pastores.

HAVANA: BACALHAU TEMPERADO COM REFORMAS CUBANAS

A pedido de Raúl Castro, preparei, no pequeno refeitório-cozinha do Palácio das Convenções de Havana, um bacalhau espiritual – receita de minha mãe –, para o jantar de quinta, 11 de novembro de 2010.

Presentes Raúl – que vinha da assembleia de governo onde se debateram as reformas econômicas previstas para 2011 –, Chomy Miyar, Ricardo Alarcón, Roberto Fernández Retamar e Homero Acosta.

No jantar, Raúl falou das mudanças previstas. Disse que, com a desestatização, dois milhões de cubanos ficariam desempregados e observou que, dos secretários particulares de Fidel, restou Chomy; os demais caíram em desgraça, entre eles Felipe Roque, que chegou a ministro das Relações Exteriores.

Enfatizei a importância da educação popular na consolidação do socialismo e narrei o encontro de educadores populares cubanos que o Centro Martin Luther King promovia no Hotel Neptuno, razão da minha viagem. Opinei que as reformas previstas poderiam cair no economicismo se não houvesse intenso trabalho de formação política e ideológica dos jovens. Perguntei sobre as relações entre Estado e Igreja Católica. Raúl encheu a boca de elogios aos bispos, frisando que eram homens transparentes e coerentes.

Perguntou-me sobre Dilma Rousseff. Respondi que não tinha o carisma de Lula nem experiência internacional. Enquanto Lula era *de la calle*, Dilma era do gabinete, tecnocrata, que haveria de governar pressionada pelo PMDB e por Lula.

No dia seguinte, almocei com Fidel, que estava interessado na reunião do G20, na Coreia do Sul, onde se discutiu a guerra cambial, depois que os EUA jogaram US$ 600 bilhões no mercado, impedindo a valorização do dólar.

Comemos salmão e um peixe que lhe fora presenteado, na véspera, por Hugo Chávez. Dei-lhe bombons brasileiros. Gostou tanto que escreveu carta a Chávez, que também lhe presenteara com chocolates. Fidel pediu que, ao ir à Venezuela na semana seguinte, para o evento da Alternativa Martiana, eu levasse os mesmos bombons ao presidente Chávez.

Expressei meu receio de que as reformas econômicas previstas não fossem acompanhadas de emulação ideológica da juventude.

Como Raúl, Fidel me perguntou sobre Dilma Rousseff, quem influi no PT, qual o papel de José Dirceu etc. Indagou sobre o controle da Petrobras. Expliquei que o governo Lula tinha recomprado boa parte das ações e, agora, detinha o controle da empresa, cujas ações haviam sido vendidas por Geisel na bolsa de Nova York.

Dalia comentou que tirou cópias e distribuiu a filhos e netos a versão em espanhol de meu romance *Alucinado som de tuba*.[73] Dei ao casal *La mosca azul*.

---

[73] São Paulo, Editora Ática, 1993. A versão em espanhol – *Increíble sonido de tuba* – é de Madri, Ediciones SM, 2010.

CARACAS:
ENCONTRO COM CHÁVEZ

Estive em Caracas entre 17 e 20 de novembro de 2010, convidado a participar da Conferência Internacional Bolívar, Lincoln, Martí e da VIII Cúpula Social pela União Latino-Americana e Caribenha.

Tão logo desembarquei, soube que os dois eventos haviam sido cancelados. Isso após uma centena de intelectuais, mundo afora, terem reservado em suas agendas o período em que estariam na Venezuela. As passagens foram canceladas e houve protestos de toda parte, acusando o governo bolivariano de irresponsável.

Solicitei audiência com o presidente Hugo Chávez, que me recebeu na quinta, 18 de novembro de 2010, no palácio presidencial. Acompanhou-me o embaixador cubano Rogelio Polanco.

Entreguei a Chávez a carta de Fidel, comparando chocolates venezuelanos e brasileiros, dando preferência aos segundos, e uma caixa de bombons comprada em São Paulo. O presidente discordou da opinião de Fidel, insistiu que os chocolates venezuelanos são os melhores do mundo e mandou buscar o decreto que, por coincidência, havia assinado naquela manhã, estatizando uma empresa de balas e bombons.

Cobrei dele o cancelamento dos eventos e descrevi o mal-estar criado entre intelectuais que se mostravam solidários ao processo bolivariano. Ele ficou surpreso com o que falei e tentou justificar, alegando problemas de organização.

Pelo que apurei naqueles dias, Chávez, centralizador, soube dos eventos quando já estava tudo preparado, e isso o aborreceu. Prometeu-me que escreveria uma carta de desculpas a cada convidado e marcaria nova data para recebê-los (o que nunca aconteceu).

Dedicamos mais de uma hora a trocar ideias a respeito da conjuntura latino-americana. Respondi muitas perguntas frente ao seu interesse quanto à teologia da libertação.

Enquanto estive no gabinete, o presidente não tocou nos chocolates brasileiros.

HAVANA:
VISITA DA PRESIDENTE DILMA ROUSSEFF

Fui à missa nos dominicanos, na tarde de domingo, 12 de fevereiro de 2012. Ao tomar café no refeitório do convento antes da celebração, recebi um chamado na portaria. Ali me esperava Homero Acosta, secretário do Conselho de Estado.

Convidava-me a um encontro com Raúl Castro, em seu gabinete no prédio das FAR. O presidente demonstrava muito boa disposição para a sua idade octogenária. Pelo telefone, convocou o historiador Eusébio Leal a participar de nossa conversa.

Raúl discorreu entusiasmado sobre a recente viagem a Cuba da presidente Dilma Rousseff, que visitou o porto de Mariel, em fase de construção pela empreiteira brasileira Odebrecht, graças a generoso financiamento do BNDES.

Contei-lhe sobre a conversa que, em Porto Alegre, a 26 de janeiro, durante o Fórum Social Temático, Márcia Miranda, Leonardo Boff e eu, na presença de Gilberto Carvalho, tivemos com Dilma, no apartamento ocupado por ela no Hotel San Raphael. Falei sobre a atual conjuntura cubana, as mudanças em curso, e esclareci que, ao contrário do que haviam noticiado os grandes veículos da mídia, o cubano Wilman Villar, 31, não era preso político nem morrera, a 19 de janeiro de 2012, em consequência de greve de fome.

A presidente, que já estava a par da verdadeira versão dos fatos, foi enfática:

– Você, Betto, fez uma longa greve de fome na prisão.[74] Sabe muito bem que se o Estado, responsável pela vida dos presos, decide que não haverá mortes, ninguém morre. Se morrer em Cuba um preso em greve de fome, irei a público denunciar.

Contei a Raúl que eu e meus companheiros de prisão só ingerimos água até o décimo segundo dia de greve de fome; no dia seguinte, o governo passou a nos injetar alimentação intravenosa.

Raúl quedou-se pensativo. Homero Acosta comentou que, em Cuba, se respeitava o livre-arbítrio do preso, sem interferir em sua greve de fome. Ponderei que me parecia uma atitude equivocada. Primeiro, porque cabe ao Estado zelar pela vida dos prisioneiros; segundo, o custo político da repercussão da morte é muito superior ao da intervenção do Estado junto ao preso, o que deve ser feito sem violência, como ocorreu com os grevistas brasileiros.

– É, teremos de repensar nossa atitude – murmurou o presidente cubano.

Comentei que propusera à presidente Dilma, além de ampliar créditos a Cuba, oferecer os serviços do Sistema S (Sebrae, Senac, Sesi, Sesc etc.) para formação de mão de obra especializada e abertura de pequenas e médias empresas, já que Cuba iniciava um processo de desestatização e abertura ao empreendedorismo privado. Dilma considerou uma boa

---

[74] Durante meus anos de prisão (1969-1973) aderi a duas greves de fome. A segunda durou 36 dias. Cf. *Diário de Fernando – nos cárceres da ditadura militar brasileira* (Rocco).

sugestão. Porém, Raúl me fez entender que ela não tocara no tema. Ele, no entanto, demonstrou interesse no Sistema S.

Dilma havia dito que recebera pressão para, ao chegar a Cuba, ir diretamente ao porto de Mariel, proposta com a qual o embaixador brasileiro em Havana estaria de acordo. Mostrara-se irritada:

– Não entro numa casa sem saudar primeiro o seu chefe – desabafou.

Raúl Castro ligou a TV e exibiu-me o vídeo que mandara preparar para a visita da presidente brasileira sobre a construção do porto de Mariel. Enquanto as imagens se sucediam no monitor, ele fazia comentários. Ao aparecer a bela torre de controle do antigo aeroporto de Mariel, situada agora no canteiro de obras, disse que Dilma lhe pedira para não derrubá-la, ao que ele assentiu.

Falei sobre o Fórum Social Temático, em Porto Alegre, e a importância da presença dele na Rio+20, conferência ambiental convocada pela ONU para junho de 2012, no Rio de Janeiro. Insisti que prestigiasse a presidente Dilma Rousseff, pois tudo indicava que os chefes de Estado do G8 não compareceriam ao evento, ao contrário do que ocorrera na Eco-92, em 1992, que reuniu mais de 100 chefes de Estado, inclusive George W. Bush e Fidel Castro, e produziu a *Agenda 21*.

Tratamos da próxima visita do papa Bento XVI a Cuba, de 26 a 28 de março de 2012, para celebrar os 400 anos da aparição da padroeira do país, a Virgem da Caridade do Cobre. O presidente cubano considerou positiva minha presença em Havana naquelas datas para assessorar o governo quanto à hermenêutica dos discursos pontifícios.

Fidel convidou-me à sua casa na manhã de 16 de fevereiro de 2012, poucas horas antes de eu deixar o país. Vestido de training Adidas e tênis preto, recebeu-me em companhia de sua mulher Dalia del Soto e dos filhos Alex e Antonio. Para Alex, eu havia escrito o prefácio de seu livro de fotos sobre o Haiti, que ele lançaria no dia seguinte, na Feira do Livro de Havana.

De olho na TV, Fidel estava interessado na iminente queda de Kadafi, na Líbia. Comentou que nunca havia sido solidário com Cuba:

– Tenho curiosidade em saber quanto dinheiro ele possui no exterior – disse.

Ligou para o vice-ministro do Exterior para saber detalhes da conjuntura da Líbia. O diplomata informou que várias cidades já haviam caído em mãos dos revoltosos, e o Conselho de Segurança da ONU, contra o voto do presidente Sarkozy, da França, havia decidido bloquear o espaço aéreo da Líbia. O país se encontrava em situação caótica.

Fidel visitara a Líbia. Comentou que em seu subsolo há uma reserva de água potável equivalente a três Cubas. A água subia bombeada de 700 metros de profundidade. Ele viu plantação de trigo em pleno deserto. O país possuía muito petróleo, potássio e gás.

Pouco depois, Fidel ligou para Caracas para falar com Rogelio Polanco, embaixador de Cuba na Venezuela. Pediu que cobrasse de Chávez as três promessas que este me havia feito: um encontro com teólogos da libertação; promover em seu país um evento de educação popular e realizar o evento dos intelectuais que Chávez mandara suspender horas antes do início.

Perguntou se Polanco havia lido *A mosca azul*. Dalia buscou a edição em espanhol e Fidel me pediu para localizar capítulos que deveria recomendar a ele. Marcou-os com caneta. Indagou ainda se Polanco provara os chocolates que levei a Chávez, junto com a carta de Fidel, na qual este afirmava que os chocolates brasileiros eram melhores que os venezuelanos. Polanco confirmou o que eu dissera a Fidel: Chávez não abriu a caixa enquanto estivemos com ele.

Fidel ligou também para Jorge Bolaños, chefe da seção de interesses de Cuba nos EUA e que foi embaixador no Brasil (1986-1995). Pediu novidades sobre a Líbia. Ele não sabia nada que o Comandante já não soubesse. Bolaños sugeriu-lhe a leitura do livro de Ian Morris, *Why the West Rules – for Now*.

Em seguida telefonou para Bruno Rodríguez, ministro das Relações Exteriores, que lhe confirmou ter manifestado a posição de Cuba contra a intervenção da Otan na Líbia.

Comentamos a conjuntura brasileira. Fidel indagou-me sobre a trajetória de Dilma Rousseff. Observei que ela, eleita presidente do Brasil, não tinha a experiência de Lula, nunca viajara pela América Latina. Seria importante estreitar os laços.

O Comandante não poupou elogios ao se referir à visita que Dilma Rousseff fizera à sua casa, em companhia do chanceler Antônio Patriota e do assessor para Assuntos Internacionais, Marco Aurélio Garcia. Qualificou-a de "inteligente, íntegra, competente, séria". Contei-lhe que a presidente fora minha vizinha na adolescência em Belo Horizonte, na rua Major Lopes, e posteriormente no Presídio

Tiradentes, em São Paulo. E narrei-lhe a conversa com ela em Porto Alegre. Insisti que ele animasse seu irmão a comparecer à Rio+20.[75]

Na véspera, Fidel recebera os chocolates que lhe trouxera de presente. Indagou a procedência, quais eu havia comprado e quais eram ofertas de amigos, e reiterou que preferia os chocolates brasileiros aos venezuelanos. Disse que comia apenas dois por dia.

Perguntou-me sobre a saúde de Lula, suas possibilidades de retornar à presidência, e se Dilma Rousseff havia sido a sua única escolha como sucessora. Opinei que, com certeza, ele teria preferido indicar, como sucessor, Antônio Palocci ou José Dirceu; acredito que o primeiro teria mais chances, já que era visto com mais simpatia pelo setor financeiro.

Fidel indagou:

– Por que, então, Dilma?

– Ela era a terceira opção. Foi a escolhida porque as outras duas caíram sob suspeita de corrupção.

Fidel pegou um dos jornais cubanos sobre a mesa e mostrou-me uma caricatura crítica à administração do país. Elogiou-a e disse:

– Impressionante como um simples desenho fala mais do que todo um artigo.

Às 20:30, a segurança me levou de volta ao hotel onde me esperava Homero Acosta. Fomos à casa de Raúl Castro. Estava em companhia de Eusébio Leal. Comentei ser preciso fazer uma reforma agrária naquele "latifúndio" onde Raúl morava, um verdadeiro parque dentro de Havana, onde havia muitas árvores, frutas e flores.

---

[75] Raúl Castro compareceu à Rio+20, em junho de 2012.

Falamos sobre as perspectivas do governo Dilma. Raúl passara o dia reunido com o Conselho de Ministros e mostrara-lhes vídeo sobre plantação de soja, monitorada pela Embrapa, no interior de Cuba. Estava encantado com o resultado. Questionei o uso de sementes transgênicas. Raúl desconversou...

Disse que Lula voltaria a Cuba em março.

HAVANA:
UMA REVOLUÇÃO EVANGÉLICA

– Muitas vezes nossos movimentos sociais e políticos falam pelo povo, querem ser vanguardas do povo, escrevem para o povo, mas não se comprometem com o povo – enfatizei, na presença de Fidel, na noite de 10 de fevereiro de 2012, em Havana, no encontro que ele, aos 85 anos, manteve, durante nove horas, com duas centenas de intelectuais cubanos e estrangeiros.

– Comandante – prossegui – com profunda tristeza para os inimigos deste país e enorme alegria para nós, amigos de Cuba, constata-se seu excelente estado de saúde e brilhante lucidez. Aprecio o sistema cubano de divisão social do trabalho: o povo cuida da produção; Raúl da política; e Fidel da ideologia, como você demonstrou a todos nós aqui.

– Dois temas ainda não foram abordados – acrescentei. – Começo por aquele mencionado brevemente por Adolfo Pérez Esquivel:[76] quando me perguntam como conhecer bem a Revolução Cubana, respondo que não basta conhecer a história de Cuba e o marxismo, é necessário conhecer a vida e a obra de José Martí. Porém, para entender Fidel, como fez Katiuska Blanco,[77] é necessário conhecer a pedagogia dos jesuítas.

---

[76] Argentino, Prêmio Nobel da Paz de 1980.

[77] Escritora cubana, autora da biografia de Fidel, *Guerrillero del tiempo*, Havana, 2011.

– Muitos aqui, como Santiago Alba, companheiro da Tunísia, já experimentaram o que significa uma prova oral em escola de jesuítas. É difícil. Dessa formação resulta Fidel. Não sou jesuíta, não faço autopropaganda. Sou dominicano, mas como amigo de Fidel nós nos colocamos de acordo quanto a dominicanos e jesuítas. Na tradição jesuítica existe o costume do exame de consciência, que agora se faz neste país com outros nomes.

– Houve um tempo – venho a Cuba há mais de 30 anos –, em que se falava de emulação; depois, retificação; agora, alinhamentos. Se Stalin estivesse vivo, Cuba seria chamada de reformista. Porém, muitas pessoas não se dão conta de que aqui não se fazem mudanças no estilo de Lampedusa – mudar para deixar que fique tudo como está. As mudanças são feitas para aprimorar a obra social da Revolução, que é uma obra, de meu ponto de vista, não somente política e ideológica, é uma obra evangélica.

– O que significa o evangelismo de Jesus? Significa dar comida a quem tem fome, saúde a quem está enfermo, amparo a quem está desamparado, ocupação a quem está desempregado.[78] Isso está na letra do Evangelho. Por isso, afirmo que esta é uma obra evangélica.

– Nós, muitas vezes, nos movimentos progressistas, não estamos fazendo o que faz a Revolução Cubana, nosso exame de consciência ou nossa autocrítica. Por que, hoje, quase não existem movimentos progressistas no mundo, com exceção da América Latina? Diante da crise financeira na Europa que proposta temos? Fala-se da Ocupação de Wall Street, que é um movimento de indignação, mas muitos não se dão conta de que Wall Street significa Rua do Muro,

---

[78] Cf. *Evangelho de Mateus*, Cap. 25.

e, enquanto esse muro não vier abaixo, nossa indignação não irá resultar em nada. Será bom para nós, não para o povo.

– Duas atitudes, praticadas na história da Revolução Cubana, são fundamentais: ter um projeto, e não somente indignação. Ter uma proposta, metas, objetivos. E, em segundo lugar, raízes populares, contato com o povo. Gramsci dizia: O povo tem vivências, mas muitas vezes não compreende sua própria situação. Nós, intelectuais, compreendemos a realidade, porém não a vivenciamos.

– Falou-se muito aqui de internet. Penso que há ali uma trincheira de luta muito importante. Tenho 13 mil seguidores no twitter e confesso que me sinto muito mais feliz trabalhando com 13 camponeses, 13 desempregados ou 13 trabalhadores.

– Cuba é o único país da América Latina que teve uma revolução exitosa. Recentemente houve outras, como a da Nicarágua e a que está em processo na Venezuela. Porém, só a cubana alcançou uma verdadeira vitória. Porque não foi uma revolução como a que houve na Europa, um socialismo peruca, que vinha de cima para baixo. Aqui não, aqui é cabelo, de baixo para cima.

– Chamo a atenção sobre isto: devemos fazer autocrítica, perguntar-nos como está nossa inserção social para a mobilização política e que projeto de sociedade estamos elaborando junto com esse povo, junto com os indignados, os camponeses e os desempregados."

Em seguida, ressaltei a importância de todos pressionarem os governos de seus países, para que o chefe de Estado comparecesse ao evento ambiental Rio+20, em junho daquele ano, no Rio Janeiro. O evento, convocado pela ONU, havia sido proposto pelo ex-presidente Lula e seria recepcionado pela presidente Dilma Rousseff.

– Há que convencer nossos governos a estarem presentes no Rio de Janeiro. Não podemos permitir que os chefes de Estado virem as costas à questão ambiental, porque não se trata de salvar o meio ambiente, trata-se de salvar todo o ambiente. O G8 não tem nenhum interesse nisso. Obama passou pela Conferência de Copenhague porque recebeu, equivocadamente, o Prêmio Nobel da Paz – para a vergonha de Esquivel – e tinha que passar pela Dinamarca para chegar a Oslo, fazer uma escala técnica e um gesto demagógico, pois não se compromete com a preservação ambiental. Há que se empenhar na salvação deste planeta, que perdeu 30% de sua capacidade de autorregeneração. Ou há uma intervenção humana ou será o apocalipse. O tema da ecologia, de todos os temas políticos, é o único que não faz distinção de classes.

– Finalizo, Comandante, agradecendo por sua paciência, seu diálogo com todo esse grupo, e por sua capacidade de escutar. Peço a Deus que abençoe este país e cuide da vida de Fidel e de sua saúde.

O diálogo com Fidel havia se iniciado às 13h. Terminou às 22h, com apenas duas breves interrupções.

Raúl Castro reiterou convite para eu retornar a Cuba no decorrer da visita do papa Bento XVI, em março próximo.

CIDADE DO MÉXICO E HAVANA: A VISITA DO PAPA

Antes de chegar a Cuba para acompanhar a visita do papa Bento XVI, em março de 2012, passei pela Cidade do México, onde participei da II Conferência da Alternativa Martiana. No dia seguinte, na Unam, dividi a mesa com quatro economistas e Pablo González Casanova que, aos 90 anos e com entusiasmo de 20, falou de José Martí e a Revolução Cubana.

Conheci o ex-espião Gilberto Pérez y Oliva, mexicano. Aos 17 anos, ele e a mulher, militantes do Partido Comunista do México, tornaram-se agentes da inteligência militar soviética. Preparados em Moscou e na base Lourdes, nas proximidades de Havana, durante 20 anos atuaram nos EUA.

Gilberto cursou antropologia e doutorado nos EUA e teve dois filhos – sempre espionando bases de mísseis nucleares, porque os soviéticos temiam um ataque surpresa dos EUA.

O casal foi seguido pelo FBI durante sete anos. Na década de 1970, os dois foram presos e, por sorte, obrigados a sair do país em 24 horas. Ele dispunha de uma velha máquina de datilografia para enviar mensagens à União Soviética, na qual uma tecla mestra só deveria ser apertada em caso de urgência. Acredito que já prefigurava a internet.

Logrou se reinserir na sociedade mexicana, onde se elegeu deputado federal. Nunca mais lhe foi permitido entrar nos EUA. Agora dava aula de antropologia e escrevia para jornais. Vivia em Cuernavaca.

Em Havana, fui recebido por Homero Acosta, na quarta, 21 de março de 2012. Hospedado em casa de protocolo, ali trabalhei uma semana com a escritora Alicia Elizundia, que preparava um livro com minha biografia.

Após passar por Guanajuato, México, Bento XVI voou para Cuba na segunda, 26 de março de 2012. Entrou por Santiago de Cuba, para comemorar os 400 anos da aparição da Virgem da Caridade do Cobre. No voo da Itália ao México, o papa deu entrevista aos jornalistas a bordo e falou que o marxismo já não é mais útil…

***

O papa Bento XVI tem razão: o marxismo não é mais útil. Sim, o marxismo conforme muitos na Igreja Católica o entendem: uma ideologia ateísta que justificou os crimes de Stalin e as barbaridades da Revolução Cultural chinesa. Aceitar que o marxismo, conforme a óptica de Ratzinger, é o mesmo marxismo conforme a óptica de Marx, seria como identificar catolicismo com Inquisição.

Poder-se-ia dizer hoje: o catolicismo não é mais útil, porque já não se justifica enviar mulheres tidas como bruxas à fogueira nem torturar suspeitos de heresia. Ora, felizmente o catolicismo não pode ser identificado com a Inquisição, nem com a pedofilia de padres e bispos.

Do mesmo modo, o marxismo não se confunde com os marxistas que o utilizaram para disseminar o medo, o terror, e sufocar a liberdade religiosa. Há que voltar a Marx para saber o que é marxismo; assim como há que retornar aos Evangelhos e a Jesus para saber o que é cristianismo, e a Francisco de Assis para saber o que é catolicismo.

Ao longo da história, em nome das mais belas palavras foram cometidos os mais horrendos crimes. Em nome da democracia, os EUA se apoderaram de Porto Rico e da base cubana de Guantánamo. Em nome do progresso, países da Europa Ocidental colonizaram povos africanos e deixaram ali um rastro de miséria. Em nome da liberdade, a rainha Vitória, do Reino Unido, promoveu na China a devastadora Guerra do Ópio. Em nome da paz, a Casa Branca cometeu o mais ousado e genocida ato terrorista de toda a história: as bombas atômicas sobre as populações de Hiroshima e Nagasaki. Em nome da liberdade, os EUA implantaram, em quase toda a América Latina, ditaduras sanguinárias ao longo de três décadas (1960-1980).

O marxismo é um método de análise da realidade. E mais do que nunca útil para se compreender a atual crise do capitalismo. Este, sim, já não é útil, pois promoveu a mais acentuada desigualdade social entre a população do mundo; apoderou-se de riquezas naturais de outros povos; desenvolveu sua face imperialista e monopolista; centrou o equilíbrio do mundo em arsenais nucleares e disseminou a ideologia neoliberal, que reduz o ser humano a mero consumista submisso aos encantos da mercadoria.

Hoje, o capitalismo é hegemônico no mundo. E de 7 bilhões de pessoas que habitam o planeta, 4 bilhões vivem abaixo da linha da pobreza e 1,2 bilhão padece de fome crônica. O capitalismo fracassou para dois terços da humanidade que não têm acesso a uma vida digna.

Onde o cristianismo e o marxismo falam em solidariedade, o capitalismo introduziu a competição; onde falam em cooperação, introduziu a concorrência; onde falam em respeito à soberania dos povos, introduziu a globocolonização.

A religião não é um método de análise da realidade. O marxismo não é uma religião. A luz que a fé projeta sobre a realidade é, queira ou não o Vaticano, sempre mediatizada por uma ideologia. A ideologia neoliberal, que identifica capitalismo e democracia, hoje impera na consciência de muitos cristãos e os impede de perceber que o capitalismo é intrinsecamente perverso. A Igreja Católica, muitas vezes, é conivente com o capitalismo porque este a cobre de privilégios e lhe franqueia uma liberdade que é negada, pela pobreza, a milhões de seres humanos.

Ora, já está provado que o capitalismo não assegura um futuro digno para a humanidade. Bento XVI o admitiu ao afirmar que devemos buscar novos modelos. O marxismo, ao analisar as contradições e insuficiências do capitalismo, nos abre uma porta de esperança a uma sociedade que os católicos, na celebração eucarística, caracterizam como o mundo em que todos haverão de "partilhar os bens da Terra e os frutos do trabalho humano". A isso Marx chamou de socialismo.

O arcebispo católico de Munique, Reinhard Marx, lançou, em 2011, um livro intitulado *O capital – um legado a favor da humanidade*. A capa contém as mesmas cores e fontes gráficas da primeira edição de *O capital*, de Karl Marx, publicada em Hamburgo, em 1867.

"Marx não está morto e é preciso levá-lo a sério", disse o prelado por ocasião do lançamento da obra. "Há que se confrontar com a obra de Karl Marx, que nos ajuda a entender as teorias da acumulação capitalista e o mercantilismo. Isso não significa deixar-se atrair pelas aberrações e atrocidades cometidas em seu nome no século XX."

O autor de O *capital – um legado a favor da humanidade*, nomeado cardeal por Bento XVI em novembro de 2010, qualifica de "social-éticos" os princípios defendidos em seu livro, critica o capitalismo neoliberal, chama a especulação de "selvagem" e "pecado", e advoga que a economia precisa ser redesenhada segundo normas éticas de uma nova ordem econômica e política.

"As regras do jogo devem ter qualidade ética. Nesse sentido, a doutrina social da Igreja é crítica frente ao capitalismo", afirma o arcebispo.

O livro se inicia com uma carta de Reinhard Marx a Karl Marx, a quem chama de "querido homônimo", falecido em 1883. Roga-lhe reconhecer agora seu equívoco quanto à inexistência de Deus. O que sugere, nas entrelinhas, que o autor do *Manifesto comunista* se encontra entre os que, do outro lado da vida, desfrutam da visão beatífica de Deus.

O papa desembarcou às 14h em Santiago de Cuba. Seu porta-voz, Federico Lombardi, cometeu a asneira de declarar que o pontífice veria Fidel se este o desejasse, como se o Comandante fosse implorar por uma visita. Considerando o estado de saúde do líder cubano, Bento XVI é que deveria fazer o gesto evangélico de visitá-lo.

Afinal, viram-se na nunciatura apostólica. E em meia hora tiveram uma conversa curiosa: Fidel indagou sobre as reformas ocorridas na Igreja Católica após o Concílio Vaticano II, as mudanças na celebração da missa, as dificuldades vividas pela Igreja. O papa, qual um catequista, pôs-se a explicar-lhe as reformas litúrgicas e mencionou a dificuldade das religiões em responder aos desafios da modernidade.

Fidel disse-lhe que acompanhara toda a visita pontifical pela TV.

A visita de Bento XVI a Cuba decepcionou aqueles que esperavam dele uma condenação ou censura ao socialismo. Em especial, os grupos contrarrevolucionários que cultivavam a expectativa de serem recebidos por ele. O papa, no sermão proferido na missa em Havana, na presença de Raúl Castro, pediu que à Igreja fosse facultado o direito de ter escolas católicas e reafirmou a condenação ao bloqueio dos EUA à Cuba.

**

A Revolução Cubana é um gato de sete fôlegos. Sobreviveu a dez presidentes dos EUA, todos dispostos a enfraquecê-la; a inúmeras operações de sabotagens patrocinadas pela CIA; à crise dos mísseis; ao assassinato de Che Guevara; à Guerra Fria; à queda do Muro de Berlim; a mais de 50 anos de bloqueio imposto pelo governo dos EUA.

O que explica tamanha resistência de uma nação com uma população que não chega a 12 milhões de habitantes, 110.861 km² e desprovida de recursos energéticos? Cuba produz, além de níquel, apenas "sobremesa" e seus complementos, sabem disso os 3 milhões de turistas que a Ilha recebe anualmente: açúcar, cítricos, charutos, rum e muita arte, como música e cinema.

Apesar do quádruplo bloqueio: 1) o fato de ser ilha; 2) o único país socialista da história do Ocidente; 3) o bloqueio dos EUA; 4) o fim da União Soviética – Cuba resiste por garantir à sua população condições dignas de vida. Há pobreza, não miséria; são gratuitos e de boa qualidade os serviços de educação e saúde; a todos é assegurada uma cesta básica mensal.

Malgrado as acusações de desrespeito aos direitos humanos – monitoradas pelos EUA, nação que mantém na base naval de Guantánamo o mais hediondo campo de concentração que o mundo atual conhece –, em mais de 50 anos de Revolução não se conhece em Cuba um único caso de pessoas desaparecidas; assassinatos extrajudiciais; sequestros de opositores políticos; torturas e prisões ilegais. Não há crianças de rua nem famílias sobrevivendo debaixo de pontes.

No entanto, a situação econômica do país exige medidas drásticas e urgentes. Além do PIB ter encolhido 35% no "período especial" (1990-1996) – os anos de maior impacto frente ao desaparecimento da União Soviética –, em 2008 dois furacões derrubaram cerca de 400 mil casas, arrasaram a lavoura e deixaram um prejuízo equivalente a US$ 10 bilhões (20% do PIB). Em 2012, o furacão Sandy desabrigou 300 mil pessoas.

A crise financeira internacional fez o principal produto de exportação do país, o níquel, cair de US$ 70 mil para US$ 7 mil a tonelada, e o turismo, outra fonte de captação de divisas, retrocedeu. Cuba não dispõe de um parque industrial significativo, importa 80% do material para construção civil e 32% dos alimentos que consome, e 50% das terras úteis permanecem ociosas – o que fez o governo promover, a partir de 2011, uma nova reforma agrária.

O plano de reformas econômicas implica a demissão de pelo menos 1 milhão de funcionários públicos, com incentivos a que emigrem para pequenas e médias iniciativas privadas; o fim da libreta, que assegurava a cada cidadão uma cesta básica, e das refeições em centros de trabalho (medida a ser compensada por aumento de salários); e a extinção da dupla moeda (o CUC, o peso conversível, valia, em 2012, 24 pesos tradicionais).

Com as novas medidas, o Estado deixa de ser o único empregador e protagonista econômico. Agora são concedidas licenças a empreendimentos privados a quase todos que as solicitam. A dificuldade reside na carência de créditos, pois não há recursos, e na falta de acesso a matérias-primas, escassas e de difícil importação.

Na esfera política, os efeitos das mudanças econômicas podem resultar no fim do centralismo democrático e na adoção de um modelo socialista próprio, baseado na descentralização democrática e socialista.

Sem dúvida, os cubanos aspiram a melhores condições de vida e ao fim dos fatores de incentivo ao turismo, que estabelecem certa discriminação entre eles e os visitantes, como o uso de dupla moeda. E disso esteve consciente o VI Congresso do Partido Comunista, em abril de 2011, quando foram implementadas mudanças econômicas no país, a começar pela desestatização de setores de infraestrutura. Porém, não há sintomas de que desejem a volta do capitalismo. Nessas cinco décadas, ao contrário do que ocorreu nos países socialistas do Leste Europeu antes da derrubada do Muro de Berlim, não se tem notícia de uma única manifestação coletiva de contestação à Revolução.

EPÍLOGO

Em Berlim Oriental todos concordavam, quando lá estive em 1990, que o socialismo no Leste Europeu ruiu muito mais por causa de seus próprios erros internos do que em razão de pressões externas. É claro que se a perestroika não estivesse em vigor, as passeatas pela democracia – que ocorriam todas as segundas-feiras nas principais cidades da República Democrática da Alemanha – talvez tivessem sido reprimidas pelos tanques soviéticos, como aconteceu em Budapeste, em 1956, e, em Praga, na primavera de 1968.

As mudanças no Leste Europeu obrigam a esquerda brasileira, inclusive a teologia da libertação, a revisar sua concepção de socialismo e os fundamentos do marxismo. Não se trata apenas de um esforço teórico para separar o joio do trigo, mas sobretudo de restaurar a esperança dos pobres e abrir um novo horizonte utópico à luta da classe trabalhadora e dos excluídos. Ignorar a profundidade das mudanças é querer tapar o sol com a peneira e pretender vender gato por lebre. Admitir o fracasso completo do socialismo real é desconhecer suas conquistas sociais – sobretudo quando consideradas do ponto de vista dos países pobres ou em vias de desenvolvimento – e aceitar a hegemonia perene do capitalismo, que reserva a vastas regiões do planeta, como a América Latina, opressão e miséria.

Ainda que o socialismo tenha assegurado reais benefícios sociais à população, reduzindo drasticamente as diferenças de classe e possibilitando a todos o acesso aos bens e serviços essenciais, dois fatores explicam a insatisfação reinante naqueles países: a estatização da economia não permitiu a modernização dos bens de capital, acentuando o atraso científico e tecnológico em relação à Europa Ocidental, e o monopólio do partido único, beneficente e paternalista, inibiu os mecanismos de participação democrática e suprimiu o pluralismo político.

Ao visitar a Assembleia do Povo da RDA, em 7 de outubro de 1989, Mikhail Gorbachev escreveu em seu Livro de Ouro: "Quem chega atrasado, é punido pela história." Era uma advertência e, ao mesmo tempo, um empurrão para que o país se abrisse às reformas. O que não se esperava é que a maioria do povo também ajudasse a empurrar, e com uma força que jogaria o país para fora do sistema socialista.

Naquele semestre, a polícia política tentara reprimir os setores oposicionistas interessados na glasnost alemã, impedindo que tivessem acesso às salas de reunião. A alternativa foi bater à porta das Igrejas, em especial da luterana, que abriram seus salões à oposição, evitando assim um banho de sangue.

Em 4 de novembro de 1989, uma manifestação convocada por escritores e intelectuais reuniu 500 mil pessoas em Berlim Oriental, um terço da população da cidade. Cinco dias depois, como um rio que transborda e destrói todas as barreiras que encontra pela frente, os manifestantes atravessaram o Muro de Berlim, num gesto simbólico de que queriam uma só cidade, uma só Alemanha e um só sistema – o capitalista.

Os 450 mil soldados soviéticos acantonados na RDA a tudo assistiram sem se mexer. O partido no poder, o PSU, compreendeu que se tratava de uma verdadeira insurreição popular, depois de suas frustradas tentativas de reprimi-la. O todo-poderoso Erich Hornecker, no poder há 13 anos, foi derrubado e só escapou da prisão devido a graves problemas de saúde.

Os arquivos da polícia secreta foram destruídos e, então, seus 85 mil agentes não sabiam como e onde encontrar um novo emprego. No exame dos papéis do Estado, a oposição encontrou provas de corrupção que levaram 12 altos dirigentes políticos à prisão, entre os quais o presidente da União Democrática Cristã, um dos nove partidos que integravam a Frente Nacional de apoio ao regime.

Descobriu-se ainda que as eleições municipais de 1988 foram fraudadas pelo governo para assegurar sua hegemonia política. Enquanto se conclamava o povo a suportar uma vida de austeridade como cota de sacrifício ao avanço do socialismo, muitos dirigentes políticos desfrutavam de mordomias acintosas. As restrições impostas à população eram tão grandes que um jovem professor de literatura brasileira, com uma vasta folha de serviços prestados ao regime, jamais obteve permissão para passar para o outro lado de Berlim, a fim de consultar bibliotecas especializadas ou visitar seus três filhos que ali viviam com a mãe.

Embora toda a RDA captasse rádios e TVs da República Federal da Alemanha (RFA), aqueles que tinham o privilégio de viajar ao exterior ou mesmo ir ao lado ocidental de Berlim, na volta tinham suas bagagens severamente examinadas, e livros e revistas eram confiscados.

O argumento de que, apesar das dificuldades, em países socialistas não se encontravam chagas sociais como favelas, desemprego, analfabetismo, prostituição e drogas, nada significava para quem tinha, como referência, o alto grau de desenvolvimento dos EUA e da Europa Ocidental, e não os índices sociais das longínquas África e América Latina. A Europa cada vez mais se fechava sobre si mesma, indiferente aos dramas de outros povos, e tudo indicava que, no futuro, as barreiras alfandegárias, inclusive para turistas, seriam maiores.

Como convencer um jovem de um país socialista de que ele vive numa sociedade sem desigualdades econômicas, dispondo de educação e saúde gratuitas, sem o risco de se aposentar na pobreza, quando seus olhos estão voltados para a exuberância das imagens publicitárias do capitalismo, que lhe prometem riqueza, liberdade e felicidade?

Como o socialismo não se implantou na maioria dos países do Leste Europeu como resultado de uma revolução, seus habitantes sempre o encararam como algo que veio de fora para dentro, de cima para baixo, em suma, como uma imposição soviética. E, apesar de toda a fraseologia política marxista, a riqueza bateu às portas do outro lado da fronteira, permitindo à República Federal da Alemanha tornar-se um dos principais credores da União Soviética.

Do lado socialista, as catastróficas consequências da planificação centralizada forçaram a redução da oferta de bens e serviços, estimularam o êxodo de profissionais qualificados e favoreceram o crescimento da economia subterrânea. Caso típico é o de agricultores soviéticos que vendiam seus produtos ao Estado, que lhes garantia o preço, e os recompravam no mercado – onde apareciam com preços reduzidos graças aos subsídios estatais – para revendê-los de novo ao Estado.

O retorno do Leste Europeu ao sistema capitalista, como resultado da própria mobilização dos trabalhadores, dos jovens, da população em geral, coloca na ordem do dia certas questões de fundo que vão muito além da autocrítica que fazem os ex-dirigentes daqueles países. É certo que estes admitem ter adotado um modelo stalinista que inviabilizou um mínimo de democracia, na qual as diferenças não fossem confundidas com divergências antagônicas e as justas reivindicações com críticas dos inimigos do regime. A polícia tornou-se assim a única "interlocutora" do Estado junto aos setores descontentes, sem que o governo jamais se perguntasse sobre a procedência e a natureza das vozes discordantes e a sua responsabilidade no grau de insatisfação popular.

Porém, não basta reconhecer que a repressão stalinista e a burocracia brejneviana transformaram-se na doença fatal do socialismo europeu. As próprias forças populares dos países socialistas subverteram o regime vigente, questionando a legitimidade dos partidos e governos que se arvoravam em autênticos representantes dos interesses do proletariado. O discurso de que a fartura europeia não passava de uma vitrine que escondia, nos fundos da loja, vasto lixo de misérias não repercutiu na consciência dos povos do Leste Europeu. De fato, a acumulação do capital foi tão assombrosa no Velho Continente que a Comunidade Econômica Europeia chegou a injetar dinheiro em áreas carentes da Irlanda e da Espanha para que todos pudessem ter um mínimo de acesso ao mercado de consumo.

Nós, do mundo pobre, poderíamos objetar que pagamos a conta daquele banquete e passamos fome. Entretanto, é insignificante o número de pessoas – inclusive comunistas – que no Leste Europeu estavam preocupadas com a sorte dos habitantes das áreas pobres do mundo. Elas se consideravam uma espécie de Terceiro Mundo que necessitava urgentemente de ajuda econômica e apoio político, e queriam que seus países se transformassem no novo polo de investimentos capitalistas. Como disse o espanhol Eusébio Cano Pinto, do Parlamento Europeu, "a síndrome do Leste pode significar o atestado de óbito do Terceiro e do Quarto Mundos".

Por trás dessa insensibilidade, há uma questão de responsabilidade. O socialismo real europeu não conseguiu despertar em seus povos a consciência revolucionária. Sem dúvida, na esquerda latino-americana houve mais trabalho de politização – através de escolas sindicais e da educação popular – do que na maioria dos países socialistas. Repetiu-se com o socialismo o que já ocorrera com a Igreja. Os primeiros cristãos, vivendo sua fé em condições adversas, tinham um despojamento e um amor comparáveis ao vigor revolucionário de tantos comunistas europeus que, na Segunda Guerra, enfrentaram a brutal repressão nazifascista. O próprio Erich Hornecker passou 10 anos preso nas mãos da Gestapo. Um berlinense indignado me dizia não entender como aquele que tanto sofrera se tornara um burocrata despótico. Após ser cooptada pelo imperador Constantino, no século IV, a Igreja acomodou-se todas as vezes que se aproximou do poder.

Da mesma forma, em muitos países socialistas, a consciência revolucionária daqueles antigos militantes transformou-se na lógica da preservação do poder dos novos dirigentes. O marxismo-leninismo deixou de ser uma ferramenta de transformação da história para tornar-se uma espécie de religião secularizada, defendida em sua ortodoxia pelos sacerdotes das escolas do Partido e cujos princípios eram ensinados como dogmas inquestionáveis.

No sistema educacional, a ortodoxia virou ortofonia – às portas do século XXI, repetiam-se nas salas de aula da RDA, onde o aprendizado do russo era obrigatório, o monismo do manual de Plekhanov, *A concepção materialista da história*, de 1895, e as lições enfadonhas da *História do Partido da União Soviética*, publicada por Stalin, em 1938. Em suma, em nome da mais revolucionária das teorias políticas surgidas na história ensinava-se a não pensar.

Assim como certos teólogos tridentinos acreditavam que a leitura da Suma Teológica de Santo Tomás de Aquino era suficiente para se aprender teologia, os ideólogos do Partido diziam que, uma vez aprendida a lição oficial, não se fazia necessário conhecer nenhuma outra corrente filosófica e nem mesmo outros teóricos marxistas. Trotsky, Kautsky, Rosa Luxemburgo, Gramsci eram nomes que suscitavam repulsa. Aprendia-se o marxismo como se hoje um seminarista estudasse a teologia do Concílio de Trento disposto a ignorar toda a história posterior da Igreja, o Concílio Vaticano II e a teologia da libertação.

O socialismo não conseguiu resolver o problema da relação entre Estado e sociedade civil. As organizações de massa e os sindicatos eram meras correias de transmissão do Partido. Essa estrutura verticalista inibia a participação dos cidadãos nos destinos do país, exceto daqueles que eram pagos como funcionários da burocracia estatal. Ora, na falta de mecanismos de participação política, de motivações revolucionárias, enfim, do direito de sonhar, a juventude do Leste Europeu deixava-se inebriar pelas sedutoras imagens do mundo capitalista que chegavam pela TV e pelo cinema. O apelo publicitário capitalista toca diretamente os cinco sentidos, antes que a consciência se dê conta e possa ajuizá-lo. Na falta de um sentido para a vida é inevitável ceder à ambição do consumo – que o socialismo não tinha condições de satisfazer. Sem válvula de escape, a pressão fez a panela explodir.

O diretor da Academia de Ciências não é necessariamente um revolucionário e nem o catedrático de marxismo-leninismo um homem imune à corrupção. Ninguém ingressa num partido por estar convencido do rigor científico de seu programa. As motivações que levam uma pessoa a aderir à luta política são mais da ordem do imaginário que da razão. Em uma disputa eleitoral, isso fica muito claro. Muitas das razões partidárias esbarram no limite de passionais motivações subjetivas, que acirram a concorrência entre os próprios correligionários, trazendo à tona vaidades, ambições pessoais e outros sentimentos que estão longe de serem considerados atributos do homem e da mulher novos.

Se a mera educação conceitual é insuficiente, é preciso se perguntar pela motivação de fundo, que conduz à esfera da ética: qual o sentido de vida do militante? É possível que muitos jamais tenham parado para pensar na resposta. Quando muito, dizem "fazer a Revolução" ou "conquistar o socialismo". Mas esse sentido coletivo nem sempre se encontra enraizado numa opção pessoal que determina todo um programa de vida. Nenhum dos teóricos e militantes comunistas que, no Leste Europeu, lamentavam o fracasso do socialismo disse-nos que viria lutar pela revolução na América Latina. Pareciam resignados a aceitarem outras funções na nova ordem capitalista. Teriam sido meros funcionários da burocracia socialista ou eram de fato revolucionários comunistas?

Ora, um estilo de militância oferece certa identidade social ao militante, e todos nós necessitamos de alguma identidade social, seja como executivo de empresa, dirigente sindical ou anarquista. Mas se, no fundo, a ambição pessoal de poder permanece como motivação fundamental, o modo pelo qual o militante agirá será pautado pelo mesmo oportunismo que rege o comportamento do executivo interessado em chegar a diretor. Isso transparece sobretudo naquelas relações que subtraem a projeção do amor e, por sua natureza egoísta, despertam concupiscência: sexo, dinheiro e poder. O imperativo da transgressão é permanentemente seduzido pela possibilidade de agarrar aparentes alternativas na esfera daqueles três símbolos do mais forte dos instintos humanos: a perpetuação da vida. O sexo, como forma de reprodução da própria imagem e da espécie; o dinheiro, como segurança de sobrevivência; o poder, como redução do limite entre o possível e o desejável – sendo o mais forte dos três, porque assegura os outros dois e imanta aquele que o detém de uma aura sobre-humana, quase divina, que tende a reduzir os que se encontram em volta a meros subalternos.

Evitar que esses meios sejam colocados como fins da ambição pessoal, mesmo em nome de uma causa revolucionária, supõe uma profunda adequação da formação intelectual com a formação ética, da práxis com a teoria. O sentido determinante que o militante político dá à sua vida pode ser comparado à imagem do aforismo medieval, de que o conhecimento sempre se adapta àquele que conhece, como o líquido ao formato da garrafa. Do mesmo modo, as mais nobres noções de teoria política sempre se adaptam à subjetividade do educando. Não basta, portanto, trabalhar apenas a qualidade do líquido. É preciso também cuidar da qualidade da garrafa – o que é um desafio ético e pedagógico.

A crise do socialismo real coloca a concepção de democracia no centro do debate do que se entende por socialismo. Em sua crítica a Rousseau, Marx defendia que o advento da verdadeira democracia ocorreria a partir do fim da separação entre a sociedade civil e o Estado – o que implicaria o desaparecimento do Estado e, portanto, da diferença entre governantes e governados. Em suas análises da Comuna de Paris, ele realçou, como elemento essencial à natureza da democracia, o fato de os representantes do povo poderem ser removidos de seus cargos a qualquer momento e estarem sujeitos às instruções formais de seus eleitores. Em *A guerra civil na França*, Marx criticou o sistema representativo de mera delegação de poderes do povo aos políticos (em geral, ligados aos interesses da classe dominante) e propôs a representatividade de classe, que passaria a ser o fundamento da concepção democrática marxista. "Em lugar de decidir uma vez em cada três ou seis anos qual o membro da classe dominante deverá representar mal o povo no Parlamento, deveria o sufrágio universal servir ao povo constituído em Comunas (...)."

Portanto, na base do regime político haveria a organização popular em função do interesse de classe. Era o que ele qualificava de "autogoverno dos produtores". As diferenças com o regime representativo – que dissimula a hegemonia da classe detentora do capital no pluripartidarismo interclassista – estariam em superar a distinção de poderes entre Legislativo e Executivo e concentrar os dois num Estado operativo; estender o sistema eleitoral aos órgãos relativamente autônomos do aparelho estatal, como o Exército, o poder judiciário e a burocracia; estabelecer a revogabilidade permanente de qualquer mandato por decisão dos eleitores e promover a descentralização do Estado em comunas populares.

Baseado nessas ideias de Marx, Lenin propôs, em *O Estado e a Revolução*, os conselhos operários (sovietes). Segundo ele, na sociedade capitalista o centro de decisões desloca-se do Estado para a grande empresa, inviabilizando o regime democrático como inibidor do abuso de poder. Portanto, o controle político não pode ser exercido pelo cidadão abstrato, escondido por trás da massa de eleitores, e sim por aqueles que estão diretamente ligados à produção econômica, os trabalhadores. Estes integrariam os conselhos que, interligados nos vários níveis territoriais e administrativos, formariam uma federação de conselhos que seriam os próprios elos do aparelho estatal.

O fundamental nessa concepção de Lenin é que ela instaura a democracia, não como valor universal – no sentido de se adequar a qualquer sistema econômico – mas como intrínseca ao socialismo. Sua limitação é não considerar a grande massa de excluídos, não produtores, gerados pela opressão econômica e que, em princípio, devem gozar dos mesmos direitos de cidadania.

Nessa direção, não teria sentido falar em "socialismo democrático" senão como redundância retórica ou recurso didático. O socialismo deveria ser democrático por sua própria natureza, já que não desvincula a emancipação econômica da emancipação política de todos os cidadãos, e não apenas da classe trabalhadora que nele exerce hegemonia política. Assim, falar em socialismo deveria significar falar em democracia e vice-versa. No entanto, os desvios do burocratismo e do stalinismo exigem, agora, que se fale em socialismo democrático ou participativo e se defina o seu conteúdo.

No Brasil, a crescente multiplicação de movimentos e organizações populares nos últimos 50 anos –

Comunidades Eclesiais de Base, sindicatos e núcleos partidários, mulheres, índios e negros, associações de moradores e centros comunitários, movimento dos sem-terra e dos sem-teto etc. – afirma-se como uma práxis que se impõe às novas concepções teóricas, recolhidas especialmente pelo Partido dos Trabalhadores em sua primeira década de existência. Por sua vez, a crise do socialismo real favorece a correção de rumos políticos. Ao menos fica claro por onde não se deve ir. Fortalece-se o consenso de que o projeto democrático passa necessariamente pela autonomia e especificidade de cada um daqueles elos da sociedade civil, hegemonizados pelos interesses da classe trabalhadora. Nesse sentido, o Estado deve ser o resultado da teia de movimentos sociais e políticos. Os conselhos populares, propostos na teoria e difíceis de serem efetivados, podem ser o embrião da soma progressiva da democracia formal com a substancial. Talvez esteja aí o filão e, na dificuldade de explorá-lo, é preciso se perguntar em que medida não se estaria resistindo à democracia e, portanto, inviabilizando o futuro socialista, preferindo-se usufruir do modelo burguês, que concentra nas mãos do eleito o poder de decisão. E enfiar a carapuça do cinismo denunciado por Latzarus, de que "a arte da política, nas democracias, consiste em fazer crer ao povo que é ele quem governa".

FIM

Impressão e Acabamento:
GRÁFICA STAMPPA LTDA.
Rua João Santana, 44 –Ramos – RJ